国家卫生和计划生育委员会"十三五"规划教材

全国高等中医药教育教材

供中药学、药学、民族药学、食品和生物类等专业用

保健食品研发与应用

主　编　张　艺　贡济宇

副主编　孟　江　关　枫　兰　卫　李盛青　王慧铭　王艳梅

主　审　吕圭源

编　委（按姓氏笔画为序）

于纯淼（黑龙江中医药大学）　　　杨文宇（西华大学食品与生物工程学院）

马　莉（上海中医药大学）　　　　吴兰芳（河北中医学院）

王厚伟（山东中医药大学）　　　　何　凡（辽宁中医药大学）

王艳梅（长春科技学院）　　　　　张　艺（成都中医药大学）

王满元（首都医科大学）　　　　　张红岩（吉林省中医中药科学院）

王慧铭（浙江中医药大学）　　　　孟　江（广东药科大学）

邓　翀（陕西中医药大学）　　　　赵永强（西藏甘露藏药集团西藏宇拓健

左蕾蕾（成都中医药大学）　　　　　　　　康品有限公司）

兰　卫（新疆医科大学）　　　　　徐美玲（辽宁中医药大学）

关　枫（黑龙江中医药大学）　　　殷金龙（吉林紫鑫药业股份有限公司）

许天阳（长春中医药大学）　　　　郭乃菲（辽宁中医药大学）

贡济宇（长春中医药大学）　　　　陶贵斌（长春中医药大学）

李　立（江西中医药大学）　　　　黄勤挽（成都中医药大学）

李盛青（广州中医药大学）　　　　曹纬国（重庆医科大学）

李寅超（郑州大学药学院）　　　　蒋立勤（浙江中医药大学）

李新霞（新疆医科大学）　　　　　赖先荣（成都中医药大学）

人民卫生出版社

图书在版编目（CIP）数据

保健食品研发与应用 / 张艺，贡济宇主编 . —北京：人民卫生出版社，2016

ISBN 978-7-117-22541-0

Ⅰ.①保… Ⅱ.①张… ②贡… Ⅲ.①疗效食品–中医学院–教材 Ⅳ.①TS218

中国版本图书馆 CIP 数据核字（2016）第 168772 号

人卫智网	www.ipmph.com	医学教育、学术、考试、健康，购书智慧智能综合服务平台
人卫官网	www.pmph.com	人卫官方资讯发布平台

保健食品研发与应用

主　　编：张　艺　贡济宇

出版发行：人民卫生出版社（中继线 010-59780011）

地　　址：北京市朝阳区潘家园南里 19 号

邮　　编：100021

E - mail：pmph @ pmph.com

购书热线：010-59787592　010-59787584　010-65264830

印　　刷：北京市艺辉印刷有限公司

经　　销：新华书店

开　　本：787×1092　1/16　印张：25

字　　数：576 千字

版　　次：2016 年 8 月第 1 版　2016 年 8 月第 1 版第 1 次印刷

标准书号：ISBN 978-7-117-22541-0/R · 22542

定　　价：55.00 元

打击盗版举报电话：010-59787491　E-mail：WQ @ pmph.com

（凡属印装质量问题请与本社市场营销中心联系退换）

《保健食品研发与应用》网络增值服务编委会

修订说明

为了更好地贯彻落实《国家中长期教育改革和发展规划纲要(2010-2020)》《医药卫生中长期人才发展规划(2011-2020)》《中医药发展战略规划纲要(2016-2030年)》和《国务院办公厅关于深化高等学校创新创业教育改革的实施意见》精神,做好新一轮全国高等中医药教育教材建设工作,全国高等医药教材建设研究会、人民卫生出版社在教育部、国家卫生和计划生育委员会、国家中医药管理局的领导下,在上一轮教材建设的基础上,组织和规划了全国高等中医药教育本科国家卫生和计划生育委员会"十三五"规划教材的编写和修订工作。

本轮教材修订之时,正值我国高等中医药教育制度迎来60周年之际,为做好新一轮教材的出版工作,全国高等医药教材建设研究会、人民卫生出版社在教育部高等中医学本科教学指导委员会和第二届全国高等中医药教育教材建设指导委员会的大力支持下,先后成立了第三届全国高等中医药教育教材建设指导委员会、首届全国高等中医药教育数字教材建设指导委员会和相应的教材评审委员会,以指导和组织教材的遴选、评审和修订工作,确保教材编写质量。

根据"十三五"期间高等中医药教育教学改革和高等中医药人才培养目标,在上述工作的基础上,全国高等医药教材建设研究会和人民卫生出版社规划、确定了首批中医学(含骨伤方向)、针灸推拿学、中药学、护理学4个专业(方向)89种国家卫生和计划生育委员会"十三五"规划教材。教材主编、副主编和编委的遴选按照公开、公平、公正的原则,在全国50所高等院校2400余位专家和学者申报的基础上,2200位申报者经教材建设指导委员会、教材评审委员会审定和全国高等医药教材建设研究会批准,聘任为主审、主编、副主编、编委。

本套教材主要特色包括以下九个方面:

1. **定位准确,面向实际**　教材的深度和广度符合各专业教学大纲的要求和特定学制、特定对象、特定层次的培养目标,紧扣教学活动和知识结构,以解决目前各院校教材使用中的突出问题为出发点和落脚点,对人才培养体系、课程体系、教材体系进行充分调研和论证,使之更加符合教改实际、适应中医药人才培养要求和市场需求。

2. **夯实基础,整体优化**　以培养高素质、复合型、创新型中医药人才为宗旨,以体现中医药基本理论、基本知识、基本思维、基本技能为指导,对课程体系进行充分调研和认真分析,以科学严谨的治学态度,对教材体系进行科学设计、整体优化,教材编写综合考虑学科的分化、交叉,既要充分体现不同学科自身特点,又应当注意各学科之间有机衔接;确保理论体系完善,知识点结合完备,内容精练、完整,概念准确,切合教学实际。

3. **注重衔接,详略得当**　严格界定本科教材与职业教育教材、研究生教材、毕业后教育教材的知识范畴,认真总结、详细讨论现阶段中医药本科各课程的知识和理论框架,使其在教材中得以凸显,既要相互联系,又要在编写思路、框架设计、内容取舍等方面有一定的区分度。

4. **注重传承,突出特色** 本套教材是培养复合型、创新型中医药人才的重要工具,是中医药文明传承的重要载体,传统的中医药文化是国家软实力的重要体现。因此,教材既要反映原汁原味的中医药知识,培养学生的中医思维,又要使学生中西医学融会贯通,既要传承经典,又要创新发挥,体现本版教材"重传承、厚基础、强人文、宽应用"的特点。

5. **纸质数字,融合发展** 教材编写充分体现与时代融合、与现代科技融合、与现代医学融合的特色和理念,适度增加新进展、新技术、新方法,充分培养学生的探索精神、创新精神;同时,将移动互联、网络增值、慕课、翻转课堂等新的教学理念和教学技术、学习方式融入教材建设之中,开发多媒体教材、数字教材等新媒体形式教材。

6. **创新形式,提高效用** 教材仍将传承上版模块化编写的设计思路,同时图文并茂、版式精美;内容方面注重提高效用,将大量应用问题导入、案例教学、探究教学等教材编写理念,以提高学生的学习兴趣和学习效果。

7. **突出实用,注重技能** 增设技能教材、实验实训内容及相关栏目,适当增加实践教学学时数,增强学生综合运用所学知识的能力和动手能力,体现医学生早临床、多临床、反复临床的特点,使教师好教、学生好学、临床好用。

8. **立足精品,树立标准** 始终坚持中国特色的教材建设的机制和模式;编委会精心编写,出版社精心审校,全程全员坚持质量控制体系,把打造精品教材作为崇高的历史使命,严把各个环节质量关,力保教材的精品属性,通过教材建设推动和深化高等中医药教育教学改革,力争打造国内外高等中医药教育标准化教材。

9. **三点兼顾,有机结合** 以基本知识点作为主体内容,适度增加新进展、新技术、新方法,并与劳动部门颁发的职业资格证书或技能鉴定标准和国家医师资格考试有效衔接,使知识点、创新点、执业点三点结合;紧密联系临床和科研实际情况,避免理论与实践脱节、教学与临床脱节。

本轮教材的修订编写,教育部、国家卫生和计划生育委员会、国家中医药管理局有关领导和教育部全国高等学校本科中医学教学指导委员会、中药学教学指导委员会等相关专家给予了大力支持和指导,得到了全国 50 所院校和部分医院、科研机构领导、专家和教师的积极支持和参与,在此,对有关单位和个人表示衷心的感谢!希望各院校在教学使用中以及在探索课程体系、课程标准和教材建设与改革的进程中,及时提出宝贵意见或建议,以便不断修订和完善,为下一轮教材的修订工作奠定坚实的基础。

全国高等医药教材建设研究会
人民卫生出版社有限公司
2016 年 3 月

全国高等中医药教育本科
国家卫生和计划生育委员会"十三五"规划教材
教材目录

61	实验针灸学(第2版)	主编 余曙光 徐 斌
62	推拿手法学(第3版)	主编 王之虹
63	*刺法灸法学(第2版)	主编 方剑乔 吴焕淦
64	推拿功法学(第2版)	主编 吕 明 顾一煌
65	针灸治疗学(第2版)	主编 杜元灏 董 勤
66	*推拿治疗学(第3版)	主编 宋柏林 于天源
67	小儿推拿学(第2版)	主编 廖品东
68	正常人体学(第2版)	主编 孙红梅 包怡敏
69	医用化学与生物化学(第2版)	主编 柯尊记
70	疾病学基础(第2版)	主编 王 易
71	护理学导论(第2版)	主编 杨巧菊
72	护理学基础(第2版)	主编 马小琴
73	健康评估(第2版)	主编 张雅丽
74	护理人文修养与沟通技术(第2版)	主编 张翠娣
75	护理心理学(第2版)	主编 李丽萍
76	中医护理学基础	主编 孙秋华 陈莉军
77	中医临床护理学	主编 胡 慧
78	内科护理学(第2版)	主编 沈翠珍 高 静
79	外科护理学(第2版)	主编 彭晓玲
80	妇产科护理学(第2版)	主编 单伟颖
81	儿科护理学(第2版)	主编 段红梅
82	*急救护理学(第2版)	主编 许 虹
83	传染病护理学(第2版)	主编 陈 璇
84	精神科护理学(第2版)	主编 余雨枫
85	护理管理学(第2版)	主编 胡艳宁
86	社区护理学(第2版)	主编 张先庚
87	康复护理学(第2版)	主编 陈锦秀
88	老年护理学	主编 徐桂华
89	护理综合技能	主编 陈 燕

注:①本套教材均配网络增值服务;②教材名称左上角标有"*"者为"十二五"普通高等教育本科国家级规划教材。

第三届全国高等中医药教育教材
建设指导委员会名单

顾 问	王永炎	陈可冀	石学敏	沈自尹	陈凯先	石鹏建	王启明
	秦怀金	王志勇	卢国慧	邓铁涛	张灿玾	张学文	张 琪
	周仲瑛	路志正	颜德馨	颜正华	严世芸	李今庸	施 杞
	晁恩祥	张炳厚	栗德林	高学敏	鲁兆麟	王 琦	孙树椿
	王和鸣	韩丽沙					

主任委员 张伯礼

副主任委员	徐安龙	徐建光	胡 刚	王省良	梁繁荣	匡海学	武继彪
	王 键						

常务委员（按姓氏笔画为序）

	马存根	方剑乔	孔祥骊	吕文亮	刘旭光	许能贵	孙秋华
	李金田	杨 柱	杨关林	谷晓红	宋柏林	陈立典	陈明人
	周永学	周桂桐	郑玉玲	胡鸿毅	高树中	郭 娇	唐 农
	黄桂成	廖端芳	熊 磊				

委 员（按姓氏笔画为序）

	王彦晖	车念聪	牛 阳	文绍敦	孔令义	田宜春	吕志平
	安冬青	李永民	杨世忠	杨光华	杨思进	吴范武	陈利国
	陈锦秀	徐桂华	殷 军	曹文富	董秋红		

秘 书 长 周桂桐（兼） 王 飞

秘 书 唐德才 梁沛华 闫永红 何文忠 储全根

全国高等中医药教育本科
中药学专业教材评审委员会名单

前　言

《保健食品研发与应用》是全国高等中医药教育本科国家卫生和计划生育委员会"十三五"规划教材之一。本教材由来自全国20所中医药院校20余位教学科研经验丰富的同行教授和专家编写而成,适用于全国高等院校中药学、药学、民族药学、食品和生物类等专业的本专科教学使用,并可作为从事保健食品研究、开发和应用专业人员的参考书。

保健食品是指具有特定保健功能或者以补充维生素、矿物质为目的的食品,适用于特定人群食用,具有调节机体功能,不以治疗疾病为目的,并且对人体不产生任何急性、亚急性或慢性危害。随着人们对亚健康和养生保健的日益重视,保健食品在"治未病"方面发挥着越来越重要的作用。保健食品及其产业正迎来新的春天。一方面,国家"一带一路"战略为保健食品产业带来了前所未有的新机遇;另一方面,基于互联网思维的大数据时代也为保健食品产业提供了更多契机,使得企业能够迅速掌握市场需求和定位客户资源,从而更加有效地规划产业发展方向和指导新产品开发。我国保健食品法规对此类产品实行严格的注册或备案管理,国家相继出台了《中华人民共和国食品安全法》《保健食品注册与备案管理办法》等保健食品相关的法律和法规,从保健食品的审批要求、审批程序、申报内容,以及产品配方、生产工艺、质量评价、安全性与功能评价等方面均有具体要求,并强调其不能对人体产生任何急性、亚急性或慢性危害,且使用时不能宣传治疗作用。保健食品的研发、生产和使用必须达到相应的技术要求并遵守相关法规。

本教材围绕国家现行保健食品政策法规,密切联系研发和生产实际,系统地介绍了如何开发和应用保健食品。教材分四个部分、共十六章。第一部分为导论(第一章),介绍保健食品的概念与分类、中医药在保健食品领域的传统应用、保健食品的发展现状与趋势。第二部分(第二～八章)为总论,介绍保健食品有关法规、研发思路与流程、配方研究、工艺研究、安全性与功能研究、质量研究、保健食品的市场推广等。第三部分为各论(第九～十六章),围绕辅助降血脂功能、辅助降血糖功能、辅助降血压功能、抗氧化功能、增强免疫力功能等二十七种保健功能,详细介绍保健食品的研发方法。第四部分为附录,编有保健食品注册与备案管理办法、再注册有关事项、注册申报资料书写与审查规范、注册检验复核检验管理办法及规范、良好生产管理规范以及原料管理等内容。

本教材各章设学习目的与学习要点,提出了明确的教学目标;并设有学习小结、学习方法和复习思考题,引导学生掌握重点、帮助理解、掌握和应用有关知识要点,融会贯通。本教材遵循"教学性、系统性、逻辑性、实用性",以及密切联系国家有关部门保健食品法规、申报注册要求等信息的新颖性为编写原则,力求按照教学规律,突出重点,精简内容,严谨求实,新颖实用。

本教材的编者都是从事教学与科研工作多年的专家,充分凝聚了全体编写人员的智慧和心血,在此对他们致以衷心的感谢。本教材在编写过程中,得到了参编院校各级领导、国内同行专家、保健食品生产企业,以及人民卫生出版社的支持、鼓励和协助,在此深表谢意。由于保健食品研发与应用所涉及的基础知识和技术领域十分广泛,近年来保健食品行业迅速发展,有关成果和知识日新月异,同时为了进一步提高本书的质量,以供再版时修改,恳请各院校师生及其他读者提出宝贵意见和建议。

编　者

2016 年 3 月

目　录

导　论

总　论

各　论

附　录

第一章

保健食品概述

学习目的

通过学习掌握保健食品的概念和特点,保健食品的管理,中医养生的原则,以及研发趋势;熟悉保健食品的分类,保健食品研发的意义,国内保健食品研发现状;了解中医食疗养生的起源与发展,以及国外保健食品研发现状等;为总论和各论学习打下基础。

学习要点

保健食品的内涵、分类、管理、研发意义;中医食疗养生发展过程,中医养生原则、养生中药的功能分类;保健食品国外研发现状,国内发展现状和研发趋势。

第一节　保健食品的概念与分类

当今人类生存环境日趋恶化,亚健康状态发生率呈现显著上升趋势,许多疾病与亚健康状态密切相关,促使人们更加关注身体健康与饮食的相互关系,希望通过改善饮食条件和食品组成来发挥食品本身的生理调节功能,以达到提高人类健康水平的目的。保健食品就是在这一背景下出现的。

一、保健食品的概念

(一) 保健食品的概念

我国"药食同源"历史悠久,饮食养生贯穿在中华民族的历史长河之中,早在先秦时期已经有饮食养生记载,以后历代多称"药膳"、"膳食"、"食养"、"食疗"等。现代意义的保健食品,始产于 20 世纪 80 年代,1997 年 5 月 1 日实施的《GB 16740-1997 保健(功能)食品通用标准》的定义为"保健(功能)食品是食品的一个种类,具有一般食品的共性,能调节人体的机能,适于特定人群食用,但不以治疗疾病为目的"。2015 年 5 月 24 日实施的《GB 16740-2014 食品安全国家标准 保健食品》进一步明确了"保健食品"的概念:"声称并具有特定保健功能或者以补充维生素、矿物质为目的的食品。即适用于特定人群食用,具有调节机体功能,不以治疗疾病为目的,并且对人体不产生任何急性、亚急性或慢性危害的食品"。《中华人民共和国食品安全法》(以下简称《食品安全法》，自 2015 年 10 月 1 日起施行）规定了"保健食品声称保健功能，应当具有科学依据，不得对人体产生急性、亚急性或者慢性危害"。因此保健食品的概念包含了四个要素：①它不能脱离食品，是食品的一个种类；②它必须具有一般食品无法比拟的功能性，具有明确的功效成分（营养成分）或标志性成分，适宜于特定人群食用，能调节人体的某种功能；③它不是药品，不是为治疗疾病而生产的产品；④它必须具有一般食品的安全性，在规定的食用量下没有可检测的毒性物质和毒性作用。因此，保健食品是普通食品和药品之间的一种特殊食品。《食品安全法》将其纳入特殊食品，依法实行严格监督管理。

在国际上，与我国保健食品相似的产品有不同的名称。日本在 1962 年首次出现"保健食品"这一名词，1991 年又定义为"特定保健用食品"（foods for special health use，FSHU）。美国 20 世纪 80 年代开始出现含营养素的"健康食品"（healthy food），1994 年纳入"膳食补充剂健康与教育法案，DSHEA"管理，称作"膳食补充剂"（dietary supplement）。欧洲保健食品称"功能食品"（functional food）、"健康食品"等。1995 年 9 月联合国粮农组织（FAO）、世界卫生组织（WHO）和国际生命科学研究院（ILSI）联合召开"东西方对功能食品第一届国际科研会"，正式确定"功能食品"这一名称。

（二）保健食品与一般食品、药品的区别

保健食品除了具有食品的营养功能，以及色、香、味、形等感官功能外，还必须具有一般食品所没有的或没有强调的调节人体机能的作用，因此，保健食品与一般食品、药品之间既有共性，又有显著区别。

1. 保健食品与一般食品的区别　一般食品只针对普通的日常生活，包括解决饥饿和身体一般的营养需求，强调提供营养成分，不允许具有任何的"健康声称"；没有用法用量的要求，没有规定的不适宜人群。而保健食品是食品的一个特殊种类，必须通过科学实验证明具有特定成分和调节人体机能作用，有规定的用法用量，用量过小没有保健作用，用量过大可能会对身体造成危害；具有特定适宜人群和不适宜人群；其配方、生产工艺应符合有关管理规定。

2. 保健食品与药品区别　保健食品具有特定保健功能，但不以治疗疾病为目的，其保健功能不能等同于治疗作用，所以不得用"治疗"、"疗效"、"医治"等描述和介绍产品的作用；使用范围广，适合于多种群体，包括亚健康人群以及需要保健辅助的病人，按要求正常服用，均无毒副作用；原料一般是无毒副作用的维生素、矿物质以及其他动植物提取物。而药品对疾病有明确的治疗作用，可使用"治疗"、"治愈"、"疗效"等表述；药品作用于机体，按规定的用量用法可能会产生不良反应，不可过量或长期服用；药品除了保健食品的原料外，具有毒性的原料也可使用。

3. 保健食品与特殊医学用途配方食品区别　二者均属于特殊食品管理的范畴，供特定人群食用，并且对人体不产生任何急性、亚急性或慢性危害的食品。保健食品采用注册与备案相结合的方式，特殊医学用途配方食品实行注册制。二者也具有明显差别：保健食品，是具有调节机体功能的食品；特殊医学用途配方食品，是为了满足营养需求的食品，必须在医生或临床营养师指导下，单独食用或与其他食品配合食用，包括适用于 0 月龄至 12 月龄的特殊医学用途婴儿配方食品和适用于 1 岁以上人群的特殊医学用途配方食品。

二、保健食品的分类

(一) 按产品研究的复杂程度分类

1. **第一类保健食品**　是最原始的保健食品,仅仅根据食品中各类营养成分或强化营养素的功能来推断它们具有某种作用,而这些功能没有经过任何实验证实,目前多数国家已将这类产品列为一般食品。

2. **第二类保健食品**　在第一类产品基础上发展而来,必须经过人体及动物实验,证明该产品具有某项生理调节功能,即欧美等国家所强调的其功能具有真实性和科学性。目前我国经审批的保健食品大多数属第二类产品,即功能明确的保健食品。

3. **第三类保健食品**　是在第二类产品基础上进一步发展,除需要经过人体及动物实验证明具有某项生理调节功能外,还需明确知道其具有该功能的功效成分(或称功能因子)结构、含量、作用机制和在食品中的稳定形态,近年来开发的以中药来源的保健食品多属于此类产品。目前欧美、日本等国也在大力开发第三类产品,这类产品已成为国际主流保健食品。

(二) 按保健功能分类

保健食品按功能可分为营养素补充剂和特定功能保健食品这两大类。

营养素补充剂是基于西医的现代营养学理论,认为营养素摄入不足和营养不均衡会导致各种慢性病,需要营养补充剂来改善身体状况,主要原料是维生素、矿物质和动植物提取物。

特定功能保健食品,即一般意义上的保健食品,是指经动物功能试验/或人体试食试验证明,具有特定的机体调节功能。《保健食品检验与评价技术规范(2003 年版)》公布了 27 种保健食品功能的功能学评价程序与检验方法,《关于印发抗氧化功能评价方法等 9 个保健功能评价方法的通知》(国食药监保化[2012]107 号)修订了抗氧化等 9 个功能的评价方法。根据《食品安全法》对保健食品实行严格监管的要求,国家食品药品监督管理总局通过调整保健食品功能范围等方式,进一步完善功能评价方法,提高判断标准,规范功能声称,严格准入门槛。目前,我国规范了 27 种保健功能及其功能学试验评价要求见表 1-1。

表 1-1　保健食品功能及功能学试验一览表

序号	项目	需动物试验	需人体试食试验
1	辅助降血脂功能	√	√
2	辅助降血糖功能	√	√
3	抗氧化功能	√	√
4	辅助改善记忆功能	√	√
5	促进排铅功能	√	√
6	清咽功能	√	√
7	辅助降血压功能	√	√
8	促进泌乳功能	√	√

续表

序号	项目	需动物试验	需人体试食试验
9	减肥功能	√	√
10	改善生长发育功能	√	√
11	改善营养性贫血功能	√	√
12	调节肠道菌群功能	√	√
13	促进消化功能	√	√
14	通便功能	√	√
15	对胃黏膜损伤有辅助保护功能	√	√
16	缓解视疲劳功能	○	√
17	祛痤疮功能	○	√
18	祛黄褐斑功能	○	√
19	改善皮肤水分功能	○	√
20	改善皮肤油分功能	○	√
21	增强免疫力功能	√	○
22	改善睡眠功能	√	○
23	缓解体力疲劳功能	√	○
24	提高缺氧耐受力功能	√	○
25	对辐射危害有辅助保护功能	√	○
26	对化学性肝损伤有辅助保护功能	√	○
27	增加骨密度功能	√	○

※:"√"表示需要;"○"表示不需要。

(三) 按功效成分分类

保健食品应具有与产品配方和申报的保健功能相适应的功效成分(营养成分)或标志性成分。申报保健食品注册或备案时,根据其产品适用的方法学范围选择国家标准、行业标准以及国际上权威分析方法,检测产品配方中主要原料所含的功效成分(营养成分)或标志性成分。功效成分(营养成分)系指在保健食品中具有调节人体机能作用的物质,与该产品保健功能相对应。

《GB 16740-1997 保健食品》中的功效成分主要包括 9 类:多糖类,如膳食纤维、香菇多糖等;功能性甜味料(剂)类,如单糖、低聚糖、多元糖醇等;功能性油脂(脂肪酸)类,如多不饱和脂肪酸、磷脂、胆碱等;自由基清除剂类,如超氧化物歧化酶(SOD)、谷胱甘肽过氧化酶等;维生素类,如维生素 A、维生素 E、维生素 C 等;肽与蛋白质类,如谷胱甘肽、免疫球蛋白等;活性菌类,如乳酸菌、双歧杆菌等;微量元素类,如硒、锌等;其他还有二十八烷醇、植物甾醇、皂苷等。

《保健食品检验与评价技术规范(2003 年版)》公布了 25 类功效成分(营养成分)或标志性成分,见表 1-2。

表 1-2 保健食品中功效成分（营养成分）或标志性成分检测项目表

序号	营养素补充剂	保健食品中标识的营养素（包括维生素和矿物质）
1	五加科参类	皂苷
2	蕈类（灵芝、蘑菇等）	膳食纤维
3	冬虫夏草菌丝体	腺苷
4	红景天类	红景天苷
5	芦荟类	芦荟苷
6	大蒜类	大蒜素
7	螺旋藻类	蛋白质、胡萝卜素、维生素 B_1、维生素 B_2
8	茶叶类	茶多酚
9	魔芋类	膳食纤维
10	纤维素类	膳食纤维
11	磷脂类	丙酮不溶物、乙醚不溶物（原料）
12	红曲类	洛伐他汀
13	植物油类	脂肪酸、维生素 E
14	动物油类	脂肪酸
15	初乳类	免疫球蛋白
16	鹿血类	蛋白质、氨基酸
17	蚂蚁类	锰、蛋白质
18	蚯蚓类	蚓激酶（溶纤酶）、蛋白质
19	蛇、蝎等	蛋白质、氨基酸
20	角鲨烯	角鲨烯
21	蜂皇浆	10-羟基癸烯酸
22	蜂花粉、蜂胶	总黄酮
23	甲壳质产品	脱乙酰度，产品如为复方应检测原料的脱乙酰度
24	蛋白质、氨基酸制品	蛋白质、氨基酸
25	褪黑素产品	褪黑素，产品原料（褪黑素）需提供原料纯度证明并检测

（四）其他分类

按原料来源可分为植物类、动物类、益生菌类等；按保健食品的形态可分为胶囊类、片剂类、酒类、颗粒剂类、饮料类等，保健食品的常见形态（剂型）数量占保健食品数量的比例见图 1-1。（数据来源于国家食品药品监督管理总局保健食品数据库，时间截止于 2015 年 12 月 31 日）

三、保健食品的管理

国家依据《食品安全法》、《GB 16740 食品安全国家标准 保健食品》等法规、标准，对保健食品实施严格监督管理。

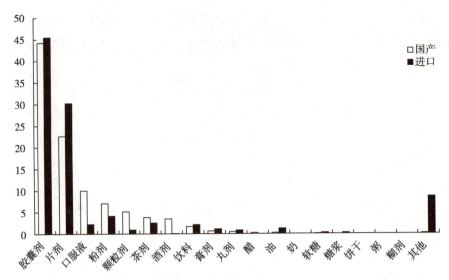

图 1-1　保健食品的常见形态(剂型)数量占保健食品数量的比例(%)

《食品安全法》第七十六条规定:"使用保健食品原料目录以外原料的保健食品和首次进口的保健食品应当经国务院食品药品监督管理部门注册。但是,首次进口的保健食品中属于补充维生素、矿物质等营养物质的,应当报国务院食品药品监督管理部门备案。其他保健食品应当报省、自治区、直辖市人民政府食品药品监督管理部门备案"。

《食品安全法》第七十七条规定:"依法应当注册的保健食品,注册时应当提交保健食品的研发报告、产品配方、生产工艺、安全性和保健功能评价、标签、说明书等材料及样品,并提供相关证明文件。国务院食品药品监督管理部门经组织技术审评,对符合安全和功能声称要求的,准予注册;对不符合要求的,不予注册并书面说明理由。对使用保健食品原料目录以外原料的保健食品作出准予注册决定的,应当及时将该原料纳入保健食品原料目录。依法应当备案的保健食品,备案时应当提交产品配方、生产工艺、标签、说明书以及表明产品安全性和保健功能的材料"。

《食品安全法》第八十三条规定:"生产保健食品,特殊医学用途配方食品、婴幼儿配方食品和其他专供特定人群的主辅食品的企业,应当按照良好生产规范的要求建立与所生产食品相适应的生产质量管理体系,定期对该体系的运行情况进行自查,保证其有效运行,并向所在地县级人民政府食品药品监督管理部门提交自查报告。"国家依据《食品安全法》《GB 16740 食品安全国家标准 保健食品》《GB 17405 保健食品良好生产规范》对保健食品实施生产管理。本标准适用于所有保健食品生产企业,规定了对生产具有特定保健功能食品企业的人员、设计与设施、原料、生产过程、成品贮存与运输以及品质和卫生管理方面的基本技术要求。保健食品生产企业必须具有《保健食品生产企业卫生许可证》、《保健食品 GMP 证书》、《保健食品批准证书》。

《食品安全法》第七十八条规定:"保健食品的标签、说明书不得涉及疾病预防、治疗功能,内容应当真实,与注册或者备案的内容相一致,载明适宜人群、不适宜人群、功效成分或者标志性成分及其含量等,并声明"本品不能代替药物"。保健食品的功能和成分应当与标签、说明书相一致。"

《食品安全法》第七十九条规定:"保健食品广告除应当符合本法第七十三条第一款的规定外,还应当声明"本品不能代替药物";其内容应当经生产企业所在地省、自治区、直辖市人民政府食品药品监督管理部门审查批准,取得保健食品广告批准文件。省、自治区、直辖市人民政府食品药品监督管理部门应当公布并及时更新已经批准的保健食品广告目录以及批准的广告内容。"

四、保健食品研发的意义

(一)促进社会健康和经济发展

1. 我国健康事业发展需要　2008 年国家中医药管理局组织开展"治未病"健康工程,把预防和控制疾病放在了首位,卫生部颁发的《健康中国 2020 战略研究报告》把发展健康产业作为战略重点,强调预防为主,从注重疾病诊疗向预防为主、防治结合转变。2011 年,国家发改委、工信部联合印发《食品工业"十二五"发展规划》,首次把"营养与保健食品制造业"列为重点发展行业,提出利用我国特有的动植物资源和技术开发有民族特色的新功能食品。2013 年颁发的《国务院关于促进健康服务业发展的若干意见》,将营养保健食品列为重点支持产业。2015 年 10 月我国新《食品安全法》正式实施,保健食品从单纯的注册制改变为注册制和备案制并行。这些密集出台的政策措施表明,保健食品产业已经成为我国健康事业的重要组成部分。

2. 我国经济发展的需要　随着我国经济快速增长,人均收入不断增加,当人们解决了衣食住行等基本问题之后,投资健康就会有更多的需求。从历史上看,美国人均GDP 达到 5000 美元的时期,是美国健康产业发展最迅速的 10 年,日本人均 GDP 超过 3000 美元时,是日本健康产业开始进入高速发展的时期,而我国在 2013 年人均 GDP超过了 6000 美元,中共中央十八大提出收入倍增计划,即 2020 年中国 GDP 总量要比2010 年提高一倍,人均可支配收入比 2010 年增长一倍。因此,我国经济发展水平已经进入到大力发展保健食品产业的历史时期。

从欧美和日韩等国家的发展看,人口老龄化、慢性病、富贵病除影响患者的生命质量外,还会明显耗费大量的社会医疗资源和医疗费用,成为个人、家庭的巨大开支和国家公共财政的沉重负担。在我国医疗投入不足、保险制度不完善的情况下,不少家庭也因病致贫。国家"九五"攻关完成的研究项目表明,在疾病预防工作上投资 1元钱,就可以节省 8.5 元的医疗费和 100 元的抢救费用。国家已经认识到保健食品在疾病预防中的重要性,保健食品产业作为大健康产业的重要组成部分,将在国家经济建设中发挥越来越重要的作用。

在世界范围内保健食品都是一个相当重要的产业门类,我国保健食品产业链完整,贯穿药材种植、食品研发、器械制造、健康服务等第一、二、三产业,吸纳就业能力强,开展创业空间广,拉动消费作用大,如 2014 年我国保健食品市场产值约 3900 亿元,就业人数超过六百万。因此,大力发展我国保健食品产业,是我国经济发展的新增长点。

可见,当健康重心由治疗转向预防,随着我国经济高速增长,居民的购买力增强,落实国家发展保健食品产业的方针政策,大力发展保健食品产业,是我国人民健康和经济发展的必然选择。

笔记

(二) 适应当代疾病发展变化的需要

1. 疾病谱变化需要　研究发现,一般人群通过日常饮食难以获得均衡的、充足的营养,原因有多方面,如土地经过连续耕作,大量的农药、化肥、植物生长素等应用,使食物本身的营养含量不断下降,日本厚生省 2005 年发布的报告指出,1950 年居民从日常饮食中摄入的维生素和矿物质比例达到 92.7%,1994 年为 57.3%,2004 年为49.6%;加上生活节奏加快,使越来越多的人以各种快餐来替代主食,因此通过日常饮食难以维持我们人体所需的营养物质,调查显示我国 2.7 亿在校生的蛋白质摄入量仅为标准的 65%,维生素 A、钙、铁、锌摄入严重不足。由于我们缺乏足够、均衡的物质,人体就会从健康状态进入亚健康状态,就会表现出体虚乏力、精神不振、睡眠失常、肌肉酸痛,或免疫力下降等各种不适症状,甚至导致各种慢性病发生。

在日常饮食难以获得充足营养的同时,工业的高度发展对环境造成的负面影响,如空气和水质污染、生态恶化、食品中农药和抗生素的残留,加上社会生产水平不断提高,食物越来越精细,动物肉类食品越来越丰富,导致了部分现代人摄入的能量等过剩,而人体必需的部分营养素却又不足,造成机体功能紊乱,慢性病、富贵病不断上升。如《中国居民营养与慢性病状况报告(2015)》分析评估表明,2012 年我国 18 岁及以上成人超重率为 30.1%,肥胖率为 11.9%,比 2002 年上升了 7.3% 和 4.8%,6~17 岁儿童青少年超重率为 9.6%,肥胖率为 6.4%,比 2002 年上升了 5.1% 和 4.3%。在慢性病方面,高血压、糖尿病、慢性阻塞性肺病在全国 18 岁及以上成年人中的患病率分别为 25.2%、9.7% 和 9.9%,癌症发病率年平均增长约 4%,2013 年发病率为 235/10 万,我国 18 岁以上成年人已有 1.14 亿患上了糖尿病。

因此,疾病谱的改变,尤其是当代富贵病、慢性病以及亚健康群体的不断增多,各种不良因素都可能影响人体正常机能,影响人体对不同健康元素的需求,人们应该通过健康食品来增强机体功能,以预防疾病的产生,或辅助治疗以减轻疾病的病情或减慢疾病的进程。

2. 人口老龄化的需要　我国正在进入老龄化时期,据民政部数据统计,2014 年底中国 60 岁以上老年人为 2.12 亿,占总人口的 15.5%,到 2015 年末中国 60 岁以上老年人将达到 2.16 亿,约占总人口的 16.7%,接近发达国家老龄人口比例。因为老年人的新陈代谢功能下降和各个器官功能下降,经常会受到疾病的困扰,研究表明 60 岁以上人群患病率达 56%,心脑血管疾病、糖尿病、高血压等发病率明显高于其他年龄群体,其他疾病如骨质疏松症、老年性痴呆、动脉硬化、习惯性便秘或腹泻、失眠等,给老年人的生活和生命质量造成严重影响。

体质特点决定了老年人应该在日常生活中,通过饮食获得更加均衡的营养,以减缓身体功能的下降,减少疾病的发生或减缓疾病的进展,因此发展保健食品是老龄化社会到来的必然需要。

3. 亚健康群体的需要　2006 年中华中医药学会制定了《亚健康中医临床指南》,把亚健康定义为"人体处于健康与疾病之间的一种状态"。随着生活节奏的加快,生活方式的改变,社会竞争的加剧,人们心理和生理功能受到巨大冲击,亚健康群体比例正在上升。据世界卫生组织的调查结果,所有人群中真正健康的占 5% 左右,亚健康达到 75%;我国对 10 个城市上班族的调查显示,亚健康状态者已达 60%,其中北京高达 75.30%,上海是 73.49%,广东达 73.41%,尤其是不良生活方式下的中青年人越来越多的进入了亚健康状态,如果不及时进行恰当干预,将会发展成为疾病。这种健康与疾病的中间状态,并未达到西医所诊断的疾病标准,因此西药并不是理想的干预选择,而保健食品正好介于食品与药品之间,对人体具有调节功能,可以恢复机体平衡,防止由亚健康状态进入疾病状态。

由此可见,各年龄层的人群都存在着不同程度的健康问题,需要在日常饮食中进行调节和疾病的预防。但是,我国保健食品仍处于起步阶段,人群普及率和人均消费水平低,与健康问题越来越严重形成一定的关联,所以,我国必须大力发展保健食品产业,以适应当代疾病发展变化的防治需要。

(三) 促进中医药事业发展

1. 推动保健食品和中医药走向世界　我国几千年的"药食同源"历史中,有丰富的治疗和养生理论和实践,有植物、微生物、海洋生物、动物和矿物等丰富医疗和保健食品资源,但在国际植物医药和保健食品市场上美国、日本、韩国等占领了绝大部分市场,我国仅约占 5% 份额,与我国中医药起源地和资源大国地位极不相称,其根本原因就在于研发水平落后,难以越过西方设置的技术壁垒,使我们的中医药特色和资源优势无从发挥。

"治未病"是中医药的特色之一,中医药国际化的道路更适合优先发展保健食品产业。因为中医药在海外的发展,可以考虑从保健食品的角度切入,研发一些以中药为原料的保健食品,让国外市场认识中医药在"治未病"和保健方面的作用,既能增加国际社会对中医药的了解,又提高我国保健食品在国际市场的份额,改变我国依赖原料出口而成品出口几乎为零的不利局面,推动我国保健食品走向国际市场,并带动中医药的推广应用。

2. 有利于中医药事业发展　我国大部分保健食品是在中医养生的理念下诞生和发展的,是以中药提取物为主要原料的。对中医药理论、方法、设备、药材等的研究,既可能适用于保健食品开发,也可能适用于药品的开发,如银杏叶提取物含黄酮类及萜类内酯化合物,作为药品已广泛用于治疗冠心病、阿尔茨海默病、皮肤病等疾病,已上市的药品主要有片剂、胶囊剂、注射剂等;作为保健食品原料,已经开发出含银杏叶提取物的饼干、糖果、牛奶、酒、茶等,在欧美保健食品市场大受欢迎。

在我国大力发展"大健康"产业的趋势下,许多大型医药企业,如广药集团、北京同仁堂集团公司、山东东阿阿胶股份有限公司、江中药业股份有限公司等,纷纷进入保健食品行业,进行保健食品研发,甚至将其作为重点产品推广。所以,使保健食品和中药同步、协调地发展,促进中药企业做大做强,有利中医药事业发展。

第二节　传统养生保健

从国家批准的保健食品分析,保健食品在组方设计和配方原料选择上,多数产品与中医药和传统食疗有关,现代保健食品已经深深根植于中医药文化之中,在此对中医食疗养生进行讨论。

一、中医食疗养生的起源与发展

养生是中医学特有概念,相当于现代所称的"保健",是中华民族传统文化的精髓之一,其历史源远流长,从远古的原始人类觅食求生的实践中,发现医食共用的食物或药物,即"药食同源",就开始了人类的食疗养生实践。随着实践不断丰富,先秦时期已经开始注意饮食养生,如《周礼》把食医列在众医之首,食医职责是"掌和王之六食、六饮、六膳、百羞、百酱、八珍之齐",初步创造了"食治学";《诗经》也有食养的记载,如"八月剥枣,十月获稻。为此春酒,以介眉寿",记录的药物有葛根、地黄、甘草、枸杞子等一百多种。

经过实践和理论的积累和总结,战国时期出现了我国最早的医学专著《黄帝内经》,总结了秦汉以前中医学成就,系统论述了中医养生的理论、原则和方法,提出重要养生理论,如"春夏养阳,秋冬养阴""圣人不治已病治未病,不治已乱治未乱""五谷为养,五果为助,五畜为益,五菜为充"等,提出调和阴阳、濡养脏腑、顺应自然等养生原则,记载了含食物的方剂,如治疗失眠的半夏秫米汤,奠定了中医养生理论基础,成为中医养生史的重要里程碑。

到东汉末年出现了第一部药学专著《神农本草经》,载药365种,上品120种多属于延年益寿之品,大部分药物如人参、甘草、大枣、菊花、薏苡仁、枸杞子、茯苓等仍然为目前临床常用、具有保健作用的药物。本书首次全面阐述了药物或食物的保健功能,如人参"主补五脏,安精神,定魂魄,止惊悸,除邪气,明目,开心益智,久服轻身延年"。随后的张仲景在《伤寒杂病论》创造性地将医学理论和临床实践紧密结合,阐述了食物的气味、属性、归经、功能等,在应用食物方面,巧用糜粥、姜枣共用、讲究用水、以酒代水、详论食忌、广用食物,寓药于食,以食疗疾,成为饮食疗法的奠基人。

唐代对先秦的学术思想有所继承、创新和发展,众多养生家也是著名的医学家,出现了较多养生专论、专著。《新修本草》是我国第一部官修药典性本草,收载药物855种,其中有明确强身延年作用的有230多种。唐代药王孙思邈有大量关于养生的论述,在《千金方·食治》提出:"安身之本必资于食,救急之速必凭于药。不知食宜者,不足以存生也。不明药忌者,不能以除病也……夫为医者当须先洞察病源,知其所犯,以食治之,食疗不愈,然后命药。"在《千金要方》有"食治"、"食宜"、"食疗"等大量有关食疗方面内容,列有食养、食疗食物150多种,分为谷米、蔬菜、果实、鸟兽四类,多为日常食品,并论述其性味、功效、应用,如用动物肝脏治疗夜盲症,以海藻、昆布治疗瘿瘤等,在我国养生史上有重要影响。

宋金元时期养生理论和养生方法进一步充实和完善中医养生内容。另外,从秦汉时期兴起金石养生潮流,因出现众多重金属中毒事件,服食金石的弊端在唐代开始引起一些医家的反思,至宋元时代开始转向动植物类养生为主。北宋官方药局出版的《圣济总录》,收集了宋代以前养生方剂的大成,对养生保健的一些方法做了相当详尽的介绍,有药粥方近100首,羹方37首。药局编著的另一著作《太平圣惠方》,也载有许多养生保健的内容,尤其注意药物与食物相结合的方法,如记述了各种药粥、药酒等。元代饮膳太医忽思慧撰写的《饮膳正要》是我国最早的饮食卫生和营养学专著,从健康人的实际饮食需要出发,制定了一套饮食卫生法则,内容包括食性理论、食物配伍、妇婴饮食、保健茶酒等,汇集了元代以前保健食品的精粹,创立保健食品禁忌理论,阐述了饮食卫生、营养疗法等,为我国现存第一部完整的饮食保健专著,也是一部有价值的古代食谱。

明清时期医家非常重视实践经验总结,从明代到新中国成立前的不到600年内所出版的养生类著作比明清以前 2200 多年间所发行的总量还要多,中医养生保健专著的撰辑和出版进入养生学史的鼎盛时期,如明代卢和《食物本草》、孟笨《养生要括》、胡文焕《新刻养生食忌》,清代朱本中《饮食须知》、王士雄《随息居饮食谱》等。具代表性的是李时珍的《本草纲目》,集明代以前养生药物之大成,收载具"不老增年"功能的药物 250 多种,果品 127 种,菜类 105 种,谷物 73 种,鳞类 72 种,禽类 70 种,兽类 58 种,药酒 29 种,药粥 16 种,重视食物配伍、食药配伍、疾病与饮食的忌口等食疗禁忌,批判了以前金石类药物养生的不正确做法,提倡用无毒易食的动植物类药物、用中医辨证论治的思维来养生延年,对中医养生作出了卓越贡献。

1840 年鸦片战争以后,我国逐步变成一个半殖民、半封建的社会,在否定中华民族文化遗产的思潮下,中医受到排斥、限制甚至消灭的压迫和摧残,中医养生理论和实践都停滞不前。

1949 年中华人民共和国成立后,中医学获得了新生,毛泽东主席指示大力挖掘中医药宝库,1956 年起,在北京、上海、广州、成都和南京等地建立了中医学院,使中医药教育纳入了现代正规高等教育行列,此后从国家层面制定了一系列政策措施促进中医药发展。2008 年 1 月卫生部部长陈竺宣布启动"治未病"健康工程,并强调"预防保健是维护人类健康的关键环节,二十一世纪我国卫生事业关键在于预防保健",2013 年 9 月国务院发布《关于促进健康服务业发展的若干意见》也明确指出当前中国健康服务业的主要任务之一是发展中医药医疗保健服务,中医养生迎来了前所未有的机遇。

目前,在古代文献整理、临床经验总结方面,对养生理论和方法进行了系统整理,出版了各种专著、科普著作、科普期刊杂志。在现代研究方面,对古今大部分有养生功能的药物从化学成分、药理、毒理等进行了探讨,从免疫、代谢、内分泌以及细胞、分子、基因水平等多角度、多层次研究其作用机制,探求其作用本质;临床上,各种形式的有治疗和养生功能的中医馆、治未病工作室、名医工作室等越来越多,各种类型的康复机构相继在全国各地建立,传统养生理论和实践得到了广泛应用,中医药养生事业正在快速发展。

二、中医食疗养生的原则

传统中医养生的内容非常丰富,有食养、针灸、按摩、运动、音乐等不同方法,其中食疗养生伴随着"药食同源"、"医食同源"最早出现于文献记载中,并与中医药理论和实践同步发展,中医的整体观念、辨证论治、阴阳平衡等理论既指导中医临床治疗疾病,又指导中医养生保健,因而形成了具有中医特色的食物养生理论和实践。

(一) 整体养生

整体观念是中医理论体系最基本特点,内容包括人与自然环境是一个整体、人与社会环境是一个整体、人体是一个有机整体三个方面。

1. 人与自然和社会环境的统一性 以整体观念为指导思想发展起来的中医养生学,强调人体与自然环境和社会环境是不可分割的整体。自然界的运动变化,如一年四季的寒暑更替、自然环境的适宜性,以及社会环境的各种因素,如生活和工作方式等,通常会直接或间接影响人体,引起人体生理上和病理上的反应,如目前肺癌病人增多,通常认为与空气污染有一定关系,高血压、失眠、亚健康等人群增多,与当代社会的工作和生活节奏加快、竞争压力增大有关,这些都是人与环境相一致的体现,在治疗或养生时就必须重视这些自然和环境因素,例如对工作或家庭压力引起的身心不适状态,通常与肝郁气滞有一定关系,需要通过疏肝解郁的药物来治疗或调理。

2. 人体是一个有机整体　人体的五脏、六腑、五官、九窍、四肢百骸等,通过经络系统把内外上下组成一整体,在这一整体中具有结构的完整性和功能的统一性,在生理上相互协调,在病理上相互影响,形成人体的物质与功能的高度统一。因此,在疾病诊断、治疗以及养生,都把人体作为一个整体看待。例如,西医诊断的疾病,如高脂血症、脂肪肝、痛风、糖尿病等都是独立疾病,如果多种疾病发生在同一患者身上,就要采取不同的治疗原则,分别选用不同的药物治疗,而中医从整体观念出发,同时患有多种不同疾病的患者就是一个整体,从整体中辨出患者的"证",针对这"证"确定治疗原则,只使用相应的一个方药进行治疗,而不必每种病开出一个方给患者服用。同理,对表现为肌肉疼痛、失眠、便秘的亚健康的个体,如果从整体出发所得出的辨证结果为"气血不足证",使用补益气血的一个方药即可,而不必分别选用止痛药、通便药、安眠药服用。

(二) 辨证养生

辨证论治也是中医学最基本特点之一。

1. 辨证　中医认为任何疾病的发生、发展,总是通过若干症状和体征表现出来,通过望、闻、问、切四种方法,收集病人的病史、症状、体征等资料,进行综合、分析、归纳,辨清疾病的部位、原因、性质、邪正关系,从而判断、概括为某一种性质证候,即为中医的"辨证"。

2. 论治　针对辨证结果进行治疗即论治。相同的一种疾病可以包括几种不同的证,如"感冒"病人,如果症状和体征表现为身热微恶风,咽痛咽红,口渴,舌红,苔薄白或薄黄,脉浮数,辨证为"风热表证";表现为恶寒重,发热轻,肢体疼痛,咳嗽,痰白清稀,苔薄白,脉浮紧,辨证为"风寒表证";表现为发热恶寒,头痛鼻塞,身楚倦怠,咳痰无力,舌淡苔白,脉浮无力,辨证为"气虚表证";分别用发散风热、发散风寒、益气解表的原则来治疗,由此可见,把感冒所属的"证"辨清楚了,才能进行适当的治疗,这就是"同病异治"。

不同的疾病,在其发展过程中出现了相同的病机,即证相同,可以用相同原则来治疗,如糖尿病、高脂血症、脂肪肝、消化不良、便秘等疾病,如病人表现为神疲乏力、少气懒言、声音低微、头晕、自汗、不思饮食,活动后诸症加重,舌淡或有齿痕,苔薄白,脉虚无力,即可辨为"气虚证",都可以选用补气的方药四君子汤或补中益气汤等进行治疗;如果这些病人以痰湿的症状表现为主,辨证为"痰湿证",都可以考虑用二陈汤等化痰方药来治疗,这就是"异病同治"。

所以,中医治病以辨证为依据,着眼于"证"是否相同,而不是"病"的异同,证同治亦同,证异治亦异。中医养生也同理,对倾向于某种"证"的人,或已经出现某种"证"的人,必须对"证"进行养生,而不是对"病"进行养生,如对平素气虚或痰湿的人群,分别通过补气或化痰除湿食物,使机体正气充足或邪气消失,就可使人体不易产生各种疾病。

(三) 补泻养生

中医认为正气是存在于人体内具有抗邪愈病作用的各种物质的总称,包括精、气、血、津液等物质。邪气是具有致病作用的各种因素的总称,可来源于外界环境,或由人体内部产生,包括六淫、疠气、七情、饮食、痰饮、瘀血等。

1. 扶正养生　扶正适用于正气不足引起的虚证,中药扶正基本原则是"补其不足",即应用药物补益人体阴阳气血,针对不同虚证,采取补气、补阳、补阴、补血等不同原则,使用补虚药中的补气药、补阳药、滋阴药、补血药;对兼夹不同虚证,如气血两虚、阴阳两虚、阴阳气血俱虚,则分别采取气血双补、阴阳两补、气血阴阳俱补的方药来治疗或调理身体。

2. 祛邪养生　祛邪适用于邪气引起的实证,如表邪盛者,宜发汗解表;实热者,宜清热泻火;寒者,宜温散祛寒;食积胀满,宜消积导滞;瘀血者,应活血化瘀,这些均属祛邪范围,都是中医治病和养生的重要法则。如对积滞证,金元时期的名医朱丹溪说:"五味入口,即入于胃,留毒不散,积聚既久,致伤冲和,诸病生焉",如果肠内糟粕不能及时排除,其产生的毒素吸收入血,会使气血逆乱,脏腑功能失调,从而产生各种全身症状,如高热、昏迷、痉厥、头痛、疮疡等,通过泻下药物排除胃肠道积滞,减少有害物质对机体的损害,就有利于恢复正常的机体功能。如慢性结肠炎、痤疮、癫狂、高热、昏迷、痉厥、头痛等等表现为热结便秘者,可通过大黄等具有泻下通便作用的方药来治疗或养生;如脂肪肝、高脂血症、痛风、糖尿病、肺炎、胃肠炎患者如属于素体痰湿内盛者,都可通过茯苓、薏苡仁、制半夏、陈皮等化痰除湿方药来治疗或养生。

3. 扶正祛邪兼顾　当人体功能失调时,并不一定是典型的单纯虚证或实证,虚实夹杂现象也非常普遍,因此临床上常见扶正与祛邪并用,如气虚水肿则宜补气利水,补气与利水药共用,阳虚寒凝则补阳与散寒药同用。

因此,中医治疗基本原则是"虚则补之,实则泻之",正如华佗《中藏经》所言"其本实者,得宣通之性,必延其寿;其本虚者,得补益之情,必长其年",所以决不是养生就要补、补就能养生,祛邪也可养生,不可重补而轻泻,因两者都殊途同归,都能达到平衡人体而延年益寿的目的。

(四) 平衡养生

中医认为引起疾病的因素很多,最终的病机都是导致人体阴阳的失衡,即阴阳的偏离,中药治病和养生的基本原理就是利用药物的偏性来纠正人体阴阳的偏离,使之恢复平衡。药物的偏性即药物的性能,包括四性、五味、归经等。

1. 四性的作用　四性又称四气,指寒凉温热四种药性,按本质可分为寒凉与温热两类,从程度上凉次于寒,温次于热,即在共同性质中又有程度上的差异。《内经》谓:"寒者热之,热者寒之",《神农本草经》谓:"疗寒以热药,疗热以寒药",即热证用寒凉药,寒证用温热药,这是用药的基本原则。

2. 五味的作用　五味即辛、甘、酸、苦、咸五种滋味,此外涩味附于酸味,淡味附于甘味,习称五味。五味具有不同功能,辛味能发散、行气、行血,用于表证、气滞证、血瘀证;甘味能补益,用于虚证;酸和涩味能收敛固涩,用于体虚多汗、遗精滑精等滑脱证;苦味能通泄大便和小便、降泄逆气、燥湿等,用于小便不利、便秘、咳喘、呕吐、湿证等;咸味能软坚散结、泻下,用于瘰疬、瘿瘤、痰核、癥瘕、大便秘结等;淡味能渗湿利水,用于治疗水肿、小便不利等证。

3. 归经的作用　归经表示药物作用于人体的五脏六腑和经络的某部位。一种药物通常主要对某一经或某几经发生明显作用,而对其他经的作用较小,故同属性寒能清热的药物,就有偏于清肝火、胃火、肺火、心火等不同;同属味甘能补的药物,有补肺、补脾、补肝、补肾的不同。所以药物或食物对人体的治疗或营养作用,还表现在其对人体部位的选择性上,如人参可以补养五脏,鹿茸偏补养肝肾,大枣、甘草偏补养心脾。

所以,根据人体寒热、虚实、受影响部位的不同,选用不同偏性的药物,或温热或寒凉,或祛邪或补益、或入心肝脾肺肾的不同等,以达到恢复阴阳平衡的作用。

(五)三因养生

三因制宜即因时、因地、因人制宜,是指要根据季节、地理环境以及人体的体质、性别、年龄等不同而制定适宜的治疗和养生方法。

1. 因时养生 根据中医天人相应,四季气候变化对人体的生理功能、病理变化均产生一定的影响,所以必须考虑不同季节的气候特点,来制定用药原则。如夏季气候温热,人体腠理疏松开泄,即使外感风寒,也不宜过用辛温发散药物,以免开泄太过,耗伤气阴;秋天气候干燥,外感秋燥则宜辛凉润燥;冬季气候寒凉,阳气内敛,当慎用寒凉药物,以防伤阳。故《内经》谓"用寒远寒,用凉远凉,用温远温,用热远热,食宜同法",还提出"春夏养阳,秋冬养阴"的中医养生原则;宋代陈直在《寿亲养老新书》提出,春季饮食的味宜减酸增甘以养脾气,夏季宜减苦增辛以养肺气,秋季宜减辛增酸以养肝气等。

2. 因地养生 地理南北、地势高低、气候条件的差异等使人体生理活动和病变特点有所不同,所以治疗用药应根据当地环境及生活习惯制定原则。如西北气候寒冷,干燥少雨,经常处在风寒的环境之中,居民多食牛羊乳汁和肉类,体质比较壮实,外邪不易侵犯,疾病多为内伤之类。东南地区,地势低洼,温热多雨,人体肌理疏松,较易外感,病多痈疡。如对外感风寒证,北方地区用辛温解表药的用量较重,常用麻黄汤之类发汗解表力强的方药,而南方用辛温解表药的用量较轻,多用荆防败毒散等发汗力较小的方药,此即因地制宜。

3. 因人养生 要根据年龄、性别、体质、生活习惯的不同,来考虑用药原则。首先不同年龄阶段的生理状况和体质特点不同,治疗用药就应有差异。如老年人生机减退,气血亏虚,患病多见虚证,或虚实夹杂证,治疗多宜补法,有实邪的也要慎用攻邪力强的药物,用药剂量应比青壮年较轻。小儿生机旺盛,脏腑娇嫩,易虚易实,病情变化快,故治小儿病,不宜大寒大热、药性峻猛之品,少用补益,用药剂量宜轻。其次男女性别不同,各有其生理特点,妇女有经、带、胎、产等情况,治疗用药应加以考虑,如在妊娠期,对峻下、破血、滑利、走窜伤胎或有毒药物,当禁用或慎用,产后应考虑气血亏虚及恶露情况等等。还有体质有强弱与寒热之偏,对阳盛或阴虚之体,当慎用温热之剂;对阳虚或阴盛之体,慎用寒凉伤阳药物。

(六)固本养生

1. 肾为先天之本 肾的功能是决定人体先天禀赋强弱、生长发育迟速、脏腑功能盛衰的根本。肾所藏的先天之精禀受于父母,由遗传而来,是后天脏腑形成及人体生长发育的原动力,肾所藏的后天之精,源于后天水谷精微的充养,根据机体的需要,重新输送至其他脏腑,成为脏腑功能活动的物质基础,故称肾为"先天之本"、"生命的原动力"。

2. 脾为后天之本 脾主运化,食物必须依赖脾的运化功能,才能将水谷转化为精微物质,并通过心肺作用化生为气血,再转输到全身,从而使各脏腑、组织、器官得到营养,又因为气能助阳、气能生阴,所以脾脏能促进人体的阴阳气血的生成,故称"脾为后天之本"、"气血生化之源"。

3. 调理脾肾养生　先天之精气时常激发后天之精气,后天之精气则不断充养先天之精气,二者相辅相成,相互促进,才能保证人体的生长发育和健康长寿。所以,中医养生强调固本,主要是对脾与肾的调理,使脾能正常运化水谷精微来补充机体不断消耗的阴阳气血,使肾的阳气和精血充足而能提供生命的动力,所以通过调理脾肾使人体正气旺盛,外部邪气不易侵犯、内部邪气不易生成,有利于机体保持相对的平衡,因而达到健康长寿的目的。

调理脾肾需要辨证,也适用"虚则补之,实则泻之"原则。如肾精不足证,在少儿表现为发育迟缓,壮年可能出现不孕不育、男子阳痿早泄、女子月经不调等,中老年出现早衰而须发早白或头发脱落、牙齿松动、耳鸣、健忘、腰酸腿软等,尽管症状表现不同,但本质都属于肾精不足证,宜用补益肾精的枸杞子、熟地黄、鹿茸等之类药物为主,其他治疗如肾阳虚宜用鹿茸、杜仲之类补阳之品,脾气虚宜选用人参、黄芪之类补气之品,湿邪困脾宜用茯苓、薏苡仁等渗水除湿之品,肾阴虚火旺宜用知母、黄柏、鳖甲之类清虚热之品。

(七) 体质养生

1. 现代的体质分类　在古代体质分类基础上,结合现代人的体质特点,2009 年中华中医药学会颁布了《中医体质分类与判定》,将现代人的体质划分为九个基本的体质类型,包括平和质、气虚质、阳虚质、阴虚质、痰湿质、湿热质、血瘀质、气郁质、特禀质。除了平和质和特禀质,其余七种体质均为偏颇体质。当然,现实中多数人可能出现多种体质兼夹的情况。

2. 各类偏颇体质的常见症状表现　气虚质以气息低弱、脏腑功能低下为主要特征,常见表现为平素语音低怯,气短懒言,精神不振,容易疲乏,易出汗,舌淡红、胖嫩、边有齿痕等。

阳虚质以形寒肢冷、功能低下为主要特征,常见表现为平素畏冷,手足不温,喜热饮食,精神不振,口唇色淡,易出汗,大便溏薄,小便清长,舌淡红、胖嫩、边有齿痕等。

阴虚质以阴液亏少,阴虚内热为主要特征,常见表现为手足心热、面部烘热、口燥咽干,眼睛干涩,喜冷饮,大便干燥,睡眠差等。

痰湿质以黏滞重浊为主要特征,常见表现为面部皮肤油脂较多,胸闷,痰多,汗出过多且黏,面色黄胖,容易困倦,身重不爽,舌体胖大,口黏腻或甜等。

湿热质以湿热内蕴为主要特征,常见表现为面垢油光,易生痤疮粉刺,口苦口干,身重困倦,大便黏滞或燥结,小便短黄,女性易带下过多,男易阴囊潮湿,出汗后自觉黏腻,体热不容易发散出去。

气郁质以性格内向和不稳定、忧虑脆弱、敏感多疑为主要特征,常见表现为神情抑郁,情感脆弱,烦闷不乐,胸胁胀满,喜太息,睡眠较差,食欲减退,惊悸健忘等。

血瘀质以肤色晦黯等血瘀表现为主要特征,常见表现为面色晦黯,皮肤偏黯或色素沉着,容易出现瘀斑,易患疼痛,口唇黯淡,舌黯或有瘀点,舌下络脉紫黯或增粗,易黑眼圈,或表情抑郁、木讷,女性多见痛经、闭经、经色紫黑有块。

3. 体质的调理　根据中医"虚则补之,实则泻之"原则,气虚、阳虚、阴虚体质分别采取补气、助阳、养阴方法,痰湿、湿热、气郁、血瘀体质分别采取化痰除湿、清热利湿、行气解郁、活血化瘀等方法进行调理。对于兼夹体质,如气阴两虚、气郁血瘀等,分别采取气血双补、行气活血等综合方法调理。

另外,当同一种疾病在某个阶段为体质个性所左右时,就会表现为不同的证,如在相同季节、相同环境下,同感风寒而致咳嗽、咯痰等症状,阳虚体质的人多见咳痰清稀等偏寒之证,湿热体质的人多见咳痰色黄黏稠、咽喉疼痛等偏热之证;某些疾病的发病倾向与体质类型有一定关联,如糖尿病、高脂血症、痛风等代谢异常的疾病,与痰湿体质有内存关联,这些都是治疗或养生时需要加以考虑的。

(八) 亚健康养生

1. **亚健康的含义**　20世纪80年代中期苏联学者首先提出健康与疾病之外的亚健康状态,我国在90年代中期出现“亚健康”一词,根据中华中医药学会制定的《亚健康中医临床指南》,亚健康主要表现为疲倦乏力、精力不够、肌肉或关节酸痛、心悸胸闷、头晕头痛、记忆力下降、学习困难、睡眠异常、情绪低落、烦躁不安、社会适应困难、人际关系紧张等各种躯体或心理不适症状,应用现代仪器或方法检测却未发现阳性指标,或虽有部分指标改变,但还没达到现代医学对疾病的诊断标准,这种处于健康和疾病之间的中间状态,即亚健康状态。

亚健康可分为四类,一是躯体性亚健康,如疲劳、失眠、疼痛等;二是心理性亚健康,如焦虑、抑郁、恐惧、记忆力下降等;三是社交性亚健康,如孤独、冷漠、猜疑、自闭等;四是道德性亚健康,如行为偏差、失范等,从而产生内心深处的不安、沮丧等。涉及的医学范畴包括:①疾病(如高血压、高脂血症等)的临床前状态,一定条件下会向疾病发展。②疾病按西医标准治愈后仍存在有不适或虚弱症状。③人体衰老期,生理机能减退和各种虚弱表现。④现代医学的各种“综合征”,出现身心功能失调的症状,如疲劳综合征、更年期综合征等。

2. **亚健康的防治**　《黄帝内经》提出“治未病”思想,谓“不治已病治未病,不治已乱治未乱”。“治未病”有三层含义:①“未病”为“无病”,就是没有任何疾病的健康状态,要未病先防;②“未病”为病发而未显,即健康与疾病的中间状态,要防微杜渐;③“未病”可以理解为已病而未传变,要防止已病的气血阴阳或脏腑传变到未病的部位。针对目前社会人群的健康与发病的特点,“病发而未显”接近于现在的亚健康状态,“防微杜渐”就是针对亚健康进行干预。

根据中医理论,亚健康的发生是多种原因引起机体平衡被打破,使气血失调、脏腑不和,或病理产物(如痰饮、瘀血等)形成和积聚,导致阴阳偏盛或偏衰。这种阴阳失衡是客观存在的,但又没有达到西医“疾病”的标准。可见,处于食品与药品之间的保健食品,对人体功能的调节作用正适宜于亚健康的防治。

另外,从亚健康产生的原因、表现的症状特点来看,亚健康与体质有一定的内存关联性,如气郁质容易出现失眠、情绪低落、社会适应困难等,气虚、痰湿体质容易出现疲倦乏力、精力不够、心悸胸闷等。所以,亚健康也可以结合体质进行调节。

三、养生中药的分类

保健食品的原料范围包括天然食品,如蔬菜、水果、禽肉和蛋、水产品,卫生部颁布的既是食品又是药品的物品,以及可用于保健食品的物品名单中规定的品种。其中的药食两用和可用于保健食品的物品通常起主要养生作用,是按中医药理论开发保健食品,特别是开发体质养生、亚健康养生等产品的重要原料。

为方便保健食品配方的原料筛选,对原卫生部《关于进一步规范保健食品原料管理的通知》(卫法监发〔2002〕51号)中的药食同源物品、可用于保健食品的物品,参考现行多个版本的全国高等中医药院校《中药学》教材和《中华人民共和国药典》(2015年版)等有关著作的药物功能,将药物分类如下:

(一) 药食同源物品

1. 解表药 具有发散表邪功能,治疗表证为主的药物,包括紫苏、白芷、生姜、香薷、桑叶、淡豆豉、菊花、葛根、薄荷。

2. 清热药 具有清泄里热功能,治疗里热证为主的药物,包括决明子、马齿苋、金银花、青果、鱼腥草、余甘子、栀子、胖大海、荷叶、淡竹叶、蒲公英、鲜芦根。

3. 泻下药 具有泻下通便功能,治疗里实积滞证为主的药物,包括火麻仁、郁李仁。

4. 祛风湿药 具有祛风通湿功能,解除痹痛为主的药物,包括乌梢蛇、木瓜、蝮蛇。

5. 化湿药 具有化湿运脾功能,治疗湿阻脾胃证的药物,包括砂仁、藿香。

6. 利湿药 具有通利水道、渗水除湿功能,治疗水湿内停病证为主的药物,包括赤小豆、茯苓、菊苣、薏苡仁。

7. 温里药 具有温里祛寒功能,治疗里寒证为主的药物,包括干姜、丁香、八角茴香、小茴香、肉桂、花椒、高良姜、黑胡椒。

8. 行气药 具有疏畅气机功能,治疗气滞证为主的药物,包括刀豆、代代花、香橼、佛手、橘皮、薤白。

9. 消食药 具有消食导滞功能,治疗饮食积滞证为主的药物,包括山楂、麦芽、鸡内金、莱菔子。

10. 驱虫药 具有驱虫功能,治疗肠道寄生虫为主的药物,包括榧子。

11. 止血药 具有制止出血功能,治疗体内外出血为主的药物,包括小蓟、槐米、槐花、鲜白茅根。

12. 活血药 具有通畅血脉、消除瘀血功能,治疗瘀血证为主的药物,包括桃仁。

13. 化痰止咳平喘药 具有消痰或制止咳嗽气喘功能,治疗痰证或咳喘证为主的药物,包括杏仁(甜、苦)、昆布、罗汉果、橘红、桔梗、黄芥子、紫苏子、沙棘。

14. 安神药 具有安定神志功能,治疗神志不宁证为主的药物,包括酸枣仁。

15. 平肝药 具有平肝潜阳或息风止痉功能,治疗肝阳上亢或肝风内动为主的药物,包括牡蛎。

16. 补虚药 具有纠正人体阴阳气血虚衰功能,治疗虚证为主的药物,包括山药、玉竹、甘草、白扁豆、白扁豆花、龙眼肉(桂圆)、百合、阿胶、枣(大枣、酸枣、黑枣)、枳椇子、枸杞子、桑葚、益智仁、黄精、黑芝麻、蜂蜜。

17. 收敛药 具有收敛固涩功能,治疗滑脱病证为主的药物,包括乌梅、白果、肉豆蔻、芡实、莲子、覆盆子。

(二) 可用于保健食品的物品

1. 解表药 包括升麻、木贼、牛蒡子、牛蒡根。

2. 清热药　包括土茯苓、玄参、地黄、地骨皮、知母、牡丹皮、赤芍、苦丁茶、金荞麦、野菊花、酸角。

3. 泻下药　包括大黄、熟大黄、芦荟、番泻叶。

4. 祛风湿药　包括五加皮、桑枝。

5. 化湿药　包括白豆蔻、苍术、佩兰、厚朴、厚朴花。

6. 利湿药　包括车前子、车前草、泽泻、积雪草。

7. 温里药　包括吴茱萸、荜茇。

8. 行气药　包括木香、青皮、枳壳、枳实、越橘、香附。

9. 止血药　包括三七、大蓟、白及、侧柏叶、槐实、茜草、刺玫果、蒲黄。

10. 活血药　包括川牛膝、川芎、丹参、红花、怀牛膝、姜黄、骨碎补、泽兰、玫瑰花、益母草、银杏叶。

11. 化痰止咳平喘药　包括川贝母、平贝母、竹茹、浙贝母、湖北贝母、桑白皮。

12. 安神药　包括远志、柏子仁、珍珠、首乌藤。

13. 平肝药　包括天麻、罗布麻、蒺藜、石决明、玫瑰茄。

14. 补虚药　包括人参、人参叶、人参果、太子参、白术、红景天、西洋参、党参、黄芪、刺五加、绞股蓝、马鹿胎、马鹿茸、马鹿骨、巴戟天、杜仲、杜仲叶、沙苑子、补骨脂、淫羊藿、菟丝子、胡芦巴、韭菜子、蛤蚧、生何首乌、白芍、当归、熟地黄、制何首乌、女贞子、天冬、北沙参、石斛、麦冬、蜂胶、墨旱莲、龟甲、鳖甲。

15. 收敛药　包括山茱萸、五味子、诃子、金樱子。

另外,国家卫生和计划生育委员会、国家食品药品监督管理总局陆续批准和增加保健食品原料的来源。如《关于批准人参(人工种植)为新资源食品的公告》(卫生部公告 2012 年第 17 号)批准,5 年及 5 年以下人工种植的人参为新资源食品。如《食品药品监管总局关于养殖梅花鹿及其产品作为保健食品原料有关规定的通知》(食药监食监三〔2014〕242 号)规定,养殖梅花鹿的鹿茸、鹿胎、鹿骨、鹿角可作为保健食品原料使用。因此,5 年及 5 年以下人工种植的人参,以及养殖梅花鹿的鹿茸、鹿胎、鹿骨、鹿角可作为具有补虚功能的保健食品原料使用。

第三节　保健食品的发展

一、保健食品的研发现状

(一) 境外保健食品研发现状

1. 保健食品行业概况

(1) 现代高新技术广泛用于保健食品开发:保健食品的研究从早期的对原料提取物的功效分析发展到分子层面的机制研究,功能验证从体外模拟到科学设计的人体试验,功效成分的获取也从简单萃取发展到生物技术制备,研发和生产技术出现高新化特点,如以纳米技术构建的脂质载体显著提高敏感功效成分的吸收率,使功能食品的原料和功效成分效用大为提高,全球有 200 多家公司活跃在纳米产品的开发上,"雀巢"、"卡夫"、"亨氏"等许多著名的食品公司纷纷开展纳米食品的研究和开发,世界范围市场上的纳米食品产品已超过 300 种,纳米技术的应用使疏水性的功效成分效用大幅度提高,成为功能食品研究的创新点。

(2) 保健食品的产品特点:全球保健食品以第三代产品为主流,其中低脂肪、低热量、低胆固醇的营养保健食品销售量最大,主导消费市场;补充维生素和矿物质类营养素补充剂所占比例稳定,海鱼油、小麦胚油、卵磷脂、鱼鲨烯等软胶囊类新产品使用逐渐增加,并有扩张的趋势;素食及植物性的保健食品所占比重也逐渐增大,如中药保健食品风行市场,深受广大消费者青睐。

另外值得关注的是,国外研究认为,单一保健食品很难同时具备多种保健功能,而人群的营养保健需求又是多种多样的,因此,近年来,"套餐"成为欧美等发达国家消费保健食品的新形式之一,获得了广大消费者的认可,非常适合现代人们的生活节奏,如美国生产的一种保健食品,每份小袋内装有蜂花粉1片、蜂王浆1片、人参1片和矿物质1片等几种保健品。在其包装盒上注明了组成"套餐"的品种名称、功效成分、主要原料、适宜人群、食用量及食用方法、储藏方法及注意事项等内容。

2. 世界各国和地区发展概况

(1) 美国:美国早在1936年已成立了全国健康食品协会,开始发展保健食品,但进展缓慢,直到20世纪80年代才出现以传统食品为载体、在其中增加营养素的健康食品(healthy food),这类食品没有规定特定的适用人群,不需要审批。美国国会在1994年颁行《膳食补充剂健康与教育法》(DSHEA),将健康食品纳入膳食补充剂管理。1997年美国又对膳食补充剂管理的有关法令进行修改和补充,确定膳食补充剂以维生素、矿物质、氨基酸、草药或其他植物,或者这些物质的提取物等为原料进行生产加工,以片剂、胶囊、粉状或液体形式出现。美国在2003年颁布《消费者最佳营养方案保健信息》,允许合格产品在标签上声称与健康有关系,2007年允许描述成分在维持结构与功能中的作用,或营养成分和膳食成分所能带来的健康益处(图1-2)。

美国是世界保健食品第一大研发和消费市场,膳食补充剂市场不断增长,2014年销售额约367亿美元,预计2018年将达460亿美元;目前产品主要包括膳食补充剂、功能性饮料、天然有机食品3大类,含维生素类制剂近10多年来一直排在保健食品

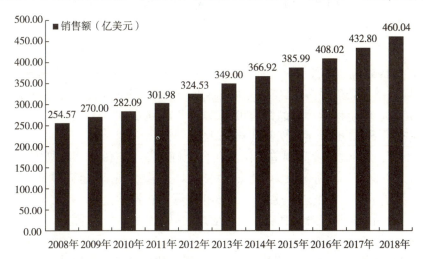

图1-2　美国膳食补充剂市场趋势图(2008—2018年)

(数据来源于世界中医药联合会中药保健品专业委员会第一届学术年会会刊,2015年12月27日,中国珠海)

的首位(2014 年销售额达到 116.56 亿美元),其次是植物提取物(2014 年销售额达到 64.41 亿美元),具有保健或治疗作用的产品最受欢迎,包括心血管保健、骨质疏松防治的产品,如鱼油、银杏叶制剂、绿茶提取物、大豆提取物、麦苗精、蜂王浆、葡糖胺、硫酸软骨素等。

(2) 日本:日本是现代保健食品的创始国,1962 年首次使用"保健食品"一词,1984 年设立了健康食品与营养食品协会,1991 年的《营养改善法》将保健食品分为营养功能食品和特定保健用食品,规定"特定保健用食品(FSHU)除了具有营养功能外,应包括具有增强机体特定保健功能的各种成分,并经加工制成的食品",日本厚生省所提出 12 种功效成分,具有相应的保健作用,要求保健食品只能在规定范围内声称具有某种保健功能,这些功能包括改善胃肠功能、降胆固醇、降血压、降血糖、促进矿物质微量元素吸收等,但不能声称具有治疗疾病作用。

日本的健康产品有蜂王浆、大麦胚芽油、鱼油、植物蛋白、维生素类、钙等微量元素类产品。健康食品市场在近十年呈波动发展,经历 2009 年低谷后,2014 年销售额达到 33 522 亿日元(图 1-3)。

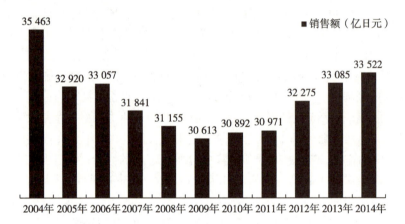

图 1-3　日本健康食品市场趋势图(2004—2014 年)
(数据来源于世界中医药联合会中药保健品专业委员会第一届学术年会会刊,2015 年 12 月 27 日,中国珠海)

日本在 1993 年批准生产特定保健用食品,2011 年底已批准 983 个特定用保健食品,其中以改善胃肠道最多(35%),其次是辅助降血糖(15%)、辅助降血压(12%)、调节脂肪类(10%)。特定保健用食品销售市场 2007 年达到 6798 亿日元,随后受日本经济环境影响有所下降,2013 年又恢复到 6275 亿日元,见图 1-4。

(3) 欧洲:欧洲健康食品制造商协会联合会(EHPM)于 1982 年的规定是,健康食品生产必须以保证和增进健康为宗旨,尽可能以天然物为原料,遵守健康食品的原则和保证食品质量的前提下进行生产。1996 年国际生命科学会(ILSI)欧洲分会在法国召开"功能食品的科学概念及其功效成分应用的科学研究"大会,随后设立了"欧洲功能食品科学研究项目(functional food science in Europe)",此项目于 1999 年提出功能食品是指"对机体能产生有益功能的食品,这功能应超越食品的普通营养价值,有促进健康和降低疾病风险的作用"。

欧洲的健康声称分为一般性健康声称和特殊产品健康声称,两类声称均包括促

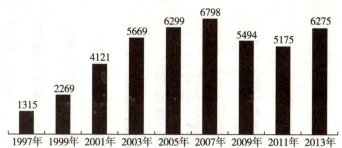

图 1-4　日本特定保健用食品市场趋势图(1997—2013 年)

(数据来源于世界中医药联合会中药保健品专业委员会第一届学术年会会刊,2015 年 12 月 27 日,中国珠海)

进功能(enhanced function)声称和降低疾病风险(reduced risk)声称。健康食品的功能范围主要包括促进生长发育、有益于基础代谢、抗氧化、调节心血管功能、改善胃肠道功能、保持认知和心理状态、提高运动功能等;功效成分主要是抗氧化性维生素、低聚糖、脂肪酸、益生菌、胡萝卜素、膳食纤维、咖啡因、多酚类等。

欧洲的饮料市场的发展较好,"能源饮料"较为流行,如奥地利的红牛饮料,法国的人参、黑胡椒饮料,西班牙的抗氧化功能饮料,其他类产品如英国小球藻、蜂胶等休闲食品都深受消费者的青睐。

(4)中国台湾地区:我国台湾地区保健食品产业格局完整,上游主要是以植物、动物和微生物为原料,其中微生物成为重点原料,近年来原料范围已延伸至特色农产品。目前使用原料以植物类最多,主要是人参、刺五加、大蒜、芦荟、花粉、桑葚、薏苡仁等,蔬菜原料正逐步成为台湾保健品原料的新热点。

保健食品主要分为传统食品型、胶囊及口服剂型,传统食品型主要包括健康饮料、乳品、豆类、奶粉、食用油脂、大米和其他食品等。消费量最大的分别为调节血脂、改善肠胃功能、提高免疫功能、保肝、调整血糖类产品。传统功能性保健品稳步增长,如醋饮料、乳品和茶类等原有的保健食品通过新机能开发并获取健康食品认证,使其在台湾地区食品市场的占有率不断扩大。

至 2013 年 5 月,台湾地区共有 232 项产品通过健康食品个案审查认证,保健食品厂商将近 900 家,有七成企业仅获得单项产品的个案审查认证,一般厂商对保健食品投入和经营的时间周期为 12 年左右,各自产品多具有一定的独特性且保健功能差异很大,拥有不同的销售渠道和受众人群,市场集中度较低。

2012 年台湾保健食品销售市场规模首度突破千亿新台币,达到 1004 亿新台币,同比增长 11.95%,主要原因是来自乳酸菌、灵芝等产品的市场认知度的增加;2014 年增加到 1149 亿新台币,见图 1-5。

(二)我国保健食品现状

1. 保健食品产业的发展历程　我国保健品产业兴起于 20 世纪 80 年代,至今经历了几次大起大落。80 年代末期到 1995 年初,是保健品产业的第一个高速发展期。这一阶段的政策壁垒和技术壁垒较低,多数为第一代产品,以民间处方、秘方为基础,根据原材料的功能推断保健食品的功能,而利润却很高,因此涌现出 3000 多家保健品

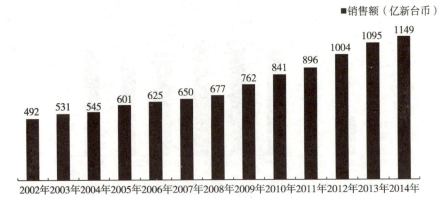

图1-5　台湾地区保健食品市场趋势图（2002—2014年）

（数据来源于世界中医药联合会中药保健品专业委员会第一届学术年会会刊,2015年12月27日,中国珠海）

生产企业,年产值猛增至300多亿元,保健食品行业取得突破性进展。

1995—2002年为保健食品行业产业链形成期。因企业不重视产品质量和盲目扩大产能,靠广告宣传和营销攻势建立起来的保健食品行业难以持久发展,1995年开始进入低谷期,1997年销售收入下降到100亿元,生产企业下降到1000多家。这段时间,国家出台了一系列管理制度,使行业管理逐步规范化。保健食品在21世纪初形成较完整的产业链,2002年底全国保健食品生产企业达848家,生产具有卫食健字批准文号的产品1474种,保健食品总销售收入193.08亿元,保健品行业进入了第二个高速发展时期。

2003—2008年为产业结构调整期,国家对保健食品产业加强监管和调整。2003年由于非典型肺炎的发生和流行,消费者重新重视保健食品的作用,当年市场销售额增加50%,达到300亿元,同时随着我国经济的快速发展和疾病谱的改变,新的健康观念和保健食品不断出现,市场逐步恢复。2003年6月卫生部停止受理保健食品审批,从10月起国家食品药品监督管理局(现国家食品药品监督管理总局)正式受理审批事项。2005年4月,国家食品药品监督管理局公布新的《保健食品注册管理办法(试行)》,保健食品产业开始进入新发展时期。

2009年至今,为保健食品产业有序发展新时期。新医改方案把预防和控制疾病放在了首位,政府对卫生保健加大公共财政和人力资源的投入。2011年12月发布的《食品工业"十二五"发展规划》中,营养与保健品制造业首次被列为重点发展产业,并提出到2015年,营养与保健食品产值达到1万亿元,年均增长20%,目标是形成10家以上产品销售收入在100亿元以上的企业。

2. 保健食品发展近况　我国的保健食品经历了30多年的发展,已经形成了完整的产业链和具有行业特色的运营模式,虽然经历了反复起伏和波折,但是依旧保持着快速发展。20世纪80年代保健食品年产值约10多亿元,2010年达2600亿元,2014年约3900亿元,保健食品产业呈现高速发展趋势。

目前,我国国家食品药品监督管理总局审批的大多数保健食品属于第二代产品,明显落后于欧美和日本等发达国家的第三代产品。截至2014年12月我国通过GMP认证的保健食品企业达2587家,投资总额在1亿元以上的大型企业占1%,5000万元至 1 亿元的中型企业占 38%,100 万元至 5000 万元占 7%,10 万元至 100 万元占 41%,不足 10 万元的作坊式企业占 12%。上述数据说明保健食品行业企业规模偏小,导致我国保健食品行业竞争力偏低。从企业分布看,南多北少、东多西少,主要集中在北京、广东、山东、浙江、上海等经济发达地区。至 2015 年底,我国已审批 16 228 个保健食品,其中国产保健食品 15 482 个,进口保健食品 746 个,美国是拥有进口保健食品文号最多的国家,其次为中国香港、韩国、日本、加拿大、中国台湾等国家和地区。

我国保健食品进出口持续增长,2014 年我国相关出口额为 60.81 亿美元,出口品类主要是维生素类、硫酸软骨素、氨基酸类、植物提取物、酶及辅酶类、鱼油、卵磷脂、蜂王浆等保健食品原料,出口 98 个国家和地区,是全球最大原料供应者。美国和日本是主要出口市场,出口额占我国出口的 40% 以上。出口美国的保健品主要是鱼油、蜂蜡、鲜蜂王浆粉和蜂花粉等,出口日本的主要是王浆类产品、芦丁、越橘提取物等。但是,我国保健食品的成品出口几乎为零(我国中成药在美国多以膳食补充剂的形式使用)。

3. 保健食品研发存在问题

(1) 保健食品的功效成分研究落后:我国保健食品行业发展时间相对较短,投资不足 100 万元的企业超过 50%,研发投入能力有限,加上我国以前采用注册管理,往往以报批代替科研,还有我国保健食品行业的知识产权保护严重不足,仿制产品盛行,多种原因导致我国保健食品企业研发投入极低,据中国保健品协会于 2011 年发布的《中国保健食品行业发展报告》结果显示,我国保健食品企业研发投入占产值的 1% 左右,与国外大型保健食品企业的 10% 投入相差极大。由于企业研发经费投入少,科技人员比例极小,研发水平低下,目前应用的多数保健食品的功效成分不够明确,作用机制等还有待深入研究。

由于功效成分研发水平低,除了较为成熟的增强免疫力、辅助降血脂、缓解体力疲劳等少数保健功能外,其他 20 多种保健功能的功效成分开发进展缓慢,导致保健食品功能分布不合理。在我国已审批的保健食品中,产品功能集中在少数几个功能项上,据 2014 年产品统计,增强免疫力、辅助降血脂、缓解体力疲劳这三项功能的产品约占 2/3 左右,因此出现许多产品的保健功能大致相同的局面。

(2) 产品的食品属性和保健属性的融合度差:食品相关专业主要设置在轻工和农业院校,研究重点是食品加工和保藏领域,对功效成分和人体调节作用的研究不足,尤其是功效成分的研究能力不强,而医药类院校重点在药物研究,保健食品涉足不多,使产品的食品属性和保健属性的融合度不够。加上我国产品原料多是中药,给人"粗"、"大"、"黑"形象,还有苦、辛、酸、涩等味,要在保证功能基础上,同时做到食品的色、香、味等特征俱全,还有待加强研究。

因保健食品剂型研发落后,目前我国产品主要是胶囊剂、片剂、口服液、颗粒剂(冲剂)等剂型,这些剂型占了 75% 以上;而具有一般食品形态的产品如糖、罐头、醋、饼干、蜜饯等,比例大概 5%(图 1-1)。可见,我国保健食品偏药品形态为主,食品形态非常有限,对消费者的服用需求造成很大影响。

(3) 产品缺少中医药特色:因为中医药与西医药是来自不同的理论系统,而保健功能、功效成分是以西医标准来确定的,而我国现用的很多产品是以传统中医药理论指导、以中药为原料开发的,它们的功能如益气、疏肝、渗湿、活血等,难以用西医标准术语表述,但却只能在法定的27项保健功能中"选号入座",使产品缺少中医药特色,中医药的辨证养生等优势无法发挥,如通便类产品,保健功能为"通便",适宜人群为"便秘者",而"便秘"一病在中医的辨证通常包括"热结证"、"气滞证"、"津亏肠燥证"、"阳虚寒凝证"等证型,对"热结证"应以清热祛邪为原则,用药性寒凉、功能清热祛邪的药物治疗,对"阳虚寒凝证"应以温阳散寒为原则,用药性温热、功能补益的药物治疗,这两类证的治疗原则和方药从寒热药性来看是相反的,如果"阳虚寒凝证"用了大黄、番泻叶类为主的清热通便药,不但没有通便效果,反而会损伤阳气而加重便秘,当然如果产品中用的是大黄、番泻叶的提取物或功效成分,是否也具有大黄相同的药性,还值得进一步探讨。其余以中药为原料的20多种保健功能的产品,也普遍存在这种不能体现辨证论治等中医原则的现象。

所以,很多以药食同源或可用于保健食品的传统中药为原料的产品,将几种原料配伍,或将古籍记载的经典名方进行开发,因为单味中药的成分相当复杂,多味药物组成的复方就更为复杂,因为研究水平低,难以确定其功效成分,更无从研究其机制等,即使能确定功效成分,按照西医模式开发的产品,脱离了中医药理论,很难达到应有的效果,直接影响具有中医特色的第三代产品的开发。

由于保健食品研发投入少等原因,导致产品科技含量低,产品结构不合理,造成了产品同质化严重的现象,加上缺乏中医药特色,一方面不能满足市场上的不同群体,如不同年龄、性别、工作、生活习惯等群体的各种需求,影响消费者的消费欲望,不利于市场规模扩大,另一方面功能和剂型集中度过高造成企业之间、产品之间恶性竞争加剧,使经济效益下降,影响企业发展壮大。

二、保健食品的研发趋势

随着世界健康观念的改变,全球保健食品市场呈现高速增长趋势,我国政府大力加强对卫生保健的支持,居民对健康食品需求不断增加,保健食品产业迎来了前所未有的良好机遇,产品研发也将出现新的趋势。

(一) 应用现代高新技术,开发第三代保健食品

1. 加强对保健食品功效成分基础研究　应用高通量技术等对功效成分进行筛选,应用超临界萃取技术、膜分离技术、超微粉碎技术、制备色谱、逆流色谱、大孔吸附树脂技术等进行功效成分的提取、分离、纯化技术研究。应用现代生物技术,从器官、细胞、分子水平等生物水平上研究功效成分的结构、药理活性、作用机制,准确评价其功能。应用DNA重组技术为基础的生物技术,在生产加工过程中富集或提高功效成分含量,利用酶工程、基因工程、发酵工程等技术,将特殊目标物的合成途径在微生物或者高等植物中高效表达,利用生物技术提升高附加值原料的生产效率;加强纳米脂质载体的合成、稳定化、性能表征、生物安全性评价等研究,提高功效成分的含量和效用等。

对目前第一代产品中开发较多的具有增强免疫力、辅助降血脂、缓解体力疲劳、改善胃肠道功能、改善骨质疏松等产品及其功能进行深入研究,明确它们的功效成分,开发量效与构效明确的第三代保健食品;同时积极拓展新功能研究,包括新的功效成分及作用机制等研究,实现保健食品功能的多样化。当然实现新功能的许可审

批之前,首先要对新功能存在的必要性、评价方法的标准化和稳定性及其实际应用开展系列研究。

2. 加强食品新原料的功效成分研发　我国虽然食用资源丰富,经过 30 年开发,传统养生中常用的、公众容易接受的原料,如人参、灵芝等已有较多的相关产品,未来应加强新资源开发。其中,昆虫类资源,如蚂蚁、蝗虫、蚕蛹、蚯蚓等,虫体具有蛋白质含量高、氨基酸种类齐全、微量元素丰富等特点,还含有许多生物活性物质,保健价值都很高,还因为氨基酸、核酸产品能够被人体直接吸收,基因食品将成为未来研发重点。海洋生物资源,除了目前常用的鱼油外,众多的海洋生物中,海绵、软珊瑚、乌贼、海参、藻苔虫等将成为新型海洋保健品的原料。

(二) 开发中医药特色产品

我国有着悠久的饮食养生经验,发挥中医药学的特点和优势,按照传统中医饮食养生的整体调节和辨证论食等理论和方法,加强对古今饮食养生中效果确切药物的研究,逐步揭示饮食养生原料中的功效成分,开发符合中药性味功用、具有中医药特色的保健食品,是我国保健食品研发的重要路径。

1. 以中医理论和现代临床为依据开发新产品　深入研究中医药理论,特别针对目前规定的 27 项保健功能进行临床实践经验总结,进行针对性研究开发。例如,研究发现已批准注册缓解视疲劳的保健食品,多根据中医“肝开窍于目”理论,以枸杞子、菊花、决明子、桑葚、菟丝子、珍珠粉等调节肝肾的药物为原料而开发的,而近期临床有从脾论治视疲劳取得较好疗效的报道,因为按中医理论,计算机和网络的应用,使人久坐、久视而伤耗五脏精气,使目失于气血濡养而出现视疲劳,但目前市场上尚无从调理脾脏角度开发的缓解视疲劳的产品。可见,通过对中医理论和实践进行探讨,可为中药保健食品的研发提供新思路。

2. 加强中药资源的保健功能开发　结合我国传统中医养生保健理论,从我国丰富的中药资源中挖掘其潜在的保健功效,开发出新保健食品。如常用的药食同用物品葛根,一般《中药学》教材只介绍其解表、透疹、升阳、生津的功效,而古代医籍中记载其有活血止痛的作用,现代研究证明其含有丰富的黄酮类物质和葛根素,能增加脑及冠状动脉血流量、解痉、降血糖,国内据此开发了一批主治心脑血管疾病、颈椎病等的新药,国外则尤其注重葛根黄酮的抗氧化性和雌激素效应的应用,开发出抗衰老、调节女性更年期征的药品和保健食品。

3. 加强体质养生产品开发　按《中医体质分类与判定》,气虚质、阳虚质、阴虚质、痰湿质、湿热质、血瘀质、气郁质等七种体质均为偏颇体质,表明机体处于阴阳气血的某种失衡状态,根据中医“虚则补之,实则泻之”的原则,对气虚质、阳虚质、阴虚质可采用相应的补法,对痰湿质、湿热质、血瘀质、气郁质可采用祛邪泻实方法,分别从药食同源物品、可用于保健食品的物品中选择补虚药、化痰药、利水湿药、活血化瘀药、理气药等药物进行重点研究,开发出一系列适用于不同体质人群的保健食品。

4. 加强亚健康产品开发　亚健康的个体常有一定的躯体和心理等不适症状和体征,可通过研究与之相关的因素,结合中医的辨证和治疗方法,开发出系列的产品,如疲倦乏力在中医的病机方面,多属于气虚导致机体失养引起,或是湿邪阻滞使阳气不能运行和输布引起,可以开发相应的补气、化湿类产品,通过适当的指引,适宜于疲倦乏力为主的亚健康者选用,其他如肌肉或关节酸痛、心悸胸闷、头晕、头痛、记忆力下降、失眠、便秘、烦躁、抑郁等,都可同理开发出相应的系列产品,提供越来越多的亚健康群体选用。

5. 开发其他特色养生产品　根据因时制宜原则,以及"春夏养阳,秋冬养阴"、"春宜减酸增甘,夏宜减苦增辛,秋宜减辛增酸,冬宜减咸增苦"等理论,开发春夏秋冬四季养生产品;根据我国地域辽阔、气候条件的不同,以及生活习惯不同,开发沿海潮湿地区的祛湿类产品、北方干旱地区的补养润燥类产品、南方温湿潮湿地区的清热祛湿类产品、北方寒冷地区的助阳祛寒产品等;根据肾为先天之本、脾为后天之本的理论,开发或补或泻为主的调理脾肾的系列养生产品。

以整体养生和辨证养生等理论和经验指导下的中药养生,更符合现代"自然、绿色"的保健趋势,所以中医药特色的保健食品将是未来研发的重点。但因为单味中药的成分非常多,中药复方的成分更为复杂,功效成分定位不准确、药理作用机制不明确,而现代科技水平还无法揭示中药成分与药理作用之间的本质,但以现代医学模式进行功效成分研发是目前世界通行做法,甚至是相当长一段时期内的主要方法,因此,中药类保健食品的研发,运用现代科学从功效成分角度加以研究,或者开发具有中医功效特色的功效成分表述方法,这是重点,也是难点,是我国保健食品走向世界的重要途径。

(三) 开发功能多元化产品,以满足不同人群的特定需求

1. 开发特定人群的个性化产品　依据不同年龄、性别、基因以及消费者的健康状况等特征,进行配方设计,开发新产品。例如我国正进入老龄化阶段,应着眼于老年人特殊的身体状况,重点开发以下几类保健食品,包括 ①抗衰老食品,添加适量自由基清除剂,如超氧化物歧化酶、维生素 E、硒等,从而达到延缓衰老的目的。②健脑食品,在食品中提供充足的必需脂肪酸,以及核桃仁、鱼油、红花油和月见草油、钙等,或中药的功效成分,以延缓脑衰老。③老年护肤与护发食品,可从有较好的护肤效果的传统中药原料,如芦荟、薏苡仁、杏仁等,开发现代老年护肤食品;从补益精血的传统中药原料,如何首乌、桑葚、黑芝麻和黑大豆等,开发具有乌须黑发功能的保健食品。④健骨产品,60 岁以上的老年人中约 50% 以上在承受着多种骨关节疾病的困扰,但国内现行保健食品中除了改善骨质疏松外,没有其他保健功能的产品,可对具有益肾健骨功能的传统中药进行研究,开发以老年人保健为主的健骨产品。

针对高血压、高血脂、糖尿病、心血管疾病、更年期综合征、肿瘤等慢性疾病,也应像上述老年人一样,针对不同疾病、人群的特点,进一步细化保健食品的功能,开发更多不同特点的品种,以满足不同人群的特定需求。

2. 开发多种剂型的产品　针对目前市场上流行的剂型过于集中,以片剂、胶囊剂和口服液为主,而且口感差,更像是药物等特点,应借鉴中医传统药膳与食疗剂型中的茶、酒、饼、面、饭、粥、羹、饮、膏、丸、散、糕点、菜肴、蜜饯、糖果、饮料等理论和经验,也可借鉴台湾的传统食品剂型(包括健康饮料、乳品、豆类、奶粉、食用油脂、大米等)经验,开发具有色、香、味、形的食品特征的、消费者乐于接受的产品,迎合人们对食品口感、观感、风味的需求,以满足保健食品市场的剂型需要。

(四) 基于大数据分析,加强保健食品研发

互联网技术给健康大数据的收集提供了前所未有的便捷。通过建立食品数据库,

在调查研究基础上系统综合日常食物、保健食品可用物品的成分,分析食品功效成分的化学结构、理化性质、分析方法、安全性、剂量和摄入量、各国和地区政府评价和认可情况,以及市场信息反馈等数据库,为研发和应用提供依据。

当前来自于医疗和科研机构的数据共享、互联网在线调查、智能终端设备数据收集、研究文献的 Meta 分析和专业性的数据库的信息,为大数据模式下的健康食品研发需求提供了丰富的数据,如通过大数据普查信息,按照地图式的发病分布图,可以清楚地看到国内外某种疾病(如糖尿病、癌症等)高发或低发地区,结合这些地区人们的饮食生活习惯等,找出相关致病或抗病因素,从而开发相应的保健食品。

在传统产业链条中,从基础研究到消费者体验,再到产品升级要经历漫长过程,而通过互联网络的大数据应用可以将研发、消费者的体验和需求链接起来,以客观的数据和科学的分析为基础,以用户反馈为依据,极大加快产品的升级换代过程。如研发企业收集已上市的产品的所有相关资料信息,对消费者进行长期跟踪,结合动物实验数据,进行综合的、广泛的评估,以验证保健食品的安全性和有效性,确定保健食品的适宜人群和不适宜人群,更加有效地保障保健食品安全,以促进产品质量提升和产品升级换代。

学习小结

1. 学习内容

保健食品概述	保健食品的概念与分类	概念	保健食品的概念,保健食品与一般食品、药品的区别
		分类	按产品技术含量、保健功能、功效成分和其他分类
		管理	注册与备案、生产质量管理,标签、广告等管理
		研发意义	促进社会健康和经济发展、适应当代疾病发展变化的需要、促进中医药事业发展
	传统养生保健	中医养生的起源和发展	
		中医养生原则	整体养生、辨证养生、补泻养生、平衡养生、三因养生、固本养生、体质养生、亚健康养生
		养生中药功能分类	药食同源物品
			可用于保健食品的物品
	保健食品的发展	研发现状	国外:保健食品行业概况、世界各国发展概况
			国内:我国保健食品现状
		研发趋势	应用现代高新技术,开发第三代保健食品;开发中医药特色产品;开发功能多元化产品,以满足不同人群的特定需求;基于大数据分析,加强保健食品研发

2. 学习方法

通过与一般食品和药品比较,掌握保健食品概念;结合中医学基本知识,加强理解中药养生原则和方法,理解我国保健食品的中医特色;比较和总结国内外保健食品发展概况,了解保健食品发展规律;综合分析国内外保健食品的发展现状,结合国外保健食品的技术、剂型、产品等,分析我国保健食品的不足,以及理解保健食品研发趋势。

复习思考题

1. 什么是保健食品?
2. 举例说明保健食品与一般食品、药品的区别。
3. 简述中医养生的原则和方法。
4. 分析目前我国保健食品研发的不足与优势。
5. 简述我国保健食品的研发趋势。

第二章

保健食品法规与管理

学习目的

通过学习掌握保健食品的注册与备案管理、保健食品的安全、生产、经营管理相关规定及其必要性；熟悉保健食品审批程序及技术要求及保健食品监督管理；了解中国保健食品体系的法律、法规、规章。

学习要点

保健食品的注册与备案管理；保健食品的安全、生产、经营管理；保健食品审批程序及技术要求；保健食品监督管理。

第一节 保健食品法规简介

食品法规是由国家制定和认可，以保障食品安全、保护人体生命健康和维护消费者的利益为目的，以权利义务为调整机制，并通过国家强制力保证实施的调整食品社会关系的法律规范总和。我国的食品法规体系可分为法律、法规和规章三个层次：法律由全国人大及其常务委员会制定，具有最高的法律效力，也是制定相关法规、规章等的依据，如《中华人民共和国食品安全法》（以下简称《食品安全法》）；法规由国务院制定，包括行政法规和法规性文件，其地位和法律效力仅次于法律，如《食品安全法实施条例》；规章由国务院各部委制定，包括部门规章和部委规范性文件，如《保健食品注册管理办法（试行）》等。

我国保健食品法规体系简介如下：

1. 法律 《食品安全法》是我国食品领域的指导性法律，对规范食品生产经营活动，防范食品安全事故发生，强化食品安全监管，落实食品安全责任，保障公众身体健康和生命安全都具有重要意义。该法第五十一条指出国家对声称具有特定保健功能的食品实行严格监管，具体管理办法由国务院规定。

2. 法规 《食品安全法实施条例》作为行政法规，对《食品安全法》的有关规定做了必要的补充和细化，该条例第六十三条指出，食品药品监督管理部门对声称具有特定保健功能的食品实行严格监管，具体办法由国务院另行制定。

3. 规章　伴随对过去颁布的法律法规进行整合,应对经济社会发展中不断出现的新的问题,部门规章《保健食品注册管理办法(试行)》于 2005 年 7 月 1 日正式实施。《保健食品注册管理办法(试行)》是我国保健食品管理的核心法规,围绕这个部门规章,有关部门颁布了一系列部委规范性文件对其进行补充和细化,对保障保健食品的安全,加强对保健食品的监督管理做出了积极贡献。表 2-1 为近年来颁布的保健食品相关的法律、法规和规章;表 2-2 为近年来颁布的保健食品相关的国家标准。

表 2-1　我国保健食品相关法律、法规和规章

发布号	法律、法规和规章	主要内容	实施时间
国家食品药品监督管理总局令第 22 号	《保健食品注册与备案管理办法》	保健食品的注册与备案及其监督管理	2016 年 7 月 1 日
国家食品药品监督管理总局公告 2015 年第 168 号	《关于进一步规范保健食品命名有关事项的公告》	保健食品名称中不得含有表述产品功能的相关文字,包括不得含有已经批准的如增强免疫力、辅助降血脂等特定保健功能的文字,不得含有误导消费者内容的文字	2016 年 5 月 1 日
国家食药监总局食药监食监三〔2016〕21 号	《关于停止冬虫夏草用于保健食品试点工作的通知》	含冬虫夏草的保健食品相关申报审批工作按《保健食品注册与备案管理办法》有关规定执行,未经批准不得生产和销售	2016 年 2 月 26 日
中华人民共和国国务院令第 557 号颁布 2016 年 1 月 13 日国务院第 119 次常务会议修改	《中华人民共和国食品安全法实施条例》	食品药品监督管理部门对声称具有特定保健功能的食品实行严格监管,具体办法由国务院另行制定	2016 年 2 月 6 日
主席令第二十一号	《中华人民共和国食品安全法》	国家对保健食品、特殊医学用途配方食品和婴幼儿配方食品等特殊食品实行严格监督管理	2015 年 10 月 1 日
食药监食监三〔2014〕242 号	《关于养殖梅花鹿及其产品作为保健食品原料有关规定的通知》	在符合国家主管部门野生动物保护相关政策和规定情况下,允许养殖梅花鹿及其产品作为保健食品原料使用。其中,养殖梅花鹿鹿茸、鹿胎、鹿骨的申报与审评要求,按照可用于保健食品的物品名单执行;鹿角按照《保健食品注册管理办法(试行)》第六十四条的规定执行	2014 年 10 月 24 日
国食药监保化〔2012〕107 号	《关于印发抗氧化功能评价方法等 9 个保健功能评价方法的通知》	对受理的申报注册保健食品的相关产品检验申请,保健食品注册检验机构应当按照新发布的 9 个功能评价方法开展产品功能评价试验等各项工作	2012 年 5 月 1 日

续表

发布号	法律、法规和规章	主要内容	实施时间
国食药监许〔2011〕173号	《保健食品注册检验复核检验管理办法》	本办法适用于保健食品注册检验、产品质量复核检验工作的监督管理。对保健食品注册检验的申请与受理、检验与报告、质量控制、样品与档案管理、保密与信息化管理、监督检查等方面做出具体规定	2011年4月11日
国食药监许〔2011〕173号	《保健食品注册检验复核检验规范》	规定了注册检验的申请和注册检验、复核检验的受理、样品检验、检验项目、检验时限、检验报告编制等内容	2011年4月11日
国食药监许〔2011〕174号	《保健食品注册检验机构遴选管理办法》	对保健食品注册检验机构的推荐、审查与确定、监督检查等方面做出具体规定	2011年4月11日
国食药监许〔2011〕174号	《保健食品注册检验机构遴选规范》	对保健食品注册检验机构的遴选条件、遴选程序及相关要求等做出具体规定	2011年4月11日
国食药监许〔2011〕24号	《保健食品注册申报资料项目要求补充规定》	对保健食品注册申报资料项目要求做出以下方面的补充:感官要求、鉴别、理化指标、功效成分或标志性成分指标值、贮藏等	2011年2月1日
国食药监许〔2010〕423号	《保健食品产品技术要求规范》	对保健食品产品技术要求文本格式、保健食品产品技术要求编制指南等做出具体规定	2011年2月1日
国食药监许〔2010〕390号	《保健食品再注册技术审评要点》	规定了再注册定义、技术审评原则、配方技术审评要点、名称技术审评要点、标签、说明书技术审评要点、功能学技术审评要点、毒理学技术审评要点	2010年9月26日
国食药监许〔2010〕282号	《保健食品审评专家管理办法》	对设立保健食品审评专家库,审评专家应当具备的基本条件、聘用期、主要职责和审评会议等做出具体规定	2010年7月19日
国食药监许〔2009〕566号	《含辅酶Q10保健食品产品注册申报与审评有关规定》	对含辅酶Q10保健食品产品注册申报与审评做出规定。具体规定了含辅酶Q10保健食品的申请时应提供的资料、每日推荐食用量、允许申报的保健功能、包装标签等	2009年9月2日
国食药监许〔2009〕567号	《含大豆异黄酮保健食品产品注册申报与审评有关规定》	对含大豆异黄酮保健食品申报与审评做出规定。具体规定了含大豆异黄酮保健食品的包装标签、适宜人群、注意事项等	2009年9月2日
国食药监市〔2007〕625号	《药品、医疗器械、保健食品广告发布企业信用管理办法》	对保健食品广告发布企业信用信息的采集和发布、信用等级的认定等方面做出具体规定	2008年1月1日

续表

发布号	法律、法规和规章	主要内容	实施时间
国食药监市〔2005〕211号	《保健食品广告审查暂行规定》	对保健食品广告的发布申请、复审、监督管理等方面做出具体规定	2005年7月1日
国食药监注〔2005〕202号	《营养素补充剂申报与审评规定(试行)》	对营养素补充剂的申报与审评做出规定。具体规定了营养素补充剂的定义、要求、包装标签、命名等。并发布《维生素、矿物质的种类和用量》《维生素、矿物质化合物名单》	2005年7月1日
国食药监注〔2005〕202号	《真菌类保健食品申报与审评规定(试行)》	对真菌类保健食品申报与审评做出规定。具体规定了真菌类保健食品的定义、菌种鉴定工作、申请时应提供的资料等，并发布《可用于保健食品的真菌菌种名单》	2005年7月1日
国食药监注〔2005〕202号	《益生菌类保健食品申报与审评规定(试行)》	对益生菌类保健食品申报与审评做出规定。具体规定了益生菌类保健食品的定义、菌种鉴定工作、申请时应提供的资料、菌种应满足的条件等。并发布《可用于保健食品的益生菌菌种名单》	2005年7月1日
国食药监注〔2005〕202号	《核酸类保健食品申报与审评规定(试行)》	对核酸类保健食品申报与审评做出规定。具体规定了核酸类保健食品的定义、申请时应提供的资料、功能申报范围、命名等	2005年7月1日
国食药监注〔2005〕202号	《野生动植物类保健食品申报与审评规定(试行)》	对野生动植物类保健食品申报与审评做出规定。具体规定了野生动植物类保健食品的定义、禁止使用的野生动植物原材料等	2005年7月1日
国食药监注〔2005〕202号	《氨基酸螯合物等保健食品申报与审评规定(试行)》	对氨基酸螯合物等保健食品申报与审评做出规定。具体规定了申请时应提供的资料、应符合的要求等	2005年7月1日
国食药监注〔2005〕202号	《应用大孔吸附树脂分离纯化工艺生产的保健食品申报与审评规定(试行)》	对应用大孔吸附树脂分离纯化工艺生产的保健食品申报与审评做出规定。具体规定了应用大孔吸附树脂分离纯化工艺生产的保健食品的定义、申请时应提供的资料等	2005年7月1日
国食药监注〔2005〕202号	《保健食品申报与审评补充规定(试行)》	对保健食品申报与审评做出补充规定。并发布《保健功能及相对应的适宜人群、不适宜人群表》	2005年7月1日
国食药监注〔2005〕203号	《保健食品注册申报资料项目要求(试行)》	规定了申报资料的一般要求、产品注册申请表要求、国产和进口保健食品注册申请申报资料具体要求、变更申请申报资料具体要求、再注册申报资料具体要求等	2005年7月1日

续表

发布号	法律、法规和规章	主要内容	实施时间
国食药监注〔2005〕261号	《保健食品样品试制和试验现场核查规定（试行）》	对国产保健食品现场核查内容和现场核查程序做出具体规定	2005年7月1日
卫监发〔2003〕42号	《保健食品检验与技术规范》	评价规定了评价保健食品功能的统一程序以及评价食品保健作用的人体试食试验规程。取消了抗突变功能，调整了部分功能名称，并将部分功能名称分为多项，保健功能声称由此增至27项	2003年5月1日
国办发〔2003〕31号	《国务院办公厅关于印发国家食品药品监督管理局主要职责内设机构和人员编制规定的通知》	原由卫生部承担的保健食品审批职能划转国家食品药品监督管理局，2004年6月正式启动"国食健字"保健食品注册审评工作	2003年4月25日
卫法监发〔2003〕77号	《保健食品良好生产规范审查方法和评价准则》	为更好地贯彻执行《保健食品良好生产规范》，规定了保健食品良好生产规范的审查内容、审查程序、评价准则等	2003年4月2日
国药管注〔2000〕74号	《关于开展中药保健药品整顿工作的通知》	全面启动中药保健药品的整顿工作，"药健字"号退出保健品市场	2003年3月7日
卫法监发〔2002〕51号	《卫生部关于进一步规范保健食品原料管理的通知》	对保健食品原料的管理做出进一步规定，并发布了《既是食品又是药品的物品名单》《可用于保健食品的物品名单》和《保健食品禁用物品名单》	2002年2月28日
卫法监发〔2001〕267号	《卫生部关于不再审批以熊胆粉和肌酸为原料生产的保健食品的通告》	卫生部不再审批以熊胆粉和肌酸为原料生产的保健食品	2001年9月14日
卫法监发〔2001〕188号	《卫生部关于限制以甘草、麻黄草、苁蓉和雪莲及其产品为原料生产保健食品的通知》	限制了以甘草、麻黄草、苁蓉和雪莲及其产品为原料生产保健食品	2001年7月5日

笔记

续表

发布号	法律、法规和规章	主要内容	实施时间
卫法监发〔2001〕160 号	《卫生部关于限制以野生动植物及其产品为原料生产保健食品的通知》	规定了禁止作为保健食品成分的野生动植物及其产品	2001 年 6 月 7 日
国办发〔1996〕14 号	《国务院办公厅关于继续整顿和规范药品生产经营秩序，加强药品管理工作的通知》	限定 1996 年 5 月 25 日停止保健药品审批	1996 年 4 月 16 日

表 2-2　我国保健食品相关的国家标准

标准名称	标准号	主要内容
食品安全国家标准 保健食品	GB 16740-2014	规定了保健食品的技术要求,包括原料和辅料、感官要求、理化指标、污染物限量、真菌毒素限量、微生物限量、食品添加剂和营养强化剂等要求
保健食品中褪黑素含量的测定	GB/T 5009.170-2003	规定了以褪黑素为有效成分的胶囊或片剂包装的保健食品中褪黑素的测定方法
保健食品中超氧化物歧化酶(SOD)活性的测定	GB/T 5009.171-2003	规定了食品中超氧化物歧化酶(SOD)活性的测定方法
保健食品中脱氢表雄甾酮(DHEA)测定	GB/T 5009.193-2003	规定了保健食品中脱氢表雄甾酮(DHEA)的测定方法
保健食品中免疫球蛋白 IgG 的测定	GB/T 5009.194-2003	规定了保健食品中免疫球蛋白 IgG 的测定方法
保健食品中吡啶甲酸铬含量的测定	GB/T 5009.195-2003	规定了保健食品中吡啶甲酸铬含量的测定方法
保健食品中肌醇的测定	GB/T 5009.196-2003	规定了保健食品中肌醇的测定方法
保健食品中盐酸硫胺素、盐酸吡哆醇、烟酸、烟酰胺和咖啡因的测定	GB/T 5009.197-2003	规定了保健食品中盐酸硫胺素、盐酸吡哆醇、烟酸、烟酰胺和咖啡因的高效液相色谱测定方法
保健食品中六价铬的测定 离子色谱 - 电感耦合等离子体质谱法	SN/T 2210-2008	规定了保健食品中六价铬的离子色谱 - 电感耦合等离子体质谱测定方法
保健食品中维生素 B_{12} 的测定	GB/T 5009.217-2008	规定了保健食品中维生素 B_{12} 的测定方法

标准名称	标准号	主要内容
保健食品中前花青素的测定	GB/T 22244-2008	规定了保健食品中前花青素的测定方法
保健食品中异嗪皮啶的测定	GB/T 22245-2008	规定了保健食品中异嗪皮啶的测定方法
保健食品中泛酸钙的测定	GB/T 22246-2008	规定了营养补充剂类保健食品中泛酸钙的测定方法
保健食品中淫羊藿苷的测定	GB/T 22247-2008	规定了保健食品中淫羊藿苷的测定方法
保健食品中甘草酸的测定	GB/T 22248-2008	规定了保健食品中甘草酸的测定方法
保健食品中番茄红素的测定	GB/T 22249-2008	规定了保健食品中番茄红素的测定方法
保健食品中绿原酸的测定	GB/T 22250-2008	规定了保健食品中绿原酸的测定方法
保健食品中葛根素的测定	GB/T 22251-2008	规定了保健食品中葛根素的测定方法
保健食品中辅酶 Q10 的测定	GB/T 22252-2008	规定了保健食品中辅酶 Q10 的测定方法
保健食品中大豆异黄酮的测定方法 高效液相色谱法	GB/T 23788-2009	规定了保健食品中大豆异黄酮的测定方法
《保健食品良好生产规范》	GB17405-1998	规定了对生产具有特定保健功能食品企业的人员、设计与设施、原料、生产过程、成品贮存与运输以及品质和卫生管理方面的基本技术要求

到目前为止,我国已初步建立了以《食品安全法》为依据,以《保健食品注册与备案管理办法》为核心的保健食品法规体系框架,使保健食品的审批和生产经营能够基本上有法可依,但保健食品的监督管理法规还有待进一步完善。另外,也要注意保健食品的法规体系与普通食品的法规体系之间的相互协调。

第二节　保健食品注册与备案管理

保健食品注册,是指食品药品监督管理部门根据注册申请人申请,依照法定程序、条件和要求,对申请注册的保健食品的安全性、保健功能和质量可控性等相关申请材料进行系统评价和审评,并决定是否准予其注册的审批过程。保健食品备案,是指保健食品生产企业依照法定程序、条件和要求,将表明产品安全性、保健功能和质量可控性的材料提交食品药品监督管理部门进行存档、公开、备查的过程。为规范保健食品的注册与备案工作,国家食品药品监督管理总局制定《保健食品注册与备案管理办法》,在中华人民共和国境内保健食品的注册与备案及其监督管理适用本办法。

一、保健食品注册

(一)注册要求

1. 注册范围

(1) 使用保健食品原料目录以外原料(以下简称目录外原料)的保健食品;

(2) 首次进口的保健食品(属于补充维生素、矿物质等营养物质的保健食品除外)。

笔记

备注:首次进口的保健食品,是指非同一国家、同一企业、同一配方申请中国境内上市销售的保健食品。

2. 申请人资质

(1) 国产保健食品注册申请人应当是在中国境内登记的法人或者其他组织;进口保健食品注册申请人应当是上市保健食品的境外生产厂商。

(2) 申请进口保健食品注册的,应当由其常驻中国代表机构或者由其委托中国境内的代理机构办理。

(3) 境外生产厂商,是指产品符合所在国(地区)上市要求的法人或者其他组织。

3. 注册申请材料要求

(1) 保健食品注册申请表,以及申请人对申请材料真实性负责的法律责任承诺书;

(2) 注册申请人主体登记证明文件复印件;

(3) 产品研发报告,包括研发人、研发时间、研制过程、中试规模以上的验证数据,目录外原料及产品安全性、保健功能、质量可控性的论证报告和相关科学依据,以及根据研发结果综合确定的产品技术要求等;

(4) 产品配方材料,包括原料和辅料的名称及用量、生产工艺、质量标准,必要时还应当按照规定提供原料使用依据、使用部位的说明、检验合格证明、品种鉴定报告等;

(5) 产品生产工艺材料,包括生产工艺流程简图及说明,关键工艺控制点及说明;

(6) 安全性和保健功能评价材料,包括目录外原料及产品的安全性、保健功能试验评价材料,人群食用评价材料;功效成分或者标志性成分、卫生学、稳定性、菌种鉴定、菌种毒力等试验报告,以及涉及兴奋剂、违禁药物成分等检测报告;

(7) 直接接触保健食品的包装材料种类、名称、相关标准等;

(8) 产品标签、说明书样稿;产品名称中的通用名与注册的药品名称不重名的检索材料;

(9) 3 个最小销售包装样品;

(10) 其他与产品注册审评相关的材料。

4. 申请首次进口保健食品注册的,除应当提交上述 10 项材料外,并补充提交以下材料:

(1) 产品生产国(地区)政府主管部门或者法律服务机构出具的注册申请人为上市保健食品境外生产厂商的资质证明文件;

(2) 产品生产国(地区)政府主管部门或者法律服务机构出具的保健食品上市销售一年以上的证明文件,或者产品境外销售以及人群食用情况的安全性报告;

(3) 产品生产国(地区)或者国际组织与保健食品相关的技术法规或者标准;

(4) 产品在生产国(地区)上市的包装、标签、说明书实样。此外,由境外注册申请人常驻中国代表机构办理注册事务的,应当提交《外国企业常驻中国代表机构登记证》及其复印件;境外注册申请人委托境内的代理机构办理注册事项的,应当提交经过公证的委托书原件以及受委托的代理机构营业执照复印件。

5. 技术转让的注册

(1) 保健食品注册人转让技术的,受让方应当在转让方的指导下重新提出产品注册申请,产品技术要求等应当与原申请材料一致。

(2) 审评机构按照相关规定简化审评程序。符合要求的,国家食品药品监督管理总局应当为受让方核发新的保健食品注册证书,并对转让方保健食品注册予以注销。

(3) 受让方除提交本办法规定的注册申请材料外,还应当提交经公证的转让合同。

(二) 注册变更

1. 基本要求

(1) 保健食品注册证书及其附件所载明内容变更的,应当由保健食品注册人申请变更并提交书面变更的理由和依据。

(2) 变更申请的理由依据充分合理,不影响产品安全性、保健功能和质量可控性的,予以变更注册;变更申请的理由依据不充分、不合理,或者拟变更事项影响产品安全性、保健功能和质量可控性的,不予变更注册。

2. 注册变更的材料要求

(1) 保健食品注册变更申请表(包括申请人对申请材料真实性负责的法律责任承诺书);

(2) 注册申请人主体登记证明文件复印件;

(3) 保健食品注册证书及其附件的复印件;

(4) 改变注册人名称、地址的变更申请,还应当提供该注册人名称、地址变更的证明材料;

(5) 改变产品名称的变更申请,还应当提供拟变更后的产品通用名与已经注册的药品名称不重名的检索材料;

(6) 增加保健食品功能项目的变更申请,还应当提供所增加功能项目的功能学试验报告;

(7) 改变产品规格、保质期、生产工艺等涉及产品技术要求的变更申请,还应当提供证明变更后产品的安全性、保健功能和质量可控性与原注册内容实质等同的材料、依据及变更后 3 批样品符合产品技术要求的全项目检验报告;

(8) 改变产品标签、说明书的变更申请,还应当提供拟变更的保健食品标签、说明书样稿。

(三) 申请延续

1. 基本要求

(1) 已经生产销售的保健食品注册证书有效期届满需要延续的,保健食品注册人应当在有效期届满 6 个月前申请延续。

(2) 申请延续注册的保健食品的安全性、保健功能和质量可控性符合要求的,予以延续注册。申请延续注册的保健食品的安全性、保健功能和质量可控性依据不足或者不再符合要求,在注册证书有效期内未进行生产销售的,以及注册人未在规定时限内提交延续申请的,不予延续注册。

2. 申请延续的材料要求

(1) 保健食品延续注册申请表,以及申请人对申请材料真实性负责的法律责任承诺书;

(2) 注册申请人主体登记证明文件复印件;

(3) 保健食品注册证书及其附件的复印件；

(4) 经省级食品药品监督管理部门核实的注册证书有效期内保健食品的生产销售情况；

(5) 人群食用情况分析报告、生产质量管理体系运行情况的自查报告以及符合产品技术要求的检验报告。

二、保健食品备案

(一) 备案要求

1. 备案范围

(1) 使用的原料已经列入保健食品原料目录的保健食品；

(2) 首次进口的属于补充维生素、矿物质等营养物质的保健食品。

首次进口的属于补充维生素、矿物质等营养物质的保健食品，其营养物质应当是列入保健食品原料目录的物质。

2. 备案人资质

(1) 国产保健食品的备案人应当是保健食品生产企业，原注册人可以作为备案人；

(2) 进口保健食品的备案人，应当是上市保健食品境外生产厂商。

3. 备案材料　除了保健食品本身相关的技术材料外，还需要以下资料：

(1) 保健食品备案登记表，以及备案人对提交材料真实性负责的法律责任承诺书；

(2) 备案人主体登记证明文件复印件；

(3) 产品技术要求材料；

(4) 具有合法资质的检验机构出具的符合产品技术要求全项目检验报告；

(5) 其他表明产品安全性和保健功能的材料。

4. 进口产品备案材料要求　申请进口保健食品备案的，应当提交本办法 3. 外的材料，并补充提交以下材料：

(1) 产品生产国(地区)政府主管部门或者法律服务机构出具的注册申请人为上市保健食品境外生产厂商的资质证明文件；

(2) 产品生产国(地区)政府主管部门或者法律服务机构出具的保健食品上市销售一年以上的证明文件，或者产品境外销售以及人群食用情况的安全性报告；

(3) 产品生产国(地区)或者国际组织与保健食品相关的技术法规或者标准；

(4) 产品在生产国(地区)上市的包装、标签、说明书实样。

(二) 产品备案

1. 备案程序　食品药品监督管理部门收到备案材料后，备案材料符合要求的，当场备案；不符合要求的，应当一次告知备案人补正相关材料。

食品药品监督管理部门应当完成备案信息的存档备查工作，并发放备案号。对备案的保健食品，食品药品监督管理部门应当按照相关要求的格式制作备案凭证，并将备案信息表中登载的信息在其网站上公布。

2. 备案变更　已经备案的保健食品，需要变更备案材料的，备案人应当向原备案机关提交变更说明及相关证明文件。备案材料符合要求的，食品药品监督管理部门应当将变更情况登载于变更信息中,将备案材料存档备查。

第三节 保健食品安全管理

为了保证食品卫生质量,防止食品污染,预防食物中毒和其他食源性疾病以及对人体的慢性危害,确保人民身体健康,就必须加强食品卫生管理。

新中国成立以来,人民政府十分重视和关心食品生产和经营的卫生管理,曾经颁布了许多食品卫生标准和管理办法。1979 年,国务院颁发了《中华人民共和国食品卫生管理条例》。这些法规对加强食品卫生管理,提高食品卫生质量起了很好的作用。1965 年 10 月 31 日,八届人大常委会第十六次会议通过的《中华人民共和国食品卫生法》开始实施之后,国家又陆续制定和颁布了一批食品卫生标准,食品卫生管理办法、食品企业卫生规范等单项法规和相应的检验方法。逐步建立了食品卫生法规体系,从而使食品卫生管理监督管理工作有法可依、有章可循,使之逐步纳入法律监督体系。全国性的食品卫生监督管理网络已初步形成,并逐步实现食品卫生管理的标准化、规范化、通过食品卫生技术规范,不断把食品卫生新科学成就应用于食品卫生管理。

随着工农业生产的发展和食品生产经营业务的不断扩大,食品污染的因素和机会也在增加。部分生产经营企业和个体生产经营者,由于法制观念淡薄,单纯为了追求经济效益,或缺乏相关知识,忽视保健食品相关的质量安全管理,造成一些不符合卫生标准的保健食品流入市场,损害了消费者的利益,主要原因如下:

(1) 使用腐败变质或霉变、虫蛀的原辅材料。

(2) 生产用水不符合食品安全标准。

(3) 使用不符合食品安全标准的食品添加剂或加工助剂。

(4) 使用不符合食品安全标准的包装材料和容器。

(5) 生产环境、厂房、设备不符合食品安全标准要求。

(6) 生产操作不符合食品安全标准要求。

(7) 从业人员不符合食品安全标准要求。

(8) 保健食品的贮存、运输、销售条件不符合食品安全标准要求,以及贮存期过长而造成腐败变质。

(9) 保健食品掺杂使假及伪造假冒。

因此,保健食品必须符合食品安全标准的相关要求,就应该采取综合治理的办法,使保健食品生产经营的一切方面、每一个环节和所有从业人员均符合食品安全标准的相关要求,建立保健食品安全保证体系。为此,应该做好以下几个方面的工作:

一、保健食品安全标准体系

(一) 保健食品卫生法规体系

依据《食品安全法》及其实施细则、处罚条例、行政法规等法律法规,建立保健食品安全法规体系,使食品卫生督管理工作规范化、科学化、制度化。制定保健食品生产企业的生产质量管理规范,运用法律法规确保保健食品安全卫生,从生产过程中保证保健食品质量。

(二) 保健食品监督保证体系

进一步充实加强食品卫生监督机构,提高监督人员的业务水平,配备必要的仪器和设备,逐步实现检测手段的现代化。逐步建成全国食品卫生监督管理网络。食品监督机构应该严格依法办事,做到有法必依、执法必严、违法必究。把日常卫生监督管理与飞行检查结合起来,保健食品监督检查工作应做到标准化、经常化。

(三) 保健食品企业的自身管理

大多数不合格保健食品是由于保健食品企业放松其自身管理而造成的,因此,首先要加强食品企业内部的自身管理监督,把好保健食品食品安全关。

(四) 保健食品法律法规的普及工作

通过保健食品法律法规的普及工作,使各级主管部门重视保健食品安全工作,积极支持食品监督机构严格执法;教育保健食品生产经营者自觉守法,同时充分发挥消费者的监督作用。

综上所述,搞好保健食品安全工作,需要建立完善的保健食品安全法律法规体系;建立健全保健食品的监督保证体系;加强保健食品企业的自身管理;搞好食品安全法制的普及工作。形成保健食品安全保证体系,从上至下对保健食品安全工作常抓不懈、持之以恒,就可以有效地保证食品安全。

二、保健食品经营安全管理制度

保健食品经营安全管理包括卫生管理制度、从业人员健康检查制度、从业人员食品安全知识培训制度及食品安全管理人员制度等。

(一) 卫生管理制度

1. 公司全体员工均应保持经营场所的干净、整洁。

2. 经营场所内不得存放有毒、有害物品。

3. 经营场所内不得随地吐痰,乱丢果皮、杂物等。

4. 经营场所内不得存放易燃、易爆物品。

5. 灭蚊灯、老鼠夹、杀虫剂应保持有效状态,发现故障应及时维修。

(二) 从业人员健康检查制度

1. 从事经营活动的每一位员工每年必须在区以上医院体检一次,体检除常规项目外,应加做肠道致病菌、胸透以及转氨酶、乙肝表面抗原检查,取得健康证明后方可参加工作。

2. 凡患有伤寒、痢疾、病毒性肝炎等消化道传染病(包括病原携带者),活动性肺结核,化脓性或渗出性皮肤病、精神病以及其他有碍食品卫生的疾病的员工,不得参与直接接触保健食品的工作。

3. 员工患上述疾病的,应及时向部门领导报告,并立即调离原岗位。病愈要求上岗,必须在指定的医院体检,合格后才可重新上岗。

4. 在岗员工应着装整洁,佩戴工号牌,勤洗澡、勤理发,注意个人卫生。

5. 应建立员工健康档案,档案至少保存三年。

(三) 从业人员食品安全知识培训制度

1. 各级管理人员、经营人员及与经营活动有关的维修、保洁、仓储、服务等人员,均应按《食品安全法》的规定,根据各自的职责定期接受培训教育。

2. 质量管理部负责制定年度员工培训计划,报总经理批准后下发实施。行政部门按照培训计划合理安排全年的质量教育、培训工作,并负责建立职工教育培训档案。

3. 培训方式以企业定期组织集中学习和自学方式为主,以外部培训为辅。

4. 新录用员工、转岗员工上岗前须进行质量教育与培训,培训结束后统一考核,不合格者不得上岗。

5. 参加外部培训及在职接受继续学历教育的人员,应将考核结果或相应的培训教育证书原件交行政部门验证后,留复印件存档。

6. 企业内部培训教育的考核,由行政部门与质量管理部共同组织,根据培训内容的不同可选择笔试、口试,现场操作等考核方式,并将考核结果存档。

7. 培训和继续教育的考核结果,作为有关岗位人员聘用的主要依据,并作为员工晋级、加薪或奖惩等工作的参考依据。

(四) 食品安全管理人员制度

1. 企业负责人岗位职责

(1) 对公司保健食品的经营负全面责任,保证公司执行国家有关保健食品的法律、法规和行政规章。

(2) 负责建立、健全公司质量管理体系,加强对业务经营人员的质量教育,保证公司质量管理方针和质量目标的落实和实施。

(3) 负责签发保健食品质量管理制度及其他质量文件,负责处理重大质量事故,定期组织对质量管理制度的执行情况进行考核。

(4) 负责对保健食品首营企业和首营品种的审批,对公司购进的保健食品质量有裁决权。

(5) 负责国家和上级主管部门有关保健食品的法律法规及各项政策在公司内部的贯彻实施。

(6) 负责选拔任用各方面的合格人员,定期开展质量教育和培训工作,每年组织一次全员身体检查。

2. 食品卫生管理员岗位职责

(1) 认真学习和贯彻执行国家有关保健食品的法律、法规和行政规章,严格遵守公司的质量和卫生管理的规章制度,对保健食品的卫生管理工作负直接责任。

(2) 按时做好营业场所和仓库的清洁卫生工作,保持内外环境整洁,保证各种设施、设备安全有效。

(3) 每年负责安排公司经营人员的健康检查,建立并管理员工健康档案,监督检查员工保持日常个人卫生。

(4) 负责监督做好营业场所和仓库的温湿度检测和记录,保证温湿度在规定的范围内,确保保健食品的质量。

(5) 保证保健食品的经营条件和存放设施安全、无害、无污染,发现可能影响保健食品质量的问题时应立即加以解决,或向总经理报告。

3. 购销人员岗位职责

(1) 严格遵守国家有关保健食品的法律法规和各项政策,遵守公司各项质量管理的规章制度。

（2）采购人员应根据公司的计划按需进货、择优采购,严禁从证照不全的公司或厂家进货。

（3）对购进的保健食品应按照合同规定的质量条款,认真检查供货单位的《卫生许可证》《工商执照》和保健食品的《批准证书》《检验合格证》,对保健食品逐件验收。

（4）销售人员应确保所售出的保健食品在保质期内,并应定期检查在售保健食品的外观性状和保质期,发现问题立即下架,同时向质管部报告。

（5）销售时应正确介绍保健食品的保健作用、适宜人群、使用方法、食用量、储存方法和注意事项等内容,不得夸大宣传保健作用,严禁宣传保健食品具有治疗作用。

（6）营业员应每天上下午各一次做好营业场所的温湿度检测和记录,如温湿度超出范围,应及时采取调控措施,确保保健食品的质量。

（7）营业员应经常注意自己的身体状况,当患有痢疾、伤寒、病毒性肝炎等消化道传染病(包括病原携带者),活动性肺结核,化脓性或渗出性皮肤病、精神病以及其他有碍食品卫生的疾病的,应立即停止工作并向主管负责人报告。

第四节　保健食品生产管理

《中华人民共和国食品安全法》第74条规定,保健食品属于特殊食品,国家对特殊食品实行比普通食品更加严格的监督管理。主要表现在两个方面,首先生产普通食品只要求取得食品生产许可,毋须进行产品注册或者备案,而生产特殊食品除了需要取得食品生产许可外,还要进行产品或配方的注册或者备案;其次国家对普通食品生产企业符合良好生产规范要求,是采取鼓励态度,不强制要求,但对生产特殊食品的企业,强制要求按照良好生产规范建立与所生产食品相适应的生产质量管理体系,以确保出厂产品的安全性和保健功能。

本节依据有关法律法规,围绕保健食品的生产管理,介绍企业如何按照良好生产规范建立规范化的生产质量管理体系,政府监管部门如何依据有关法律法规进行标准化的生产许可和日常监管。

一、保健食品生产管理的法律法规

我国对保健食品(含生产)的管理经历了从无到有、逐渐完善的过程。

20世纪80年代,我国保健食品缺乏管理,陷入了无序发展的状态。为了规范保健食品的管理,1987年国家卫生部发布《食品新资源卫生管理办法》,随之于1990年修改为《新资源食品卫生管理办法》,该办法尽管未使用保健食品的名称,实际上已将保健食品纳入新资源食品管理范畴,新资源食品经过申报、检测、实验,发给批准证书,才可生产、上市销售。

1995年颁布的《食品卫生法》(现已废止)首次明确了保健食品的法律地位,其规定:表明具有特定保健功能的食品,其产品及说明书必须报国务院卫生行政部门审查批准,其卫生标准或生产经营管理办法,由国务院卫生行政部门制定。

为了实施食品卫生法中有关保健食品的规定,卫生部于1996年制订颁布了《保健食品管理办法》,该办法有关生产监管的条款规定:保健食品的生产必须符合相应的规范和卫生要求,必须经省级卫生行政部门批准,保健食品生产者必须按照批准的内容组织生产。紧接着，卫生部于 1997 年制定了《保健(功能)食品通用卫生标准》(GB 16740-1997)对保健食品的原料要求、感官要求、理化指标、微生物指标等进行了规定，并作为所有保健食品质量标准的依据。1998 年出台《保健食品良好生产规范》(GB 17405-1998，简称 GMP)，规定了保健食品生产企业人员、设计与设施、原料、生产过程、成品贮存与运输以及品质和卫生管理方面的基本技术和要求。2002 年卫生部颁布了《卫生部关于检查〈保健食品良好生产规范〉贯彻执行情况的通知》，规定了我国保健食品生产企业必须符合 GMP 的要求。为了更好地贯彻执行 GMP，统一审查和评价的标准，2003 年，卫生部制定了《保健食品良好生产规范审查方法和评价准则》、《保健食品良好生产规范审查表》(140 项)以及《审查结果判定表》，以此作为对企业执行 GMP 情况的审查依据。

2003 年，国务院进行了机构改革，成立了国家食品药品监督管理局(简称国家食药监局)，这一改革的实施使得保健食品的审批权由卫生部转移至国家食药监局，但其市场监管权仍由卫生部掌握。为了规范保健食品的注册审批行为，保证保健食品的质量，保障人体食用安全，国家局于 2005 年颁布实施了《保健食品注册管理办法(试行)》，要求凡声称具有特定保健功能或者以补充维生素、矿物质为目的的食品产品，全部实行注册管理；申请注册所需样品，应当在符合 GMP 的车间生产，其加工过程必须符合 GMP 的要求。2008 年，国务院将卫生部承担的保健食品监管权移交国家食药监局，最终实现了审批权和监管权的统一。

2013 年，国务院机构改革，原国家食品药品监督管理局改为国家食品药品监督管理总局，统一负责保健食品的监督管理工作。

2015 年 4 月 24 日，新的《中华人民共和国食品安全法》(简称新法)由第十二届全国人大常委会第十四次会议修订通过，并于 2015 年 10 月 1 日起正式施行。新法围绕着建立最严格的食品安全监管制度这一总体要求，规定"生产保健食品应当按照良好生产规范(GMP)的要求建立与所生产食品相适应的生产质量管理体系，定期对该体系的运行情况进行自查，向所在地县级食药监局提交自查报告"，新法首次把保健食品企业实施 GMP 纳入法律条文。另外，新法一改 2005 年以来关于保健食品审批注册制度的规定，确立了注册与备案分类管理的基本制度，即使用新原料的保健食品和首次进口的保健食品应当经国务院食药监总局注册，其中首次进口的保健食品中属于补充维生素、矿物质等营养物质的，应当报国务院食药监总局备案；其他保健食品应当报省、自治区、直辖市人民政府食药监管理部门备案。对于新原料的界定，需要将原保健食品原料目录的单一物质名单扩充为包括原料名称、用量和对应功效的完整目录，但颁布重新确立的保健食品原料目录尚待时日。

二、保健食品生产管理体系

《中华人民共和国食品安全法》第 83 条明确规定："生产保健食品应当按照良好生产规范(GMP)的要求建立与所生产食品相适应的生产质量管理体系，定期对该体系的运行情况进行自查"。

GMP 是一种注重在生产过程中对产品质量实施自主性管理的制度，是我国在保健食品生产企业强制推行的一套国家标准，它要求企业从原料、人员、设施设备、生产过程、包装运输、质量控制等方面按照国家相关法律法规达到质量安全要求，形成一套科学的、操作性强的作业规范,帮助企业改善卫生环境,及时发现生产过程中存在的问题并加以改善,预防和控制各种有害因素危害食品安全,保障保健食品食用者(特定人群)的身体健康和生命安全。GMP也是我国政府食品药品监督管理部门对保健食品生产监督管理的重要依据。

因此,我国在保健食品生产企业强制推行GMP具有重要意义:①推动企业规范化的生产质量管理体系的建立,确保保健食品质量合格出厂;②促进企业质量管理的科学化、规范化,推动保健食品行业整体质量水平的提高;③利于保健食品产品进入国际市场;④提高食品监管部门对保健食品企业监管水平;⑤有助于优胜劣汰,促进保健食品企业公平竞争。

(一) 机构与人员

1. 机构　尽管受历史变迁、所处的地理环境、企业负责人的资历和理念、聘用员工素质等因素的影响,使得不同的保健食品生产企业办厂规模不同,类型各异,各具其独特的管理模式,但它们都依据自身的实际情况,建立起自己的组织机构。

保健食品GMP并没有规定企业要建立哪种管理机构,设置多少管理部门。但需要强调的是,无论组织机构怎样设置,都必须有:企业负责人、品质管理部门(独立性和权威性)、生产管理部门,并且各机构和人员职责应当明确。

(1) 企业负责人

职责:①应当熟悉保健食品相关法律法规,对GMP的实施负总责;②对产品质量负总责,不管其职称专业背景如何;③是企业特定组织模式的创造者,其质量意识和工作方式将直接影响企业的质量行为;④为产品的生产和质量管理提供必要的经费和条件;⑤批准生效本企业所有GMP运行相关的制度、规程、记录等软件。

(2) 品质管理部

1) 职责:①在企业日常生产活动中,贯彻"预防为主"、"风险管理"原则;②负责生产全过程的质量监督管理(QA和QC);③工作重点:从事后检验转移到事前的设计和生产上,消除产生不合格品的任何隐患。

2) 具体工作内容:①审核生产许可、产品注册相关的申报材料;②制定和审核原辅料、包装材料规格标准;③制定和审核标准工艺规程、原始记录;④制定和审核采样指令、测试方法;⑤编写和修订本部门的SOP;⑥会同生产管理部门对物料供应商资质评定,会同其他部门编写和修订该部门的SOP;⑦批准或拒收原辅料和包装材料;⑧对从原料到成品事关质量的一切活动进行监控;⑨负责生产全过程的质检,决定是否放行成品出厂,审定批记录;⑩处理用户投诉,定期对企业进行GMP自检,会同有关部门进行工艺改进。

(3) 生产管理部

具体工作内容:①制定生产管理文件、设备操作SOP;②协助品管部审核原辅料包装材料供应商资质;③确保厂房、设施、设备维护处于良好状况,记录标示完善;④确保车间、设备、工器具等清洁和清场,记录标示完善;⑤确保人员执行生产规程操作并完整记录;⑥配合品管部门,对关键工艺的验证,按GMP组织生产和记录;⑦会同有关部门进行工艺等改进;⑧对本部门人员的培训和考核,记录归档。

(4) 采购部

具体工作内容:①协助品管部审核设备设施、工器具、原辅料包装材料供应商资质;②按照生产部采购计划和品管部物料标准,从品管部批准的供应商处采购物料;③按照工程部、办公室等生产相关部门采购计划和品管部物料标准,从品管部批准的供应商处采购物料;④对本部门人员的不间断培训和考核,记录归档。

(5) 条件部

具体工作内容:①制定设备维修保养和使用的 SOP 及记录;②确保生产所需要的必要条件(厂房、设备、介质、温度、湿度、空气洁净度、水、电、气等)处于良好状态;③负责计量检定;④对本部门人员的不间断培训和考核,记录归档。

(6) 仓储部

具体工作内容:①制定仓储管理制度和 SOP 及记录;②确保物料及成品按质量要求的环境条件存放,记录完备;③出货时执行先进先出原则;④对本部门人员的培训和考核,记录归档。

(7) 运输部

具体工作内容:①制定运输管理制度和 SOP 及记录;②确保运输工具符合产品质量特点的要求;③定期保养、清洁运输工具,不得混装运有毒有害物品;④对本部门人员的培训和考核,记录归档。

(8) 行政部

具体工作内容:①制定档案管理制度和归档的 SOP 及记录;②负责人事管理;③负责厂区环境卫生和除虫灭害,污物垃圾收集清运消毒;④按年度组织员工健康体检;⑤员工的生活起居管理。

2. 人员　对于一个企业来讲,人员是最重要的因素。即使有了好的硬件和完善的软件,如果没有高素质的人员去实施,或者由于人的因素而达不到预期目标,那么再好的硬件和完善的软件也是不能发挥作用的。

(1) 技术人员及其所占全员的比例:保健食品生产企业必须具有:与所生产的保健食品相适应的具有医药学(或生物学、食品科学)等相关专业知识的技术人员和具有生产及组织能力的管理人员。专职技术人员的比例应不低于职工总数的5%。

(2) 考虑到保健食品生产比一般食品生产有更高的技术要求和素质要求,根据不同人员所发挥作用的不同,我国保健食品 GMP 对企业技术负责人、生产和品管部门负责人、专职技术人员、质检人员和一般从业人员,均作了不同的资格要求。

1) 主管技术负责人的资格资历:主管技术的企业负责人必须具有大专以上或相应的学历,并具有保健食品生产及质量、卫生管理的经验(应有 2 年以上从事保健食品管理工作经历)。其中学历是指食品、医药或相关专业的学历。同时,主管技术负责人具有独立指挥、协调工作的能力,具有过硬的业务素质、管理素质和综合素质,属于行业领军人物。

2) 企业生产和品管部门负责人的资格资历:企业生产和品管部门负责人必须是专职人员,应具有与所从事专业相适应的大专以上或相应的学历,能够按照规范的要求组织生产或进行品质管理,有能力对保健食品生产和品质管理中出现的实际问题作出正确的判断和处理。如同裁判员和运动员的关系,生产管理部门和质量管理部门的负责人不得互相兼任。

3) 企业质检人员、采购仓储人员的资格资历:质检人员必须具有中专以上学历;采购人员应掌握鉴别原料是否符合质量卫生要求的知识和技能。此外,仓储人员应该熟悉各种原辅料、包装材料、半成品、成品的仓储要求,常见的仓储卫生安全问题和必要的原辅料、包装材料、半成品、成品感官鉴别、检查方法。

4) 对企业各级人员培训的基本要求:从业人员上岗前必须经过卫生法规教育及相应技术培训,企业应建立培训及考核档案,企业负责人及生产、品质管理部门负责人还应接受省级以上卫生监督部门有关保健食品的专业培训,并取得合格证书。应设立员工个人培训档案,记录每次该员工培训情况,以便日后对员工进行考察。厂内培训包括人员签到表,培训材料、个人培训笔记和考核卷子及成绩单。外出培训包括培训材料和证书等,培训材料由档案室保管。此外,还要求企业各级从业人员的职业道德和操守,即应具有认真工作的态度和对人民健康负责的精神,诚信为人,老实做事,绝不从事生产和销售假、冒、伪、劣保健食品活动。

5) 对企业上岗人员健康的基本要求:从业人员必须进行健康检查,取得健康证明后方可上岗,以后每年须进行一次健康检查。

6) 对进入车间内人员个人卫生的基本要求:①车间内从业人员应穿戴整洁一致的工作服、帽、靴、鞋、工作服盖住外衣,头发不露于帽外,不得穿工作服离开生产加工场所;②车间内直接与原料、半成品和成品接触的人员不得戴耳环、戒指、手镯、项链、手表、化浓妆、染指甲、喷洒香水进入车间;③企业人员在接触脏物,进厕所、吸烟、用餐后,应洗净双手;④车间内不准吸烟、饮酒、吃食物及做其他有碍食品卫生的行为;⑤车间内不准存有个人生活用品,如衣物、食品、烟酒、药品、化妆品等;⑥进入车间内人员的双手应避免直接接触产品以及与产品接触设备的任何部分;⑦注意:进入车间内人员不仅指车间工作人员,也包括因履行职责必须进入生产区和控制区的人员。

(二) 厂房与设施

1. 设计原则　保健食品厂的总体设计、厂房与设施的一般性设计、建筑和卫生设施应符合《保健食品通用卫生规范》(GB 14881-2013)的要求。

2. 选址、总体布局和厂房设计　保健食品生产企业周围和厂区环境是否整洁,厂区地面,路面及运输等是否对保健食品生产会造成污染;生产、行政、生活和辅助区总体布局是否合理,是否相互妨碍;厂区周围是否有危及产品卫生的污染源,是否远离有害场所。

(1) 厂址选择:包括两个方面的含义,一是洁净厂房的工厂与周围环境的布置,二是厂内洁净厂房与非洁净厂房之间的布置。其中,洁净室的空气洁净度与室外环境有密切的关系。如果在选址时不注意室外污染因素,就会加重因空调净化处理,而产生的过滤装置负担,并付出额外的设备投资、长期维护费用和能源消耗等。如果不能远离严重空气污染源,则厂址选择应位于最大频率风向上风侧,或全年最小频率风向下风侧。

(2) 总平面布局

1) 功能分区:生产、行政、生活和辅助区合理分开,不得相互妨碍。

2) 风向:严重污染源应处于主导风向的下风侧。

3) 道路:贯彻人流、物流分开原则。与市政交通干道之间距离大于50m。

4) 绿化:尽可能减少露土地面,应以种植草坪为主。

5) 厂区内布置:洁净厂房应布置在厂区人流物流不(少)穿越的环境整洁的地方。

6) 三废处理及锅炉房等严重污染区域位于厂区全年最大频率风向的下风侧。

7）原料加工区应置于成品生产区的全年最大频率风向的下风侧。

8）动物房有专用的排污和空调设备,与其他区域分开。

9）洁净厂房周围不宜设排水明沟。

3. 厂房布局　厂房应按生产工艺流程及所要求的洁净级别进行合理布局,同一厂房和邻近厂房进行的各项生产操作不得相互妨碍。

（1）生产区

1）人员和物料进出生产区域的出入口应分别设置,有各自的与生产区空气洁净度相适应的洁净区/室及其设施,避免人流物流交叉污染。其中物料在洁净区内的传递线尽量缩短。

2）洁净室内只设置必要的工艺设备和设施。所有与原料、中间产品直接接触的生产用工器具、容器、管道、设备、塑料材质等应使用符合食品卫生要求的材料。

3）电梯不宜设在洁净室内。

4）为节约能源,空气洁净度级别高的房间宜设置在靠近空调机房、人员最少经过的地方。

5）不同空气洁净度等级的洁净室,宜按洁净度由高到低,由里到外布局,且呈正压梯度。

6）产生污染或粉尘的工序和设备宜安排直排风口或捕尘系统,该房间宜为局部相对负压。若仍不能够避免交叉污染,则空气净化系统不得利用该房间的回风。

7）洁净度等级相同的房间,宜集中布置。

8）不同洁净度房间之间联系应有防治污染措施,如加设气闸室、传递窗。

9）洁净区内称量室与备料室是防止差错的首要地方,稍有疏忽就会铸成大错,宜设置集中或分散的称量室,此处粉尘散发较严重,宜设除尘系统。

10）洁净区内辅助设施尚需设置半成品中转站、质控室、周转容器清洗和存放室、模具室、工具室、洁净工具（如拖布、抹布）洗涤存放室、洁净服鞋清洗间。

11）制水间和空调机房宜按生产区管理。制水设备、空气净化设施、设备应定期检修,检修过程中应采取适当措施,不得对保健食品的生产造成污染。应具备对生产用水的检测能力并定期检测。定期洗涤和更换初、中效过滤器,定期更换高效过滤器（空气净化处理,通常采用初效、中效、高效空气过滤器三级过滤,前一级保护后一级,延长后一级的使用寿命,保护保健食品的工艺环境。空气过滤器是实现洁净区域内空气净化的主要手段,是空调系统的主要设备）。

12）与原料、半成品等直接接触的干燥用空气、压缩空气和惰性气体应当经净化处理,符合生产要求。

13）动植物性原料前处理必须与生产洁净区严格分隔,并有良好的通风、除烟、除尘、降温设施。

（2）检验室　检验室宜与生产区分开设置,包括样品接受和处理间、洗涤间、检验（感官、理化、微生物）、加速稳定性及其他各类实验室,致病菌检测的阳性对照、微生物限度检定要分室进行,动植物标本、留样观察室注意温湿度控制,取样间宜设置在原辅料库区,空气洁净度与生产区配料室一致。对有特殊要求的天平、仪器、仪表,应当安放在专门的仪器室内,并有防止静电、震动、潮湿或其他外界因素影响的设施。

（3）仓储区:根据物料和成品的不同性质设置不同的库（区）,面积应当与所生产品种、规模相适应;应当有防火、照明、通风、避光设施;按照贮存要求配备必要的控温和控湿设施,并做好记录。

4. 厂房的设计和安装

(1)洁净厂房的设计和安装应符合《洁净厂房设计规范》(GB 50073-2001)的要求。

(2)洁净区/室的内表面平整光滑、无裂缝、接口严密、无颗粒物脱落,耐受清洗和消毒。墙壁与地面的交界处呈弧形或采取其他措施。

(3)洁净区/室的照度与生产要求相适应,厂房有应急照明设施和照度检测记录。

(4)窗户、天棚及进入室内的管道、风口、灯具与墙壁或天棚的连接部位密封。管道、灯具、风口等公用设施清洁、安全、可靠,设计和安装时应当考虑使用中避免出现不易清洁的部位。

(5)空气洁净度等级不同的或有相对负压要求的相邻厂房之间有指示压差的装置,静压差符合规定。

(6)空气洁净级别不同的相邻厂房之间的静压差应大于 5 帕;与室外大气的静压差应大于 10 帕。

(7)生产固体保健食品的洁净区/室、粉尘较大的工房应该保持相对负压,并设有除尘设施,一般情况回风不利用,避免交叉污染,如循环使用,应采取有效措施避免污染和交叉污染。

(8)保健食品不同剂型所适用的洁净空气级别:固体保健食品:片剂、胶囊剂、丸剂、颗粒剂散剂等固体剂按三十万级要求;液体保健食品:口服液、糖浆液、饮料等最终产品可灭菌的按三十万级的要求,最终产品不灭菌的按十万级的要求;特殊保健食品如益生菌类等产品为十万级;酒类产品应有良好的除湿、排风、除尘、降温等设施。人员、物料进出及生产操作应参照洁净室/区)管理。

洁净区/室洁净级别划分,必须按照生产工艺和卫生、质量要求,划分洁净级别。我国保健食品 GMP 规定,厂房必须按照工艺和卫生、质量要求,划分洁净级别。原则上分为一般生产区、300 000 级和 100 000 级区。益生菌、热灌装、无菌灌装尚需要更高级别。洁净室综合性能评定,委托有资质的第三方进行。日常监测洁净区空气是由企业品管部自检并记录存档。保健食品洁净区分为 4 个空气净化级别(表 2-3):

表 2-3　洁净室(区)空气洁净度级别表

洁净度级别	尘粒最大允许数/立方米(静态)		微生物最大允许数(静态)		换气次数
	≥0.5μm	≥5μm	浮游菌/立方米	沉降菌/Φ90 皿 0.5h	
100 级	3500	0	5	0.5	附注 2
10 000 级	350 000	2000	50	1.5	≥20 次/时
100 000 级	3 500 000	20 000	150	3	≥15 次/时
300 000 级	10 500 000	60 000	200	5	≥10 次/时

注:①尘埃粒子数/立方米。要求≥0.5μm 和≥5μm 的尘粒均测定,浮游菌/立方米和沉降菌/皿,可任测一种。②100 级洁净室(区)0.8 米高的工作区的截面最低风速:垂直单向流 0.25 米/秒;水平单向流 0.35 米/秒。③洁净室的测定参照 JGJ 71-90《洁净室实施工及验收规范》执行。

（9）洁净区照明

1）保健食品生产洁净区有相当数量的房间处于无窗环境,无窗的优点一是利于保持室内稳定的温湿度和照度;二是确保墙壁的气密性,利于保持室内生产要求和空气洁净度。需要人工照明,但厂房密闭不利防火,因此,强调对事故照明的要求。

2）洁净厂房照明应有变电所专线供电,光源宜用荧光灯,灯具宜明装,但不宜悬吊,需要吸顶或嵌入安装,缝隙硬密封,灯具结构及安装宜简单,便于更换灯管和检修。

3）照度标准:工作室一般不宜低于300lx;辅助工作室、走廊、气闸室、人员净化用室、物料净化用室可低于300lx,但不低于150lx。

4）洁净区安装紫外线杀菌灯,应了解一些常识:①紫外线波长为136~390nm,以253.7nm杀菌力最强,但紫外线穿透力弱,只适用于表面杀菌;②紫外线杀菌力随使用时间增加而减退;③紫外线杀霉菌的照射量比杀杆菌大40~50倍;④紫外灯一般按60%的相对湿度为安装基准,湿度越大,照射量也应增加。

（10）生产区、辅助(中转站、贮存间、功能间)区中,厂房、设备布局与工艺流程三者应衔接合理,建筑结构完善,并能满足生产工艺、质量和卫生的要求;厂房应有足够的空间和场所,以安置设备、物料;用于中间产品、待包装品的贮存间应与生产要求相适应。

（11）洁净区温湿度要求:洁净区的房间有温、湿度测量仪和记录。应以生产工艺要求来检查,一般无特殊要求时温度控制在18~26℃,湿度控制在45%~65%。

（12）洁具清洗间内专用洁具消毒剂,经卫生行政部门批准,消毒剂建立轮换制度保证灭菌效果;专用的工具容器清洗间和工具容器存放间,专用洁具,不与工具混放;清洁工具专用并无纤维物脱落。

（13）地漏宜用不锈钢材质、水封防臭地漏,内置消毒剂宜建立轮换制度保证灭菌效果。

（14）人员净化设施及程序的设置

1）个人卫生净化程序的要求是生产车间人流入口为通过式:脱鞋—穿过渡鞋—脱外衣—穿工鞋—洗手—穿洁净工作衣—手消毒。

2）洁净区与非洁净区之间、低级别洁净区与高级别洁净区之间设置缓冲设施。洁净区有合理的人流、物流走向。

3）人员卫生净化设施包括雨具存放室、换鞋室、存外衣室、更换洁净服室、气闸室或风淋室。人员卫生净化用室的建筑面积一般宜按洁净区人数设计,平均每人2~4m²计算。人员净化设施包括:①洁净厂房入口处应设阻拦式鞋柜;②人员净化用室中,外衣存衣柜和洁净服柜应分别设置,外衣存衣柜应每人一柜;③盥洗室应设洗手和消毒设施,宜装手烘干器;④洁净区域入口处设气闸室。

（15）物料净化设施与程序的设置

各种物料在送入洁净区前必须经过净化处理,简称"物净"。包括脱包、传递和传输。

1）脱包:①洁净区应设置原辅料外包装清洁室、包装材料清洁室;②有无菌要求的特殊品种,应设置消毒灭菌室及设施;③仓储区的垫板不得进入洁净区,应在物料气闸间更换洁净区中转专用垫板。

2) 传递:①原辅料包装材料和其他物品在清洁室或消毒灭菌室与洁净室之间的传递主要靠缓冲间,物料较小、轻、少及必要时才使用传递窗;②传递窗两边的传递门有防止同时打开的措施,密封易于清洁。

3) 传输:①与传递不同,传输是在洁净室之间做物料—物料的长时间连续传送,主要靠传送带和物料电梯;②传送带造成的污染或交叉污染来自于传送带自身的"沾尘带菌"和带动空气造成的空气污染。高于100 000级洁净室使用的传送设备不得穿越较低级别区域;③如果物料用电梯传输,电梯宜设在非洁净区。若设在洁净区的电梯一般建成洁净电梯或在电梯口设缓冲间。

5. 设备

(1) 设备的选型:应当具有与生产品种和规模相适应的生产设备,设备的选型应当符合生产和卫生要求,易于清洗、消毒和灭菌,便于生产操作和保养维修,并能防止差错和污染。保健食品的制剂成型、填充、灌装和分装等工序应当使用自动化设备。因工艺特殊,确实无法采用自动化设备的,应当经工艺验证,确保产品质量。

(2) 设备材质要求:与物料、中间产品直接或间接接触的所有设备与用具,应当使用安全、无毒、无臭味或异味、防吸收、耐腐蚀且可承受反复清洗和消毒的材料制造。产品接触面的材质应当使用符合食品卫生要求、表面光滑、易于清洗和消毒、不吸水、不易脱落的材料。设备所用的润滑剂、冷却剂等不得对产品造成污染。

(3) 设备的安装

1) 一般原则:设备设置应当根据工艺要求合理布局,避免引起交叉污染;上下工序应当衔接紧密、操作方便;管道的设计和安装应当避免死角和盲管,与设备连接的主要固定管道应当表明管内的物料名称和流向;生产用水的制备、贮存和分配应当能防止微生物的滋生和污染;储罐和输送管道所用材料应当无毒、耐腐蚀。储罐和管道要规定清洗、灭菌周期;为了确保实验仪器安装验收质量和仪器性能,务必按照仪器设备安装验证程序进行。

2) 安装验证(Installation Qualification,IQ):①实物验收:由供货单位(或生产厂家)和我单位仪器指定验收人共同开箱,对照采购合同和装箱单,清点仪器、随机配件、出厂合格证书、出厂检验单、说明书等及其他技术资料是否齐全。按品名、规格、型号等一一进行核对,填写仪器安装验收登记表。如验收中如发现有破损、短缺、锈蚀、受潮等,立即依据有关规定向供货或运输单位提出办理退、换或赔、补事宜。进口仪器设备应在索赔期(一般货物到港之日起计算三个月内),由进口仪器经办部门会同商检部门共同核准后,请商检部门出具证明办理索赔手续;②安装:根据仪器用途和安装要求,合理安置仪器安装场所,并考虑电压、温度、湿度、光照、网络和数据储存等因素。仪器安装工作由厂方工程师执行。验收人员应监督安装人员严格按照安装基础图、电气接线图、安装工艺规程进行安装。安装完成后双方人员确认并签字。

3) 操作验证(Operation Qualification,OQ):①功能测试(技术验收):在安装验收后,初始的操作验证由掌握该仪器设备性能的厂方(或供货商)技术人员进行调试,检验仪器设备性能是否合格,或技术指标是否达到规定标准等。验收人员要逐项核对验收仪器功能,在规定的运行时间内设备的所有部件功能参数达到厂家指标并且运行正常。并注意考核仪器设备运行的稳定性和可靠性。技术资料不全、精度性能指标不符合要求时,立即依据有关规定向供货或运输单位提出办理退、换或赔、补事宜;

②操作培训:功能测试完成后,厂方(或供货商)技术人员要对仪器使用人员进行技术培训,确保使用人员了解和掌握仪器性能,正确使用仪器。技术培训完成后,在厂方(或供货商)技术人员协助下,由经过培训的操作人员进行重复操作验证,用空白及标准样品检查系统是否达到预定要求,在设备上摸索参数,得到一个满足产品性能要求的参数范围,得到一个满足测试要求的工艺参数范围。仪器安装验收人负责收集、积累仪器调试运行过程中的管理性文件和技术性文件。仪器经操作验证后,双方人员签字认可,填写仪器安装验收登记表。

4) 性能验证(Performance Qualification,PQ):①仪器负责人根据实际(样品)测试目的和质量控制要求,参考对照 OQ 和相应的仪器手册,起草仪器标准操作、维护和校正规程;②仪器负责人按照仪器标准操作规程,定期对仪器进行质控和校准,考察仪器可靠性、运行参数稳定性及结果重现性;③仪器负责人按照国家有关规定,请国家认可部门定期对仪器进行强制性或非强制性的有关检定、测试和校正工作(表 2-4)。

(4) 设备的管理:应当建立设备档案,保存设备采购、安装、确认和验证、使用的文件和记录。用于生产和检验的仪器、仪表、量具、衡器等,其适用范围和精密度应当经计量部门检定或校准符合生产、检验要求,取得相应证书。

(5) 设备的维护:应当建立设备使用、清洁、保养和维修的 SOP,并遵照执行,保存设备的使用、清洁、保养和维修记录。应当选用符合国家相关规定的清洁剂和消毒剂,按产品说明书使用,不得对设备、原料和产品造成污染,并保证清洁和消毒效果。

(三) 物料(原辅料和包装材料)

1. 制定物料的验收、贮存、使用、检验等制度 保健食品生产所需要的物料的购入、使用等应制定验收、贮存、使用、检验等制度,并由专人负责。本条涉及到企业生产和品质管理等部门。为确保物料管理有条不紊、流向衔接明晰和具有可追溯性,因此有必要建立起一个原辅料管理系统,制定物料的管理制度,使其验收、检验、存放、使用规范,同时应明确,品质管理部门在该系统中发挥两个功能,即质量管理和质量检验。物料管理系统见图 2-1。

2. 原辅料与批准的配方和产品企标的一致性

(1) 原辅料必须符合国家、行业、地方或企业有关标准。

(2) 原辅料的品种、来源、规格、质量应与《保健食品批准证书》批准的配方及产品企业标准相一致。

3. 物料采购时的索证索票

(1) 一般地,采购物料必须按有关规定索取保存有效的供货商资质(营业执照、生产许可证等)、供货商检验报告单,保存质量管理部门出具的物料质检报告、购货发票原件、购销合同,具有整体性和连续性的物料出入库记录台账等。

(2) 特殊原料尚需提供:①属食品新资源的原料需索取卫生部批准证书(复印件);②以菌类经人工发酵制得的菌丝体或菌丝体与发酵产物的混合物及微生态类原料必须索取菌株鉴定报告、稳定性报告及菌株不含耐药因子的证明资料;③属藻类等植物性原料必须有供货方提供的相应原料品种鉴定报告;④以动物组织器官为原料的索要品种鉴定及检疫证明;⑤从动、植物中提取的单一有效物质为原料的索要该物质的理化性质及含量的检测报告;⑥以生物、化学合成物为原料的索要该物质的理化性质及含量的检测报告;⑦含有兴奋剂或激素的原料索取其含量检测报告;⑧经放射性辐

表 2-4　仪器安装验收登记表

仪器名称		型　号		
出　厂　号		出厂日期		
生产厂家		联系方式：		
合同编号		价　格		（元）
购买方式		到货日期		
配　件				
供货单位		（盖章）联系方式：		
安装验证（IQ）	包装情况			
	安装情况			
IQ 确认	安装人：		年　　月　　日	
	验收人：		年　　月　　日	
操作验证（OQ）	功能测试项目及情况			
		操作验证人（签名）：	年　　月　　日	
	操作培训情况			
		受培训人（签名）：	年　　月　　日	
OQ 确认	操作验证人：		年　　月　　日	
	验收人：		年　　月　　日	

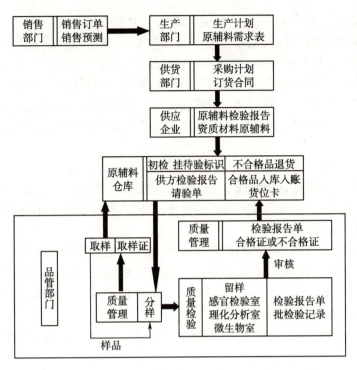

图 2-1　物料管理系统（进厂入库流程）

射的原料索取辐照剂量的有关资料。

4. 品管部门对供货单位进行质量审计,供货单位应具备的条件是:

(1) 有营业执照、生产许可证;

(2) 厂房设施与设备能符合原辅材料生产和质量要求;

(3) 生产过程与质量保证体系完善;

(4) 产品包装符合要求,质量稳定,信誉度良好;

(5) 相关的检验报告单齐全。

5. 物料的运输

(1) 物料的运输工具等应符合卫生要求。应根据物料特点,配备相应的保温、冷藏、保鲜、防雨防尘等设施,以保证质量和卫生需要。运输过程中不得与有毒、有害物品同车或同一容器混装。

(2) 物料运输安全和卫生贯穿于装货、运送、卸货的全过程,任何一个环节出现卫生问题,都将出现质量问题。在实际工作中,我们常常遇到这样的情况:物料本身符合食品卫生要求,但由于运输工具不洁,物料受污染或运输环境恶劣,与有毒有害物品及产生不良气味物质混运,影响物料质量,失去食用价值。

6. 物料的验收

(1) 物料购进后,对来源、规格、包装情况进行初步检查,按验收制度的规定填写入库账、卡,入库后应向质检部门申请取样检验。

(2) 检查工作首先从卸货前后的运输工具开始,整体卫生状况、易沉积灰尘和物料、易驻留害虫的死角、靠近货仓口的爬虫和飞虫的行动路线、小的球形粪便和气味、羽毛或兽毛等都应仔细检查和分析。

（3）经过初检，接收物料进厂，在仓库按批号分批收料，每批一个专一编号，无批号的应自编批号，填写"收料记录"。按批放置指定区，挂上"待验"标识，填写物料"请验单"连同供货方检验报告提交品管部门抽样检验。

（4）品管部派取样员，在仓库取样室完成抽样，取样后将包装重新封好，贴上"取样证"，填写"取样记录"。然后将三份样品交化验室，分别作：留样、感官和化学分析、微生物检验。检验完毕，若结果符合要求，向仓库送交检验报告单，按货物件数发放"合格证"。

7. 物料的仓储　原辅料库和包装材料库应分隔设置。同一库内各种物料应按待检、合格、不合格分区设置货架或垫仓板离地、离墙不小于 10cm、离顶不小于 50cm 码放，并有明显标志；同一库内物料按不同批次、不同品种分离存放，同一库内不得储存相互影响风味的物料。

8. 有温湿度及特殊要求物料的仓储　对有温度、湿度及特殊要求的物料应按规定条件储存；一般物料的储存场所或仓库，应地面平整，便于通风换气，有防鼠、防虫设施。易腐原辅料要冷库存放。短期冷藏温度为 0~4℃，长期冻结冷藏温度为 −18℃。

9. 物料的储存期和进出库记录

（1）应制定物料的储存期，采用先进先出的原则。对不合格或过期物料应加注标志及早处理。

（2）仓库保管员收到质检部门检验报告后，解除待验标识，换上合格 / 不合格标识。

（3）合格物料，填写库存货位卡和分类账。采用先进先出，易腐先出，新鲜物料尽快使用的原则。

（4）对于物料的发放，先由生产部门材料员根据配方，制作生产指令、填写"领料单"，交仓库备料。

（5）仓库保管员把包装完整、挂有合格证，在仓库称重记录后，由送料员送至生产部门指定地点。材料员收料清点收料。发料、送料、领料三人在"领料单"签字。

（6）在生产部门暂存的原辅料、包装材料，均应挂上物料标示卡，一般不宜存放超过两天。

10. 菌类的管理　以菌类经人工发酵制得的菌丝体或以微生态类为原料的应严格控制菌株保存条件，菌种应定期筛选、纯化，必要时进行鉴定，防止杂菌污染、菌种退化和变异产毒。

（四）成品的管理

1. 成品贮存场所的条件和运输工具管理

（1）成品库地面平整，便于通风换气，是否有防鼠、防虫设施。仓库大门挡鼠板高度 50cm。不得使用药物杀虫杀鼠。垫仓板应使成品与地面距离 10cm 以上。

（2）成品库的容量与生产能力相适应。

（3）运输工具符合卫生要求。

（4）需要专门运输条件的成品有专门的运输工具，并符合相关规定。

（5）保健食品成品的贮存实行色标管理，以防止发生混淆。成品库一般分为合格品库区、发货库区、不合格品库区、退货库区、待验库区。色标管理的统一标准：待验、退货——黄色标记；合格、发货——绿色标记；不合格——红色标记。

2. 成品贮存场所的清洁　仓库保管员每天对仓库周围、库内地面进行清扫;门窗、墙壁、顶棚、垫仓板、货架、货柜、标牌、成品外包装、电子灭虫灯,每周2次清洁。清洁操作应及时记录。

3. 成品环境、温湿度管理

(1) 成品贮存方式及环境应避光、防雨淋,温度、湿度应控制在适当范围,并避免撞击与振动。

(2) 根据保健食品不同的储存要求,应设置不同的储存间:冷库温度:2~10℃;阴凉库温度不高于20℃;常温库温度:保持在0~30℃;相对湿度宜在35%~75%之间。

(3) 成品库应每日定时做两次温湿度记录,上午9:00~10:00,下午14:00~15:00;温湿度仪应定期校验,并记录。

4. 特殊成品的管理

(1) 含有生物活性物质的产品应采用相应的冷藏措施,并以冷链方式贮存和运输。

(2) 微生态类保健食品,应根据产品不同特性,按照要求的温度进行贮运。

5. 仓库的收发货检查制度　仓库应有收、发货检查制度。成品出厂应执行"先产先销"的原则。

6. 仓库成品出入库记录　成品入库应有存量记录;成品出库应有出货记录,内容至少包括批号、出货时间、地点、对象、数量等,以便发现问题及时回收。

7. 成品入库的程序

(1) 生产车间已包装完毕的产成品,经质检员检查,签发盖有检查员印章的"产品合格证",及合格的成品检验报告书,由车间入库员入库,填写"成品入库单"。

(2) 库房保管员验收。

(3) 验收无误,保管员在成品入库单上签字,定点码放,挂绿色状态标识,填写"批货卡"和"成品入库验收记录"。

(4) 对正在出厂检验尚未取得检验报告书,又需要先行在库里寄存,为待验品,入待验库,挂黄色状态标识,用黄色标志绳围栏。

(5) 经检验不合格的成品,由待验库转入不合格区,挂红色状态标识,填写不合格品记录。

8. 成品发货的原则

(1) 无销售部门下达的"正式发货凭证",不得发货。

(2) 出货本着:先产先出、近期先出、按批号发货。

(3) 产品出库后,及时销卡、销账,批货卡项目填全。

(五) 标签管理

1. 标签的含义　保健食品标签指在保健食品包装容器上或附于保健食品包装容器上的一切附签、吊牌、文字、图形、符号说明物。如标签、说明书、印有与标签内容相同的产品包装物等统称标签。保健食品标签必须符合《保健食品标识规定》和GB 7718的要求。

2. 标签的保管

(1) 专库(专柜)上锁存放,主任负责、专账管理。

（2）按品种、规格、批次整齐码放，垛位前贴上样张，便于查找。

3. 标签的使用

（1）产品完成生产全过程并检验合格，生产负责人方可下达包装指令。

（2）标签库凭包装指令，计数发放，包装车间设专人领取，发货人填写发放记录并和领料人核对、双方签名。

（3）领到车间的标签专柜上锁，计数发给班组，领、发人均要核对签名，做好车间发放记录。

（4）将一张已打印批号、有效期等文字的标签贴在批包装记录的背面。

（5）未打印批号的剩余标签应退库。

（6）严控标签的消耗定额，做物料平衡计算和偏差处理。

4. 标签的销毁

（1）残损标签或印有批号的剩余标签，要由专人负责计数，专人负责销毁并有监销人员。

（2）做好销毁记录，经手人和销毁人双签字。

5. 标签的内容要求

（1）内容、文字应与保健食品证书批准内容相一致，其文字图案不得加入任何未经审批同意的内容。

（2）设计稿应经品质管理部门审核批准。

（3）清样应经品质管理部门校对无误，签字后付印。

（4）首批印制出后，应经品质管理部门严格检验合格，取五套作为标准样本，分发给以下部门保存：生产部门、包材库、供应部门、品质管理部门检验室、品质管理部门档案室各 1 套存档。

（5）每一版均应归档。

（6）严格管理标签印刷模具，其使用、启封、封存均应有管理登记制度。

（7）及时回收销毁改变版本的模具，并进行登记。

（六）生产管理和生产管理文件

1. 含义

（1）生产管理：是我国保健食品 GMP 实施的核心环节，是确保产品质量安全、有效、均一的关键所在。保健食品生产管理主要包括：生产管理文件；发放生产指令与批号的规定；原辅料备料、生产准备；配料与加工过程、质量控制；包装与标签；防止生产过程中的污染和交叉污染的措施。

（2）生产管理文件：是生产管理的依据，除生产过程中的卫生管理、质量管理、厂房设施设备管理之外，产品生产工艺规程、生产岗位操作规程和生产岗位标准操作规程、生产记录等文件均属于生产管理文件，它是做好生产管理工作的基础。

2. 生产工艺规程及岗位操作规程

（1）工厂应根据 GMP 的要求并结合自身产品的生产工艺特点，制定产品生产工艺规程及生产岗位操作规程和生产岗位标准操作规程。

（2）生产工艺规程

1）含义：又称产品生产工艺规程，是一套文件的总称，是为生产一定数量的成品，工厂相关部门制订的一整套包括所需原辅料和包装材料的质量、数量，生产过程各个环节的操作方法、控制条件和一系列记录的基准性文件。包括配方、工艺流程、加工过程的主要技术条件及关键工序的质量和卫生控制点、物料平衡的计算方法和标准、批生产指令、批生产记录、批包装记录等。

2）制定人和编写依据：一般由企业生产部门组织编写起草，品质管理部门组织专业会审，企业负责人批准后颁布执行。编写的基本依据是产品在国家批文中规定的工艺规程，不可任意更改。

（3）生产岗位操作规程和生产岗位标准操作规程。

1）生产岗位操作规程的含义：又称产品生产岗位操作规程，是经批准的某个生产岗位某个品种的具体操作程序的书面规定。（强调只适用于一个品种）

2）生产岗位标准操作规程的含义：又称产品生产岗位标准操作规程，是经批准的、经标准化的某个岗位通用于某些或所有品种的具体操作程序的书面规定。（强调适用于多个或所有品种）

3）制定人和编写依据：一般由企业生产部门技术负责人或工艺员编写起草，品质管理部门组织专业会审，企业负责人批准后颁布执行。编写的基本依据是产品的工艺规程、设备操作。不可任意更改。

3. 生产记录及规范性操作

（1）生产车间的生产技术和管理人员，应按照生产过程中各关键工序控制项目及检查要求，对每一批次产品从原料配制、中间产品产量、产品质量和卫生指标等情况进行记录。记录填写及执行符合规程要求，真实和完整，无随意涂改。

（2）生产记录

1）生产记录的含义：又称产品生产记录，是最原始的生产凭证，是事后追索复核产品质量的唯一可靠原始证据，是法律纠纷情况下操作者权益自我保护的法律凭证。包括批生产记录、批包装记录、岗位操作记录。

① 批生产记录：是某一批产品生产全过程（含中间产品检验报告单）的完整记录。包括生产指令、生产工艺传递卡、各岗位生产记录、清场记录、偏差调查处理记录、中间产品检验报告单等汇总而成。生产工艺传递卡是由岗位工艺员分段填写。

② 批包装记录：是某一批产品包装全过程的完整记录。包括产品名称、代号、剂型、批号、计划产量、包装方法、包装要求、作业顺序，包装领用、报废、回库、不合格品、合格品数量，生产日期，本次包装操作的清场记录等汇总而成。可单独设置，也可以作为批生产记录的组成部分。

③ 岗位操作记录，是对各岗位生产情况的真实记录。包括该岗位各项生产条件参数、品种代号、名称、数量、批号、收率及生产过程中各工艺参数复核情况等。与生产工艺传递卡一并属于批生产记录的组成部分。

2）生产记录基本要求：批生产记录、批包装记录、岗位操作记录必须如实填写，不得撕毁或任意涂改。错误是难免的，若不小心填错，只要按修改程序对错误处杠改，写上正确的，旁边小字注明原因、签字、日期即可。批生产记录应按批号归档，保存至产品有效期后一年。

4. 投产前的准备 车间、班组、岗位工艺员在接到上级生产指令后，要充分做好生产前准备和原辅料备料工作。

（1）齐不齐？查与该品种相关的工艺规程、岗位操作和标准操作规程、岗位记录

笔记

等文件是否齐全,并放置到位。

(2) 净不净?查生产区是否已彻底清场干净,若已彻底清场干净,取下上批"清场合格证",附在本批记录背后,挂上本批"生产状态标志牌"。

(3) 能不能用?查设备、工具、容器、仪表、仪器、衡器是否易清洁,有损坏没有,能不能用。能用,取下设备上的"清洁状态标识"和"待运行标识",换上"运行状态标识牌",容器挂上容器标识。即可进入生产状态。

(4) 够不够?投产前的原料必须进行严格的检查,核对品名、规格、数量,对于霉变、生虫、混有异物或其他感官性状异常、不符合质量标准要求的,不得投产使用。凡规定有储存期限的原料,过期不得使用。液体的原辅料应过滤除去异物;固体原辅料需粉碎、过筛的应粉碎至规定细度。

5. 备料、领料、配料　车间按生产指令,领取原辅料,根据配方正确计算、称量和投料,投料前复核合格标识、包装的完整性、物料感官性状是否符合质量要求。配方原料的计算、称量及投料须经二人复核后,记录备查。

(1) 车间材料员根据"批生产指令"编制"领料单",经复核批准后,交仓库备料。

(2) 仓库管理员按货批号"先进先出"原则,称重记录。

(3) 仓库送料员与管理员核对后,两人在"领料单"上签字,将原辅料送至生产部门指定地点。

(4) 由生产部门材料员或班组收料员检查包装上合格标志、代号品名、规格、批号、进厂编号等,复称重量复核数量,在"领料单"上签字。

(5) 在物料入口的脱包间,除去外包装,通过传递窗或缓冲间送入车间配料间(内包装表面消毒)。

6. 工艺用水　水是保健食品生产中使用最广、用量最大的重要原料,但并非所有的水都可以供食品企业使用,水质将直接影响产品的质量和卫生。工艺用水必须达到工艺规程要求,并有水质报告、水处理生产记录、水处理系统图及运行情况。我国保健食品企业用水主要采用两种水:饮用水和纯化水。

(1) 饮用水:为天然水经净化处理所得的水,其质量必须符合 GB 5749 的规定,可作为药材净制时的漂洗用水、制药用具的粗洗用水。除另有规定外,也可作为饮片的提取溶剂。

(2) 纯化水:纯化水是饮用水经蒸馏法、离子交换法、反渗透法或其他适宜的方法制得的水,不含任何附加剂,可作为配制保健食品制剂的溶剂或试验用水。当水温在25℃时,水的电导率应低于 $5.1\mu S/cm$,总有机碳不得过 0.50mg/L,1ml 供试品中需氧菌总数不得过 100cfu,其他指标均应符合相应规定。

(3) 水系统:卫生问题是保健食品生产的头等大事,工艺管路与卫生息息相关,尤其是饮用水系统、纯化水系统及较为复杂的饮料生产线的工艺管路设置。现将该系统应注意的共性问题进行简要阐述。

保健食品企业的水系统宜设置饮用水系统和纯化水系统,通过制水车间保证生产的正常供水,车间内设蓄水池和增压泵站,从增压泵站开始,设两路管线分别形成上述两个系统。两个系统的管路间,应避免共享管路。

1) 饮用水系统:供生活饮用水及生产中一般要求的工艺过程使用,如瓶子的初洗、地面的清洁、洗衣初洗等,直接将蓄水池的水送往使用点。该路管线不要求设成循环管路,但应注意避免管路过长,避免管路长期积水不用,导致严重污染。此外必要时应在水站设加氯装置,对水消毒(消毒的基本参数是有效氯浓度不低于百万分之二,作用时间不少于20分钟)。

2) 纯化水系统:源水来自饮用水系统,纯化水系统的管路设置的基本原则是设成循环系统,不仅所有的使用点应构成循环回路,在水处理段也应考虑此项基本原则。水处理段一般采用二级反渗透,用紫外线在线消毒。系统的安装非常重要,根据管路图进行安装时,对GMP要求的不理解或缺乏GMP风险意识,饮用水系统和纯化水系统相互不独立,往往会带来一些后遗症和交叉污染的风险,使得控制污染的各种努力化为乌有。

7. 清场及清场记录　投料前生产场所及设备设施是否按工艺规程要求进行清场或清洁。清场或清洁记录,清洁状态标识。

(1) 彻底清场的重要意义:彻底清场和检查作业场所,防止混淆和差错事故。

(2) 何时需要彻底清场:生产结束,转换品种,转换规格,转换批号前。

(3) 清场的内容和要求:

1) 地面无污迹、积灰、结垢;门窗、室内照明灯、风管、墙面开关箱外壳无积尘;与下次生产无关的一切物品(物料、中间产品、废弃物、不良品、生产工艺标准、记录)清理出生产场地;

2) 工具、容器清洁,无异物和遗留物;

3) 设备内无上次生产遗留物,无油垢;

4) 与下次生产无关的一切专用设备、管道、容器、工具按规定拆洗、清除、记录;

5) 凡与产品直接接触的设备、管道、工具、容器要每天清洗,每批清洗,转换品种清洗,转换规格清洗,转换批号清洗。同一设备连续加工同一品种、规格的产品时,其清洗周期依据生产工艺规程;

6) 包装工序调换品种时,剩余的标签、说明书及包装材料应全部退料或销毁,剩余的带包装品、已包装品及遗落的产品应全部离场,所有与产品接触的设备、器具要清洗干净,必要时应灭菌消毒;

7) 一批产品生产结束后,车间内垃圾要及时清理。而非在洁净区放一只垃圾筒;

8) 上述工作认真、细致地完成后,填写清场记录。注意:包装清场记录一式两份,正本纳入本批批包装记录,副本纳入下一批批包装记录之内,其余工序清场记录一份,纳入本批生产记录;

9) 授发清场合格证。由清场检查资格人员检查合格后,授发(绿色版)清场合格证,挂在清洁区域。清场合格证作为下一品种(或同品种不同批号、规格)的开工凭证,纳入下一品种(或同品种不同批号、规格)批生产记录中。未取得清场合格证,不得进行之后的工作。

8. 容器标识、设备状态标识

(1) 容器标识:各类容器有明确标识,标识明显、牢固,标识内容明确反映各容器及其内容物的状态。已清洁消毒和未清洁消毒容器具定置、挂牌放置,以免混淆。中转站中暂存的中间产品,应及时加盖密封,称量、定置、挂牌,标记清楚合格、待验、不合格状态及容器编号、物料代号、品名、批号、数量,以免混淆。生产中产生的尾料,可回收者经检验合格后,用洁净容器收集,挂牌定置;不可回收者应及时称重标记,按废弃物处理。

(2) 设备状态标识:运行中的设备挂"运行中"状态标志牌,注明正在生产的品名/代号,规格,批号等。

(3) 设备至少要三态标示:待运行,待维修,运行中。最好在清洁、消毒或灭菌前后,也应制定状态标识。

9. 操作人员的个人卫生规范　生产操作人员个人卫生设施如更衣、洗手、消毒卫生设施齐全有效。具有生产人员个人卫生管理规程。有合理的工服清洁、更换制度。不同洁净级别生产区的工作服、鞋、帽具有明显区分标志。

10. 物料的脱包或清洁管理　进入一般生产区的物料按工艺规程要求进行必要的清洁处理。进入洁净区的物料,在规定区域进行脱包或清洁处理。

11. 生产批号的设置和管理

(1) 批号的含义:同一批产品的一组数字,也可以是字母加数字,用于识别、更用于追溯和审查该批产品的生产历史。是产品生产质量的代号。

(2) 批号的设置原则:

1) 固体制剂的批号:以成型或分装前使用同一台混合设备一次混合量,所生产的均质产品,为一批。如采用分次混合,经验证,在规定限度内所生产一定数量的均质产品为一批。

2) 液体制剂的批号:以灌装(封)前,经同一台混合设备最后一次混合的液体,所产出的均质产品为一批。

12. 岗位人员的规范操作与记录　各岗位操作是否符合工艺规程及岗位操作规程的要求,记录是否真实完善。记录中工艺参数在工艺规程规定的范围内。

13. 容器、包装、洗涤剂、消毒剂的索证　生产用食品容器、包装材料、洗涤剂、消毒剂是否符合食品卫生标准和卫生管理办法规定。GMP 车间内消毒剂有:75% 乙醇;75% 异丙醇;1% 戊二醛;0.1%~0.2% 新洁尔灭;0.5%~3% 苯酚(石炭酸);2%~5% 甲苯酚。

14. 直接接触产品的内包装材料的检验报告　直接接触产品的内包装材料必须有达到卫生要求的合格检验报告,必要时应进行清洗、干燥和灭菌。

15. 杀菌或灭菌操作规程　各类产品按工艺要求选择合适有效的杀菌或灭菌方法。

(1) 灭菌指用物理或化学方法,将所有致病的微生物全部(微生物的繁殖体、芽孢或孢子)杀灭。芽孢具有较强的抗热能力,因此灭菌效果常以杀灭芽孢为准。

(2) 消毒是指杀灭物体上的微生物的繁殖体,不能保证杀死芽孢或孢子。

(3) 灭菌消毒方法,有物理和化学方法两大类。物理方法如干热灭菌、湿热灭菌、过滤除菌、辐射灭菌;化学方法如气体灭菌和药液灭菌、臭氧消毒法(无污染消毒剂法)、消毒剂消毒法,紫外线灭菌法。

16. 杀菌或灭菌设备的验证　杀菌或灭菌设备定期进行有效性验证并验证记录真实、完整;杀菌或灭菌操作严格按照操作规程进行并作相应记录。记录真实、完整。

17. 物料平衡与偏差处理　中间产品是否按工艺要求进行检查;物料平衡是否符合工艺要求;偏差是否按规定要求进行处理。

(1) 物料平衡是指产品或物料实际产量或实际用量及收集到的损耗之和与理论产量或理论用量之间的比。物料平衡 =(实际产量 + 抽样量 + 损耗量)/ 理论产

量 ×100%。

(2) 物料平衡记录很重要,通过该记录能够清晰看出物料的流向,反映本岗位投料的去处,确保投料正确,不会产生混料、交叉污染的质量问题。所谓混料是指此批剩余物料混入下一步骤或者混入其他品种,后果不堪设想。

(3) 每批产品应在作业完成后,填写岗位物料结存卡并进行物料平衡检查。如有显著差异,必须查明原因,得出合理解释,确认无潜在质量事故后,方可按正常产品处理。个别企业仅作例行公事的记录,并未真正去追踪剩余或抛洒物料的去处,文件资料不真实,很可能导致严重后果。

18. 灌装、装填生产设备 产品的灌装、装填必须使用自动机械设备。因工艺特殊,确实无法采用自动机械装置的,应有合理解释,并能保证产品质量。

19. 灯检 需灯检的产品具备灯检所需的场所和设施,按规程操作并检查灯检记录。

(七) 品质管理

我国保健食品 GMP 强调建立完善的品质管理(简称"品管")体系,如图 2-2 所示:

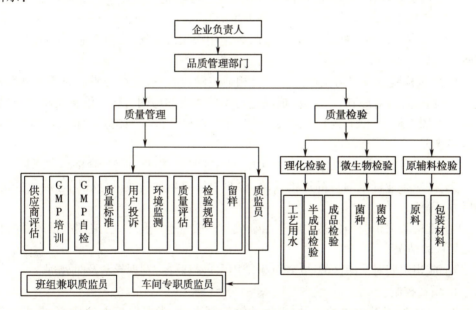

图 2-2 品质管理体系图

1. 质量管理的基本要求 工厂必须设置独立的与生产能力相适应的品质管理机构,直属工厂负责人领导。各车间设专职质检员,各班组设兼职质检员,形成一个完整而有效的品质监控体系,负责生产全过程的品质监督,组织机构工作计划、总结现行有效,质检员的岗位职责明确。质检员有上岗证。

2. 质量管理文件

(1) 制定、实施质量保证系统。

(2) 参与生产相关制度、SOP、设备操作规程的制定,制定和修订原辅料、包装材料、中间产品、成品内控质量标准(不低于国家标准及有关规定)、检验操作规程、制定取样及留样制度与规程。

(3) 负责原辅料包装材料、中间产品、成品的取样、检验、报告。

(4) 决定原辅料包装材料、中间产品是否使用及发放,成品是否放行。

(5) 负责对物料供应商的质量审核与评估。

(6) 负责生产工艺操作核查制度。

(7) 负责生产过程中关键质量控制点的监控制度和标准及其实施。

(8) 负责清场管理制度的制订和清场合格证的发放。

(9) 负责验证管理制度的执行。

(10) 负责监督检查生产和检验记录管理制度的执行情况。

(11) 负责质量管理体系的自查和向辖区县级食药监局汇报工作。

(12) 负责质量档案管理,批生产记录的审核和归档。

(13) 负责全体职工 GMP 培训及考核。

(14) 负责实验室管理制度、检验仪器、试剂、试液、标准品(包括对照品)、滴定管、培养基等管理办法的制订和监督执行。

(15) 负责计量器具和检测仪器的检定。

(16) 负责制订和实施产品留样观察和稳定性考察制度。

(17) 负责生产环境、人员卫生、设备卫生的监测计划与报告。

(18) 负责审核不合格品的处理程序,处理用户投诉工作,上市产品的质量追踪和召回。

3. 质量检验　设置与生产产品种类相适应的检验室,有符合要求的微生物室和理化检验室,具备对原料、半成品、成品进行检验所需的房间、仪器、设备及器材,并制定有仪器周期检定计划,定期检定或校准,并取得检定报告和校验标志,仪器经常处于良好状态。

(1) 按照标准对原辅料包装材料、中间产品的取样、检验、报告,合格后方可用。

(2) 按照企业标准对成品逐批检验,检验项目应当含功效成分或标志性成分,合格后方可出厂。

(3) 批检验记录应当包括中间产品和成品的质量检验记录,可追溯该批产品的相关质量检验情况。

(4) 应当定期对洁净区的洁净度、生产用水进行监控,发现异常及时处理。

4. 质量控制

(1) 针对加工过程中的质量、卫生关键控制点,至少要监控下列环节,并做好记录:①投料的名称与重量(或体积);②有效成分提取工艺中温度、压力、时间、pH 等技术参数;③中间产品的产出率及质量规格;④成品的产出率及质量规格;⑤直接接触食品的内包装材料的卫生状况;⑥成品灭菌方法的技术参数。

(2) 制定和执行偏差处理程序,重大偏差应有调查报告。

(3) 独立行使原辅料包装材料、中间产品、成品的放行权。放行前应当审核:原辅料包装材料、中间产品、成品检验记录、配料及复核记录、关键工艺参数及质量控制点监控记录、清场记录、偏差处理记录和物料平衡。全部合格方可放行。

(4) 审核不合格品的处理程序,监督不合格品的销毁。

5. 计量器具清单周期检定计划及其检定记录

(1) 计量器具是否有唯一的编号,灭菌设备用温度计、压力表的检定周期是否至少半年一次。

(2) 有相应的检定报告;其编号与周期检定计划或计量器具清单中是否一致。

6. 生产环境自检 具备对生产环境进行检测的能力;定期对洁净室的温度、湿度、沉降菌/浮游菌、尘埃粒子、压差等进行静态监测。

7. 生产用水的定期自检 具备对生产用水的常规项目监测能力,并定期监测。对总进水口,每年是否有至少一份水质全项检验报告(可向外委托检测)。

8. 成品的出厂检验和型式检验 必须逐批对成品进行感官、卫生及质量指标的出厂检验,不合格者不得出厂。各产品的型式检验报告(按照产品企业标准的规定进行)是否都合格,不得将不合格产品发送出厂。

9. 对产品主要功效成分的检测 应具备对产品主要功效因子或功效成分的检测能力,并按每次投料所生产的产品功效因子或主要功效成分进行检测,不合格者不得出厂。

10. 专设的留样库 每批产品均应有留样,留样应存放于专设的留样库(或区)内,按品种、批号分类存放,并有明显标志。

11. 用户投诉及处理和不合格品召回 应对用户提出的质量意见和使用中出现的不良反应详细记录,并做好调查处理工作,并作记录备查。应建立不合格产品召回制度,根据发货去向的记录,随时收集顾客投诉记录,尤其某个批号产品的集中投诉,发现不合格产品立即召回已流入市场的产品。

12. 自查 自查又称内审。应当至少每年组织一次质量体系内审,内审工作由企业分管生产、质量负责人负责。由生产、品质和其他部门共同组成内审小组。按照预定程序,对人员、厂房设施、设备、文件、生产管理、质量管理、产品销售、用户投诉和产品召回等项目进行全面检查,证实与《保健食品良好生产规范》的一致性,对检查中发现的问题及时整改。自查和整改应当形成完整、准确、规范的记录,并形成内审报告,向辖区县级食药监局汇报备案。

13. 质量管理档案 必须建立完善的质量管理档案,设有档案柜和档案管理人员,各种记录分类归档,保存2~3年备查。质量管理档案内容至少包括:产品申报资料和注册批准文件、生产工艺和质量标准、原辅料包装材料来源及变更情况。

(八) 卫生管理

企业应按照GB 14881的要求,做好除虫、灭害、有毒有害物处理、饲养动物、污水污物处理、副产品处理等卫生管理工作。

1. 除虫灭害

(1) 建立除虫灭害管理制度和记录,设置除虫灭害的设施,杜绝鼠、蚊蝇的孳生源。

(2) 建立杀虫剂的使用制度和记录,购置符合卫生要求的杀虫剂,并按规定使用存放。

2. 有毒有害物品的管理应符合国家相关规定。

3. 饲养动物的管理

(1) 企业研发部门所饲养的实验动物应按相关法律法规进行管理和安置,确保不对生产区造成污染。

(2) 厂内禁止饲养不符合规定的家畜家禽。

4. 副产品的管理

(1) 制订生产中副产品的处理制度和处理记录。

(2) 设置副产品的处理设施,如仓库、车辆、工器具等。

(3) 设置副产品处理设施的清洁消毒、维修保养,制订相关制度和规程,并记录。

三、保健食品生产许可管理

(一) 法律规定的保健食品生产许可机关

《中华人民共和国食品安全法》第 5 条规定:国务院食品药品监督管理部门依照本法和国务院规定的职责,对食品生产经营活动实施监督管理,《食品生产许可管理办法》(2015 年 8 月 31 日国家食品药品监督管理总局令第 16 号发布)第 7 条规定:保健食品的生产许可由省、自治区、直辖市食品药品监督管理部门负责。明确各省、自治区、直辖市人民政府食品药品监督管理部门负责本行政区域内的保健食品生产许可,包括受理、审查和许可证的审批发放及管理工作。

(二) 保健食品生产许可证

国家食品药品监督管理总局关于启用新版《食品生产许可证》的公告(2015 年第 198 号)规定:《食品生产许可证》分正本、副本、食品生产许可品种明细表(图 2-3)。各省、自治区、直辖市食品药品监督管理部门负责本行政区域《食品生产许可证》的印制、发放等管理工作。

国家食品药品监督管理总局监制　　国家食品药品监督管理总局监制　　国家食品药品监督管理总局监制

图 2-3　食品生产许可证

1.《食品生产许可证》正本、副本

(1) 正本、副本载明的信息完全一致。

(2) 正本、副本载明的信息如下。

1) 生产者名称。

2) 许可证编号("SC+14 位阿拉伯数字")

① "SC" 是《食品生产许可管理办法》第 29 条规定 "生产" 的拼音缩写;

② "14 位阿拉伯数字" 从左至右依次为:3 位食品类别编码(第 1 位数字代表食品生产许可识别码,以阿拉伯数字 "1" 代表,第 2、3 位数字代表食品类别编号,其中 "27" 代表保健食品)、2 位省(自治区、直辖市)代码、2 位市(地)代码、2 位县(区)代码、4 位顺序码、1 位校验码。[省市县代码查《中华人民共和国行政区划代码》(GB/T 2260-2007)]。

3) 社会信用代码根据《国务院关于批转发展改革委等部门法人和其他组织统一

社会信用代码制度建设总体方案的通知》(国发〔2015〕33号),自2015年10月1日起将推行实施社会信用代码〕。

4)法定代表人(负责人)。

5)住所。

6)生产地址(涉及多个生产地址的,应当全部标注,并以分号隔开)。

7)食品类别:《食品生产许可管理办法》第11条所列食品类别。

8)日常监督管理机构。

9)日常监督管理人员,两名人员姓名(打印)。

10)投诉举报电话12331。

11)签发人姓名(打印)。

12)日期。

13)有效期(有效期不得大于5年)。

14)许可证信息在线识别二维码。

2. 食品生产许可品种明细表载明的信息包括:许可证编号、序号、食品、食品添加剂类别、类别编号、类别名称、品种明细、备注、外设仓库地址、产品注册批准文号或者备案登记号;接受委托生产保健食品的,还应当载明委托企业名称及住所等相关信息。

3. 保健食品生产者应当在生产场所的显著位置悬挂或者摆放食品生产许可证正本。

(三)企业申报生产许可应提前具备的条件

依据《食品生产许可管理办法》(2015年8月31日国家食品药品监督管理总局令第16号发布)的规定,申请保健食品生产许可,应当先行取得营业执照等合法主体资格,具有依法取得的保健食品产品注册批件和/或备案文件,符合生产保健食品相适应的生产质量管理体系《保健食品良好生产规范》的基本条件:

(1)具有与生产的食品品种、数量相适应的食品原料处理和食品加工、包装、贮存等场所,保持该场所环境整洁,并与有毒、有害场所以及其他污染源保持规定的距离。

(2)具有与生产的食品品种、数量相适应的生产设备或者设施,有相应的消毒、更衣、盥洗、采光、照明、通风、防腐、防尘、防蝇、防鼠、防虫、洗涤以及处理废水、存放垃圾和废弃物的设备或者设施;保健食品生产工艺有原料提取、纯化等前处理工序的,需要具备与生产的品种、数量相适应的原料前处理设备或者设施。

(3)有专职或者兼职的食品安全管理人员和保证食品安全的规章制度。

(4)具有合理的设备布局和工艺流程,防止待加工食品与直接入口食品、原料与成品交叉污染,避免食品接触有毒物、不洁物。

(5)法律、法规规定的其他条件。

(四)保健食品生产许可的申报材料

1. 新办企业生产许可申报材料 新办企业申请食品生产许可,应当向申请人所在地县级以上地方食品药品监督管理部门提交下列材料:

(1)食品生产许可申请书;

(2)营业执照复印件;

(3) 保健食品注册批准证明文件或备案证明；

(4) 产品配方和生产工艺说明等技术材料；

(5) 产品标签、说明书样稿；

(6) 保健食品企业标准；

(7) 备案保健食品的安全性和保健功能的说明材料；

(8) 食品生产加工场所及其周围环境平面图；

(9) 生产车间布局平面图；

(10) 生产设备布局图；

(11) 食品生产工艺流程图；

(12) 食品生产主要设备、设施清单；

(13) 保健食品质量管理规章制度目录；

(14) 生产质量管理体系文件目录；

(15) 申请人的身份证明文件；委托他人办理的，应提交授权委托书和代理人的身份证明文件。生产车间新建、改建、扩建的，还应提交本企业的保健食品生产许可证件复印件。

2. 变更生产许可申报材料

(1) 保健食品生产许可变更申请书；

(2) 保健食品生产许可证正本、副本；

(3) 与变更保健食品生产许可事项有关的其他材料。

3. 延续生产许可申报材料

(1) 保健食品生产许可延续申请书；

(2) 保健食品生产许可证正本、副本；

(3) 与延续保健食品生产许可事项有关的其他材料；

(4) 保健食品生产质量管理体系运行情况自查报告。

4. 注销生产许可申报材料

(1) 保健食品生产许可注销申请书；

(2) 保健食品生产许可证正本、副本；

(3) 与注销保健食品生产许可事项有关的其他材料。

(五) 保健食品生产许可审查

1. 按照《食品生产许可管理办法》的规定，省、自治区、直辖市食品药品监管部门负责组织实施本辖区保健食品生产许可审查工作，按照具体的保健食品生产许可工作流程，结合申请人提交的申请材料，随机抽取 3 名以上(含 3 名)熟悉保健食品管理、生产工艺流程、质量检验检测等方面的审查人员组成审查组，制定《保健食品生产许可审查方案》，确定审查时间安排，明确审查人员分工、审查内容、审查纪律以及相应注意事项，并及时与申请人进行沟通，告知申请人审查时间、审查内容以及需要配合事项。

2. 审查组负责保健食品生产许可申请材料的书面审查、生产过程的现场动态核查和试制产品抽检，并做出审查结论。企业同时申请生产多个同剂型产品的，可选择其中有代表性的品种进行现场核查和产品抽检。对于申请同剂型产品增项的，若生产工艺相同，可以不再进行现场核查。

(1) 材料的书面审查:审查组主要审查申请人提交申请材料的真实性、完整性和有效性,并结合现场核查核对申请材料原件。

1) 企业的营业执照应当合法有效。

2) 申请人提交的保健食品材料主要包括:

① 保健食品注册批准证明文件或备案证明;

② 产品配方和生产工艺说明等技术材料;

③ 产品标签、说明书样稿;

④ 符合法律法规要求的产品企业标准。

3) 申请生产备案保健食品的,其产品配方应纳入备案原料目录范围,申请人还应提交表明产品安全性和保健功能的材料。

4) 生产场所和车间布局设计合理,包括生产场所周围环境、生产车间洁净区域划分、人流物流以及净化空气流向等要符合保健食品生产要求。

5) 生产工艺流程清晰完整。

6) 生产设施设备与生产工艺相适应。

7) 保健食品质量管理规章制度健全完善。

8) 生产质量管理体系文件与保健食品生产相适应。

9) 申请同一剂型产品增项的,该申请人保健食品生产许可证书应当合法有效,且覆盖所申请产品剂型。

10) 保健食品注册批准证明文件持有人委托生产的,应具有保健食品生产或经营资质,受托方应具有相同剂型保健食品生产资质;备案保健食品不得委托生产。

(2) 现场核查:审查组应提前3个工作日通知企业,并告知企业审查内容,按照《保健食品生产许可现场核查记录表》的要求组织现场核查。

1) 机构与人员:企业应设立与保健食品生产相适应的管理机构,明确各部门和人员的职责分工。设立独立的质量管理部门,负责保健食品生产的质量管理;设立生产管理部门,履行生产管理职责。企业应配备与保健食品生产相适应的管理人员和专职技术人员,建立从业人员健康管理制度和培训制度,定期组织健康检查和业务培训。

2) 厂房布局:企业的生产厂区应远离污染源,生产环境整洁有序,建筑结构完整合理,生产、行政、生活和辅助区布局合理,不得互相妨碍。生产车间划分一般生产区和洁净区,洁净区的布局设计应符合保健食品良好生产规范要求,洁净区内空气洁净度应经具有相应资质的检测机构检测合格。洁净车间的面积和空间应与生产规模相适应,设备物料安置有序,便于生产加工操作,防止差错和交叉污染。

3) 设施设备:企业的空气净化系统、水处理系统运转正常,能够定期进行空气洁净度和水质检测。生产车间的窗户、天棚及进入室内的管道、风口、灯具等设施符合设置要求,计量器具和检测仪器定期检定校验,生产场所、设施设备定期清洁消毒。洁净区内人流物流严格分开、通道设计合理、净化设施完善、静压差、温湿度控制合理,符合保健食品生产要求。

4) 原辅料管理:企业建立严格的供应商审核、进货查验、储存防护等各项管理制度,原辅料和包装材料符合相应的食品安全标准。原料的提取、浓缩、纯化等前处理工序应自行完成,并不得与成品生产使用同一生产车间。使用菌丝体、益生菌类、藻类、

笔记

67

动物或动物组织器官等特殊原料的,应索取相关资质证明材料,生产加工要符合相关管理规定。

5) 品质管理:企业应建立保健食品生产质量管理体系,设定明确的岗位职责和生产操作规程,完善产品记录管理制度。设立专门的产品留样室,具备与产品相适应的存储条件,产品包装、标签和说明书应当符合保健食品管理规定。企业应设置与生产品种和规模相适应的检验室,具备专职检验人员和基本检验设备,每批成品均按照企业标准进行出厂项目检验。

6) 库房管理:企业应建立与生产品种和规模相适应的原辅料、包装材料、成品库房或库区,设定合格、不合格、待检验等库区标识,具备照明、通风、避光以及温湿度控制设施,物料和成品应分批离墙离地存放。企业应建立严格的贮存运输管理制度,对有温度、湿度及其他特殊要求的物料和成品应当符合相关规定。

7) 生产工艺:企业应制定严格的岗位操作规程和工艺控制参数,建立原辅料领取、产品投料、物料平衡、质量检验等生产过程控制体系以及批生产记录制度。企业按照批准或备案的生产工艺要求,组织保健食品生产试制,检查组跟踪关键生产流程,动态审查投料、生产、包装等工序,复核生产工艺的完整连续以及生产设备的合理布局。

8) 判定结论:《保健食品生产许可现场核查表》包括 79 项审查条款,其中关键项 17 项,一般项 62 项,现场审核结论分为合格和不合格。企业出现以下情形之一的,审查组应判定现场核查结论为不合格:①现场核查有 2 项以上关键项不合格(含 2 项);②现场核查有 5 项以上一般项不合格(含 5 项);③现场核查有 1 项关键项不合格,3 项以上一般项不合格(含 3 项);④因企业自身原因导致现场核查无法开展。

(3) 产品检验

1) 现场核查合格的企业,审查人员按照 3 倍全检量的要求,组织产品抽样,填写《保健食品生产许可抽样单》,并将产品送至具有相应资质的检验机构进行检验。

2) 检验机构按照注册或备案的检验方法进行全项目检验,并在完成检验的 3 个工作日内将检验报告发送至许可受理部门和申请企业。

3) 企业对检验结果有异议的,可在收到检验报告之日起 3 个工作日内向许可机关提出复检申请。

4) 试制产品检验和复检的费用,由企业自行承担。

(4) 提出审查意见

1) 企业材料审查合格、通过现场核查并经产品抽检合格的,审查组应作出通过许可审查的结论。

2) 企业出现以下情形之一,审查组应做出为未通过许可审查的结论:①申请材料书面审查不符合要求;②现场核查判定结论为不合格;③试制产品抽检不合格。

3) 审查组根据生产许可审查情况,提出许可审查意见,并形成《保健食品生产许可审查报告》,报送许可机关。

4) 申请人通过生产许可审查,但现场核查存在不合格项的,许可机关应责令其予以限期整改。

第五节　保健食品流通管理

保健食品流通管理包括保健食品销售制度、保健食品索证索票制度、保健食品购进验收管理制度、保健食品储存制度及保健食品台账管理制度等。

一、保健食品销售制度

1. 所有销售人员必须经卫生知识和产品知识培训后方能上岗。

2. 应严格按照《中华人民共和国食品安全法》的要求正确介绍保健食品的保健作用、适宜人群、使用方法、食用量、储存方法和注意事项等内容,不得夸大宣传保健作用,严禁宣传疗效或利用封建迷信进行保健食品的宣传。

3. 严禁以任何形式销售假劣保健食品。凡质量不合格,过期失效、或变质的保健食品,一律不得销售。

4. 销售过程中怀疑保健食品有质量问题的,应先停止销售,立即报告质管部,由质管部调查处理。

5. 卫生管理员负责做好防火、防潮、防热、防霉、防虫、防鼠及防污染等工作,指导营业员每天上下午各一次做好营业场所的温湿度检测和记录,如温湿度超出范围,应及时采取调控措施,确保保健食品的质量。

6. 在营业场所内外进行的保健食品营销宣传(包括灯箱广告、各种形式的宣传资料),要严格执行国家有关的法律法规;未取得广告批准文号的,不得在营业场所内外发布广告;广告批文超过有效期的,应重新办理审批手续。

二、保健食品索证索票制度

1. 索证索票要有专人负责管理。

2. 严格审验供货商(包括销售商或者直接供货的生产者)的食品卫生许可证、国家产品注册证书、所供货产品的检验报告书和保健食品其他合格的证明文件。

3. 购入保健食品时,索取供货商出具的正式销售发票;或者按照国家相关规定索取有供货商盖章或者签名的销售凭证,并留具真实地址和联系方式;销售凭证应当记明保健食品的品名、生产厂商、批准文号、规格、供货单位、购进数量、生产日期、有效期等内容,以备查。

4. 索取和查验的相关证明文件、检验合格报告和销售发票(凭证)应当按供货商名称或者保健食品种类整理建档备查,相关档案应当妥善保管,保管期限自该种食品购入之日起不少于一年。

三、保健食品购进验收管理制度

1. 采购保健食品时必须选择合格的供货方,须向供货商索取加盖企业红色印章的有效的《卫生许可证》、《保健食品批准证书》和《产品检验合格证》,以及保健食品的包装、标签、说明书和样品实样,并建立合格供货方档案。进口保健食品必须有对应的《进口保健食品批准证书》复印件及口岸进口食品卫生鉴定费检验机构的检验合格证明。

2. 采购保健食品应签订采购合同,并有明确质量条款,采购合同如果不是以书面形式确立的,购销双方应提前签订明确质量责任保证协议。

3. 购进的保健食品必须有合法真实的票据,做到票、账、货各项内容相符,并按日期顺序归档存放,票据至少保存二年。

4. 对购进保健食品的品名、规格、批准文号、生产批号(日期)、有效期、生产厂商、包装、标签、说明书等内容进行查验,按规定建立完整的购进记录,购进记录必须注明保健食品品名、规格、有效期、生产厂商、供货单位、购进数量、购货日期等,购进记录至少保存一年。

5. 购入首营品种还应向供货商索取加盖企业红色印章的保健食品批准文号证明文件、质量标准和该批号的保健食品检验报告书。

6. 严禁采购以下保健食品:

(1) 无《卫生许可证》生产单位生产的保健食品。

(2) 无保健食品检验合格证明的保健食品。

(3) 有毒、变质、被污染或其他感观性状异常的保健食品。

(4) 超过保质期限的保健食品。

(5) 其他不符合法律法规规定的保健食品。

7. 保健食品验收工作应在待验区内进行,保健食品质量验收包括保健食品外观质量的检查和保健食品包装、标签、说明书和标识的检查,以及购进保健食品及销后退回保健食品的工作。

8. 对包装、标识等不符合要求的或质量有疑问的保健食品,应报质量管理人员进行处理、裁决。

9. 保健食品必须验收合格后才能入库或上柜台,如发现假保健食品就地封存及时上报质量管理人员。

四、保健食品储存制度

1. 所有入库保健食品都必须进行外观质量检查,核实产品的包装、标签和说明书与批准的内容相符后,方准入库。

2. 仓库保管员应根据保健食品的储存要求,合理储存保健食品,需冷藏的保健食品储存于冷库(2~10℃)需阴凉、凉暗储存的储存于阴凉库(避光、温度不高于20℃),可常温储存的储存于常温库(0~30℃),各库房的相对湿度应保持在35%~75%之间。

3. 保健食品应离地、隔墙放置,各堆垛间应留有一定的距离。搬运和堆垛应严格遵守保健食品外包装图示标志的要求规范操作,堆放保健食品必须牢固、整齐、不得倒置。对包装易变形或较重的保健食品,应适当控制堆放高度,并根据情况定期检查、翻垛。

4. 应保持库区、货架和出库保健食品的清洁卫生,定期进行清扫,做好防火、防潮、防热、防毒、防虫、防鼠和防污染等工作。

5. 应定期检查保健食品的储存条件,做好仓库的防晒、温湿度监测和管理。每日上下午各一次对库房的温湿度进行检查和记录,如温湿度超出范围,应及时采取调控措施。

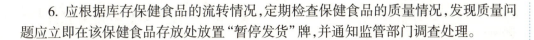

6. 应根据库存保健食品的流转情况,定期检查保健食品的质量情况,发现质量问题应立即在该保健食品存放处放置"暂停发货"牌,并通知监管部门调查处理。

五、保健食品台账管理制度

1. 为规范保健食品购进管理,保障产品安全。根据《中华人民共和国食品安全法》《保健食品管理办法》以及保健食品相关流通法律、行政规章,制定保健食品台账管理和控制。

2. 根据"按需购进,择优选购"的原则,依据市场动态、客户需求反馈的信息编制购货计划,报企业负责人批准后执行。要建立供销平衡,保证供应,避免脱销或品种重复积压以致过期失效造成损失。

3. 要认真审查供货单位的法定资格、经营范围和质量信誉,考察其履行合同的能力,必要时应对其进行现场考察,签订质量保证协议书,协议书应注明购销双方的质量责任,并明确有效期。

4. 加强合同管理,建立合同档案。签订的购货合同必须注明相应的质量条款。购销人员要做好首营企业和首营品种的审核工作。向供货单位索取加盖企业印章的、有效的《卫生许可证》《营业执照》《保健食品批准证书》和《产品检验报告书》,以及保健食品的包装、标签、说明书和样品实样。

5. 购进保健食品应有合法票据,按规定做好购进记录,做到票、账、货相符,购进记录保存至超过保健食品有效期 1 年,但不得少于 2 年。

6. 严禁采购以下保健食品

(1) 无《卫生许可证》生产单位生产的保健食品;

(2) 无保健食品检验合格证明的产品;

(3) 有毒、变质、被污染或其他感观性状异常的产品;

(4) 超过保质期限的产品;

(5) 其他不符合法律、法规规定的产品。

第六节　保健食品其他管理

在本章第二节至第五节分别详细阐述了保健食品注册与备案管理、安全管理、生产管理及流通管理,其中保健食品的安全管理与生产管理在保健食品的发展中扮演至关重要的角色,而当今食品安全也是不可忽略的热门话题。本小节着重对保健食品的其他方面进行补充概括。

一、保健食品生产经营管理补充规定

1. 保健食品生产者对其生产产品的质量和安全负责。

2. 开办保健食品生产企业,应当向所在地省、自治区、直辖市食品药品监督管理部门提出申请。拟新建保健食品生产企业,应当依法取得产品注册证,经检查符合《保健食品良好生产规范》要求,取得《保健食品生产许可证》,凭《保健食品生产许可证》到工商行政管理部门办理登记注册后,方可组织生产。《保健食品生产许可证》应当标明生产的保健食品品种。保健食品生产企业拟增加保健食品品种

的,应当经《保健食品良好生产规范》检查合格后,在《保健食品生产许可证》上予以标明。

3. 经省、自治区、直辖市食品药品监督管理部门批准,具有同剂型生产条件的保健食品生产企业可以接受委托生产保健食品。委托方对所委托生产产品的质量安全负责;受委托方应当保证生产符合《保健食品良好生产规范》并承担相应法律责任。

4. 保健食品生产应当符合国家制定的《保健食品良好生产规范》要求。《保健食品良好生产规范》包括机构与人员、厂房与设施、设备、物料、卫生、验证、文件、生产管理、质量管理、投诉与安全性事件报告、自查等内容。保健食品生产企业应当依照《食品安全法》第三十六条、第三十七条规定建立原料进货查验记录和食品出厂检验记录,并应当如实记录食品生产过程的安全管理情况。记录的保存期限不得少于2年。

5. 开办保健食品批发企业,应当向省、自治区、直辖市食品药品监督管理部门提出申请;开办保健食品零售企业,应当向所在地县级食品药品监督管理部门提出申请。经检查符合《保健食品良好经营规范》要求的,发给《保健食品经营许可证》,凭《保健食品经营许可证》到工商行政管理部门办理登记注册。

6. 保健食品经营应当符合《保健食品良好经营规范》的要求。《保健食品良好经营规范》包括管理职责、人员与培训、设施与设备、进货与验收、陈列与储藏、销售与服务、质量管理、投诉与安全性事件报告、自查等内容。保健食品经营企业应当依照《食品安全法》第三十九条第二款的规定建立进货查验记录制度,应当如实记录食品的名称、规格、数量、生产批号、保质期、供货者名称及联系方式、进货日期等内容,或者保留载有上述信息的进货票据。记录、票据的保存期限不得少于2年。

7. 取得产品注册证的进口保健食品应当经出入境检验检疫机构检验合格后,海关凭出入境检验检疫机构签发的通关证明放行。出口商出口保健食品的,应当报所在地省、自治区、直辖市食品药品监督管理部门备案,取得备案凭证后方可向出入境检验检疫机构申办出口手续。出入境检验检疫机构应当根据食品药品监督管理部门出具的备案凭证,对出口保健食品进行监督、抽检,发放通关证明。海关凭出入境检验检疫机构签发的通关证明放行。

8. 保健食品及其用于保健食品的原料、辅料、包装材料、检验规范和方法等保健食品的食品安全国家标准由国务院卫生行政部门制定。国家食品药品监督管理部门应当将审定的进口保健食品产品企业标准通报国家出入境检验检疫部门,作为出入境检验检疫的依据。保健食品生产企业应当按照食品安全国家标准、国家有关规定和国家食品药品监督管理部门批准的产品配方、生产工艺进行生产,生产记录应当完整准确。

9. 保健食品生产者应当对其产品标签、说明书内容的真实性负责,其标签、说明书内容应当与批准的内容一致。保健食品的标签、说明书应当载明适宜人群、不适宜人群、功效成分或者标志性成分及其含量等,并符合国家有关规定,不得涉及疾病预防、治疗功能。

10.《保健食品生产许可证》和《保健食品经营许可证》有效期为5年。

二、保健食品生产监督管理规定

保健食品管理办法中规定由省级卫生行政部门对保健食品的生产进行审查监督。

1. 生产监督

(1) 生产许可：我国对保健食品实行审批制度，生产保健食品的企业首先必须是合法的食品生产企业，企业必须在获得卫生部颁发的"保健食品批准证书"之后向所在地省级卫生行政部门提出申请，经省级卫生行政部门审查同意并在申请者的卫生许可证上加注"×× 保健食品"的许可项目之后方可进行生产。

未经卫生部审查批准的食品，不得以保健食品名义生产经营；未经省级卫生行政部门审查批准的企业，不得生产保健食品。

(2) 生产过程的监督：主要的监督重点是企业的生产工艺、过程是否合理，是否具备相应的生产技术力量和技术要求，是否能保证产品的质量和卫生。

保健食品的生产过程和生产条件必须符合保健食品的食品生产企业良好生产规范 (GMP) 的要求。必须按照批准的内容组织生产，不得擅自改变产品的配方、生产工艺、企业产品质量标准以及产品的名称和产品说明书等，对生产工艺执行情况的监督应重点放在对原料的投放的监督检查 (是否按配方投放品种及数量)，尤其要关注贵重或稀有原料的使用情况以及有无滥加违禁物质的现象。

2. 市场监督　对保健食品的流通市场进行监督，是保证保健食品产品质量和消费安全的最后一道屏障。

(1) 功效成分的监督检测：功效成分是保健食品发挥保健功能的物质基础，对保健食品的功能性成分及含量进行检测，观察是否达到了应具备的指标，以确保保健食品能发挥正常功效，杜绝假冒伪劣产品。这是保证保健食品质量的一个重要监督方面。

(2) 功能验证：保健食品应具有明确的功能作用。但功能作用检验复杂、成本高，不宜作为常规的监督手段。但对功效成分不明确的产品，由于无法通过功效成分的检测来确定产品功能的存在，因此，功能验证可成为有效的市场监督方法。

(3) 对违法加入药物行为的监督：有些保健食品生产企业为了提高疗效来吸引消费者，可能会在产品中加入一些与功效作用相关的临床治疗用药或违禁物质。对于违法滥加药物和违禁物质的行为应依法处罚，确保消费者的健康。

(4) 标签、说明书的监督：食品标签、说明书、广告等是消费者了解食品的特性、性质、作用和指导消费的重要手段。保健食品的说明书必须由卫生部审查批准，除了要符合一般食品要求外，还必须标明保健食品的保健作用、适宜人群、食用方法、推荐用量、功效成分、原料名称，必须注明卫生部批准文号和保健食品特有标志。对标签、说明书的监督重点在于是否有虚假、夸大的功效宣传，标注的内容是否齐全、内容是否符合审批时的要求等。

三、出口食品注册厂监督管理规定

为加强出口食品注册厂的监督管理、保证出口食品卫生质量，特制定本规定：

(一) 对出口食品注册厂(以下简称注册厂)应按下列依据认真检查:

1.《中华人民共和国出口食品卫生管理办法》《出口食品厂(库)最低卫生要求》及各类出口食品监管检验细则和有关规定。

2. 对国外注册厂、认可厂参照有关进口国卫生当局的要求进行检查。

(二) 健全对注册厂的监督检查制度,开展不同形式的监督检查工作。

1. 日常检查:各地商检机构应派员加强对注册厂的日常监督检查工作。

2. 重点抽查:各地商检机构可根据需要组织对注册厂重点检查。

3. 各省(区、市)商检局对本省(区、市)主要食品注册厂一般要求:2 年组织全面检查一次。小组可由商检局自行组成,也可由商检牵头组织有关生产主管部门、外贸经营部门和卫生部门参加。

4. 国家局将视情况组织对注册厂的检查。

5. 对对外注册厂(包括认可厂)的定期复查。根据国外卫生当局对注册厂考核检查要求,有关省(区、市)商检局对对外注册厂每年应全面复查一次,并将检查结果报国家商检局。

凡获得国外注册的出口食品厂,应随时能接待国外有关卫生当局派员考察或公务复查。对所提的改进意见,应由厂方整理成文字资料,由外宾签字后交工厂及当地商检局备查,并报国家商检局。工厂应采取措施积极改进。并由当地商检局将改进情况及时报国家商检局。在执行监督检查任务时,应按有关规定认真做好记录。重要情况应写出专题报告报国家局。对各注册厂应建立监督检查档案。

(三) 对监督检查中发现的问题,按下列原则处理:

1. 凡在个别方面违反《出口食品厂(库)最低卫生要求》及其有关规定,但对产品卫生质量没有构成直接威胁或影响不明显的问题,应给予警告或通报批评,限期改进。工厂在被警告或批评后,仍改进不力,可暂停止接受其出口报验,待改进符合卫生要求后,方予恢复接受报验。

2. 对直接影响出口产品卫生质量的因素,或由于卫生管理不严造成产品卫生质量发生问题的出口食品注册厂,应即停止生产出口产品,并限期改进。

3. 凡管理比较混乱,产品卫生质量连续出现问题,出对商检所提改进意见不采取措施积极改进的工厂,应上报国家商检局吊销其出口注册证书。被吊销注册证书的食品厂,三个月后方可在改进的基础上申请本省(区、市)商检局复查。经检查合格后报国家局批准恢复其注册。

(四) 对产品卫生质量的检查处理按下列办法执行:

1. 凡经商检(包括共验)检验同一产品连续三批以上不合格者,或全月检验产品不合格率(批次)大于 10% 者,给予全省(区、市)通报批评。经商检检验(包括共验)连续两个月均出现同一产品三批以上不合格或月产品不合格率(批次)大于 20% 者,报国家局吊销该厂注册证书。

2. 出口食品因生产厂的责任被国外索赔、退货的,应对该厂予以通报批评或停产整顿、或吊销注册证书。

3. 在国家商检局和各省(区、市)商检局组织的食品质量评比检查中,若连续三次有被评为不合格产品;或被抽查样品中有 20% 以上被评为不合格者,吊销该厂注册证书。

（五）商检人员要加强自身建设，遵纪守法、秉公办事。

由于玩忽职守等造成不良后果的，国家局将通报批评主管商检局及其直接责任者，并视情况必要时给予责任者适当处分。

四、出口食品厂、库卫生管理补充规定

第一条　对出口肉类、罐头、水产品、蛋制品、乳制品、速冻蔬菜、脱水蔬菜、饮料、茶叶、酒、糖、蜂蜜、肠衣、食用植物油加工厂，按照《出口食品厂、库注册细则》的规定，办理注册申请。在取得注册证书和批准编号后，方可加工生产出口食品。

第二条　对其他出口食品加工厂和与食品加工厂不在同一地址的冷库、仓库（以下简称出口食品厂、库），以及半成品加工厂（点）按照本补充规定，向所在地商检机构申请登记；

（一）需要办理登记的出口食品厂、库，在申请登记前，必须取得所在地卫生行政部门的卫生许可证；

（二）申请登记单位应当填写《出口食品厂、库登记申请表》，向所在地商检机构申请登记；

（三）商检机构接到"登记申请表"后，派出食品卫生检验人员进行审查，对具备保证食品卫生质量所需基本条件的，由省、自治区，直辖市商检机构颁发"登记证"；

（四）"登记证"编号，按国家商检局(86)国检技字第 230 号文的规定办理。并在顺序号前冠以拼音字母"D"。例如天津商检局颁发的第Ⅱ号"登记证"，它的编号代码应为 1200/D0~1。

第三条　对"种类表"列名的出口食品的加工厂、库没有取得注册证书或者登记证的，不得加工生产或者贮存出口食品。

第四条　需要办理注册或者登记的出口食品厂、库名单，国家商检局将根据情况变化，予以调整。

五、进口保健食品转境内生产管理规定

已获我国卫生部批准的进口保健食品，以独资、合资、合作等方式转入我国境内生产的，在产品原料（若以动植物为原料）、其物（品）种和产地、配方、生产工艺、质量标准等完全相同的情况下，经省级卫生行政部门审查同意，并报卫生部备案后，可以继续沿用原卫生部批准的进口保健食品批准证书组织生产，但产品说明书、标签中关于生产企业名称、地址的标注必须作相应修改。

申请进口保健食品转境内生产必须提交以下资料：

（一）向境内生产企业所在地、省级卫生行政部门的申请报告；

（二）进口保健食品批准证书（可提交复印件）；

（三）批准在我国境内建立独资、合资、合作企业的政府文件或其他证明文件；

（四）合资、合作双方的协议及有关法律文件；

（五）《保健食品管理办法》第十五条规定必须提交的保健食品生产审查材料；

（六）修改后的产品标签、说明书（报批稿）。

省级卫生行政部门审查同意转境内生产的，必须将企业申请报告复印件和卫生行政部门的审查意见报卫生部卫生监督司备案。省级卫生行政部门在接到卫生部备

笔记

案回执后,方可将审查结论正式通知企业。转境内生产进口保健食品的生产经营卫生监督,由各级卫生行政部门依法实施。

进口保健食品转境内生产时,若产品原料、配方、生产工艺和质量标准中的任何一项有改变时,必须作为另一种新的保健食品,按国产保健食品申报的程序和要求重新申报。

六、出口食品生产企业向国外卫生注册管理规定

第一条　根据《中华人民共和国进出口商品检验法实施条例》和《中华人民共和国出口食品卫生管理办法》的有关条款,制订本规定。

第二条　国家商检局统一管理全国出口食品生产企业向国外卫生注册工作。国家商检局设在各地的商检局(简称商检机构)负责所辖地区出口食品生产企业对国外卫生注册的预审上报和日常监督管理工作。

第三条　出口食品生产企业(简称申请单位)具备下列条件者,均可向当地商检机构提出向国外卫生注册申请:

(一)具有与生产相适应的有关产品生产设施,有稳定的原料来源,并有对申请注册国的产品出口或意向性协议。

(二)出口食品生产、卫生质量管理符合《出口食品生产企业卫生管理要求》及进口国的卫生要求。

(三)建立质量保证体系,制订有质量管理手册并能有效执行。

(四)生产企业一年来未发生质量事故,或其产品质量无消费者或用户投诉。

(五)生产企业获得商检部门颁发的出口食品生产企业卫生注册证书。

第四条　申请单位按要求填写"向国外卫生注册申请书"(一式二份),向当地商检机构提出申请。同时提供工厂平面图、工艺流程图、质量手册、卫生注册编号及主要生产工序的彩色压膜照片。

第五条　商检机构接到申请书后,按本文第三条规定进行预审,符合条件的上报国家商检局。

第六条　国家商检局接到商检机构的报告后,派出评审员进行工厂审查,符合条件的推荐给进口国主管当局。对不符合条件的终止评审,并建议申请单位整改,达到要求后可重新申请。

第七条　进口国要求来华检查或复查的,由国家商检局组织进行,对检查或复查合格确认的,国家商检局公布获准注册的出口食品生产企业的名单。

第八条　获准注册企业的名称和编号属该企业专有,其他单位不得使用或冒用。

第九条　获准注册企业的出口食品卫生质量监督管理工作按《出口食品生产企业卫生注册登记细则》执行。

第十条　经监督抽查发现条件不符合要求的,商检机构应及时提出限期改进意见。经改进仍达不到条件的,报国家商检局审查同意后吊销卫生注册证书和编号。

第十一条　进口国来华检查、复查、商检机构监督检查及国家商检局抽查,应作好记录,并由参加检查者及企业代表签字确认。

第十二条　本规定自一九九三年九月一日起实施,由国家商检局负责解释。

学习小结

1. 学习内容

保健食品法规与管理	保健食品法规简介	我国保健食品法规体系
	保健食品注册与备案管理	我国现行保健食品法规对注册与备案的有关规定和要求
	保健食品安全管理	食品卫生质量体系
		保健食品安全管理制度
		保健食品通用卫生要求
	保健食品生产管理	保健食品生产管理有关法律法规
		保健食品 GMP
		保健食品的生产许可
	保健食品流通管理	保健食品销售制度、保健食品索证索票制度、保健食品购进验收管理制度、保健食品储存制度及保健食品台账管理制度

2. 学习方法

通过对相关部门规章和部委规范性文件的阅读,了解我国现行的保健食品法规体系;通过阅读《保健食品注册与备案管理办法》(2016),了解保健食品注册与备案的相关规定;通过对相关法规内容的阅读,了解保健食品的生产、质量、卫生、销售等方面的相关规定和要求,理解保健食品从生产到流通的管理过程。

复习思考题

1. 我国现行的保健食品法规主要有哪些?
2. 保健食品法律、法规、规章的概念及其区别?
3. 对保健食品进行注册与备案管理、生产安全管理的必要性?
4. 分析我国保健食品法规体系与相关管理规定的弊端与不足?
5. 分析保健食品流通管理过程中各个环节弊端与不足? 并补充。

笔记

第三章

保健食品研发思路与流程

 学习目的

通过学习理解保健食品的研发思路,掌握保健食品的研发流程。

学习要点

保健食品研发前的调研及研究方案的初步设计;保健食品的研发过程;保健食品申报、核查与审批的有关规定和要求。

第一节　保健食品研发思路

一、产品研发立项

综合保健食品研究现状,并对国内外人群的健康状况进行充分调研,借鉴相关的流行病学资料及统计学分析方法,全面阐述适宜人群的亚健康情况,例如亚健康的原因、性别分布特点、年龄分布特点、职业分布特点,以及国内外的市场需求情况。然后根据保健食品的功能范围以及我国传统中医药养生理论等进行相应的产品研发立项。

二、产品预期的保健功能和科学水平

依据现代营养学、现代医学组方的保健食品,应针对保健功能的适宜人群的生理、病理特点,叙述所研发的产品预期达到的保健功能和科学水平。依据现代营养学和中医药理论相结合而做成配方的产品,适宜人群的生理、病理特点应从两个理论范畴介绍。

三、适宜人群在国内外的状况、市场需求情况的调查分析

借鉴相关的流行病学资料,全面阐述适宜人群的亚健康情况,例如亚健康的原因、性别分布特点、年龄分布特点、职业分布特点,以及国内外的市场需求情况。阐述保健食品研发目的及必要性。

笔记

78

四、阐述同类产品或相似产品在国内的基本状况及该产品具有的特点和优势

全面检索相关资料,列举出所研发的保健食品的功能、原料、剂型、工艺、安全性等方面相同或相似的已获批产品的品种类型及特点或各产品在国内外的生产、销售和使用情况,从资源、配方、工艺、剂型等方面,分析所申报产品的特色和优势。

五、配方的筛选

"食疗"养生是中医药学的一个重要组成部分,利用食品及药食两用之品达到养生、健康、长寿之目的,已有 5000 多年的历史。《素问·脏器法时论》云:"五谷为养,五果为助,五畜为益,五菜为充,气味合而服之,以补益精气"。药王孙思邈指出:"夫为医者,当须先洞晓疾源,知其所犯,以食治之,食疗不愈,然后命药"。

中药保健食品开发的配方可从以下几个途径进行选择,①从古今方剂医籍中选择;②从历代名医医案医话中选择;③从名老中医、民间医生和医院制剂中选择;④从国内外有关期刊杂志上选择;⑤从民间单方、验方中选择;⑥从科研处方中选择。配方的筛选,包括原辅料的选择依据,主要是功能和剂量的科学依据。在合理性方面,要按照中医药理论论述并有实践性参考文献。在安全性方面,要在原料可用的前提下注意对食用剂量和配方的安全性说明。要注意科学性,尤其是申报两个功能的产品,要注意两个功能的相关性论述,如通便和改善睡眠两个功能的相关性。

六、工艺筛选

合理的生产工艺是保健食品成功研发的基础,保健食品的生产应根据拟将开发的剂型及有效成分的性质,结合新技术、新方法,设计合理的制备工艺。包括原、辅料前处理、提取、精制、浓缩、干燥、成型、包装等步骤。对于每一个工艺步骤都要进行实验室小试、中试和大生产的放大试制,以明确生产设备和各项工艺参数,使其具有生产可行性。

七、质量标准的制定

完善的质量标准是保健食品成功研发的保证。保健食品要有完备的质量标准,不仅要对感观如形态、气味和理化如净含量、水分、灰分、重金属、农药残留做明确指标规定,对微生物指标做明确规定,还要根据产品的保健功能明确功效成分,规定含量限度。从而保证产品的质量和较高的科技含量,保证产品的规范性和可控性,为中国保健食品走入国际市场打下良好的基础。根据质量标准要对产品的感观、理化、功效成分、卫生学等指标进行全面检验,并进行至少 3 个月的稳定性考察,确保产品的稳定可控。

八、安全性和功能学评价

规范的安全性和功能学评价是保健食品成功研发的依据。保健食品安全性毒理学评价试验按照《保健食品安全性毒理学评价程序和检验方法》的规定分四个阶段顺序进行:第一阶段:急性毒性试验;第二阶段:遗传毒性试验、传统致畸试验、30 天喂养

79

试验;第三阶段亚慢性毒性试验:90天喂养试验、繁殖试验、代谢试验;第四阶段:慢性毒性试验(包括致癌试验)。保健食品应根据保健食品不同原料来源,选择不同阶段的毒理学试验。《保健食品管理办法》规定,在报批保健功能食品以前,必须进行相关功能学的评价实验。功能学的研究为开发、完善我国保健食品的生产提供了良好的科学实验依据。

第二节　保健食品研发流程

保健食品的研发流程主要包括立项调研、立项与研发方案确立、组织实施、资料书写与整理、申报与审批等。其中申报与审批的具体内容见本章第三节。

一、产品研发立项调研

1. 适宜人群在国内外的状况、市场需求情况的调查分析　借鉴相关的流行病学资料,阐明发病情况和国内现状,明确研发目的。在开发保健食品之前,首先要进行市场调查和适宜人群的流行病学状况的调查,选择明确的市场目标。掌握市场需求、市场容量、市场的竞争状况及新产品的可能价格等信息。只有通过对目标市场消费者的消费心理、消费行为和真正的消费需求的认真探索,掌握消费者的具体行为模式和动机,并使之与企业所提供的产品或服务有机地结合起来,才能掌握市场的变化规律,提高产品的竞争能力。

2. 立项产品预期达到的保健功能和科学水平　产品的功能定位要准确。保健食品能否长久地拥有市场,关键在于其是否有确切的功能。如果功能不确切,即使暂时占有一定的市场,也会很快萎缩。如果研发的产品功能确切,并且与目标市场的需求一致,品种结构合理、适销对路,那么产品就具有市场竞争力。在我国,含中药成分是许多保健食品的特点。产品的功能定位应从中医传统保健理论入手,结合现代科学手段研究的成果综合评论。如中医保健理论在增加骨密度方面具有完善的理论基础和方法指导,对具有增加骨密度保健功能的产品能够提供科学理论基础。中医保健理论认为中老年人多肾精亏虚,脾胃运化不佳,瘀血阻滞而容易使骨骼失养、脆性增加,导致骨质疏松而出现骨折。故采用补肾强筋骨兼顾健脾益气、活血行气的方法,选择淫羊藿、熟地、杜仲、黄芪、补骨脂、当归、骨碎补、龟甲、山药、丹参、茯苓、菟丝子、鹿角胶、山茱萸、肉苁蓉、枸杞子等中药,并适量补充钙源,组成具有增加骨密度的科学配方。现代研究也已证明上述中药多数具有激素样作用,促进肠钙吸收,促进骨形成,抑制骨吸收等作用而达到增加骨密度的保健功能。

3. 立项产品的特点和优势　通过检索相关资料,统计出已上市的相同或相似功能产品数或比例。本产品具有的特点和优势可以作宏观分析,如依据中医辨证保健理论组成的配方,其保健功能针对的人群特征就是产品自身的特点和优势。此外,还可以从保健功能间的协调作用、产品原料的资源、提取精制工艺、制剂方法等方面阐述本产品的特点和优势。

4. 效益分析　对产品可能带来的社会效益和经济效益进行评估,可以从产品功能、原料特点、制剂工艺、适应人群等优势方面综合阐述本产品客观的发展前景及将会产生的社会效益和经济效益。盈利是企业开发新产品的目的之一,所以新产品开发首先要进行经济效益预测,企业效益最终来源于销售额减去所有的成本费用,包括制造成本、销售成本等。价格是以成本为基础的,成本费用高,产品的价格定位就高,企业的保本点高投资收益率就低,投资的回收期就长。同时,价格定位高会一定程度上影响销售,企业的效益和发展就会受影响。新产品的开发一定要考虑成本,效益分析要到位。若产品的保健功能在已有产品中较稀少,证明本产品可以填补保健食品市场的空白。若具有相似保健功能的产品较多,证明本产品的市场需求有很大的发展空间,其产品是应需而生,能够带来良好的社会效益和经济效益,并且具有自己的特色。

二、立项与研发方案的确立

1. 立项　新产品的研发通过了可行性论证后,就要进行立项。立项实际上就是一个确立研发计划、制定实施方案、落实研发经费、组织研发人员的过程。可行性论证报告是否科学、合理,关键是研究计划是否具有科学性、合理性,实施方案是否具有可操作性。前期工作基础包括对国内外现状及研发趋势、适宜人群及市场需求、同类产品或相似产品情况的调查分析,以及预实验结果。

2. 研发方案的确立　首先应进行文献调研,根据定位的功能及其依据的科学理论与相关学科的专业知识,结合产品的审批要求,设计出一套科学、严谨的研发方案。包括配方的筛选及配方原料的选择和原料的配伍及用量确定的合理性论述,剂型的确定、制备工艺的设计及工艺参数的优选,质量标准的研究及卫生学、稳定性、安全性毒理学、功效学试验和人体试食试验等,要明确研究内容,采用先进的研究方法与手段,制定详细的具体实施方案,使研发工作能按计划有序完成。

三、组织实施

1. 配方筛选(包括详细的筛选方法、结果和筛选依据)　可以根据各时期的保健食品法规要求、市场需求(如流行病调查学,国内外供求现状等)、地方资源优势(如陕西的山茱萸)、生产条件、企业发展方向(系列产品如心血管方面:血糖,血脂,降压)、销售渠道(降低市场成本)等方面综合筛选。

2. 说明所选用原料的功效作用、用量及各原料配伍关系和对人体安全性的影响　以产品的保健功能为核心,要求科学客观准确地阐明选用原料的功效作用。产品所用原料只要严格按照国家对保健食品原料的各项规定就能确保各原料对人体的安全性。

3. 说明产品的主要功效成分或标志性成分和确定过程及依据　根据配方组分的现代理化研究的相关资料,选择可行的检测方法,或按国家规定进行。

4. 工艺设计、产品形态与剂型的科学合理性、可行性及依据　首先剂型的确定必须根据组成药物的特点,保健功能的需求,服用的需求,以达到方便、安全、有效为目的来确定。根据剂型的特点,有效组分提取、精制的要求,进行工艺路线的设计、优化和筛选,以确定合理、可行、经济的工艺设计。

5. 产品检验　生产保健食品试制产品报送国家认定的检验机构检验,包括毒理学、卫生学、稳定性、功效成分检测和人体试食试验。

四、资料书写与整理

1. 保健食品申请表的填写

(1) 配方:必须提供产品全部原料及辅料(包括食品添加剂)的准确名称和含量(比例)。各种原料按其使用量大小依次递减顺序排列,食品添加剂列入其后。

(2) 功效成分:无功效成分的应标明产品发挥主要功效作用的原料名称及含量(用百分比表示)。有功效成分的,应标明功效成分名称及含量,其含量标注方式为"每100g 或 100ml 含"或"每份含用量(每支、每片等含)"。

(3) 保健功能:已由保健食品主管部门公布的保健功能项目,必须填写标准功能用语,如"免疫调节,抗疲劳"等,未经主管部门公布的保健功能项目,应用简练、准确和概括性的词句表示其申报的保健功能。

2. 申报材料应按下列顺序填写:

(1) 名称及配方资料、配方依据;

(2) 生产工艺资料;

(3) 质量标准;

(4) 毒理学安全性评价报告;

(5) 保健功能评价报告;

(6) 功效成分鉴定报告;

(7) 功效成分检验方法;

(8) 稳定性试验报告;

(9) 卫生学检验报告;

(10) 产品标签及说明书;

(11) 国内外有关资料;

(12) 其他材料。

3. 应注意事项

(1) 配方资料:申报营养补充剂的保健食品,应在其配方中标明各种营养素的每日推荐量(RDA),我国暂未制定 RDA 值的营养素,可标明国标或参考国的 RDA 值。

(2) 配方依据:说明产品的主要功效成分或发挥功效作用的主要原料的名称、作用机制及参考依据。

(3) 生产工艺:应有生产工艺流程图及文字说明,应说明产品消毒灭菌方法和控制指标、辐照消毒应标明辐照剂量,高温消毒标明消毒的温度、时间及压力。尽可能提供企业产品质量管理的良好作业规范(GMP)资料。

(4) 产品说明书,其内容和格式如下:

1) 引语部分:可对产品作简要介绍,如产品的成分、特点、工艺、作用机制等。其介绍的内容要科学、准确、真实。其宣传的成分要有检测报告证明,宣传的作用机制要有充分的文献依据,不得宣传申报功能之外的其他功能;不得通过对原材料的描述,将宣传范围扩大到其他功能;不得有宣传治疗作用的用语;不得使用极限性词汇,如"最好"、"最佳"、"极品"等;不得提及其产品的试验检测机构名称;不得提及产品获奖,鉴定或监制的情况。根据传统中医药理论和养生理论开发的保健食品,其说明书可以允许使用一些传统的中医术语,但必须经评审委员会审查。对既能补充营养素又经试验证实具有特定保健功能的产品,原则上只批准其经证实的保健功能,补充某种或某些营养素允许在说明书引语中说明,不在保健功能一栏中标出;

2）主要原料;

3）功效成分:应标明含量(有明确功效成分的须加此条);

4）营养素及含量:应标明该营养素中国的 RDA 值(该条限于以营养强化剂作为原料的产品);

5）保健功能:只能注明被批准的功能的标准表达用语;

6）适宜人群:标注方式为适宜某某人群;

7）不适宜人群:(视具体情况决定是否加注此条)标注方式为某某人群不宜;

8）食用量及食用方法:不得写两种(含两种)以上剂型的产品的食用量及食用方法;

9）保质期:按稳定性试验证实的保质期标注;

10）贮存方法;

11）执行标准号;

12）注意事项:(视具体情况决定是否加注此条)。

（5）资料装订:采用 A4 规格复印纸,资料应装在塑料夹或塑料文件袋内,各种资料首页左侧粘贴提示标签,以便查找。

五、申报与审批

保健食品研发的技术流程,见图 3-1。

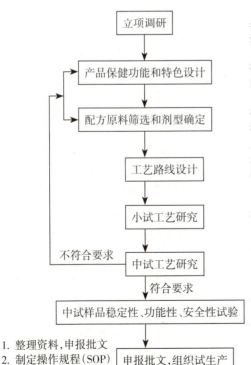

图 3-1 保健食品研发总体设计的技术流程图

学习小结

1. 学习内容

保健食品研发思路与流程	保健食品的研发思路	市场调研、配方及工艺筛选、质量标准建立制定、安全性和功能学评价的相关情况
	保健食品研发流程	立项调研、确立研发方案、研发的组织与实施、研发资料的撰写与整理、申报与审批
	保健食品申报、核查与审批	保健食品申报要求、核查内容与审批程序

2. 学习方法

通过对保健功能需求、市场现状、配方及工艺筛选及有关研发技术要求的了解，加深对保健食品研发思路的理解；通过对保健食品研发流程的学习，加深对保健食品从立项调研、立项与研发方案确立、组织实施、资料书写与整理、申报与审批的整个过程的理解；通过对保健食品审批过程的了解，理解我国保健食品申报、核查与审批的有关程序和要求。

通过对市场调研、研发内容的学习，理解保健食品的研发思路；通过归纳保健食品研发流程，理解如何研发保健食品；通过阅读保健食品申报、核查与审批等内容，了解申报保健食品注册/备案的流程。

复习思考题

1. 研发保健食品需要考虑哪些方面的问题？
2. 简述保健食品的研发流程。
3. 如何设计保健食品的研发方案？
4. 如何申请保健食品的注册与备案？

笔记

第四章

保健食品配方研究

学习目的

通过学习保健食品的原料及食品添加剂,掌握保健食品原辅料和食品添加剂的选择依据;通过学习保健食品的配方依据,理解保健食品配方所体现的中医养生思想、保健食品的保健功能和安全性要求与配方的关系。

学习要点

根据中医养生思想设计保健食品配方;根据保健功能设计保健食品配方;保健食品原料与辅料的选择;保健食品中食品添加剂的使用。

第一节　保健食品原料、辅料选择

保健食品的配方由原料和辅料组成。保健食品的原料是指与保健食品功能相关的初始物料;辅料是指生产保健食品时所用的赋形剂和附加剂,包括赋形剂、填充剂、成型剂、甜味剂、着色剂等。

一、保健食品原辅料选择的范围和依据

(一) 选用范围

1. 国家食品药品监督管理部门公布的可用于保健食品的原辅料。
2. 国家卫生管理部门公布或者批准可以食用的原辅料。
3. 生产普通食品所使用的原辅料。

(二) 选用依据

原卫生部于 2002 年发布《关于进一步规范保健食品原料管理的通知》,(卫法监发〔2002〕51 号)公布了《可用于保健食品的物品名单》和《保健食品禁用物品名单》、《关于印发〈营养素补充剂申报与审评规定(试行)〉等 8 个相关规定的通告》:《营养素补充剂申报与审评规定(试行)》、《真菌类保健食品申报与审评规定(试行)》、《益生菌类保健食品申报与审评规定(试行)》《核酸类保健食品申报与审评规定(试行)》《野生动植物类保健食品申报与审评规定(试行)》、《氨基酸螯合物等保健食品申报与审评规定(试行)》《应用大孔吸附树脂分离纯化工艺产品的保健食品申报与审评规定(试行)》、《保健食品申报与审评补充规定(试行)》、《卫生部关于限制以野生动植物及其

产品为原料生产保健食品的通知》(卫法监发〔2001〕160号)、《卫生部关于限制以甘草、麻黄草、苁蓉和雪莲及其产品为原料生产保健食品的通知》(卫法监发〔2001〕188号)、《卫生部关于不再审批以熊胆粉和肌酸为原料生产的保健食品的通告》(卫法监发〔2001〕267号)、《食品添加剂使用卫生标准》(GB 2760)等,在一段时期以来的保健食品配方研究中,作为主要的参考依据。

新的国家食品安全法规定:保健食品原料实行目录管理,其目录由国务院食品药品监督管理部门会同国务院卫生行政部门、国家中医药管理部门制定、调整并公布。同时规定"保健食品原料目录应当包括原料名称、用量及其对应的功效;列入保健食品原料目录的原料只能用于保健食品生产,不得用于其他食品生产"。国家食品药品监督管理总局近期发布(或将发布)的《保健食品注册原辅料技术要求指南汇编(第一批)》、《国家食品药品监督管理总局关于保健食品原料目录(第一批)》除另有规定外,应从其规定。

二、常用原料

(一)普通食品

包括乳及乳制品、食用油脂及其制品、蔬菜制品、菌藻类及其制品、坚果及其制品、谷物及其制品、淀粉类及其制品、肉及肉制品、水产品、蛋及蛋制品、糖类、调味品、饮料类、酒类、茶类、蜂蜜及花粉等。

北京大学医学出版社于2005年6月出版了由中国疾病预防控制中心营养与食品安全所编著《中国食物成分表2004》包括了757条食物的近5万个最新数据。该书除包含《中国食物成分表2002》(书中所列食物以原料为主,共包括1506条食物的31项营养成分(含胆固醇)数据、657条食物的18项氨基酸数据等,附录中收录了208条食物的血糖生成指数数据)内容外,还补充了食物样品描述信息,便于使用者了解食物的具体信息和寻找对应的食物,增加了总膳食纤维、可溶性膳食纤维、不溶性膳食纤维、维生素B_6、维生素B_{12}、维生素K_1、生物素、泛酸、胆碱、叶酸等对健康有益的成分数据。

(二)中药

卫生部关于进一步规范保健食品原料管理的通知(卫法监发〔2002〕51号)对保健品中可添加的中药成分规定如下:

1. 药食两用品种87种,按笔画顺序排列如下:

丁香、八角茴香、刀豆、小茴香、小蓟、山药、山楂、马齿苋、乌梢蛇、乌梅、木瓜、火麻仁、代代花、玉竹、甘草、白芷、白果、白扁豆、白扁豆花、龙眼肉(桂圆)、决明子、百合、肉豆蔻、肉桂、余甘子、佛手、杏仁(甜、苦)、沙棘、牡蛎、芡实、花椒、赤小豆、阿胶、鸡内金、麦芽、昆布、枣(大枣、酸枣、黑枣)、罗汉果、郁李仁、金银花、青果、鱼腥草、姜(生姜、干姜)、枳椇子、枸杞子、栀子、砂仁、胖大海、茯苓、香橼、香薷、桃仁、桑叶、桑葚、桔梗、益智仁、荷叶、莱菔子、莲子、高良姜、淡竹叶、淡豆豉、菊花、菊苣、黄芥子、黄精、紫苏、紫苏籽、葛根、黑芝麻、黑胡椒、槐米、槐花、蒲公英、蜂蜜、榧子、酸枣仁、鲜白茅根、鲜芦根、蝮蛇、橘皮、橘红、薄荷、薏苡仁、薤白、覆盆子、藿香。

2. 可用于保健食品的品种114种,按笔画顺序排列如下:

人参、人参叶、人参果、三七、土茯苓、大蓟、女贞子、山茱萸、川牛膝、川贝母、川芎、马鹿胎、马鹿茸、马鹿骨、丹参、五加皮、五味子、升麻、天冬、天麻、太子参、巴戟天、木香、木贼、牛蒡子、牛蒡根、车前子、车前草、北沙参、平贝母、玄参、生地黄、生何首乌、白及、白术、白芍、白豆蔻、石决明、石斛、地骨皮、当归、竹茹、红花、红景天、西洋参、吴茱萸、怀牛膝、杜仲、杜仲叶、沙苑子、牡丹皮、芦荟、苍术、补骨脂、诃子、赤芍、远志、麦冬、龟甲、佩兰、侧柏叶、制大黄、制何首乌、刺五加、刺玫果、泽兰、泽泻、玫瑰花、玫瑰茄、知母、罗布麻、苦丁茶、金荞麦、金樱子、青皮、厚朴、厚朴花、姜黄、枳壳、枳实、柏子仁、珍珠、绞股蓝、胡芦巴、茜草、荜茇、韭菜子、首乌藤、香附、骨碎补、党参、桑白皮、桑枝、浙贝母、益母草、积雪草、淫羊藿、菟丝子、野菊花、银杏叶、黄芪、湖北贝母、番泻叶、蛤蚧、越橘、槐实、蒲黄、蒺藜、蜂胶、酸角、墨旱莲、熟大黄、熟地黄、鳖甲。

3. 保健食品禁用物品名单,按笔画顺序排列:

八角莲、八里麻、千金子、土青木香、山莨菪、川乌、广防己、马桑叶、马钱子、六角莲、天仙子、巴豆、水银、长春花、甘遂、生天南星、生半夏、生白附子、生狼毒、白降丹、石蒜、关木通、农吉痢、夹竹桃、朱砂、米壳(罂粟壳)、红升丹、红豆杉、红茴香、红粉、羊角拗、羊踯躅、丽江山慈菇、京大戟、昆明山海棠、河豚、闹羊花、青娘虫、鱼藤、洋地黄、洋金花、牵牛子、砒石(白砒、红砒、砒霜)、草乌、香加皮(杠柳皮)、骆驼蓬、鬼臼、莽草、铁棒槌、铃兰、雪上一枝蒿、黄花夹竹桃、斑蝥、硫黄、雄黄、雷公藤、颠茄、藜芦、蟾酥。

4. 有特殊规定的其他物品

(1) 濒危药材:国家一级和二级保护野生动植物及其产品;人工驯养繁殖或人工栽培的国家一级保护野生动植物及其产品;野生甘草、肉苁蓉、雪莲及其产品;

(2) 经过基因修饰的菌种;

(3) 单一 DAN 或 RNA;

(4) 肌酸、熊胆粉;

(5) 金属硫蛋白(暂不受理和审批)。

(三) 营养素补充剂

《营养素补充剂申报与审评规定(试行)》等 8 个相关规定的通告中对营养素补充剂的用量作出以下要求:

1. 适宜人群为成人的,其维生素、矿物质的每日摄入量应符合有关规定。见表 4-1。

表 4-1 维生素、矿物质的种类和用量

名称	最低量	最高量
钙,Ca	250mg/天	1000mg/天
镁,Mg	100mg/天	300mg/天
钾,K	600mg/天	1200mg/天
铁,Fe	5mg/天	20mg/天
锌,Zn	5mg/天	20mg/天
硒,Se	15μg/天	100μg/天
铬,Cr^{3+}	15μg/天	150μg/天
铜,Cu	0.5mg/天	1.5mg/天

续表

名称		最低量	最高量
锰,Mn		1.0mg/ 天	3.0mg/ 天
钼,Mo		20μg/ 天	60μg/ 天
视黄醇当量(维生素 A 或维生素 A 加一胡萝卜素)		250μgRE/ 天	800μgRE/ 天
一胡萝卜素		1.5mg/ 天	5.0mg/ 天(合成) 7.5mg/ 天(天然)
维生素 D,VitD		1.5μg/ 天	10μg/ 天
维生素 E,VitE(以 α- 生育酚当量计)		5mg α-TE/ 天	150mg α-TE/ 天
维生素 K,VitK		20μg/ 天	100μg/ 天
维生素 B_1,$VitB_1$		0.5mg/ 天	20mg/ 天
维生素 B_2,$VitB_2$		0.5mg/ 天	20mg/ 天
维生素 PP	烟酸	5mg/ 天	15mg/ 天
	烟酰胺	5mg/ 天	50mg/ 天
维生素 B_6,$VitB_6$		0.5mg/ 天	10mg/ 天
叶酸		100μg/ 天	400μg/ 天
维生素 B_{12},$VitB_{12}$		1μg/ 天	10μg/ 天
泛酸		2mg/ 天	20mg/ 天
胆碱		150mg/ 天	1500mg/ 天
生物素		10μg/ 天	100μg/ 天
维生素 C,VitC		30mg/ 天	500mg/ 天

2. 适宜人群为孕妇、乳母及 18 岁以下人群的:其维生素、矿物质每日摄入量应控制在我国该人群该种营养素摄入量(RNIs 或 AIs)的 1/3~2/3。

3. 产品每日摄入的总量:颗粒剂每日食用量不得超过 20g,口服液每日食用量不得超过 30ml。

(四) 特殊原料及用量

1. 核酸类保健食品,其核酸的每日推荐食用量为 0.6~1.2g。申请核酸类保健食品,除须按保健食品的要求提交资料外,还应当提供以下资料:

(1) 产品配方及配方依据中应明确所用核酸的具体成分名称、来源、含量;

(2) 与所申报功能直接相关的科学文献依据;

(3) 企业标准中应明确标出所用核酸各成分的含量、纯度和相应的定性、定量检测方法以及质量标准;

(4) 提供所用核酸原料的详细生产工艺(包括加工助剂名称、用量);

(5) 国家食品药品监督管理总局确定的检验机构出具的核酸原料的纯度检测报告;

(6) 不得以单一的 DNA 或 RNA 作为原料申报保健食品;保健食品中所使用核酸,其单一原料纯度应大于 80%。

2. 以褪黑素为原料的保健食品,褪黑素的推荐食用量为 1~3mg/ 日。申请注册以褪黑素为原料生产的保健食品,除按照保健食品注册有关规定提交资料外,还需提供下列资料,并符合下列要求:

(1) 产品配方中除褪黑素和必要的辅料(赋形剂)外,不得添加其他成分(维生素 B_6 除外)。

(2) 申请人应提供褪黑素原料的检测报告,其纯度应达到 99.5% 以上。

(3) 申报的保健功能暂限定为改善睡眠。

(4) 注意事项中应注明从事驾驶、机械作业或危险操作者,不要在操作前或操作中食用和自身免疫症(类风湿等)及甲亢患者慎用。

3. 以芦荟为原料的保健食品,芦荟的食用量控制在 2g 以下(以原料干品计),以芦荟凝胶为原料的除外。申请注册以芦荟为原料生产的保健食品,除按照保健食品注册有关规定提交资料外,还需提供下列资料,并符合下列要求:

(1) 申请人须提供省级以上专业鉴定机构出具的芦荟品种鉴定报告。

(2) 可作为保健食品原料的芦荟品种为库拉索芦荟和好望角芦荟。其他芦荟品种应按有关规定,提供该品种原料的安全性毒理学评价试验报告及相关的食用安全的文献资料。

(3) 芦荟原料应符合《食用芦荟制品》(QB/T 2489)的要求。

(4) 不适宜人群须标明孕产妇、乳母及慢性腹泻者。

(5) 注意事项须注明食用本品后如出现明显腹泻者,请立即停止食用。

4. 以酒为载体的保健食品,产品酒精度不得超过 38 度,每日食用量不超过 100ml。申请注册以酒为载体的保健食品,除按照保健食品注册有关规定提交资料外,还需提供下列资料,并符合下列要求:

不得申报辅助降血脂和对化学性肝损伤有辅助保护功能。

5. 不饱和脂肪酸为原料的保健食品,每日推荐用量不超过 20ml,不得加热烹调。申请注册不饱和脂肪酸类保健食品应符合下列要求:

(1) 食用方法不得加热烹调。

(2) 产品以每日食用量定量包装。

6. 真菌类,申请真菌类保健食品,除按保健食品注册管理的有关规定提交资料外,还应提供以下资料:

(1) 产品配方及配方依据中应包括确定的菌种属名、种名及菌株号。菌种的属名、种名应有对应的拉丁学名。

(2) 菌种的培养条件(培养基、培养温度等)。

(3) 菌种来源及国内外安全食用资料。

(4) 国家食品药品监督管理总局确定的鉴定机构出具的菌种鉴定报告。

(5) 菌种的安全性评价资料(包括毒力试验)。菌种及其代谢产物必须无毒无害,不得在生产用培养基内加入有毒有害物质和致敏性物质。有可能产生抗菌素、真菌毒素或其他活性物质的菌种还应包括有关抗菌素、真菌毒素或其他活性物质的检测报告。

(6) 菌种的保藏方法、复壮方法及传代次数,防止菌种变异方法。

(7) 对经过驯化、诱变的菌种,应提供驯化、诱变的方法及驯化剂、诱变剂等资料。

(8) 生产的技术规范和技术保证。

(9) 生产条件符合《保健食品生产良好规范》的证明文件。

(10) 申请使用《可用于保健食品的真菌菌种名单》之外的真菌菌种研制、开发和生产保健食品,还应提供菌种具有功效作用的研究报告、相关文献资料和菌种及其代谢产物不产生任何有毒有害作用的资料。

7. 益生菌类,申请益生菌类保健食品,除按保健食品注册管理有关规定提交申报资料外,还应提供以下资料:

(1) 产品配方及配方依据中应包括确定的菌种属名、种名及菌株号。菌种的属名、种名应有对应的拉丁学名。

(2) 菌种的培养条件(培养基、培养温度等)。

(3) 菌种来源及国内外安全食用资料。

(4) 国家食品药品监督管理总局确定的鉴定机构出具的菌种鉴定报告。

(5) 菌种的安全性评价资料(包括毒力试验)。

(6) 菌种的保藏方法。

(7) 对经过驯化、诱变的菌种,应提供驯化、诱变的方法及驯化剂、诱变剂等资料。

(8) 以死菌和/或其代谢产物为主要功能因子的保健食品应提供功能因子或特征成分的名称和检测方法。

(9) 生产的技术规范和技术保证。

(10) 生产条件符合《保健食品生产良好规范》的证明文件。

(11) 使用《可用于保健食品的益生菌菌种名单》之外的益生菌菌种的,还应当提供菌种具有功效作用的研究报告、相关文献资料和菌种及其代谢产物不产生任何有毒有害作用的资料。

8. 野生动植物类,使用人工驯养繁殖或人工栽培的国家二级保护野生动植物及其产品作为保健食品原料的,应提供省级以上农业(渔业)、林业行政主管部门出具的允许开发利用的证明文件。

使用国家保护的有益的或者有重要经济、科学研究价值的陆生野生动植物及其产品作为保健食品原料的,应提供省级以上农业(渔业)、林业行政主管部门依据管理职能出具的允许开发利用的证明文件。

使用中华人民共和国林业植物新品种保护名录中植物及其产品作为保健食品原料的,如果该种植物已获"品种权",应提供该种植物品种权所有人许可使用的证明;如该种植物尚未取得品种权,应提供国务院林业主管部门出具的该种品种尚未取得品种权的证明。

对于进口保健食品中使用《濒危野生动植物种国际贸易公约》名录中动植物及其产品的,应提供国务院农业(渔业)、林业行政主管部门准许其进口的批准证明文件、进出口许可证及海关的证明文件。

使用人工栽培的甘草、肉苁蓉和雪莲及其产品作为保健食品原料的,应提供原料来源、购销合同以及原料供应商出具的收购许可证(复印件)。

9. 氨基酸螯合物等,申请注册使用氨基酸螯合物生产的保健食品,除按保健食品注册管理有关规定提交有关资料外,还应提供如下资料:

(1) 提供明确的产品化学结构式、物理化学性质,配体与金属离子之比、游离元素和总元素之比。

（2）提供氨基酸螯合物定性、定量的检测方法（包括原料和产品）以及国家食品药品监督管理总局确定的检验机构出具的验证报告。

（3）国家食品药品监督管理总局确定的检验机构出具的急性毒性试验加做停食16小时后空腹一次灌胃试验（分别在灌胃2小时、4小时后重点观察消化道大体解剖和病理变化情况）和30天喂养试验肝、肾、胃肠（包括十二指肠、空肠、回肠）的组织病理报告。

（4）国内外该氨基酸螯合物食用的文献资料。

10. 申请注册使用微生物发酵直接生产的保健食品，除按保健食品有关规定提交相关资料外，还需提供下列资料：

（1）菌种来源及国家食品药品监督管理总局确定的检验机构出具的菌种鉴定报告。

（2）菌种的毒力试验报告。

（3）菌种的安全性评价报告。

（4）国内外该菌种用于食品生产的文献资料。

（5）发酵终产物的质量标准（包括纯度、杂质成分及含量）。

11. 申请注册以大豆磷脂为原料生产的保健食品，除按照保健食品注册有关规定提交资料外，还需提供下列资料，并符合下列要求：

（1）申请人应提供大豆磷脂原料的丙酮不溶物和乙醚不溶物含量检测报告。

（2）使用的大豆磷脂原料应符合《磷脂通用技术条件》（SB/T10206）中一级品的要求。

12. 申请注册以蚂蚁为原料生产的保健食品，除按照保健食品注册有关规定提交资料外，还需提供下列资料，并符合下列要求：

（1）申请人应提供省级以上专业鉴定机构出具的蚁种鉴定报告，并需提供蚂蚁原料来源证明。

（2）可作为保健食品原料的蚂蚁品种为拟黑多刺蚁、双齿多刺蚁、黑翅土白蚁、黄翅大白蚁、台湾乳白蚁。其他蚂蚁品种应按有关规定，提供该品种原料的安全性毒理学评价试验报告及相关的食用安全的文献资料。

（3）产品生产加工过程中，温度一般不超过80℃。

（4）提供蚁酸含量测定报告。

（5）注意事项须注明过敏体质者慎用。

13. 申请注册以甲壳素为原料生产的保健食品，除按照保健食品注册有关规定提交资料外，还需提供下列资料，并符合下列要求：

（1）申请人应提供甲壳素原料的脱乙酰度检测报告。

（2）甲壳素原料的脱乙酰度应大于85%。

14. 申请注册以超氧化物歧化酶（SOD）为原料生产的保健食品应符合下列要求：

（1）超氧化物歧化酶（SOD）应从天然食品的可食部分提取，其提取加工过程符合食品生产加工要求。

（2）以超氧化物歧化酶（SOD）为原料生产的保健食品，申报的保健功能暂限定为抗氧化。

(3) 以超氧化物歧化酶(SOD)单一原料申请保健食品时,应提供超氧化物歧化酶(SOD)在人体内口服吸收利用率、体内代谢等的国内外研究资料,证明超氧化物歧化酶(SOD)可经口服吸收。

(4) 以超氧化物歧化酶(SOD)组合其他功能原料申请保健食品时,加入的功能原料应具有抗氧化作用。产品不得以超氧化物歧化酶(SOD)命名,不得宣传超氧化物歧化酶(SOD)的作用。

15. 申请注册以下原料生产的保健食品,除按保健食品规定提交申报资料外,还应提供:

(1) 使用动物性原料(包括胎盘、骨等)的,应提供原料来源证明及县级以上畜牧检疫机构出具的检疫证明。

(2) 使用红景天、花粉、螺旋藻等有不同品种植物原料的,应提供省级以上专业鉴定机构出具的品种鉴定报告。

(3) 使用石斛的,应提供省级以上专业鉴定机构出具的石斛品种鉴定报告和省级食品药品监督管理部门出具的人工栽培现场考察报告。

(五) 新食品原料

新食品原料是指在我国无传统食用习惯的以下物品:动物、植物和微生物;从动物、植物和微生物中分离的成分;原有结构发生改变的食品成分;其他新研制的食品原料。属于上述情形之一的物品,如需开发用于普通食品的生产经营,应当按照《新食品原料安全性审查管理办法》的规定申报批准。国家卫生行政部门负责新食品原料的安全性评估材料审查。为规范新食品原料安全性评估材料审查工作,国家卫生计生委将原卫生部依据《食品卫生法》制定的《新资源食品管理办法》修订为《新食品原料安全性审查管理办法》(2013 年国家卫生计生委主任第 1 号令)并于 2013 年 10 月 1 日正式实施。

对符合《新食品原料安全性审查管理办法》规定的有传统食用习惯的食品,企业生产经营可结合该办法,依照《食品安全法》规定执行。

2008 年以来原卫生部和国家卫生计生委公告批准的新食品原料(新资源食品)名单见附件 1。

(六) 进口保健食品所使用的原料和辅料应当符合我国有关保健食品原料和辅料使用的各项规定。

三、有关要求与注意事项

(一) 普通食品

可参考中国营养学会公布的《中国居民膳食营养素参考摄入量(DRI)》与《中国食物成分表 2004》等确定具体用量。

(二) 中药

以《中华人民共和国药典》的记载为主,其用量建议应在《药典》记载药物的常用量 1/3~1/2 范围内(与汤剂、丸剂相比,提取后可以增效,故减少使用剂量)。

性味偏烈的动植物物品用量原则上不应超过国家相关标准规定下限剂量的 1/2;性味平和的动植物物品用量不宜超过国家相关标准规定的上限剂量。超过上述剂量应提供食用剂量的安全依据。

（三）原料个数要求

总个数不得超过 14 个；使用既是食品又是药品的物品之外的动植物物品（或原料），个数不得超过 4 个；使用既是食品又是药品的物品和可用于保健食品的物品之外的动植物物品（或原料），个数不得超过 1 个，且该物品（或原料）应参照《食品安全性毒理学评价程序》（GB 15193.1-1994）中对食品新资源和新资源食品的有关要求进行安全性毒理学评价。以普通食品作为原料生产保健食品的，不受本条规定的限制。

（四）注意事项

1. 缓释制剂、不同口味、不同颜色、增补剂型的产品等应符合《保健食品申报与审评补充规定（试行）》；舌下吸收的剂型、喷雾剂等不得作为保健食品剂型。

2. 保健食品的配方禁忌：①违禁药物；②有明确毒副作用的药材不宜作为保健食品的原料；③激素类物质。

第二节　保健食品辅料及其使用

保健食品所使用的原料和辅料应符合国家标准和卫生要求。无国家标准的，应当提供行业标准或自行制定的质量标准，并提供与该原料和辅料相关的资料。保健食品所使用的原料和辅料应当对人体健康安全无害。有限量要求的物质，其用量不得超过国家有关规定。

一、食品添加剂种类及作用

（一）食品添加剂的种类

食品添加剂：改善食品品质和色、香、味，以及为防腐和加工工艺的需要而加入食品中的化学合成或天然物质。保健食品中使用的添加剂应符合《食品添加剂卫生管理办法》的规定。

GB 2760《食品添加剂使用卫生标准》规定了 21 种约 1500 种，包括使用范围、使用量，如防腐剂、甜味剂、抗氧化剂、酶制剂、着色剂、乳化剂、香料、营养强化剂、酸度调节剂、抗结剂、消泡剂、漂白剂、膨松剂、增味剂、被膜剂、水分保持剂、增稠剂等。部分药品中常用且食用安全的辅料也可用于保健食品。

（二）常用食品添加剂的作用

1. 甜味剂　甜味剂是指赋予食品甜味的食品添加剂。按来源可分为：(1)天然甜味剂，又分为糖醇类和非糖类。其中①糖醇类有：木糖醇、山梨糖醇、甘露糖醇、乳糖醇、麦芽糖醇、异麦芽糖醇、赤藓糖醇；②非糖类包括：甜菊糖苷、甘草、奇异果素、罗汉果素、索马甜。(2)人工合成甜味剂其中磺胺类有：糖精、环己基氨基磺酸钠、乙酰磺胺酸钾。二肽类有：天冬酰苯丙酸甲酯（又称阿斯巴甜）、1-α-天冬氨酰 -N-(2,2,4,4-四甲基 -3-硫化三亚甲基)-D-丙氨酰胺（又称阿力甜）。蔗糖的衍生物有：三氯蔗糖、异麦芽酮糖醇（又称帕拉金糖）、新糖（果糖低聚糖）。

此外，按营养价值可分为营养型和非营养型甜味剂。其中营养型甜味剂，如蔗糖、葡萄糖、果糖等也是天然甜味剂。由于这些糖类除赋予食品以甜味外，还是重要的营养素，供给人体以热能，通常被视作食品原料，一般不作为食品添加剂加以控制。

(1) 糖精：学名为邻 - 磺酰苯甲酰，是世界各国广泛使用的一种人工合成甜味剂，价格低廉,甜度大,其甜度相当于蔗糖的 300~500 倍,由于糖精在水中的溶解度低,故我国添加剂标准中规定使用其钠盐(糖精钠),量大时呈现苦味。一般认为糖精钠在体内不被分解,不被利用,大部分从尿排出而不损害肾功能。不改变体内酶系统的活性。全世界广泛使用糖精数十年,尚未发现对人体的毒害作用。

(2) 环己基氨基磺酸钠(环拉酸钠,又称为甜蜜素):其稀溶液的甜度相当于蔗糖的 30 倍。1958 年在美国被列为"一般认为是安全物质"而广泛使用,但在 70 年代曾报道本品对动物有致癌作用,1982 年的 FAO/WHO 报告证明无致癌性。美国 FDA 长期实验于 1984 年宣布无致癌性。但美国国家科学研究委员会和国家科学院仍认为有促癌和可能致癌作用。故在美国至今仍属于禁用于食品的物质。

(3) 天冬酰苯丙氨酸甲酯(阿斯巴甜):其稀溶液的甜度约为蔗糖的 100~200 倍,味感接近于蔗糖。是一种二肽衍生物,食用后在体内分解成相应的氨基酸。我国规定可用于罐头食品外的其他食品,其用量按生产需要适量使用。此外也发现了许多含有天冬氨酸的二肽衍生物,如阿力甜,亦属于含氨食品添加剂的糖果基酸甜味剂,属于天然原料合成,甜度高。

(4) 乙酰磺胺酸钾:本品对光、热(225℃)均稳定,较糖精钠有更好的口感,且甜味感持续时间长;在体内不易蓄积,吸收后可从尿中迅速排除;与天冬氨酰甲酯 1:1 合用,有明显的增效作用。

(5) 糖醇类甜味剂:糖醇类甜味剂属于一类天然甜味剂,其甜味与蔗糖近似,多系低热能的甜味剂。品种很多,如山梨醇、木糖醇、甘露醇和麦芽糖醇等,有的存在于天然食品中,多数是通过将相应的糖氢化所得。而其前体物则来自天然食品。由于糖醇类甜味剂升血糖指数低,也不产酸,故多用作糖尿病、肥胖病患者的甜味剂和具有防止龋齿的作用。该类物质多数具有一定的吸水性,对改善脱水食品复水性、控制结晶、降低水分活性均有一定的作用。但由于糖醇的吸收率较低,尤其是木糖醇,在大量食用时有一定的导致腹泻的能力。

(6) 甜叶菊苷:为甜叶菊中含的一种强甜味成分,是一种含二萜烯的糖苷。甜度约为蔗糖的 300 倍。但甜叶菊苷的口感差,有甘草味,浓度高时有苦味,因此往往与蔗糖、果糖、葡萄糖等混用,并与柠檬酸、苹果酸等合用以减弱苦味或通过果糖基转移酶或 α- 葡萄糖基转移酶使之改变结构而矫正其缺点。国外曾对其作过大量的毒性实验,均未显示毒性作用。而在食用时间较长的国家,如巴拉圭对本品已有 100 年食用史,日本也使用达 15 年以上,均未见不良副作用报道。

2. 着色剂和护色剂

(1) 着色剂:食品着色剂又称食品色素,是以食品着色为主要目的的一类食品添加剂。目前常用于食品的着色剂有六十多种,按其来源和性质分为食品合成着色剂和食品天然着色剂。食品合成着色剂的优点在于色泽鲜艳、着色力强、不易褪色、用量较低、性能稳定,但是一般合成色素,主要属于苯胺类色素,在人体内可能形成致癌类物质 β- 萘胺和 α- 氨基萘酚,因此可用于食品的合成色素品种大幅度减少,各国对之均有严格管理,不但在品种和质量指标上有明确的限制性规定,对生产企业也有明确的限制,但是由于合成色素在稳定性和价格等方面的优点,总的消费仍呈上升趋势。

食品天然着色剂,也称食品天然色素:主要从动物和植物组织及微生物(或培养物)中提取的色素,其中植物性着色剂占多数。天然色素不仅具有给食品着色的作用,而且,相当一部分天然色素具有一定的营养价值和生理活性。天然色素的优点在于安全性高(个别除外)、资源丰富,缺点在于稳定性差、着色力低、成本较高。但在消费者安全第一的心理作用下,天然色素的发展远快于合成色素。

我国天然食用色素产品中以焦糖色素的产量最大,年产量约占天然食用色素的86%,主要用于国内酿造行业和饮料工业。其次是红曲红、高粱红、栀子黄、萝卜红、叶绿素铜钠盐、胡萝卜素、可可壳色、姜黄等,主要用于配制酒、糖果、熟肉制品、果冻、冰淇淋、植物蛋白饮料等食品。由于天然食用色素的价格比较高和受生活水平所限,其在国内食品制造业中的应用量还较少。随着我国人民生活水平的进一步提高以及毒理学研究的深入,部分合成着色剂作为食品添加剂的安全问题受到广泛关注,"回归大自然"、"食用全天然原料"的产品必将成为今后食品消费的主流,国内食品制造业对天然食用色素的需求将不断增长,同时也将开辟天然色素在医药、日化等方面更广阔的应用领域。

需要注意的是,天然色素成分较为复杂,经过精制纯化等工艺后的天然色素,其用量、作用和安全性有可能和原来的不同,如加工过程可能被污染、化学结构可能发生改变等。因此,不能认为天然色素就一定是安全无害的。

国际上对天然色素的管理和使用上一般遵循三项原则:①选用国际所广泛认可的天然色素;②对各国所认定可以进行调色的食品进行调色;③对食品进行调色时所添加的色素量应低于最高含量的管制。例如甜菜根抽出物在瑞典是允许使用的天然色素,但是却仅允许使用于特殊食品中,如糖果、面粉、糕饼及食用糖衣中,其使用量也有所限制,在食用糖衣中的用量不得超过 20mg/kg(以甜菜红计)。

(2) 护色剂:又称发色剂,在食品的加工过程中,为了改善或保护食品的色泽,除了使用色素直接对食品进行着色外,有时还需要添加适量的护色剂,使制品呈现良好的色泽。

我国 GB 2760 规定常用的护色剂有亚硝酸钠、亚硝酸钾、硝酸钠、硝酸钾。除单独使用这些护色剂外,也往往将它们与 L- 抗坏血酸及其钠盐、异抗坏血酸及其钠盐、烟酰胺等助色剂复配使用。

亚硝酸盐的发色原理和其他作用:①护色作用,为使肉制品呈鲜艳的红色,在加工过程中多添加硝酸盐(钠或钾)或亚硝酸盐。硝酸盐在细菌硝酸盐还原酶的作用下,还原成亚硝酸盐。亚硝酸盐在酸性条件下会生成亚硝酸。在常温下,也可分解产生亚硝基(NO),此时生成的亚硝基会很快的与肌红蛋白反应,生成稳定的、鲜艳的、亮红色的亚硝化肌红蛋白。故使肉可保持稳定的鲜艳。②抑菌作用:亚硝酸盐在肉制品中,对抑制微生物特别是肉毒梭状芽孢杆菌的增殖有一定的作用。③亚硝酸盐还能够通过抗氧化作用增强腌肉制品的风味。

护色剂的应用:硝酸盐及其亚硝酸盐是我国已使用几百年的肉制品护色剂。但亚硝酸盐是添加剂中急性毒性较强的物质之一,可使正常的血红蛋白变成高铁血红蛋白,失去携带氧的能力,导致组织缺氧。其次亚硝酸盐为亚硝基化合物的前体物,其致癌性引起了国际性的注意,因此各方面要求把硝酸盐和亚硝酸盐的添加量,在保证护色的情况下,限制在最低水平。

抗坏血酸与亚硝酸盐有高度亲和力,在体内能防止亚硝化作用,从而抑制亚硝基化合物的生成。此外,烟酰胺、磷酸盐、柠檬酸盐等也可与肌红蛋白发生反应,防止肌红蛋白氧化变色。所以在肉类腌制时添加适量的抗坏血酸等助色剂,不但可使发色效果更好更稳定,而且可以抑制生成亚硝胺等致癌物质。

虽然硝酸盐和亚硝酸盐的使用受到了很大限制,但至今国内外仍在继续使用。其原因是亚硝酸盐对保持腌制肉制品的色、香、味、防腐等有特殊综合作用,迄今未发现理想的替代物质可同时具备亚硝酸盐这种性质的物质。但为了减少腌肉制品导致的亚硝胺生成,科学工作者们也研究出了很多新型肉类护色技术,如氨基酸护色、一氧化氮护色、一氧化碳护色、亚硝基血红蛋白护色、蛋黄粉发色、乙基麦芽酚和柠檬酸铁发色等,以最大限度地保证使用安全性。

3. 防腐剂　防腐剂是指能抑制食品中微生物的繁殖,防止食品腐败变质,以保持食品原有性质和营养价值为目的,能够延长食品保存期的物质。防腐剂一般分为酸型防腐剂、酯型防腐剂和生物防腐剂。

(1) 酸型防腐剂:常用的有苯甲酸、山梨酸和丙酸(及其盐类)。这类防腐剂的抑菌效果主要取决于它们未解离的酸分子,其效力随 pH 而定,酸性越强,效果越好,在碱性环境中几乎无效。

1) 苯甲酸及其钠盐:苯甲酸又名安息香酸。由于其在水中溶解度低,故多使用其钠盐。成本低廉。苯甲酸进入机体后,大部分在 9~15 小时内与甘氨酸化合成马尿酸而从尿中排出,剩余部分与葡萄糖醛酸结合而解毒。但由于叠加中毒现象的报道,有一定的毒性,在使用上存在争议,虽然各国仍允许使用,但应用范围越来越窄,目前已逐步被山梨酸钠替代。

2) 山梨酸及其盐类:又名花楸酸。抗菌力强,防腐效果好,毒性小,对食品风味不会产生不良影响。山梨酸是一种不饱和脂肪酸,可参与体内代谢过程并被转化为二氧化碳和水,故山梨酸可看成是食品的成分,按照目前的资料可以认为对人体是无害的,是目前国内公认的最好防腐剂,越来越受到欢迎。常使用其钾盐。

3) 丙酸及其盐类:抑菌作用较弱,使用量较高。常用于面包、糕点类食品,价格也较低廉。丙酸及其盐类,其毒性低,可认为是食品的正常成分,也是人体内代谢的正常中间产物。常使用其钠盐。

4) 脱氢醋酸(dehydroacetic acid)及其钠盐:为广谱防腐剂,特别是对霉菌和酵母的抑菌能力较强,为苯甲酸钠的 2~10 倍。本品能迅速被人体吸收,并分布于血液和许多组织中。但有抑制体内多种氧化酶的作用,其安全性受到怀疑,故已逐步被山梨酸所取代,其 ADI 值尚未规定。

(2) 酯型防腐剂:包括对羟基苯甲酸酯类(有甲、乙、丙、异丙、丁、异丁、庚等酯)。其特点是在 pH 值 4~8 范围内均有较好的效果,其效果不随 pH 值的变化而变化,故可被用于代替酸型防腐剂,其毒性低于苯甲酸(但高于山梨酸)。对霉菌、酵母与细菌有广泛的抗菌作用。对霉菌和酵母的作用较强,但对细菌特别是革兰阴性杆菌及乳酸菌的作用较差。作用机制为抑制微生物细胞呼吸酶和电子传递酶系的活性,以及破坏微生物的细胞膜结构。其抑菌的能力随烷基链的增长而增强;溶解度随酯基碳链长度的增加而下降,但毒性则相反。但对羟基苯甲酸乙酯和丙酯复配使用可增加其溶解度,且有增效作用。在胃肠道内能迅速完全吸收,并水解成对羟基苯甲酸而从尿中排出,不在体内蓄积。由于成本较高,我国目前仅限于应用乙酯和丙酯,主要用于药品。

(3) 生物型防腐剂:主要是乳酸链球菌素。乳酸链球菌素是乳酸链球菌属微生物的代谢产物,可用乳酸链球菌发酵提取而得。乳酸链球菌素的优点是在人体的消化道内可为蛋白水解酶所降解,因而不以原有的形式被吸收入体内,是一种比较安全的防腐剂,不会像抗生素那样改变肠道正常菌群,以及引起常用其他抗生素的耐药性,更不会与其他抗生素出现交叉抗性。

(4) 其他防腐剂包括双乙酸钠,既是一种防腐剂,也是一种螯合剂。对谷类和豆制品有防止霉菌繁殖的作用。仲丁胺,本品不应添加于加工食品中,只在水果、蔬菜储存期防腐使用,市售的保鲜剂如克霉灵、保果灵等均是以仲丁胺为有效成分的制剂。二氧化碳,二氧化碳分压的增高,影响需氧微生物对氧的利用,能终止各种微生物呼吸代谢,如果食品中存在着大量二氧化碳可改变食品表面的pH,而使微生物失去生存的必要条件。但二氧化碳只能抑制微生物生长,而不能杀死微生物。

4. 抗氧化剂　抗氧化剂的作用机制是比较复杂的,存在着多种可能性。如有的抗氧化剂是由于本身极易被氧化,首先与氧反应,从而保护了食品。如维生素E。有的抗氧化剂可以放出氢离子将油脂在自动氧化过程中所产生的过氧化物分解破坏,使其不能形成醛或酮的产物如硫代二丙酸二月桂酯等。有些抗氧化剂可能与其所产生的过氧化物结合,形成氢过氧化物,使油脂氧化过程中断,从而阻止氧化过程的进行,而本身则形成抗氧化剂自由基,但抗氧化剂自由基可形成稳定的二聚体,或与过氧化自由基ROO^-结合形成稳定的化合物。如BHA、BHT、TBHQ、PG、茶多酚等。

(1) 丁基羟基茴香醚(BHA):由于BHA加热后效果保持性好,在保存食品上有效,它是目前国际上广泛使用的抗氧化剂之一,也是我国常用的抗氧化剂之一,与其他抗氧化剂有协同作用,并与增效剂如柠檬酸等使用,其抗氧化效果更为显著。一般认为BHA毒性很小,较为安全。

(2) 二丁基羟基甲苯(BHT):与其他抗氧化剂相比,稳定性较高,耐热性好,在普通烹调温度下影响不大,抗氧化效果也好,用于长期保存的食品与焙烤食品很有效。是目前国际上特别是在水产加工方面广泛应用的廉价抗氧化剂。一般与BHA并用,并以柠檬酸或其他有机酸为增效剂。相对BHA来说,毒性稍高一些。

(3) 没食子酸丙酯(PG):对热比较稳定,PG对猪油的抗氧化作用较BHA和BHT强,毒性较低。

(4) 特丁基对苯二酚(TBHQ):是较新的一类酚类抗氧化剂,其抗氧化效果较好。

5. 食用香精　食用香精是食品用香精的简称,是一种能够赋予食品香味的混合物。消费者完全没有必要担心过量使用食用香料、香精会带来安全问题。食用香精在使用时还具有"自我设限"特性,当超过一定量时,其香味会令人难以接受。

食用香精是参照天然食品的香味,采用天然和天然等同香料、合成香料经精心调配而成具有天然风味的各种香型的香精。包括水果类水质和油质、奶类、家禽类、肉类、蔬菜类、坚果类、蜜饯类、乳化类以及酒类等各种香精,适用于饮料、饼干、糕点、冷冻食品、糖果、调味料、乳制品、罐头、酒等食品中。食用香精的剂型有液体、粉末、微胶囊、浆状等。

长期以来香精一直因其用量少,同时具有自我限量的特性,因而不像化学合成甜味剂、防腐剂、色素那样受到人们的强烈关注。然而近二十年来的研究成果告诉我们,食品香精并不是完全安全的,大部分香精的危害要经过长期的积累才能表现出来,这些物质常常危害人类的生殖系统,同时多数具有潜在的致癌性。如丙烯酰胺、氯丙醇等对人体的生殖毒性、致癌性等。因此,世界各国都对香精香料的使用制定了严格的法规加以管理。

6. 填充剂　主要有可溶性淀粉、木薯淀粉、麦芽糊精(麦芽糖糊精)、淀粉、玉米淀粉、预胶化淀粉、糊精、微晶纤维素等。

7. 崩解剂　主要有交联羧甲基纤维素钠、交联聚维酮、羧甲淀粉钠、低取代羟丙基纤维素、泡腾片崩解剂(柠檬酸、酒石酸、枸橼酸 - 碳酸氢钠、碳酸钠)、羧甲基淀粉、聚乙烯吡咯烷酮等。

8. 黏合剂　主要有羟丙甲纤维素、聚维酮、淀粉浆、糊精、糖粉和糖浆、羧甲基纤维素钠、羟丙基纤维素、甲基纤维素等。

9. 常用润滑剂　主要有疏水性:硬脂酸、硬脂酸镁、滑石粉、氢化植物油。亲水性:聚乙二醇、十二烷基硫酸钠等。

10. 助流剂　主要有微粉硅胶、滑石粉等。

11. 常用包衣剂　主要有羟丙甲纤维素、羟丙纤维素、羧甲基纤维素钠、聚丙烯酸树脂等。

12. 增塑剂　主要有丙二醇、丙三醇、甘油、聚乙二醇等。

13. 常用润湿剂　主要有水、乙醇等。

14. 软胶囊　①囊皮:明胶:甘油:水;②内容物:植物油、聚乙二醇、乳化剂。

15. 乳化剂　主要有甘油脂肪酸酯、聚甘油脂肪酸酯、蒸馏单硬脂酸甘油酯、辛癸酸甘油酯、单硬脂酸甘油酯、大豆磷脂、卵磷脂、低甲氧基果胶、低酯果胶、果胶、苹果胶、卡拉胶、黄原胶、海藻酸钠、巴西棕榈蜡、没食子酸丙酯等。

16. 酶制剂　酶制剂指从生物(包括动物、植物、微生物)中提取具有生物催化能力酶特性的物质。主要用于加速食品加工过程和提高食品产品质量。

我国允许使用的酶制剂有:木瓜蛋白酶——来自未成熟的木瓜的胶乳中提取;以及由米曲霉、枯草芽孢杆菌等所制得的蛋白酶;α- 淀粉酶——多来自枯草杆菌;糖化型淀粉酶——我国用于生产本酶制剂的菌种有黑曲霉、根霉、红曲霉、拟内孢霉;由黑曲霉、米曲霉、黄曲霉生产的果胶酶等。

17. 加工助剂　如:乙醇、盐酸、氢氧化钠、乙酸乙酯、植物活性炭等,使用的加工助剂的规格。

二、食品添加剂管理

国家十分重视规范食品添加剂的使用与管理,各级政府和生产部门亦采取积极措施,确保食品卫生与食品质量安全。

(一) 食品添加剂的采购

采购人员必须掌握食品添加剂的使用性能和潜在的危险,考虑到采购物品的重要性和危险性,食品添加剂一般由采购部经理负责亲自购买,采购时,应注意其特性要求及有关注意事项,其包装物应有标识,并符合国家规定,采购时还要向供货商索取相关的评价资料,食品添加剂的入库也须采购部经理本人办理。

(二) 食品添加剂的贮存

食品添加剂在入库前,由库管员负责对其进行检查和登记,检查无误后方可办理入库手续。食品添加剂应单独加锁保管,并粘贴有明显标识,以防误领。贮存期间应定期检查,注意保留其原有标识。

(三) 食品添加剂的领发

食品添加剂的领取必须限定使用部门和领用人,领取时应根据规定的标准用量填写领料单,领料单必须由使用部门第一负责人审核签批后方可领用;同时库管员应认真审核领料单内容,经审核无误后进行登记和发放。

(四) 食品添加剂的使用

使用部门应制定每月食品添加剂的使用计划,使用之前指定专人使用计量器具(操作人员名单报行政部备案)按标准配比进行稀释和配制,每种食品添加剂的使用严禁超过其规定的最大使用量,操作时必须由专人监督检查,并建立《食品添加剂使用监控记录》,由使用人和检查人签字确认。

《中华人民共和国食品安全法》指出:食品安全标准是强制执行的标准。除食品安全标准外,不得制定其他食品强制性标准。食品、食品添加剂、食品相关产品中的致病性微生物,农药残留、兽药残留、生物毒素、重金属等污染物质以及其他危害人体健康物质的限量规定。

国家对食品添加剂生产实行许可制度。从事食品添加剂生产,应当具有与所生产食品添加剂品种相适应的场所、生产设备或者设施、专业技术人员和管理制度,并依照本法第三十五条第二款规定的程序,取得食品添加剂生产许可。生产食品添加剂应当符合法律、法规和食品安全国家标准。

食品添加剂应当在技术上确有必要且经过风险评估证明安全可靠,方可列入允许使用的范围;有关食品安全国家标准应当根据技术必要性和食品安全风险评估结果及时修订。

食品添加剂生产者应当建立食品添加剂出厂检验记录制度,查验出厂产品的检验合格证和安全状况,如实记录食品添加剂的名称、规格、数量、生产日期或者生产批号、保质期、检验合格证号、销售日期以及购货者名称、地址、联系方式等相关内容,并保存相关凭证。记录和凭证保存期限应当符合本法第五十条第二款的规定。

食品添加剂经营者采购食品添加剂,应当依法查验供货者的许可证和产品合格证明文件,如实记录食品添加剂的名称、规格、数量、生产日期或者生产批号、保质期、进货日期以及供货者名称、地址、联系方式等内容,并保存相关凭证。记录和凭证保存期限应当符合本法第五十条第二款的规定。

食品生产经营者应当按照食品安全国家标准使用食品添加剂。

第三节　保健食品配方依据

一、保健食品配方组方的总体原则

保健食品配方、组方应根据保健食品法规要求、预期功能与配伍依据、生产企业特点、市场需求状况及资源优势等方面进行筛选。应具有科学性、安全性、可行性。保健食品配方组方筛选应本着开发调研先行、选题思路清晰、配方新颖合理、原料来源合法、有效成分明确、用量安全可靠、依据充足全面、配方与工艺协调、原料来源资质齐全、文献资料充足等总体原则。

笔记

(一) 调研先行

保健食品开发调研先行,应首先从信息工作入手,保健食品组方筛选时资料、信息情报的收集尤为重要,可以通过文献途径、现场考察、市场专访等各种不同的渠道获得,具体可以从以下几个方面展开:

1. 规划决策性调研　一方面调查国内外市场保健食品需求情况,包括区域性人口结构、健康水平、经济状况、生活指数、地域性疾病发生率等;另一方面了解相关政策和制度等情况,了解社会、经济以及法律法规方面的动向,提供影响保健食品行业发展前景的综合信息,为保健食品企业决策、制定长远目标和发展规划提供依据。

2. 保健食品开发调研　首先通过查新,证实研究课题立项是否新颖,有无专利,国内外是否有同类产品生产或研制,是否有应用前景等相关信息;其次,对拟开发保健食品及其相关技术的国内外研制状况进行技术情报跟踪调研,关注与拟开发保健食品国内外的前期和在研状况,包括设备、原料、试剂、研究手段、实验条件等,为保健食品研发进展提供参考,作出开发前景和预期效益的预测。

3. 保健食品市场调研　根据本企业的研究开发方向和现行产品,了解国内外保健食品市场的消费情况,包括价格、热销品种、市场稳定性以及产品在市场中的占有率等,提高质量,降低成本,为扩大市场提供适用信息。

(二) 选题思路清晰

在调研的基础上,结合拟开发的保健食品功能范围与适宜人群、企业自身技术与企业文化、区域资源等综合选题。

(三) 配方新颖合理

配方各原料的功能作用、成分、作用机制明确,重点对组方配合使用的科学性、合理性进行充分阐述。

(四) 原料来源合法

各原料可用于保健食品的依据即是否符合有关文件的规定。如:卫生部 2002 年 51 号文件、GB 2760、GB 14880,可用于保健食品的真菌、益生菌类、野生动植物等。

(五) 有效成分明确

与保健功能有关的功效成分应明确,阐明功效成分的作用剂量与安全食用剂量,并说明功效成分确定的依据。

(六) 用量安全可靠

科学、合理确定各原、辅料的用量,并阐明依据。主要包括科学文献资料及试验研究资料。

(七) 依据充足全面

1. 按传统中医养生理论为指导研制的产品,应用中医药理论对各原料之间的配伍关系进行阐述。如考虑原料性味、归经、升降浮沉等性能,依据"理法方药"程序,按"君臣佐使"关系组合,结合申报功能,针对适用人群的证型及主证,本着辨证论食的原则,论述配方依据。并尽可能提供现代医学理论的支持或补充的科学文献资料。例如中医保健理论在增加骨密度方面具有完善的理论基础和方法指导,对具有增加骨密度保健功能的产品能够提供科学理论基础。中医保健理论认为中老年人多肾精亏虚,脾胃运化不佳,瘀血阻滞而容易使骨骼失养,脆性增加,导致骨质疏松而出现骨折。故采用补肾强筋骨兼顾健脾益气,活血行气的方法,选择淫羊藿、熟地、杜仲、黄芪、补骨脂、当归、骨碎补、龟板、山药、丹参、茯苓、菟丝子、鹿角胶、山茱萸、肉苁蓉、枸杞子等中药,并适量补充钙源,组成具有增加骨密度功能的科学配方。现代研究也已证明上述中药多数具有激素样作用,促进肠钙吸收,促进骨形成,抑制骨吸收等作用而达到增加骨密度的保健功能。

2. 按现代医学理论研制的产品,应用现代医学理论及研究成果,从原料的理化性质及现代科学的协同或拮抗情况进行配方依据的描述,提供相关科学文献和试验数据。

3. 按传统医学和现代医学理论相结合研制的产品,应按两个理论范畴同时介绍,并说明两者结合组方配伍的必要性和合理性,根据不同的医学理论对保健作用机制进行阐述。提供各原料及用量间的协同、拮抗等相互作用的科学依据。配合使用后有无配伍禁忌、对机体是否产生不良影响,并提供两类原料单独使用与配伍使用的功能对比资料。

4. 申报两种功能的产品,应充分阐述配方选择的依据,说明"A+B ≠ AB"的机制。

(八) 配方与工艺协调

配方组方的选定还必须结合工艺进行,确保配方与工艺的关联性和可追溯性,即配方对工艺必须是可行的,应结合现代食品科学和药品制备工艺等综合研究。

(九) 原辅料资质证明齐全

原辅料资质证明包括生产企业营业执照、卫生许可证、药品生产许可证、GMP 证、检验检疫证、检验报告单、购销合同,新资源原料应提供可食用的依据,如省级证明,检索结果等。

(十) 文献资料充足

申报单位提供的相关文献资料,应出自国内外正式出版的专业技术书籍和发表的专业期刊(以实验性研究资料为主)。

二、保健食品配方组方的依据

保健食品的配方依据是对配方中原、辅料及其用量选择的科学性、合理性的说明。包括:原、辅料来源及使用依据、功能选择的依据、产品配方选择的合理性、科学性、推荐食用量安全、有效的依据、适宜人群、不适宜人群、注意事项选择的依据,在研发申报材料中还要求提供本产品研制过程的综述和科学文献资料及综述等。

(一) 原、辅料来源及使用依据

参考国家标准(如现行版《中华人民共和国药典》等)、各部委制定的行业标准或企业标准。如关于西洋参的来源及使用依据,《中华人民共和国药典》(2015 年版)一部记载的西洋参来源为:本品为五加科植物西洋参 *Panax quinquefolium* L. 的干燥根。均系栽培品,秋季采挖,洗净,晒干或低温干燥。

(二) 功能确定的依据

参考国家标准(保健功能如现行版《中华人民共和国药典》等)、各部委制定的行业标准或企业标准。如关于西洋参的功能与主治,《中华人民共和国药典》(2015年版)一部记载:西洋参味甘、微苦,性凉。归心、肺、肾经。具有补气养阴,清热生津功能,用于气虚阴亏,内热,咳嗽痰血,虚热烦倦,消渴,口燥咽干。每日常用药量为3~6g。

（三）原料配伍的合理性、科学性依据

原料配伍的合理性、科学性依据应充足全面，如前所述。

（四）推荐食用量安全、有效的依据

1. 传统配方组分中的有效成分和用量的确定是以其近代科学试验成果为依据，其功效含量的标记要与配方的原材料含量相一致。

2. 限量使用要求的物质，应符合有关规定。如褪黑素（推荐食用量为 1~3mg/ 日）、芦荟（每日 2g）、核酸（每日推荐食用量为 0.6~1.2g）、酒类产品（酒精度不超过 38°，每日食用量不超过 100ml）、不饱和食用油脂（每日食用量不超过 20ml）等。

（五）适宜人群、不适宜人群选择依据

可参考有关规范、要求等文件。如《保健食品检验与评价技术规范》（中华人民共和国卫生部）。申报两种或两种以上功能的产品，其适宜人群及不适宜人群应综合确定。

（六）营养素补充剂类保健食品配方依据

营养素补充剂类保健食品配方依据包括原料来源及使用依据、适宜人群选择依据等，同时应阐明补充该种营养素的理由，如流行病情况调查、膳食摄入情况、预防和降低疾病发生危险性；当大剂量、大范围补充维生素和矿物质时，还应详细阐明理由和依据。

（七）研发报告综述和科学文献资料及综述

保健食品研发申报材料中要求有研发报告综述和科学文献资料及综述。研发报告综述是对产品研发的相关研究资料进行综述，以阐明该产品配方依据。包括以下几个方面：

1. 主要通过文献综述阐明该保健食品功能筛选的过程、方法和依据。

2. 选用原料的功效作用、用量及各原料配伍关系和对人体安全性的影响。

3. 产品主要功效成分或标志性成分的选定过程和依据，工艺路线设计、剂型选择的科学性、合理性依据、可行性等。

（八）科学文献资料及综述

申报单位提供的相关文献资料，应出自国内外正式出版的专业技术书籍和发表的专业期刊（以实验性研究资料为主）。

1. 原料配方及申报功能已被公认为安全、有效的，申报单位提供相关文献资料即可；

2. 申报产品的原料为已经审批的保健食品中未曾使用过，或曾经使用过，但所申报的功能为以往未曾批准过的，应提供国内外核心期刊正式发表的相关论文不少于 5 篇；

3. 申报产品以多种动植物物品为原料组成的，申报单位应提供正规出版社出版的专业技术书籍、教科书的相关章节或国内正式出版的专业期刊所发表的论文不少于 3 篇；

4. 对所提供的文献资料进行综述。

三、保健食品配方书写格式

（一）保健食品配方书写格式

保健食品配方的书写格式一般按功能作用的主次顺序列出全部原料及辅料的标

准名称,并注明原料的炮制规格(如生、盐制、蜜制、煅等),以提取物为原料的,原料名称应以"×××提取物"标示,如人参提取物;如提取物系申报单位自行提取的,以原料名标示。

(二) 配方量

1. 以制成 1000 个制剂单位的量作为配方量,如制成 1000 粒 / 片 / 袋 /ml/g 等。

2. 营养素补充剂还应标出产品中每种营养素的每人每日食用量,并与推荐食用量对应列表表示。

3. 不得以出膏率、百分比(%)表示。

(三) 示例

菊花	450g	决明子	700g	茯苓	700g
淀粉	500g	硬脂酸镁	20g		

制成 1000 片,0.35g/ 片

学习小结

1. 学习内容

保健食品配方研究	原料、辅料选择	原辅料选用的范围和依据	
		常用原料	掌握各类来源的常用原料
		有关要求与注意事项	
	辅料及其使用	食品添加剂	种类
			应用
		管理	
	保健食品配方依据	原则	掌握十条原则
		依据	来源及使用依据;功能确定的依据;配伍的合理性、科学性依据;食用量安全、有效的依据;适宜人群;营养素补充剂类保健食品配方依据;研发报告综述和科学文献资料及综述;科学文献资料及综述
		书写	书写格式
		示例	掌握示例应用

2. 学习方法

通过本章的学习,掌握保健食品配方的一般要求和依据;熟悉常见原、辅料及其使用要求,了解相关法规。

复习思考题

1. 保健食品配方的依据有哪些?

2. 保健食品配方对原料个数有哪些要求?

3. 下列配方能申报保健食品吗? 为什么?

4. 根据学过的中医药理论知识修改配方,使其符合某项功能的保健食品配方。

(1) 女贞子、枸杞子、菟丝子、黄芪、当归、白芍、阿胶、熟地黄、制何首乌、火麻仁、

笔记

丹参、桃仁

  (2) 蜂蜜、蜂王浆、黄芪、三七、天麻、枸杞子、茯苓、人参

 5. 可用于保健食品的中药有哪些？哪些中药是保健食品禁用的？

 6. 保健食品对辅料的使用有哪些规定？

 7. 食品添加剂都可用于保健食品配方吗？

第五章

保健食品工艺研究

学习目的

通过对保健食品生产工艺的学习,掌握有关原料前处理工艺、提取工艺、精制工艺、成型工艺以及包装材料选择的基本知识;通过对保健食品形态与剂型的学习,掌握保健食品常见形态与剂型的特点及制剂要求,理解其与药品剂型的区别与联系。

学习要点

保健食品的生产工艺:粉碎、筛析、混合、浸提、分离、精制、浓缩与干燥、分离与精制等。保健食品常见形态与剂型的成型工艺:蜜膏、露、鲜汁、软胶囊、硬胶囊、片剂、茶饮、酒剂等。保健食品包装材料的种类与选择。

第一节　保健食品前处理工艺

一、粉碎

(一) 粉碎的目的

粉碎(crushing)系指借机械力或其他方法将大块固体物料破碎成适宜程度的颗粒或粉末的操作过程。粉碎是制备散剂、颗粒剂、胶囊剂、片剂、丸剂等剂型的重要工序,是制剂生产中的基本操作之一。

药物粉碎的目的:①增加药物的表面积,促进药物的溶解与吸收,提高难溶性药物的生物利用度;②有利于进一步制备多种药物剂型,如散剂、颗粒剂、胶囊剂、片剂、丸剂等;③加速中药中有效成分的浸出和溶出;④便于中药材的干燥和贮藏,便于调剂和服用。

(二) 粉碎的方法

根据物料的性质、使用要求及粉碎设备的性能,粉碎有以下几种不同的方法。

1. 开路粉碎与循环粉碎　物料只通过粉碎设备一次即得到粉碎产品的粉碎称为开路粉碎。开路粉碎一般适用于粗碎或为进一步细碎作预粉碎。

粉碎产品中,若含有尚未达到粉碎粒径的粗颗粒,通过筛分设备将粗颗粒分离出来再返回粉碎设备中继续粉碎,称为循环粉碎(闭路粉碎)。循环粉碎可以达到产品所要求的粒度,适用于细碎或对粒度范围要求较严格的粉碎。

2. 干法粉碎与湿法粉碎　干法粉碎系指将物料经过适当的干燥处理,使物料中的水分含量降低至一定限度(一般少于 5%)再进行粉碎的方法。中药一般均采用干法粉碎。

湿法粉碎系指在药物中加入适量液体进行研磨粉碎的方法,又称加液研磨。液体的选用以药物遇湿不膨胀、与药物不起化学变化、不影响药效为原则,通常选用水或乙醇。湿法粉碎由于液体小分子容易通过药物的裂隙渗入到其内部,从而减少药物内部分子间的内聚力而利于粉碎;对于剧毒性、刺激性强的药物,可以避免药物粉尘飞扬和粉碎过程中粒子的凝聚,减少药物的损失,有利于环保和劳动保护。

粉碎冰片、薄荷脑时通常加入少量的乙醇或水;粉碎麝香时常加入少量水,俗称"打潮",特别是研磨到剩下的麝香渣时,"打潮"就更有必要。对于冰片和麝香的湿法粉碎有个原则,即"轻研冰片,重研麝香"。朱砂、珍珠、炉甘石等采用"水飞法"粉碎,即利用粗细粉末在水中悬浮性的不同,将不溶于水的药物反复研磨制备所需粒度粉末的粉碎方法。"水飞法"的操作方法:将药物粉碎成粗颗粒,除去杂质,放入研钵或球磨机等研磨机械中,加适量水后研磨。研磨过程中当有粉碎成细粉的药物漂浮在水面或悬浮在水中时,倾出混悬液,剩下的药物再加水反复研磨,重复操作直至全部研细为止,合并研得的混悬液,过滤,干燥,研散,过筛,即得极细粉。

3. 单独粉碎和混合粉碎　单独粉碎系指将一味中药单独进行粉碎的方法。这种粉碎方法既可以按欲粉碎药材的性质选择较为合适的粉碎机械,又可以避免粉碎时因不同药材损耗不同而引起含量不准确的现象出现。通常需要单独粉碎的药材有:贵重细料(如牛黄、人参、麝香等,主要目的是避免损失),毒性或刺激性药材(如马钱子、蟾酥、斑蝥、轻粉等,主要目的是避免损失和对其他药材的污染,利于劳动保护),氧化或还原性强的药物(如硫黄、雄黄、火硝等,主要目的是避免混合粉碎发生爆炸),质地坚硬不便与其他药材混合粉碎的中药(如磁石、赭石等)。

混合粉碎系指将中药复方制剂中某些性质和硬度相似的药材全部或部分混合在一起进行粉碎的方法。由于一种物料适度地掺入到另一种物料中,分子间内聚力减少,表面能降低,粉末不易重新聚结,并且粉碎与混合操作同时进行,因此,混合粉碎可以提高生产效率。此外,混合粉碎还可以适当降低含有大量糖分、树脂、树胶、黏液质等黏性药材,含有大量油脂性成分的种子类药材及动物皮、肉、筋、骨等药材单独粉碎的难度。

4. 低温粉碎　低温粉碎系指将药物冷却后或在低温条件下进行粉碎的方法。低温粉碎是利用药物在低温下脆性增强的特性,使药物易于粉碎。采用低温粉碎,不但可以获得粒度较细的产品,较好地保留药物的挥发性成分,而且可以降低粉碎机械的能量消耗。低温粉碎多用于具有热塑性、强韧性、热敏性、挥发性及熔点低的药物。

低温粉碎一般有四种方法:①物料先行冷却或在低温条件下,迅速通过高速撞击或粉碎机粉碎;②粉碎机壳通入低温冷却水,在循环冷却下进行粉碎;③待粉碎的物料与干冰或液氮混合再进行粉碎;④组合运用上述冷却方法进行粉碎。

5. 超微粉碎　超微粉碎系指采用适当的技术和方法将药材粉碎成 $10\mu m$ 以下粉末的粉碎技术,通过对药材的冲击、碰撞、剪切、研磨、分散等手段而实现。超微粉碎具有速度快、时间短、粒径细、分布均匀、节省原料等特点,可增加药材利用率,提高疗效,同时也为剂型改革创造了条件。

超微粉碎的关键是方法和设备,以及粉碎后的粉体分级。在制备过程中除控制粉体的粒径大小外,还要控制粒径的分布,尽可能使粉体的粒径分布在较窄的范围内。

二、筛析

(一) 筛析的目的

筛析(sieving)是固体粉末的分离技术。筛即过筛,系指粉碎后的药粉通过网孔性的工具,使粗粉和细粉分离的操作;析即离析,系指粉碎后的药粉借助外力(通常为空气或液体的流动或离心力等)作用使药物的粗粉和细粉得以分离的操作。

筛析的目的:①将粉碎好的药粉或颗粒按不同的粒度范围分成不同等级,以便制备成各种剂型;②对药粉起混合作用,从而保证组成的均一性;③及时将符合细度要求的药粉筛出,可以避免过度粉碎,减少能量消耗,提高粉碎效率。

(二) 药筛的种类与规格

药筛系指按药典规定,我国统一用于制剂生产的筛,或称标准药筛。在实际生产中,经常使用工业用筛,这类筛的选用,应与药筛标准相近,且不影响制剂质量。根据药筛的制作方法,可以分成编织筛和冲制筛两种。编织筛是用金属丝(如不锈钢丝、铜丝、镀锌的铁丝等)或其他非金属丝(如尼龙丝、绢丝等)按一定的孔径大小编织而成。因其筛线易于移位致使筛孔变形,故将金属筛线交叉处压扁固定。编织筛具有制作容易,规格齐全,应用面广的优点,但编织筛的孔径在使用不当或使用时间较长后容易因筛线的移动而使其大小发生变化,影响过筛的效果。编织筛适用于粗、细粉的筛分。冲制筛系指在金属板冲压出一定形状的筛孔而成,其筛孔坚固,孔径不宜变动,但孔径不能太细,多用于高速粉碎机的筛板及药丸的分档筛选。

我国制药工业用筛的标准是泰勒标准和《中国药典》标准。习惯以目数表示筛号,即每英寸(2.54cm)长度上的筛孔数目表示,如100目筛即指每英寸上有100个孔,能通过100目筛的粉末称为100目粉,目数越大,粉末越细。《中国药典》一部所选用的药筛,选用国家标准的R40/3系列,共规定了9种筛号,一号筛的筛孔内径最大,依次减小,九号筛的筛孔内径最小。具体规定见表5-1。

表5-1 《中国药典》筛号、目号、筛孔内径对照表

筛号	目号(目)	筛孔内径(μm)	筛号	目号(目)	筛孔内径(μm)
一号筛	10	2000 ± 70	六号筛	100	150 ± 6.6
二号筛	24	850 ± 29	七号筛	120	125 ± 5.8
三号筛	50	355 ± 13	八号筛	150	90 ± 4.6
四号筛	65	250 ± 9.9	九号筛	200	75 ± 4.1
五号筛	80	180 ± 7.6			

(三) 粉末的分等

粉碎后的药粉必须经过筛选才能得到粒度比较均匀的粉末,以适应医疗和制剂生产需要。筛选方法是以适当筛号的药筛过筛。过筛的粉末包括所有能通过该药筛筛孔的全部粉粒。如通过一号筛的粉末,并不都是近于2mm直径的粉粒,包括所有能通过二至九号筛甚至更细的粉粒在内。富含纤维的中药在粉碎后,有的粉粒呈棒状,其直径小于筛孔,而长度则超过筛孔直径,过筛时,这类粉粒也能直立地通过筛网,存

在于过筛的粉末中。为了控制粉末的均匀度，《中国药典》规定了 6 种粉末规格，见表 5-2。

表 5-2　粉末的分等标准

等级	分等标准
最粗粉	能全部通过一号筛，但混有能通过三号筛不超过 20% 的粉末
粗粉	能全部通过二号筛，但混有能通过四号筛不超过 40% 的粉末
中粉	能全部通过四号筛，但混有能通过五号筛不超过 60% 的粉末
细粉	能全部通过五号筛，并含能通过六号筛不少于 95% 的粉末
最细粉	能全部通过六号筛，并含能通过七号筛不少于 95% 的粉末
极细粉	能全部通过八号筛，并含能通过九号筛不少于 95% 的粉末

三、混合

(一) 混合的目的

混合（mixing）系指将两种或两种以上的固体粉末相互分散而达到均匀状态的操作过程。混合的目的是使多组分物质含量均匀一致，它是散剂、颗粒剂、胶囊剂、片剂、丸剂等固体制剂生产中的一个基本操作单元。混合结果直接关系到制剂的外观及内在质量，如散剂混合是否均匀，会直接影响其色泽一致性，特别是含毒性药物的散剂，还会影响其疗效，甚至带来危险。片剂生产中，颗粒若混合不均匀，片面可能会出现色斑，对有含量测定的品种还会影响其含量的准确性。因此，混合操作是保证制剂质量的重要措施之一。

(二) 混合的方法

1. 过筛混合　通过过筛的方法使多种组分的药物混合均匀，但对于密度相差悬殊的组分，过筛之后还要进行搅拌才能混合均匀。

2. 搅拌混合　少量药物配制时，可以通过反复搅拌使之混合。但该法不适用于大量药物组分混合，制剂生产中常采用搅拌混合机，经过一定时间混合，可使之均匀。

3. 研磨混合　对于一些结晶性药物粉末，可以在研体中进行研磨混合，但该法不适用于吸湿性和爆炸性组分的混合。

四、浸提

浸提（extraction）系指采用适当的溶剂和方法使中药材所含有效成分或有效部位浸出的操作。矿物药和树脂类药材无细胞结构，其成分可直接溶解或分散悬浮于溶剂中；药材经粉碎后，对破碎的细胞来说，其所含成分可被溶出、胶溶或洗脱下来。对具完好细胞结构的动植物药材来说，细胞内的成分浸出，需经过一个浸提过程。中药材的浸提过程一般可分为浸润、渗透、解吸、溶解、扩散等几个相互联系的阶段。

(一) 常用浸提溶剂

用于药材浸提的液体称浸提溶剂。浸提溶剂的选择与应用，关系到有效成分的充分浸出、制剂的有效性、安全性、稳定性及经济效益的合理性。优良的溶剂应：①最大限度地溶解和浸出有效成分，最低限度地浸出无效成分和有害物质；②不与有效成分发生化学变化,亦不影响其稳定性和药效;③比热小,安全无毒,价廉易得。完全符合这些要求的溶剂是很少的,实际工作中,除首选水、乙醇外,还常采用混合溶剂,或在浸提溶剂中加入适宜的浸提辅助剂。

1. 水　经济易得、极性大、溶解范围广。药材中的苷类、有机酸盐、鞣质、蛋白质、色素、多糖类(果胶、黏液质、菊糖、淀粉等)以及酶和少量的挥发油均能被水浸提。但水的浸提针对性或选择性差,容易浸提出大量无效成分,给制剂的制备带来困难(如难于滤过、制剂色泽不佳、易于霉变、不易贮存等),而且还能引起一些有效成分的水解,或促使某些化学变化。

2. 乙醇　能与水以任意比例混溶。乙醇作为浸提溶剂的最大优点是可通过调节乙醇的浓度,选择性地浸提药材中某些有效成分或有效部位。一般乙醇含量在90%以上时,适于浸提挥发油、有机酸、树脂、叶绿素等;乙醇含量在50%~70%时,适于浸提生物碱、苷类等;乙醇含量在50%以下时,适于浸提苦味质、蒽醌苷类化合物等;乙醇含量在40%以上时,能延缓许多药物(如酯类、苷类等成分)的水解,增加制剂的稳定性;乙醇含量在20%以上时具有防腐作用。

乙醇的比热小,沸点78.2℃,气化潜热比水小,故在蒸发浓缩等工艺过程中耗用的热量较水少。但乙醇具挥发性、易燃性,生产中应注意安全防护。此外,乙醇还具有一定的药理作用,故使用时乙醇的浓度以能浸出有效成分,满足制备目的为度。

3. 其他　其他有机溶剂如乙醚、氯仿、石油醚等在中药生产中很少用于提取,一般仅用于某些有效成分的纯化精制。使用这类溶剂,最终产品须进行溶剂残留量的限度测定。

(二) 常用浸提方法

中药浸提方法的选择应根据处方药材特性、溶剂性质、剂型要求和生产实际等综合考虑。常用的浸提方法主要有煎煮法、浸渍法、渗漉法、回流法、水蒸气蒸馏法等。近年来,超临界流体提取法、超声波提取法等新技术也在中药制剂提取研究中应用。

1. 煎煮法　煎煮法(decoction)系指用水作溶剂,通过加热煮沸浸提药材成分的方法,又称煮提法或煎浸法。适用于有效成分能溶于水,且对湿、热较稳定的药材。由于煎煮法能浸提出较多的成分,符合中医传统用药习惯,故对于有效成分尚未清楚的中药或方剂进行剂型改进时,通常采取煎煮法粗提。

操作方法:煎煮法属于间歇式操作,即将药材饮片或粗粉置煎煮器中,加水使浸没药材,浸泡适宜时间,加热至沸,并保持微沸状态一定时间,用筛或纱布滤过,滤液保存。药渣再依法煎煮1~2次,合并各次煎出液,供进一步制成所需制剂。根据煎煮时加压与否,可分为常压煎煮法和加压煎煮法。常压煎煮适用于一般性药材的煎煮,加压煎煮适用于药材成分在高温下不易被破坏,或在常压下不易煎透的药材。

2. 浸渍法　浸渍法(maceration)系指用适当的溶剂,在一定的温度下,将药材浸泡一定的时间,以浸提药材成分的一种方法。浸渍法按浸提的温度和浸渍次数可分为:冷浸渍法、热浸渍法、重浸渍法。

(1) 冷浸渍法:又称常温浸渍法,在室温下进行操作:取药材饮片或粗颗粒,置有盖容器内,加入定量的溶剂,密闭,在室温下浸渍3~5日或至规定时间,经常振摇或搅拌,滤过,压榨药渣,将压榨液与滤液合并,静置24小时后,滤过,收集滤液。冷浸渍法可直接制得酒剂、酊剂。若将滤液浓缩,可进一步制备流浸膏、浸膏、颗粒剂、片剂等。

109

（2）热浸渍法：将药材饮片或粗颗粒置特制的罐内，加定量的溶剂（如白酒或稀乙醇），水浴或蒸气加热，使在40~60℃进行浸渍，以缩短浸渍时间，余同冷浸渍法操作。制备酒剂时常用。由于浸渍温度高于室温，故浸出液冷却后有沉淀析出应分离除去。

（3）重浸渍法：又称多次浸渍法，可减少药渣吸附浸出液所引起的药材成分的损失。操作方法是：将全部浸提溶剂分为几份，先用其第一份浸渍后，药渣再用第二份溶剂浸渍，如此重复2~3次，最后将各份浸渍液合并处理，即得。重浸渍法能大大地降低浸出成分的损失，提高浸提效果。

浸渍法的特点：浸渍法适用于黏性药物、无组织结构的药材、新鲜及易于膨胀的药材、芳香性药材。不适于贵重药材、毒性药材及高浓度的制剂，因为溶剂的用量大，且呈静止状态，溶剂的利用率较低，有效成分浸出不完全。即使采用重浸渍法，加强搅拌，或促进溶剂循环，只能提高浸提效果，不能直接制得高浓度的制剂。另外，浸渍法所需时间较长，不宜用水做溶剂，通常用不同浓度的乙醇或白酒，故浸渍过程中应密闭，防止溶剂的挥发损失。

3. 渗漉法　渗漉法（percolation）系指将药材粗粉置渗漉器内，溶剂连续地从渗漉器的上部加入，渗漉液不断地从其下部流出，从而浸出药材中有效成分的一种方法。渗漉法根据操作方法的不同，可分为单渗漉法、重渗漉法、加压渗漉法、逆流渗漉法，本章主要介绍单渗漉法。

单渗漉法：操作步骤为：粉碎药材→润湿药材→药材装筒→排除气泡→浸渍药材→收集漉液。

1）粉碎药材：药材的粒度应适宜，过细易堵塞，吸附性增强，浸提效果差；过粗不易压紧，粉柱增高，减少粉粒与溶剂的接触面，不仅浸提效果差，而且溶剂耗量大。

2）润湿药材：药粉在装渗漉筒前应先用浸提溶剂润湿，使其充分膨胀，避免在筒内膨胀，造成装筒过紧，影响渗漉操作的进行。一般加药粉一倍量的溶剂拌匀后，视药材质地密闭放置15分钟至6小时，以药粉充分地均匀润湿和膨胀为度。

3）药材装筒：根据药材性质选择适宜的渗漉器，膨胀性大的药材粉末宜选用圆锥形渗漉筒，膨胀性较小的药材粉末宜选用圆柱形渗漉筒。操作方法：先取适量脱脂棉，用溶剂润湿后，轻轻垫铺在渗漉筒的底部，然后将已润湿膨胀的药粉分次装入渗漉筒中，每次投药后压平。松紧程度视药材及溶剂而定。

装筒时药粉的松紧及使用压力是否均匀，对浸提效果影响很大。药粉装得过松，溶剂很快流过药粉，造成浸提不完全，消耗的溶剂量多。药粉装得过紧，会使出口堵塞，溶剂不易通过，渗漉速度减慢甚至无法进行渗漉。因此装筒时，要分次装，并层层压平，不能过松过紧。一般装其容积的2/3，留一定的空间以存放溶剂，可连续渗漉，便于操作。

4）排除气泡：药粉填装完毕，先打开渗漉液出口，再添加溶剂，以利于排除气泡，防止溶剂冲动粉柱，使原有的松紧度改变，影响渗漉效果。加入的溶剂必须始终保持浸没药粉表面，否则渗漉筒内药粉易于干涸开裂，这时若再加溶剂，则从裂隙间流过而影响浸提。若采用连续渗漉装置，则可避免此种现象。

5）浸渍药材：排除筒内剩余空气，待漉液自出口处流出时，关闭活塞，流出的漉液再倒入筒内，并继续添加溶剂至浸没药粉表面数厘米，加盖放置24~48小时，使溶剂充分渗透扩散。这一措施在制备高浓度制剂时更重要。

6）收集滤液：渗滤速度应适当，若太快，则有效成分来不及浸出和扩散，药液浓度低；太慢则影响设备利用率和产量。一般1000g药材的滤速，每分钟在1~3ml之间选择。大生产的滤速，每小时相当于渗滤容器被利用容积的1/48~1/24。有效成分是否渗滤完全，可由渗滤液的色、味、嗅等以及已知成分的定性反应加以判定。

渗滤液的收集与处理操作也需注意。若采用渗滤法制备流浸膏时，先收集药物量85%的初滤液另器保存，续滤液经低温浓缩后与初滤液合并，调整至规定标准；若用渗滤法制备酊剂等浓度较低的浸出制剂时，不需要另器保存初滤液，可直接收集相当于欲制备量的3/4的滤液，即停止渗滤，压榨药渣，压榨液与渗滤液合并，添加乙醇至规定浓度与容量后，静置，滤过即得。

4. 回流法　回流法（circumfluence）系指用乙醇等挥发性有机溶剂浸提，浸提液被加热，挥发性溶剂馏出后又被冷凝，重复流回浸出器中浸提药材，这样周而复始，直至有效成分回流浸提完全的方法。回流法可分为回流热浸法和回流冷浸法。

（1）回流热浸法：将药材饮片或粗粉装入圆底烧瓶内，添加溶剂浸没药材表面，瓶口上安装冷凝管，通冷凝水，药材浸泡一定时间后，水浴加热，回流浸提至规定时间，滤取药液后，药渣再添加新溶剂回流2~3次，合并各次药液，回收溶剂，即得浓缩液。

（2）回流冷浸法：小量药材粉末可用索氏提取器提取。大量生产时采用循环回流冷浸装置。

回流法的特点：回流热浸法溶剂只能循环使用，不能不断更新，为提高浸提效率，通常需更换新溶剂2~3次，溶剂用量较多。回流冷浸法溶剂既可循环使用，又能不断更新，故溶剂用量较回流热浸法少，也较渗滤法的溶剂用量少，且浸提较完全。回流法由于连续加热，浸提液在蒸发锅中受热时间较长，故不适用于受热易被破坏的药材成分的浸提。

5. 水蒸气蒸馏法　水蒸气蒸馏法（vapor distillation）系指将含有挥发性成分药材与水共蒸馏，使挥发性成分随水蒸气一并馏出的一种浸出方法。基本原理：根据道尔顿定律，相互不溶也不起化学作用的液体混合物的蒸气总压，等于该温度下各组分饱和蒸气压（即分压）之和。因此尽管各组分本身的沸点高于混合液的沸点，但当分压总和等于大气压时，液体混合物即开始沸腾并被蒸馏出来。因混合液的总压大于任一组分的蒸气分压，故混合液的沸点要比任一组分液体单独存在时为低。

水蒸气蒸馏法适用于具有挥发性，能随水蒸气蒸馏而不被破坏，与水不发生反应，又难溶或不溶于水的化学成分的浸提、分离，如挥发油的浸提。水蒸气蒸馏法分为：共水蒸馏法（即直接加热法）、通水蒸气蒸馏法及水上蒸馏法3种。为提高馏出液的纯度或浓度，一般需进行重蒸馏，收集重蒸馏液。但蒸馏次数不宜过多，以免挥发油中某些成分氧化或分解。

6. 超临界流体提取法　超临界流体提取法（supercritical fluid extraction，SFE）系指利用超临界流体（supercritical fluid，SCF）的强溶解特性，对药材成分进行提取和分离的一种方法。SCF是超过临界温度和临界压力的非凝缩性高密度流体，其性质介于气体和液体之间既具有与气体接近的黏度及高的扩散系数，又具有与液体相近的密度。在超临界点附近压力和温度的微小变化都会引起流体密度的很大变化，从而可有选择地溶解目标成分，而不溶解其他成分，从而达到分离纯化所需成分的目的。

用超临界流体萃取法提取药材中成分时，一般用CO_2作萃取剂。操作时首先将原料装入萃取槽,将加压后的超临界CO_2送入萃取槽进行萃取,然后在分离槽中通过调节压力、温度、萃取时间、CO_2流量四个参数,对目标成分进行萃取分离。

超临界流体萃取主要有两类萃取过程:恒温降压过程和恒压升温过程。前者是萃取相经减压后与溶质分离;后者是萃取相经加热实现溶质与溶剂分离。与传统浸提方法如煎煮法、水蒸气蒸馏法相比,超临界CO_2萃取法既可避免高温破坏,又无溶剂残留,且将萃取和分离合二为一,可节能降耗。超临界流体萃取适用于亲脂性、分子量小的物质的萃取;对于分子量大、极性强的物质萃取时需加改性剂及提高萃取压力。

7. 酶法　酶是以蛋白质形式存在的生物催化剂,能够促进活体细胞内的各种化学反应。可温和地将植物壁分解,较大幅度提高提取效率、提取物的纯度。对于植物中的淀粉、果胶、蛋白质等,可选用相应的酶分解除去。

酶法特点:具有专一性、可降解性、高效性;反应条件温和;能够减少化学品的使用及残留等。

常用于植物提取的酶包括:果胶酶、半纤维素酶、纤维素酶、多酶复合体(包括葡聚糖内切酶、各类半纤维素酶、果胶酶复合体)等。

8. 超声波提取法　超声波提取法(ultrasonic extraction)系利用超声波通过增大溶剂分子的运动速度及穿透力以提取中药有效成分的方法。

超声波提取的特点:超声波提取利用超声波的空化作用、机械作用、热效应等增大物质分子运动频率和速度,增加溶剂穿透力,从而提高药材有效成分浸出率;与煎煮法、浸渍法、渗漉法等传统的提取方法比较,超声波提取具有省时、节能、提取率高等优点。

9. 微波提取法　微波提取,即微波辅助萃取(microwave assisted extraction,MAE)系指利用微波对中药与适当溶剂的混合物进行辐照处理,从而在短时间内提取中药有效成分的一种新的提取方法。

微波提取的特点:①微波对极性分子的选择性加热从而对其选择性溶出;②微波提取只需几秒到几分钟,大大降低了提取时间,提高了提取速度;③微波提取由于受溶剂亲和力的限制较小,可供选择的溶剂较多,同时减少了溶剂的用量;④微波提取应用于大生产,安全可靠,无污染,生产线组成简单,可节省投资。

五、分离与精制

(一) 分离

将固体-液体非均相体系用适当方法分开的过程称为固-液分离(separation)。中药提取液的精制、药物重结晶等均要分离操作,注射剂的除菌也用到分离技术。分离方法一般有3类:沉降分离法、离心分离法和滤过分离法。

1. 沉降分离法　沉降分离法(separation by sedimentation)系指固体物与液体介质密度相差悬殊,固体物靠自身重量自然下沉,用虹吸法吸取上层澄清液,使固体与液体分离的一种方法。中药浸出液经一定时间的静置冷藏后,固体即与液体分层界限明显,利于上清液的虹吸。沉降分离法分离不够完全,通常还需进一步滤过或离心分离,但可去除大量杂质,利于进一步分离操作。适用于溶液中固体微粒多而质重的粗分离,对固体物含量少,粒子细而轻的浸出液不适用。

2. 离心分离法　离心分离法（separation by centrifuge）与沉降分离法皆是利用混合液密度差进行分离的方法。不同之处在于离心分离的力为离心力而沉降分离的力为重力。离心分离操作时将待分离的浸出液置于离心机中，借助于离心机的高速旋转所产生的离心力，使浸出液中的固体与液体，或两种密度不同且不相混溶的液体混合物分开。用沉降分离法和一般的滤过分离难以进行或不易分开时，可考虑进行离心分离。在制剂生产中遇到含水量较高、含不溶性微粒的粒径很小或黏度很大的滤浆时也可考虑选用离心分离法进行分离。

3. 滤过分离法　滤过分离法（separation by filtering）系指将固 - 液混悬液通过多孔介质，使固体粒子被介质截留，液体经介质孔道流出，从而实现固 - 液分离的方法。

滤过机制主要有过筛作用和深层滤过作用。影响滤过速度的因素有：①滤渣层两侧的压力差：压力差越大，则滤速越快，故常用加压或减压滤过；②滤器面积：在滤过初期，滤过速度与滤器面积成正比；③过滤介质或滤饼毛细管半径：滤饼半径越大，滤过速度越快，但在加压或减压时应注意避免滤渣层或滤材因受压而过于致密。常在料液中加入助滤剂以减小滤饼阻力；④过滤介质或滤饼毛细管长度：滤饼毛细管长度愈长，则滤速愈慢。常采用预滤、减小滤渣层厚度、动态滤过等加以克服，同时操作时应先滤清液后滤稠液；⑤料液黏度：黏稠性愈大，滤速愈慢。因此，常采用趁热滤过或保温滤过。另外，添加助滤剂亦可降低黏度。

滤过方法主要有：常压滤过法（常用玻璃漏斗、搪瓷漏斗、金属夹层保温漏斗等滤器，用滤纸或脱脂棉作滤过介质）、减压滤过法（常用布氏漏斗、垂熔玻璃滤器）、加压滤过法（常用压滤器、板框压滤机）、薄膜滤过。

（二）精制

精制（refinement）系采用适当的方法和设备除去中药提取液中杂质的操作。常用的精制方法有：水提醇沉淀法、醇提水沉淀法、大孔树脂吸附法、超滤法、盐析法、酸碱法、澄清剂法、透析法、萃取法等，其中以水提醇沉淀法应用尤为广泛。超滤法、澄清剂法、大孔树脂吸附法愈来愈受到重视，已在中药提取液的精制方面得到较多的研究和应用。

1. 水提醇沉淀法　水提醇沉淀法（water extraction followed by ethanol sedimentation）系指先以水为溶剂提取药材有效成分，再用不同浓度的乙醇沉淀去除提取液中杂质的方法。广泛用于中药水提液的精制，以降低制剂的服用量，或增加制剂的稳定性和澄清度，也可用于制备具有生理活性的多糖和糖蛋白。

（1）工艺设计依据：①根据药材成分在水和乙醇中的溶解性：通过水和不同浓度的乙醇交替处理，可保留生物碱盐类、苷类、氨基酸、有机酸等有效成分；去除蛋白质、糊化淀粉、黏液质、油脂、脂溶性色素、树脂、树胶、部分糖类等杂质。一般料液中含乙醇量达到50%~60% 时，可去除淀粉等杂质，当含醇量达 75% 以上时，除鞣质、水溶性色素等少数无效成分外，其余大部分杂质均可沉淀而去除；②根据工业生产的实际情况：因为中药材体积大，若用乙醇以外的有机溶剂提取，用量多，损耗大，成本高，且有些有机溶剂如乙醚等沸点低，不利于安全生产。

（2）操作方法：将中药材饮片先用水提取，再将提取液浓缩至约每毫升相当于原药材 1~2g，加入适量乙醇，静置冷藏适当时间，分离去除沉淀，回收乙醇，最后制得澄清的液体。具体操作时应注意：

1）药液的浓缩：水提取液应经浓缩后再加乙醇处理，这样可减少乙醇的用量，使沉淀完全。浓缩时最好采用减压低温，特别是经水－醇反复数次沉淀处理后的药液，不宜用直火加热浓缩。

2）药液温度：在加入乙醇时，药液温度一般为室温或室温以下，以防乙醇挥发。

3）加醇的方式：多次醇沉、慢加快搅有助于杂质的除去和减少有效成分的损失。

4）含醇量的计算：调药液含醇量达某种浓度时，只能将计算量的乙醇加入到药液中，而用乙醇计直接在含醇的药液中测量的方法是不正确的。分次醇沉时，每次需达到的某种含醇量，需通过计算求得。

乙醇计的标准温度为 20℃，测得乙醇本身的浓度时，如果温度不是 20℃，应作温度校正。根据实验证明，温度每相差 1℃，所引起的百分浓度误差为 0.4。因此，这个校正值就是温度差与 0.4 的乘积。可用（式 5-3）求得乙醇本身的浓度。

$$C_{实}＝C_{测}＋(20-t)\times 0.4 \qquad\qquad（式 5-3）$$

式中，$C_{实}$ 为乙醇的实际浓度（%）；$C_{测}$ 为乙醇计测得的浓度（%）；t 为测定时乙醇本身的温度。

5）冷藏与处理：醇沉后一般于 5~10℃下静置 12~24 小时（加速胶体杂质凝聚），但若含醇药液降温太快，微粒碰撞机会减少，沉淀颗粒较细，难于滤过。醇沉液充分静置冷藏后，先虹吸上清液，下层稠液再慢慢抽滤。

2. 醇提水沉淀法　醇提水沉淀法（ethanol extraction followed by water sedimentation）系指先以适宜浓度的乙醇提取药材成分，再用水除去提取液中杂质的方法。其原理及操作与水提醇沉淀法基本相同。适用于提取药效物质为醇溶性或在醇水中均有较好溶解性的药材，可避免药材中大量淀粉、蛋白质、黏液质等高分子杂质的浸出；水处理又可较方便地将醇提液中的树脂、油脂、色素等杂质沉淀除去。应特别注意，如果药效成分在水中难溶或不溶，则不可采用水沉处理，如厚朴中的厚朴酚、五味子中的五味子甲素均为药效成分，易溶于乙醇而难溶于水，若采用醇提水沉淀法，其水溶液中厚朴酚、五味子甲素的含量甚微，而沉淀物中含量却很高。

3. 酸碱法　酸碱法系指针对单体成分的溶解度与酸碱度有关的性质，在溶液中加入适量酸或碱，调节 pH 值至一定范围，使单体成分溶解或析出，以达到分离目的的方法。如生物碱一般不溶于水，加酸后生成生物碱盐能溶于水，再碱化后又重新生成游离生物碱而从水溶液中析出，从而与杂质分离。有时也可用调节浸出液的酸碱度来达到去除杂质的目的，如在浓缩液中加新配制的石灰乳至呈碱性，可使大量的鞣质、蛋白质、黏液质等成分沉淀除去，但也可使酚类、极性色素、酸性树脂、酸性皂苷，某些黄酮苷和蒽醌苷，以及大部分多糖类等成分沉淀析出。因此，应根据精制目的确定是否选用酸碱法。如中药水煎浓缩液中含生物碱或黄酮类药效成分，同时含鞣质、蛋白质等无效物质，可采用酸碱法除去鞣质、蛋白质等杂质。

4. 大孔树脂吸附法　大孔树脂吸附法系指将中药提取液通过大孔树脂，吸附其中的有效成分，再经洗脱回收，除掉杂质的一种精制方法。该方法采用特殊的有机高聚物作为吸附剂，利用有机化合物与其吸附性的不同及化合物分子量的大小，通过改变吸附条件，选择性的吸附中药浸出液中的有效成分、去除无效成分，是一种新的纯化方法，具有高度富集药效成分、减小杂质、降低产品吸潮性、有效去除重金属、安全性好、再生产简单等优点。

5. 其他

（1）盐析法：盐析法系指在含某些高分子物质的溶液中加入大量的无机盐，使其溶解度降低沉淀析出，而与其他成分分离的一种方法。适用于蛋白质的分离纯化，且不致使其变性。此外，提取挥发油时，也常用于提高药材蒸馏液中挥发油的含量及蒸馏液中微量挥发油的分离。

（2）澄清剂法：澄清剂法系指在中药浸出液中加入一定量的澄清剂，利用它们具有可降解某些高分子杂质，降低药液黏度，或能吸附、包合固体微粒等特性来加速药液中悬浮粒子的沉降，经滤过除去沉淀物而获得澄清药液的一种方法。它能较好地保留药液中的有效成分（包括多糖等高分子有效成分）、除去杂质，操作简单，澄清剂用量小，能耗低。澄清剂法在中药制剂的制备中，主要用于除去药液中粒度较大及有沉淀趋势的悬浮颗粒，以获得澄清的药液。

（3）透析法：透析法系指利用小分子物质在溶液中可通过半透膜，而大分子物质不能通过的性质，借以达到分离的方法。可用于除去中药提取液中的鞣质、蛋白质、树脂等高分子杂质，也常用于某些具有生物活性的植物多糖的纯化。

六、浓缩

浓缩（concentration）系指在沸腾状态下，经传热过程，利用气化作用将挥发性大小不同的物质进行分离，从液体中除去溶剂得到浓缩液的工艺操作。

中药提取液经浓缩制成一定规格的半成品，或进一步制成成品，或浓缩成过饱和溶液使之析出结晶。蒸发是浓缩药液的重要手段，此外，还可以采用反渗透法、超滤法等使药液浓缩。

浓缩方法

由于中药提取液有的稀，有的黏；有的对热较稳定，有的对热极敏感；有的蒸发浓缩时易产生泡沫；有的易结晶；有的需浓缩至高密度；有的浓缩时需同时回收挥散的蒸气。所以，必须根据中药提取液的性质与蒸发浓缩的要求，选择适宜的蒸发浓缩方法。

1. 常压蒸发　常压蒸发系指料液在一个大气压下进行蒸发的方法，又称常压浓缩。若待浓缩料液中的有效成分是耐热的，而溶剂又无燃烧性，无毒害者可用此法进行浓缩。

常压浓缩若以水为溶剂的提取液多采用敞口倾倒式夹层蒸发锅；若是乙醇等有机溶剂的提取液，则采用蒸馏装置。常压浓缩的特点：浓缩速度慢、时间长，药物成分易破坏；适用于非热敏性药物的浓缩，而对于含热敏性成分的药物溶液则不适用。常压浓缩时应注意搅拌以避免料液表面结膜，影响蒸发，并应随时排走所产生的大量水蒸气，因此常压浓缩的操作室内常配备电扇和排风扇。

2. 减压蒸发　减压蒸发系指在密闭的容器内，抽真空降低内部压力，使料液的沸点降低而进行蒸发的方法，又称减压浓缩。减压蒸发的特点：能防止或减少热敏性物质的分解；增大传热温度差，强化蒸发操作；并能不断地排除溶剂蒸气，有利于蒸发顺利进行；同时，沸点降低，可利用低压蒸气或废气加热。但是，料液沸点降低，其气化潜热随之增大，即减压蒸发比常压蒸发消耗的加热蒸气的量多。

3. 薄膜蒸发　薄膜蒸发系指使料液在蒸发时形成薄膜，增加气化表面进行蒸发的方法,又称薄膜浓缩。薄膜蒸发的特点是蒸发速度快,受热时间短;不受料液静压和过热影响,成分不易被破坏;可在常压或减压下连续操作;能将溶剂回收重复利用。

薄膜蒸发的进行方式有两种:①使液膜快速流过加热面进行蒸发;②使药液剧烈地沸腾使产生大量泡沫,以泡沫的内外表面为蒸发面进行蒸发。前者在短暂的时间内能达到最大蒸发量,但蒸发速度与热量供应间的平衡较难掌握,料液变稠后易黏附在加热面上,加大热阻,影响蒸发,故较少使用。后者目前使用较多,一般采用流量计控制液体流速,以维持液面恒定,否则也易发生前者的弊端。

七、干燥

干燥(drying)系指利用热能除去含湿的固体物质或膏状物中所含的水分或其他溶剂,获得干燥物品的工艺操作。在制剂生产中,新鲜药材除水,原辅料除湿,颗粒剂、片剂、水丸等制备过程中均用到干燥。干燥的好坏,将直接影响到中药的内在质量。中药制剂常用的干燥设备有烘箱、喷雾干燥器、沸腾干燥器、减压干燥器及微波干燥器等。这些设备分别用于中药半成品(如药液和浸膏等)或者成品(如颗粒剂和片剂等)的干燥。近些年来,喷雾干燥法在微胶囊、中药胶剂等新制剂方面的开发应用正受到人们的注目。喷雾通气冻干新技术以及一些国际上新型干燥设备的引入,必将改善中药制剂生产工艺,提高中药生产的技术水平,进而提高中药制剂质量。

干燥方法

在制药工业中,由于被干燥物料的形状是多种多样的,有颗粒状、粉末状、丸状,也有浆状(如中药浓缩液)、膏状(如流浸膏);物料的性质各不相同,如热敏性、酸碱性、黏性、易燃性等;对干燥产品的要求亦各有差异,如含水量、形状、粒度、溶解性及卫生要求等;生产规模及生产能力各不相同。因此,采用的干燥方法与设备亦是多种多样的。下面重点介绍制药工业中常用的几种干燥方法与设备类型。

1. 烘干法　烘干法系指将湿物料摊放在烘盘内,利用热的干燥气流使湿物料水分气化进行干燥的一种方法。由于物料处于静止状态,所以干燥速度较慢。常用的有烘箱和烘房。

(1)烘箱:又称干燥箱,适用于各类物料的干燥或干热灭菌,小批量生产。由于是间歇式操作,向箱中装料时热量损失较大,若无鼓风装置,则上下层温差较大,应经常将烘盘上下对调位置。

(2)烘房:为供大量生产用的烘箱,其结构原理与烘箱一致,但由于容量大,在设计上更应注意温度、气流路线及流速等因素间的相互影响,以保证干燥效率。

2. 减压干燥法　减压干燥,又称真空干燥,系指在负压条件下而进行干燥的一种方法。其特点是干燥温度低,干燥速度快;减少了物料与空气的接触机会,避免污染或氧化变质;产品呈海绵状,蓬松易于粉碎;适用于热敏性或高温下易氧化物料的干燥,但生产能力小,劳动强度大。减压干燥效果取决于负压的高低(真空度)和被干燥物的堆积厚度。

3. 喷雾干燥法　喷雾干燥法是流态化技术用于浸出液干燥的一种较好的方法,系直接将浸出液喷雾喷于干燥器内使之在与通入干燥器的热空气接触过程中,水分迅速汽化,从而获得粉末或颗粒的方法。最大特点是物料受热表面积大,传热传质迅速,水分蒸发极快,几秒钟内即可完成雾滴的干燥,且雾滴温度大约为热空气的湿球温度(一般约为50℃左右),特别适用于热敏性物料的干燥。此外,喷雾干燥制品质地松脆,溶解性能好,且保持原来的色香味。可根据需要控制和调节产品的粗细度和含水量等质量指标。喷雾干燥不足之处是能耗较高,进风温度较低时,热效率只有30%~40%;控制不当常出现干燥物粘壁现象,且成品收率较低;设备清洗较麻烦。

4. 沸腾干燥法　沸腾干燥,又称流床干燥,系指利用热空气流使湿颗粒悬浮,呈流态化,似"沸腾状",热空气在湿颗粒间通过,在动态下进行热交换,带走水气而达到干燥的一种方法。其特点是适于湿粒性物料,如片剂、颗粒剂制备过程中湿粒的干燥和水丸的干燥;沸腾床干燥的气流阻力较小,物料磨损较轻,热利用率较高;干燥速度快,产品质量好,一般湿颗粒流化干燥时间为20分钟左右,制品干湿均匀,没有杂质带入;干燥时不需翻料,且能自动出料,节省劳动力;适于大规模生产。但热能消耗大,清扫设备较麻烦,尤其是有色颗粒干燥时给清洁工作带来困难。

5. 冷冻干燥法　冷冻干燥法系将浸出液浓缩至一定浓度后预先冻结成固体,在低温减压条件下将水分直接升华除去的干燥方法。其特点是物料在高度真空及低温条件下干燥,可避免成分因高热而分解变质,适用于极不耐热物品的干燥,如天花粉针、淀粉止血海绵等;干燥制品外观优良,质地多孔疏松,易于溶解,且含水量低,一般为1%~3%,利于药品长期贮存。但冷冻干燥需要高度真空及低温,设备特殊,耗能大,成本高。

6. 红外线干燥法　红外线干燥法系指利用红外线辐射器产生的电磁波被含水物料吸收后,直接转变为热能,使物料中水分气化而干燥的一种方法。红外线干燥属于辐射加热干燥。

红外线辐射器所产生的电磁波以光的速度辐射到被干燥的物料上,由于红外线光子的能量较小,被物料吸收后,不能引起分子与原子的电离,只能增加分子热运动的动能,使物料中的分子强烈振动,温度迅速升高,将水等液体分子从物料中驱出而达到干燥。远红外线干燥速率是近红外线干燥的2倍,是热风干燥的10倍。由于干燥速率快,故适用于热敏性药物的干燥,特别适宜于熔点低、吸湿性强的物料,以及某些物体表层(如橡胶硬膏)的干燥。又由于物料表面和内部的物质分子同时吸收红外线,因此物料受热均匀,产品的外观好,质量高。

7. 微波干燥法　微波干燥系指将物料置于高频交变电场内,从物料内部均匀加热,迅速干燥的一种方法。微波是一种高频波,其波长为1mm到1m,频率为300MHz到300kMHz。制药工业上微波加热干燥只用915MHz和2450MHz两个频率,后者在一定条件下兼有灭菌作用。

微波干燥的特点是:穿透力强,可以使物料的表面和内部能够同时吸收微波,使物料受热均匀,因而加热效率高,干燥时间短,干燥速度快,产品质量好;有杀虫和灭菌的作用;设备投资和运行的成本高。适用于含有一定水且受热稳定药物的干燥或灭菌,中药中较多应用于饮片、药物粉末、丸剂等干燥。

8. 其他

(1) 鼓式干燥法:鼓式干燥法系指将湿物料蘸附在金属转鼓上,利用传导方式提供气化所需热量,使物料得到干燥的一种方法,又称鼓式薄膜干燥法或滚筒式干燥法。其特点是适于浓缩药液及黏稠液体的干燥;可连续生产,根据需要调节药液浓度、受热时间(鼓的转速)和温度(蒸气);对热敏性药物液体可在减压情况下使用;干燥物料呈薄片状,易于粉碎。常用于中药浸膏的干燥和膜剂的制备。

(2) 吸湿干燥法:吸湿干燥法系指将湿物料置干燥器中,用吸水性很强的物质作干燥剂,使物料得到干燥的一种方法。数量小,含水量较低的药品可用吸湿干燥法。干燥器可分为常压干燥器和减压干燥器,小型的多为玻璃制成。常用的干燥剂有硅胶、氧化钙、粒状无水氯化钙、五氧化二磷、浓硫酸等。

第二节　保健食品形态与剂型工艺

一、保健食品的产品形态与剂型

保健食品的产品形态与剂型主要分为三类:第一类是固体,如胶囊剂、片剂(咀嚼片、含片)、颗粒剂、(滴)丸剂、散剂(粉、晶)、茶(剂)、饼干、糖果、糕等;第二类是半固体,如膏滋等;第三类是液体,如口服液、饮料、凉茶、果汁、酒剂等。

保健食品产品形态与剂型是兼顾产品配方中原料的特点及功效成分/标志性成分的理化性质、保健功能的特点和要求、食用人群的顺应性以及产品保质期的需要等影响因素,经过综合分析和研究评价确定的,以达到食用安全有效、质量稳定、利于贮存运输和携带,且食用方便的目的。

二、保健食品成型工艺

(一)蜜膏

1. 蜜膏的概念及特点　蜜膏是指原料经过加水煎煮,去渣浓缩后,加入蜂蜜制成的稠厚的、半流体状的剂型。蜜膏的特点是浓度高,体积小,稳定性好,利于保存,携带方便,便于服用,作用和缓、持久。蜜膏又叫煎膏剂。煎膏剂中所用的蜂蜜均指炼蜜,糖大多为冰糖或蔗糖,也有用红糖(如益母草膏),糖也必须经过炼制。

2. 蜜膏的制作方法　蜜膏的制作工艺一般分为煎煮、浓缩、收膏、分装四个步骤。

(1) 煎煮:将原料按照要求切成片、段,或粉碎成末,加水加热,进行煎煮,先以大火烧开后,改用小火煎煮 30 分钟即可;将汁液倒入杯中,留渣再加水煎煮,如此反复 3 次,把 3 次的汁液合并在一起,静置,用滤器滤过待用。如果原料为新鲜的果蔬,可用榨汁机榨取汁液,另用其渣加水如常法煎煮,时间可稍短一些,取汁去渣,与前面的汁液合并备用。

(2) 浓缩:将准备好的汁液加热煎煮,不断搅拌,待汁液浓缩到产品所规定的相对密度,即可停火;或者取浓缩液滴在滤纸上,如果滴液四边无渗出的水迹,即达到了要求,我们把这种浓缩膏称为"清膏"。

(3) 收膏:在清膏中加入规定量的炼蜜(一般不超过清膏量的 3 倍),用小火煎熬,不断搅拌,撇去浮沫,当膏液稠度达到所规定的相对密度即可停火。除另有规定外,蜜膏的相对密度一般要求在 1.4 左右。

由于蜂蜜中含有较多的水分和死蜂、蜡质等杂物,故应用前须加以炼制,其目的是去除杂质、破坏酶类、杀死微生物、减少水分含量、增加黏合力。鲜蜂蜜的选择,以半透明、有光泽、香甜味纯、清洁无杂质为好。炼蜜的程度除由制膏原材料的性质而定外,与原料粉末的粗细、含水量的多少、加工季节的气温也有关系,在其他条件相同的情况下,一般冬天用嫩蜜,夏天用老蜜。

(4)分装:先将容器洗净、干燥、消毒,然后再把放凉的蜜膏装瓶,以免日后发霉变质。一般选用大口容器盛装,这是由于蜜膏比较黏稠,存取方便。

(二)露剂

1. 露剂的概念及特点　露剂是用水蒸气蒸馏法制得的一种液体。原料一般带有芳香性,含挥发性成分较多,如花、茎枝、果实等。露剂的特点是芳香宜人、服用方便。

2. 制作方法　露剂的制作方法多采用水蒸气蒸馏法。该法系将含有挥发成分的原材料洗净、粉碎,放入蒸馏器中,加适量的水进行加热、冷凝,收集蒸馏液至相当于原材料重量的6~10倍即可。必要时可蒸馏数次。

(三)软胶囊

1. 软胶囊的概念及特点　软胶囊是指把一定量的原料、原料提取物加上适宜的辅料密封于球形、椭圆形或其他形状的软质囊中制成的剂型。

软胶囊的特点表现为以下方面:

(1)软胶囊的可塑性强、弹性大。这是由软胶囊囊材组成的性质所决定的,取决于明胶、增塑剂和水三者之间的比例。

(2)软胶囊可弥补其他固体剂型的不足,如含油量高或液态药物不宜制成丸剂、片剂时,可制成软胶囊。

软胶囊除了上述特点外,还具有与硬胶囊剂相同的特点,如方便、利用率高、稳定性好、可以延效等。

2. 软胶囊的制作方法　软胶囊囊材的组成主要是胶料(主要是明胶)、增塑剂(甘油、山梨醇等)、附加剂(防腐剂、香料、遮光剂等)和水。

软胶囊的形状有球形、椭圆形等多种。在保证填充物达到保健量的前提下,软胶囊的容积要求尽可能减小。软胶囊中填充物如为固体物时,原料粉末应通过五号筛,并混合均匀。

软胶囊生产时,填充物品与成型是同时进行的。

制作的方法可分为压制法(模压法)和滴制法两种。

(1)压制法:第一步,要配制囊材胶液。根据囊材配方,将明胶放入蒸馏水中浸泡使其膨胀,待明胶溶化后把其他物料一并加入,搅拌混合均匀;第二步,制胶片。取出配制好的囊材胶液,涂在平坦的板表面上,使厚薄均匀,然后用90℃左右的温度加热,使表面水分蒸发,成为有一定韧性、有一定弹性的软胶片。第三步,压制软胶囊。小批量生产时,用压丸模手工压制;大批量生产时,常采用自动旋转轧囊机进行生产。

(2)滴制法:滴制法是指通过帝制机制备软胶囊的方法。制作时需注意胶液的配方、粘度,以及所有添加液的密度与温度。

(四)散剂

1. 散剂的概念及特点　散剂是指一种或数种原料经粉碎、混合而制成的粉末状剂型。散剂的表面积较大,因而具有易分散、奏效快的特点。

2. 散剂的制作方法　一般应通过粉碎、过筛、混合、分剂量、质量检查以及包装等程序。

过筛:将粉碎的物料选择适当的筛过筛。

混合:即指将多种固体粉末相互交叉分散的过程。在散剂制作的过程中,目前常用的混合方法有研磨混合法、搅拌混合法与过筛混合法等。

分剂量：系指将混合均匀的散剂按照所需要的剂量分成相等重量、份数的过程。一般采用重量法、容量法分剂量。大批量生产时可以用散剂定量分包机，其原理与容量法相同。

包装：散剂表面剂大，易吸湿受潮而使质量下降，所以选用的包装材料应有利于防湿，常用的材料有光纸、蜡纸、玻璃瓶、硬胶囊等。包装后的散剂要放在干燥、阴凉、空气流通的地方。

质量检查：这是保证散剂质量的重要环节。检查的项目主要是散剂的均匀度、细度与水分。混合均匀度可采用含量测定法。将散剂不同部位所取的样品进行含量测定，再与规定的含量相比较，确定是否达到合格程度。

粉末细度的测定依颗粒大小而采用不同的方法，粗大颗粒用过筛法，微小颗粒则用光学显微镜法。散剂的水分一般不得超过 9.0%。

(五) 鲜汁

1. 鲜汁的概念及特点　鲜汁是指直接从新鲜的水果或蔬菜或其他天然原料用压榨或其他方法取得的汁液。以水果为基料配成的汁称为果汁，以蔬菜为基料配成的汁称为蔬菜汁。

鲜汁的特点有三：

(1) 营养丰富：含有多种营养成分，如碳水化合物(以蔗糖、葡萄糖和果糖为多)、维生素、矿物质、水分等。

(2) 感观性能好：一般鲜汁都具有良好的感观性能，味浓色清，能引起人们饮用的欲望。

(3) 清凉爽口：此类食品含汁液多，尤适宜夏天饮用。

2. 制作方法

(1) 原料的选择与清洗：原料的选择有两种含义，一是挑选合适的品种，如柑橘、柠檬、苹果、桃子、葡萄、菠萝、西番莲、芒果、番石榴、番茄、胡萝卜等果蔬都比较适合加工成鲜汁；二是原料经人工挑选，剔除有霉变腐烂、严重机械伤、青果、病虫害等不符合加工要求的果蔬。加工前需经过清洗机或用人工对原料进行清洗，充分洗去果蔬表面的污泥杂质及残留的农药。洗净的果蔬用消毒液进行消毒。常用 0.1%~0.3% 高锰酸钾溶液浸泡。

(2) 榨汁和滤过：多数果蔬采用压榨法榨汁，对于一些难以用压榨法获汁的果实如山楂等，则可采用加水浸提方法来提取果汁。一般榨汁前需进行破碎工序，以提高出汁率。葡萄只要压破果皮即可，而多数果蔬可用打浆机破碎，但要注意果皮和种子不要被磨碎。榨出的果汁要进行澄清和滤过，通过理化或机械方法除去汁液中的混浊物质，才能得到澄清的鲜汁。一般在澄清前粗滤，然后用酶法或澄清剂进行处理，之后果汁送往细滤机滤过。果蔬汁的质地可通过调节细滤机的压力与筛筒的孔径大小加以控制。榨汁机与细滤机的构造与果汁的质量关系密切且影响出汁率，可通过调节加以控制。

(3) 调整：通过滤过后的果蔬汁按成品果蔬汁标准加以调整。先测定果蔬汁的酸度，可溶性固形物，并检查其色泽和香味。然后按成品果蔬汁的标准规定值添加适量的糖或酸等进行调整。一般调整是分批间歇操作，添加的糖或酸使用前要进行溶解、滤过、冷却。

（4）脱气和均质：经调整后的果蔬汁需进行脱气处理。因为在加工中果蔬汁内含空气较多，经过脱气处理，可以避免或减少果蔬汁成分的氧化，防止果蔬汁色泽和风味变化，并防止细菌的繁殖或减少对容器内壁的腐蚀。一般采用真空脱气机去掉果蔬汁中的空气。均质的目的是使汁液中的颗粒进一步粉碎，并使之均匀地分布在饮料中。鲜汁只有经过均质加工后，才能保持较好的外观和品质。均质是混浊果蔬汁生产上的特殊工序。均质常用高压均质机或胶体磨两种设备。

（5）杀菌和冷却：杀菌和冷却的目的是防止果蔬汁浓缩过程中受微生物和酶的影响。杀菌方法分为加热杀菌和非加热杀菌两大类，但以前者最为常用。加热杀菌又分为低温杀菌和高温杀菌。低温杀菌用巴氏法，适用于高酸性的果蔬汁。高温杀菌多用于低酸性蔬菜汁的杀菌。杀菌后进行冷却。

（6）浓缩和包装：浓缩的目的是提高糖度和酸度，增加产品的稳定性，抑制微生物的繁殖，提高饮料中固形物的比例，缩小汁液的体积，便于保存和运输。浓缩常用的方法有真空法、冷却法、干燥法。包装最好采用无菌包装，即把已杀菌并冷却的果蔬汁，在无菌条件下，装填并密封在已经杀菌的容器里，以达到非冷藏条件下长期保藏的目的。果汁是采用无菌包装最早的饮料。无菌包装与传统的罐藏方法相比具有更多的优点。例如：它可减少饮料的营养成分的损失，可加工热敏性强的饮料等，包装的规格较多。

（六）硬胶囊

1. 硬胶囊的概念及特点　硬胶囊是指把一定量的原料提取物或原料粉末直接充填于空心胶囊中，或将几种原料粉末混合均匀分装于空心胶囊中而制成的保健食品。硬胶囊剂具有以下特点：

（1）外观光洁，美观，可掩盖原料不适当的苦味及臭味，使人易于接受，方便服用。

（2）保健功能因子的生物利用度高，辅料用量少。在制备过程中可以不加黏合剂、不加压，因此在胃肠道中崩解快，一般服后3~10分钟即可崩解释放功能物质，与丸剂、片剂相比，硬胶囊显效快、吸收好。

（3）稳定性好，光敏物质和热敏物质，例如维生素宜装入不透光的硬胶囊中，便于保存。

（4）可延长释放保健功能物质，可先将原料制成颗粒状，然后用不同释放速度的材料包衣，按比例混匀，装入空胶囊中即可达到延效的目的。

2. 硬胶囊的制作方法　囊材的选择：明胶是制备空胶囊的主要原料。除了明胶以外，制备空胶囊时还应添加适当的辅料，以保证其质量。

空胶囊的制作：空胶囊的制作过程可分为溶胶、蘸胶制坯、干燥、拔壳、截割及整理等六个工序，多由自动化生产线完成。

按照国家的生产标准，将空心胶囊划分为3个等级，即优等品（指机制空胶囊）、一等品（指适用于机装的空胶囊）、合格品（指仅适用于手工填充的空胶囊）。并对胶囊的外观和理化性状，以及菌检标准都作了相应的规定。

囊内填充物：由于填充物多用容积来控制，而原料的密度、晶态、颗粒大小不同，所占的容积也不相同，所以，一般是按照其剂量所占的容积来选用最小的空胶囊。空胶囊的规格常用的为0~3号，基本可以满足产品的要求。一般是凭经验或试装来决定选择适当号码的空胶囊。

硬胶囊中填充的物品,除特殊规定外,一般均要求是混合均匀的细粉或颗粒。填充方法一般小量制备时,可用手工填充法。大量生产时,用自动填充机。

定量粉末在填充时经常发生小剂量的损失而使胶囊含量不足,故在加工时应按实际需要的剂量多准备几份,待全部填充于胶囊后再将多余的粉末拿开。如果填充物是浸膏粉,应该保持干燥,添加适当的辅料,混合均匀后再填充。

胶囊的封口:有平口与锁口两种。生产中一般使用平口胶囊,待填充后封口,以防其内容物漏泄。封口是一道重要工序。

(七) 片剂

片剂的制作方法有颗粒压片法和直接压片法两大类,以颗粒压片法应用较多,颗粒压片法又分为湿颗粒法和干颗粒法两种,前者适用于原料不能直接压片,或遇湿、遇热不起反应的片剂制作。下面重点介绍湿颗粒法。

1. 原料的处理　按配方的要求选用合适的材料,并进行洁净、灭菌、炮制和干燥处理。

(1) 适宜粉碎的原料:含淀粉较多的原料如淮山药、天花粉等;或含有少量芳香挥发性成分的原料和某些矿物原料等,宜粉碎成细粉,过 5~6 号筛。

(2) 适宜提取法的原料:含挥发性成分较多的原材料如薄荷、紫苏叶等,可用单提挥发油或双提法。

(3) 适宜煎煮浓缩成稠膏的原料:含纤维较多、质地疏松、黏性较大或质地坚硬的原材料。浸膏片、半浸膏片中的稠膏,一般可浓缩至相对密度 1.2~1.3,有的亦可达 1.4。

(4) 化学品中的主、辅料的处理:某些结晶性或颗粒状物,如大小适宜并易溶于水者,只要进行过筛使成均匀颗粒或经干燥加适量润滑剂即可压片。一般通过 5~6 号筛较适宜。

2. 制粒　大多数片剂都需要事先制成颗粒才能进行压片,这是由原料物性所决定的。制成颗粒主要是增加其流动性和可压性。增加物料的流动性,减少细粉吸附和容存的空气以减少片剂的松裂,避免粉末分层和细粉飞扬。

不同原料有不同的制粒方法,主要分为全粉制粒法、细粉与稠浸膏混合制粒法、全浸膏制粒法及提纯物制粒法等。其中全浸膏制粒法比较常用。

(1) 全浸膏制粒法:有两种方法,即:

1) 将干浸膏直接粉碎,通过规定的筛子,制成颗粒。

2) 用浸膏粉制粒。干浸膏先粉碎成细粉,加润湿剂,制软材,制颗粒。用这种方法制得的颗粒质量好,但费时费力,成本高。近年来,采用喷雾干燥法制得浸膏颗粒,或得到浸膏细粉进而喷雾转动制粒。这些方法比较先进,既可以提高生产率,又提高了片剂的质量,并减少细菌污染。

全浸膏片因不含原材料细粉,服用量较少,容易符合卫生标准,尤其适用于有效成分含量较低的片剂。

(2) 提纯物制粒法:是将提纯物细粉(有效成分或有效部位)与适量稀释剂、崩解剂等混匀后,加入黏合剂或润湿剂,制软材,制颗粒。

片剂颗粒所用的黏合剂或润湿剂的用量,以能制成适宜软材的最少用量为原则。

如果原料粉末较细且干燥,则黏合剂用量要多些,反之则少些。制成的湿粒要及时进行干燥,含水量应控制在 3%~5% 的范围之内。

3. 压片　常用的压片机有单冲压片机和旋转式压片机两种。单冲压片机的产量一般为 80 片 / 分钟,一般用于新产品的试制或小量生产;压片时是由单侧加压(由上冲加压),所以压力分布不够均匀,易出现裂片,噪音较大。旋转式压片机生产能力较高,是目前生产中广泛使用的压片机。

压片前要先计算出片的重量。片重的计算:如果片数和片重未定时,则先称出颗粒总重量然后计算相当于多少个单服重量,再依照单服重量的颗粒重量,决定每次服用的片数,进一步计算出每片的重量。若配方中规定了每批原材料应制的片数及每片重量时,则所得的干颗粒重应恰等于片数与片重之积,即干颗粒总重量(主料加辅料)等于片数乘以片重。如果干颗粒总重量小于片数乘以片重时,则应补充淀粉等辅料,使两者相等。

半浸膏片的片重,可用下式计算:

片重 =(干颗粒重 + 压片前加入的辅料重量)÷ 理论片数 =〔(成膏固体重 + 原粉重)+ 压片前加入的辅料重量〕÷ 原药材总重量 / 每片原药材量 =〔(药材重量 × 收膏 %× 膏中含总固体 % + 原粉重)+ 压片前加入的辅料质量〕÷(原药材总重量 / 每片原药材量)

若已知每片主料成分含量时,可通过测定颗粒中主料成分含量再确定片重。

片重 = 每片含主料成分量 ÷ 干颗粒测得的主料成分百分含量

干颗粒法是指不用润湿剂或液态黏合剂而制成颗粒进行压片的方法。干法制粒的最大优点在于物料不需要经过湿润和加热的过程,可以缩短工时,并可缩短工艺流程,尤其对受湿、热易变质的原料来说,可以提高其产品质量。

粉末直接压片是指将原料的粉末与适宜的辅料混合后,不经过制颗粒而直接压片的方法,目前国外应用较广泛,国内也有不少研究及生产部门应用。

(八) 茶饮

1. 茶饮的概念及特点　茶饮是指以含茶叶或不含茶叶的原料(质地轻薄,或具有芳香挥发性成分的原料),用沸水冲泡、温浸而成的一种专供饮用的液体。常用的原料有植物的花、叶、果实、皮、茎枝、细根等。

茶饮的特点在于配料灵活,使用方便,饮用随意,像喝茶一样频频饮服,边饮边兑加沸水,直至味淡为止。

茶饮分为袋泡茶、茶块两大类,其中袋泡茶最受欢迎。袋泡茶的特点是体积小,利于贮藏,便于携带,使用方便。袋泡茶适用于质地较轻、疏松,有效成分易于浸出的原材料,尤其适用于含挥发性成分的原材料。

2. 制作方法

(1) 袋泡茶:袋泡茶一般可分为全生料型和半生料型两种。

全生料型:将原材料(或含茶叶)粉碎成粗末,经干燥,灭菌后,分装入滤袋中即得。

半生料型:将部分原材料粉碎成粗末,部分原材料(或含茶叶)煎煮后去渣取汁,浓缩成浸膏后吸收到原材料的粗末中,经干燥、灭菌后,分别装入耐温的滤袋中即得。

(2) 茶块:将原材料粉碎成粗末、碎片,用面粉作黏合剂。也可将部分原材料煎煮去渣取汁,提取浓缩成稠膏作为黏合剂,与剩余原料粗末混匀,制成软材或颗粒,用模具或压茶机压制成一定的形状,低温干燥而成。

3. 质量检查

(1) 外观及水分:外观洁净,色泽一致,闻之清香,品之纯正。袋装茶颗粒大小基本一致。含水量一般不超过12%。

(2) 定性定量:对制剂组分进行定性检查。可用显微镜检查、薄层色谱检查、化学鉴别检查等。含有挥发性成分的茶,可对其中的挥发油含量及水浸液挥发性成分的浸出量进行含量测定。

(3) 装量差异:取茶剂10份,去掉包装,分别称重,每块(袋、包)内容物的重量与标示重量相比较,装量差异不大。

(九) 酒剂

传统保健酒,从成分来讲,有"酒"、"醴"、"醪"之分。"酒"主要含普通药材成分;"醴"除含普通药材成分外,尚有糖的成分;而"醪"除含有糖成分外,尚有酿酒所产生的酒渣成分(即醪糟)。

药酒简单的制法如下:

(1) 冷浸法:把药材按量浸泡在一定浓度的白酒中,经常振摇,储存一个时期即可饮用。

(2) 热浸法(煮酒法):先以药材和酒同煎一定时间,然后再放冷,贮存。这是一种较古老的制作药酒、食用酒的方法,早在汉代就有青梅煮酒的传说。这种方法既能加速浸取速度,又能使一些成分容易浸出。煮酒时要注意防火安全,可采用隔水煮炖的间接加热方法,即把药料和酒先放在小铝锅、搪瓷罐等容器中,然后再放在另一盛水的大锅里煮炖。这样既不会因温度过高损失酒的成分,也比较安全。

(3) 药米同酿法:把药料细粉或药汁与米同煮后,再加酒曲,经过发酵制成含糖分较高的醴或醪。

酒剂只适合能饮酒和无肝肾疾患的人饮用,并应控制用量。

(十) 口服液

1. 口服液的概念及特点　口服液是将原材料用水或其他溶剂,采用适宜的方法提取,经浓缩制成的内服液体剂型。其特点是:

(1) 能浸出原材料中的多种有效成分。

(2) 吸收快,显效迅速。

(3) 能大批量生产,免去临时煎药的麻烦,应用方便。

(4) 服用量减小,便于携带、保存和服用。

(5) 多在液体中加入了矫味剂,口感好,易为人们所接受。

(6) 成品经灭菌处理,密封包装,质量稳定,不易变质。

2. 口服液的制作方法　一般分为浸提、净化、浓缩、分装、灭菌等工艺过程。

(1) 浸提:将原材料洗净,加工成片、段或粗粉。一般是按汤剂的煎煮方法进行浸提,由于1次投料量较多,故煎煮时间每次为1~2小时,取汁留渣,再进行煎煮,如此反复3次,合并汁液,滤过备用。

(2) 净化:为了减少口服液中的沉淀,需采用净化处理,过去多采用水提醇沉净化处理,目前采用酶处理法较好,可降低成本,提高质量。

(3) 浓缩:滤过后的提取液再进行适当浓缩。其浓缩程度,一般以每日服用量在

30~60ml 为宜。

口服液可根据需要选择添加矫味剂和防腐剂。常用的矫味剂有蜂蜜、单糖浆、甘草酸和甜菊苷等;防腐剂有山梨酸、苯甲酸和丙酸等。

（4）分装:在分装前,液体中加入了一定剂量的矫味剂、防腐剂,搅拌均匀后,可进行粗滤、精滤,装入无菌、洁净、干燥的指形管或适宜的容器中,密封。

（5）灭菌:分装后,采用多种灭菌法（如煮沸法、蒸汽法、热压法等）进行灭菌。

3. 口服液的质量检查　可按以下项目进行检查:外观检查（包括澄明度检查）、装置差异检查、卫生学检查、定性鉴别、有效成分含量的测定、相对密度测定等,这些项目的检查,基本上能有效地控制口服液的质量。

（十一）颗粒剂

1. 颗粒剂的概念及特点　颗粒剂是指原材料的提取物与适宜辅料或与部分原材料细粉混匀,制成的干燥颗粒状（晶状）剂型。颗粒剂中的原材料全部或大部分经过提取精制,体积缩小,运输、携带、服用方便,味甜适口。

2. 颗粒剂的分类及制法　颗粒剂按照溶解性能和溶解状态一般分为两种类型:可溶性颗粒剂、混悬性颗粒剂。

（1）可溶性颗粒剂:该颗粒剂加水能完全溶解,溶液澄清透明,无焦屑等杂质。

制作过程分为:提取、精制、制粒、干燥、整粒、质量检查、包装等步骤。

提取:大多数原材料用煎煮法提取。具体操作是将原材料切成片或段,或研成末,按常法煎煮,取汁留渣,加水再煮,如此反复3次,将汁液滤过合并,加热浓缩至稠膏状备用。也有因原材料成分的不同而采用渗漉法或浸渍法或回流法提取。

精制:将稠膏加入等量的95%乙醇,混合均匀,静置冷藏至少12小时,滤过,滤液回收乙醇后,再继续浓缩至稠膏状。

制粒:将精制过的稠膏或干膏细粉拌入一定量的水溶性赋形剂,混匀,再加入规定浓度的乙醇,之后通过颗粒机上一号筛（12~14目）制成颗粒。可溶性颗粒剂的赋形剂主要是蔗糖和糊精。蔗糖中以白砂糖为好。用前干燥、粉碎、过筛制成糖粉。大多数情况下,稠膏与糖粉的比例是1:2~1:4。保健食品不宜含糖量太高,可以用部分糊精代替糖粉,以减少糖粉的用量。

干燥:用烘箱、烘房、或远红外干燥机进行干燥。注意干燥时,一要迅速,二要温度适宜,温度控制在60~80℃较好。干燥程度,以颗粒中的水分控制在2%以内为宜。

整粒:颗粒干燥后,可能有黏着结块的现象,需用摇摆式颗粒机重新过筛,使颗粒更加均匀,筛出的细小颗粒可以再制粒。

包装:可以用复合塑料袋包装,其优点是不透湿、不透气、颗粒不易出现潮湿溶化的现象。

（2）混悬性颗粒剂:该颗粒剂用水冲后不能全部溶解,液体中有浮悬的细小物质。它是将一部分原材料提取制成稠膏,另一部分原材料粉碎成细末,二者混合制成颗粒。这种速溶饮多由含有较多的挥发性或热敏性成分的原材料制成。

混悬性颗粒剂的制作:普通原材料用水加热,煎煮提取汁液,汁液合并滤过,煎煮浓缩至稠膏待用;含有挥发性或热敏性成分的原材料粉碎成细粉,过筛（多用6号筛）备用。将稠膏、细粉、糖粉桉比例混合均匀成软材,通过1号筛（12~14目）制成湿颗粒,然后进行干燥,干燥后通过1号筛整粒、分装。

第三节　保健食品包装材料及技术要求

一、保健食品包装材料的选择

《食品安全法》规定"对直接接触食品的包装材料等具有较高风险的食品相关产品,按照国家有关工业产品生产许可证管理的规定实施生产许可"、"用于食品的包装材料和容器,指包装、盛放食品或者食品添加剂用的纸、竹、木、金属、搪瓷、陶瓷、塑料、橡胶、天然纤维、化学纤维、玻璃等制品和直接接触食品或者食品添加剂的涂料"。保健食品的包装材料主要参照预包装食品及药品包装材料的技术要求执行,其中与药品剂型一致的保健食品一般采用直接接触药品的包装材料和容器。

选择保健食品包装材料时,应遵循以下基本原则:

(一) 与保健食品相容性原则

保健食品包装材料应该不与被包装的保健食品发生反应,不吸附保健食品,不能有包装材料进入保健食品,而且不会改变保健食品的性能,如安全性、均一性、药效、质量或纯度。

(二) 无污染性与协调性原则

保健食品包装材料应该是洁净的,按照不同的剂型要求应该达到相应的标准,并且对在贮藏或使用时能损坏或污染保健食品的因素有可预见性。

其次,保健食品包装材料应与其包装所承担的功能相协调,并且能抵抗外界气候、抗微生物、抗物理化学等作用的影响,确保保健食品在有效期内的质量稳定,同时应密封、防篡改、防替换、防儿童误服用等。

(三) 美学性原则

保健食品包装材料是否符合美学,在一定程度上会左右一个保健食品的命运。从保健食品包装材料的选用来看,主要考虑包装材料的颜色、透明度、挺度、种类等,颜色不同,效果大不一样。如材料透明,使人一目了然,同时也便于控制保健食品的外观质量。

(四) 对等性原则

在选择保健食品包装材料时,除了必须考虑保证保健食品的质量外,还应考虑保健食品相应的价值。对于贵重药品或附加值高的保健食品,应选用价格性能比较高的保健食品包装材料;对于价格适中或较低的常用保健食品,除考虑美观外,还要多考虑经济性,其所用的保健食品包装材料应与之对等。

二、保健食品包装材料的种类

保健食品包装材料主要有纸、竹、木、金属、搪瓷、陶瓷、塑料、橡胶、天然纤维、化学纤维、玻璃等制品。玻璃材料具有高稳定性、不渗透特性的优点,可用来包装大部分的保健食品,是保健食品的良好容器,目前常用的药用玻璃有硼硅玻璃、钠钙玻璃等。塑料具有质轻、不易破碎等优点,占据了部分保健食品包装材料市场,目前常用的药用塑料有聚乙烯(polyethylene,PE)、聚丙烯(polypropylene,PP)、聚氯乙烯(polyvinyl chloride,PVC)、聚偏二氯乙烯(polyvinylidene chloride,PVDC)、聚对苯二甲酸乙二醇酯

(poly ethylene terephthalate，PET)、聚碳酸酯(polycarbonate，PC)等。

保健食品的包装材料也可以参照使用药品包装材料，国家食品药品监督管理总局制定并颁布实施了《药品包装用材料、容器管理办法(暂行)》，该规定根据药包材与药品的接触程度将药包材产品分为Ⅰ、Ⅱ、Ⅲ三类。Ⅰ类药包材指直接接触药品且直接使用的药品包装用材料、容器。Ⅱ类药包材指直接接触药品，但便于清洗，在实际使用过程中，经清洗后需要并可以消毒灭菌的药品包装用材料、容器。Ⅲ类药包材指Ⅰ、Ⅱ类以外其他可能直接影响药品质量的药品包装用材料、容器。药包材分类目录由国家食品药品监督管理总局制定、公布。其中，Ⅰ类药包材的注册向国家食品药品监督管理总局提出申请，Ⅱ、Ⅲ类药包材的注册向省、自治区、直辖市 FDA 提出申请，都应取得相应的注册批件。

(一)实施Ⅰ类注册管理的药包材产品

①药品包装用 PTP 铝箔；②药用 PVC 硬片；③药用塑料复合硬片；④复合膜(袋)；⑤固体、液体药用塑料瓶；⑥其他接触药品直接使用药包材产品。

(二)实施Ⅱ类注册管理的药包材产品

①药用玻璃管；②玻璃模制口服液瓶；③玻璃管制口服液瓶；④玻璃(黄料、白料)药瓶；⑤陶瓷药瓶；⑥中药丸塑料球壳；⑦其他接触药品便于清洗、消毒灭菌的药包材产品。

(三)实施Ⅲ类注册管理的药包材

①口服液瓶铝(合金铝)、铝塑组合盖；②除实施Ⅱ、Ⅲ类管理以外其他可能直接影响药品质量的药包材产品。

三、保健食品包装材料的技术要求

保健食品包装材料应符合的技术要求：

1. 一定的机械性能　包装材料应能有效地保护产品，因此应具有一定的强度、韧性和弹性等，以适应压力、冲击、振动等静力和动力因素的影响。

2. 阻隔性能　根据对产品包装的不同要求，包装材料应对水分、水蒸气、气体、光线、芳香气、异味、热量等具有一定的阻挡。

3. 良好的安全性能　包装材料本身的毒性要小，以免污染产品和影响人体健康；包装材料应无腐蚀性，并具有防虫、防蛀、防鼠、抑制微生物等性能，以保护产品安全。

4. 合适的加工性能　包装材料应宜于加工，易于制成各种包装容器应易于包装作业的机械化、自动化，以适应大规模工业生产。应适于印刷，便于印刷包装标志。

5. 较好的经济性能　包装材料应来源广泛、取材方便、成本低廉，使用后的包装材料和包装容器应易于处理，不污染环境、以免造成公害。

四、保健食品的包装形式

几千年来，我国中药流传下来的传统剂型多为丸、散、膏、丹、酒、露、汤、饮等，长期使用纸袋、纸盒、玻璃瓶、塑料袋、纸箱进行简单包装。随着保健食品产业的发展，新剂型的增多，以及质量检测控制手段的提高，以往简单的纸盒、塑料袋包装等已无法满足质量控制的要求。随着材料科学的发展和包装设计理念的更新，新的保健食品包装材料不断涌现，保健食品包装材料生产企业发展迅速，迅速摆脱以往包装简单

笔记

粗糙、款式陈旧、标签含糊不清、说明书无说明的落后形象。

目前,保健食品常根据物态将其分为固体剂型(如颗粒剂、胶囊剂、片剂、丸剂、锭剂等)、液体剂型(如糖浆剂、露剂等)。各种剂型对包装的要求各不相同,如颗粒剂的比表面积较大,其吸湿性与风化性都比较显著,所以颗粒剂的包装基本采用铝塑复合膜袋装。

(一) 保健食品液体制剂的包装

液体制剂包括糖浆剂、露剂、混悬液等,其包装材料包括容器(玻璃瓶、塑料瓶等)、瓶塞(如软木塞、橡胶塞、塑料塞等)、瓶盖(如金属盖、电木盖、塑料瓶帽等)、标签、硬纸盒、塑料盒、说明书、纸箱、木箱等。

(二) 保健食品固体制剂的包装

固体制剂包括颗粒剂、胶囊剂、片剂、丸剂、膜剂等,包装材料多种多样。根据剂量可分为单剂量包装和多剂量包装。单剂量包装,如胶囊剂、片剂常采用泡罩式包装(以无毒铝箔为底层材料和热成型塑料薄板经热压形成),由两层膜片(铝塑复合膜、双纸铝塑复合膜等)经黏合或加压形成的窄条式包装;颗粒剂通常采用各种 PE 和铝层或纸层复合膜袋装;丸剂常用蜡纸或锡纸包裹后,置于小硬纸盒或塑料盒内,应避免互相黏连和受压。

多剂量包装常用的容器有玻璃瓶(管)、塑料瓶(盒)及由软性薄膜、纸塑复合膜、金属箔复合膜等制成的药袋,容器内间隙处塞入干燥的软纸、脱脂棉或塑料盖内带弹性丝,防止震动。瓶口密封,可用铁螺盖内衬橡皮垫圈或加塑料内盖或以木塞封蜡,再加胶木盖旋紧。易吸湿变质的胶囊剂、片剂等,还可在瓶内加放一小袋烘干的硅胶作吸湿剂。

学习小结

1. 学习内容

保健食品工艺研究	保健食品的生产工艺	前处理	粉碎、筛析、混合
		提取与浓缩	煎煮、浸渍、渗漉、回流、水蒸汽蒸馏、超临界流体提取等
		分离与精制	沉降分离、离心分离、滤过分离;水提醇沉、醇提水沉、酸碱法沉淀等
	保健食品的形态与剂型		蜜膏、露、散剂、鲜汁、软胶囊、硬胶囊、片剂、茶饮、口服液、酒剂、颗粒剂
	保健食品的包装	包装	包装材料的种类、选择、技术要求

2. 学习方法

通过分析各剂型的特点与要求,掌握保健食品常见形态与剂的应用;通过对保健食品生产工艺中各单元操作的原理和技术要点的总结,掌握常见的前处理方法、提取与浓缩方法和分离精制方法。

复习思考题

1. 保健食品的常见形态和剂型有哪些?

2. 保健食品的形态和剂型与药品可采用的剂型是等同的,对吗?

3. 保健食品的生产工艺涉及哪些方面?

4. 中药保健食品的生产工艺研究,分离精制得越纯越好,对吗?

5. 举例说明如何根据剂型配备生产中药保健食品的硬件。

第六章

保健食品安全性毒理学与功能学评价研究

学习目的

掌握保健食品安全评价基本方法；掌握保健食品功能评价方法及一般要求；熟悉保健食品安全性与功能评价的一般要求；了解保健食品安全性与功能评价的相关技术规范。

学习要点

保健食品毒理学评价原则、试验阶段与试验原则、试验内容与结果判定原则；保健食品功能评价方法的一般要求。

第一节　保健食品安全性毒理学与功能学评价一般要求

保健食品的评价，包括毒理学评价，功能学评价和卫生学评价。保健食品声称具有保健功能，应当具有科学依据，不得对人体产生急性、亚急性或者慢性危害。这是对保健食品的基本要求。首先，保健食品所声称的保健功能应当具有科学依据，要建立在科学研究的基础上，有充足的研究数据和科学共识作为支撑，不能随意声称具有保健功能。其次，保健食品应当保证安全性，保健食品不得对人体产生任何健康危害。保证保健食品安全性应该从以下三个方面考虑：①保健食品所使用的原料应当能够保证对人体健康安全无害，符合国家标准和安全要求；②国家规定不可用于保健食品的原料和辅料、禁止使用的物品等不得作为保健食品的原料和辅料；③依法注册的保健食品，注册时应当提交保健食品的研发报告、安全性和保健功能评价等材料及样品，并提供相关证明文件；依法备案的保健食品，备案时应当提交表明产品安全性和保健功能材料。在本章中将介绍与保健食品安全性相关的保健食品原料要求、保健食品安全性评价方法、食品安全毒理学评价程序及方法，与保健食品功能性相关的功效评价原则及方法。保健食品的卫生评价则与普通食品相似，这里不再赘述。

新修订的保健食品原料目录中，已将单一物质的名单扩充为包括原料名称、用量和对应的功效的完整目录，以保障产品的安全和保健功能。保健食品的用量是指保证保健食品安全性和具备相应保健功能应当达到的最低和最高限量。功效是指保健食品原料在一定用量下的功效。原料或者用量的改变都有可能导致功效的改变。部分普通食品原料纳入了保健食品原料目录，保健食品原料目录中不仅规定了原料名

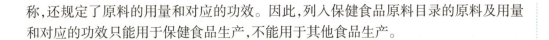

称,还规定了原料的用量和对应的功效。因此,列入保健食品原料目录的原料及用量和对应的功效只能用于保健食品生产,不能用于其他食品生产。

第二节　保健食品安全性毒理学评价方法

一、概述

(一)保健食品毒理学评价原则

对保健食品的毒理学评价是确保人群食用安全的前提,该评价应严格按照卫生部《食品安全性毒理学评价程序和方法》进行,主要评价食品生产、加工、贮藏、运输和销售过程中使用的化学和生物物质以及在这些过程中产生和污染的有害物质,食物新资源及其成分和新资源食品。对于保健食品原则上必须进行卫生部《食品安全性毒理学评价程序和方法》中规定的第一、二阶段的毒理学试验,必要时进行三、四阶段的毒理学试验。

(二)受试物要求

1. 以单一已知化学成分为原料的受试物,应提供受试物(必要时包括其杂质)的物理、化学性质(包括化学结构、纯度、稳定性等)。含有多种原料的配方产品,应提供受试物的配方,必要时应提供受试物各组成成分,特别是功效成分或代表性成分的物理、化学性质(包括化学名称、结构、纯度、稳定性、溶解度等)及检测报告等有关资料。

2. 提供原料来源、生产工艺、人的可能摄入量、使用说明书等有关资料。

3. 受试物应是符合既定配方和生产工艺的规格化产品,必须是在保健食品 GMP 认证车间生产的中试规模以上的样品,其组成成分、比例及纯度应与实际产品相同。

(三)受试物处理要求

对保健食品检验进行试验时应针对试验特点和受试物的理化性质进行相应的样品处理。

1. 介质选择　介质是帮助受试物进入实验系统或动物体内的重要媒介。应选择适合于受试物的溶剂、乳化剂或助悬剂。所选溶剂、乳化剂或助悬剂本身应不产生毒性作用,与受试物各成分之间不发生化学反应,且保持其稳定性。一般可选用蒸馏水、食用植物油、淀粉、明胶、羧甲基纤维素等材料。

2. 人可能摄入量较大的受试物处理　对人的可能摄入量较大的受试物,在按其摄入量设计实验剂量时,往往会超过动物的最大灌胃剂量或超过摄入饲料中的限量 (10%W/W),此时可允许去除既无功效又无安全问题的辅料部分(如淀粉、糊精等)后进行试验。

3. 袋泡茶类受试物处理　可将该受试物的水提取物进行试验,提取方法应与产品推荐饮用方法相同。如产品无特殊推荐饮用方法,可采用以下提取条件进行:常压、温度 80~90℃,浸泡时间 30 分钟,水量为受试物重量的 10 倍以上,提取 2 次,将提取液合并浓缩至所需浓度,并标明该浓缩液与原料的比例关系。

4. 膨胀系数较高的受试物处理　需要考虑受试物的膨胀系数对受试物给予剂量的影响,依次来选择合适的受试物给予方法(灌胃或掺入饲料)。

5. 液体保健食品需要采用浓缩处理时,应采用不破坏其中有效成分的方法,如使用温度 60~70℃,减压或常压蒸发浓缩、冷冻干燥等方法。

6. 含乙醇保健食品处理　当保健食品的推荐量较大时,在按其推荐剂量设计试验时,如该剂量超过动物最大灌胃容量,可将其浓缩。当乙醇浓度低于 15%(V/V) 的受试物时,浓缩后的乙醇应恢复至受试物定型产品原来的浓度。乙醇浓度高于 15% 的受试物,浓缩后应将乙醇浓度调整至 15%,并将各剂量组的乙醇浓度调整一致。不需要浓缩的受试物乙醇浓度 >15% 时,应将各剂量组的乙醇浓度调整至 15%。当进行 Ames 试验和果蝇试验时应将乙醇除去。在调整受试物的乙醇浓度时,原则上应使用该保健食品的酒基。

7. 含有人体必需营养素等物质保健食品处理　如产品配方中含有某一具有明显毒性的人体必需营养素(维生素 A、硒,等),在按其推荐量设计试验剂量时,如该物质的剂量达到已知毒作用剂量,在原有剂量设计的基础上,应考虑增设去除该物质或降低该物质剂量(如降至最大未观察到有害作用剂量,NOAEL)的受试物剂量组,以便对保健食品中其他成分的毒性作用及该物质与其他成分的联合毒性作用做出评价。

8. 益生菌等微生物类保健食品处理　益生菌类或其他微生物类等保健食品在进行 Ames 试验或体外细胞试验时,应将微生物灭活后进行。

9. 以鸡蛋等食物为载体的特殊保健食品处理　在进行喂养试验时,允许将其加入饲料,并按动物的营养需要调整饲料配方后进行试验。

二、保健食品安全性毒理学评价试验阶段与试验原则

毒理学评价,是对保健食品进行功能学评价的前提。保健食品或其功效成分,首先必须保证食用安全性。保健食品安全毒理学评价按照食品安全毒理学评价试验的阶段与实验原则进行,包括四个阶段和相关的要求。以普通食品原料和(或)药食两用品作原料的保健食品,可以不做毒理学试验。

(一)四个试验阶段

第一阶段:急性毒性试验,包括经口急性毒性(LD_{50})试验,联合急性毒性试验,一次最大耐受量试验。

第二阶段:遗传毒性试验、传统致畸试验、短期喂养试验。

遗传毒性试验的组合必须考虑原核细胞和真核细胞、生殖细胞与体细胞、体内和体外试验相结合的原则。

1. 基因突变试验　鼠伤寒沙门菌 / 哺乳动物微粒体酶试验(Ames 试验)为首选,其次考虑选用 V79/HGPRT 基因突变试验,必要时可另选其他试验;

2. 骨髓细胞微核试验或哺乳动物骨髓细胞染色体畸变试验;

3. TK 基因突变试验;

4. 小鼠精子畸形分析或睾丸染色体畸形分析;

5. 其他备选遗传试验　显性致死试验、果蝇伴性隐性致死试验,非程序性 DNA 合成试验;

6. 60 天喂养试验。

第三阶段:亚慢性毒性试验(90 天喂养试验)、繁殖试验和代谢试验。

第四阶段:慢性毒性实验(包括致癌试验)。

(二) 试验原则

保健食品特别是功效成分的毒理学评价可参照下列原则进行:

1. 以普通食品和卫生部规定的药食同源物质以及允许用作保健食品的物质以外的动植物或动植物提取物、微生物、化学合成物等为原料生产的保健食品,应对该原料和用该原料生产的保健食品分别进行安全性评价。该原料原则上按以下四种情况确定试验内容。用该原料生产的保健食品原则上须进行第一、二阶段的毒性试验,必要时进行下一阶段的毒性试验。

(1) 国内外均无食用历史的原料或成分作为保健食品原料时,应对该原料或成分进行四个阶段的毒性试验。

(2) 仅在国外少数国家或国内局部地区有食用历史的原料或成分,原则上应对该原料或成分进行第一、二、三阶段的毒性试验,必要时进行第四阶段毒性试验。主要包括以下两种情况:

1) 若根据有关文献资料及成分分析,未发现有毒或毒性甚微不至构成对健康损害的物质,以及较大数量人群有长期食用历史而未发现有害作用的动植物及微生物等,可以先对该物质进行第一、二阶段的毒性试验,经初步评价后,决定是否需要进行下一阶段的毒性试验。

2) 凡以已知的化学物质为原料,国际组织已对其进行过系统的毒理学安全性评价,同时申请单位又有资料证明我国产品的质量规格与国外产品的结果一致,一般不要求进行进一步的毒性试验,否则应进行第三阶段毒性试验。

(3) 在国外多个国家广泛食用的原料,在提供安全性评价资料的基础上,进行第一、二阶段毒性试验,根据试验结果决定是否进行下一阶段毒性试验。

2. 以卫生部规定允许用于保健食品的动植物或动植物提取物或微生物(普通食品和卫生部规定的药食同源物质除外)为原料生产的保健食品,应进行急性毒性试验、三项致突变试验(Ames 试验或 V79/HGPRT 基因突变试验,骨髓细胞微核试验或哺乳动物骨髓细胞染色体畸变试验,TK 基因突变试验或小鼠精子畸形分析或睾丸染色体畸变试验中选择)和 30 天喂养试验,必要时进行传统致畸试验和第三阶段毒性试验。

3. 以普通食品和卫生部规定的药食同源物质为原料生产的保健食品,分别根据以下情况确定试验内容:

(1) 以传统工艺生产且使用方式与传统使用方式相同的保健食品,一般不要求进行毒性试验。

(2) 以水提取配制生产的保健食品,如服用量为原料的常规用量,且有关资料未提示其具有不安全性的,一般不要求进行毒性试验。如服用量大于常规用量时,需进行急性毒性试验、三项致突变试验和 30 天喂养试验,必要时进行传统致畸试验。

(3) 用水提以外的其他常用工艺生产的保健食品,如服用量为原料的常规用量时,应进行急性毒性试验、三项致突变试验。如服用量大于原料的常规用量时,需增加 30 天喂养试验,必要时进行传统致畸试验和第三阶段毒性试验。

4. 用已列入营养强化剂或营养补充剂名单的营养素的化合物为原料生产的保健食品,如其原料来源、生产工艺和产品质量均符合国家有关要求,一般不要求进行毒性试验。

5. 针对不同食用人群和(或)不同功能的保健食品,必要时应针对性地增加敏感指标及敏感试验。

三、保健食品安全性毒理学评价试验目的与试验内容

毒理学研究需要实验动物来进行各种实脸,通过对动物的实验观察和分析来研究毒理作用,获得毒物的毒性、剂量-反应关系、毒作用机制等方面的资料,有关试验内容见文所述。

1. 急性毒性试验　通过测定获得 LD_{50}(半致死剂量),了解受试物的毒性强度、性质和可能的靶器官,为进一步进行毒性试验的剂量和毒性判定指标的选择提供依据,并根据 LD_{50} 进行毒性分级。

试验内容:口急性毒性(LD_{50})试验、联合急性毒性试验。

2. 遗传毒性试验、传统致畸试验、短期喂养试验

(1)遗传毒性试验:对受试物的遗传毒性以及是否具有潜在致癌作用进行筛选。

(2)传统致畸试验:了解受试物对胎仔是否具有致畸作用。

(3)短期喂养试验:对只需进行第一、二阶段毒性试验的受试物,在急性毒性试验的基础上,通过短期(30天喂养试验),进一步了解其毒性作用,并可初步估计最大无作用剂量。

试验内容:

(1)细菌致突变试验:鼠伤寒沙门菌/哺乳动物微粒体酶试验(Ames 试验)为首选项目,必要时可另选和加选其他试验。

(2)小鼠骨髓微核率测定或骨髓细胞染色体畸变分析。

(3)小鼠精子畸形分析和睾丸染色体畸变分析。

3. 亚慢性毒性试验(90天喂养试验)、繁殖试验和代谢试验　观察受试物以不同剂量水平经较长期喂养后对动物的毒性作用性质和靶器官,并初步确定最大作用剂量;了解受试物对动物繁殖及对仔代的致畸作用,为慢性毒性和致癌试验的剂量选择提供依据。其中通过代谢试验可以了解受试物在体内的吸收、分布和排泄速度以及蓄积性,寻找可能的靶器官;为选择慢性毒性试验的合适动物种系提供依据;了解有无毒性代谢产物的形成。

4. 慢性毒性试验(包括致癌试验)　了解经长期接触受试物后出现的毒性作用,尤其是进行性或不可逆的毒性作用以及致癌作用;最后确定最大无作用剂量和致癌的可能性,为受试物能否应用于保健食品的最终评价提供依据。

四、保健食品安全性毒理学试验结果判定

(一) 急性毒性试验

如 LD_{50} 剂量小于人的可能摄入量的100倍,则放弃该受试物用于保健食品,不再继续其他毒理学试验。如 LD_{50} 大于或等于100倍者,可考虑进入下一阶段毒理学试验。如动物未出现死亡的剂量大于或等于10g/kg BW(涵盖人体推荐量的100倍),则可进入下一阶段毒理学试验。对人的可能摄入量较大和其他一些特殊原料的保健食品,按最大耐受量给予最大剂量动物未出现死亡,也可进入下一阶段毒理学

试验。

（二）遗传毒性试验

根据受试物的化学结构、理化性质以及对遗传物质作用终点的不同，并兼顾体外和体内试验以及体细胞和生殖细胞的原则，在鼠伤寒沙门菌／哺乳动物微粒体酶试验（Ames 试验）、小鼠骨髓微核率测定、骨髓细胞染色体畸变分析、小鼠精子畸形分析和睾丸染色体畸变分析试验中选择四项试验，根据以下原则对结果进行判断。

如其中三项致突变试验（Ames 试验或 V79/HGPRT 基因突变试验，骨髓细胞微核试验或哺乳动物骨髓细胞染色体畸变试验，TK 基因突变试验或小鼠精子畸形分析或睾丸染色体畸变试验中选择）试验为阳性，则表示该受试物很可能具有遗传毒性作用和致癌作用，一般应放弃该受试物应用于保健食品，毋需进行其他项目的毒理学试验。如三项试验均为阴性，则可继续进行下一步的毒性试验。

如其中两项试验为阳性，而且短期喂养试验显示该受试物具有显著的毒性作用，一般应放弃该受试物用于食品；如短期喂养试验显示有可疑的毒性作用，则经初步评价后，根据受试物的重要性和可能摄入量等，综合权衡利弊再作出决定。

如其中一项试验为阳性，则再选择 V79/HGPRT 基因突变试验、显性致死试验果蝇伴性隐性致死试验，程序外 DNA 修复合成（UDS）试验中的两项遗传毒性试验。如再选的两项试验均为阳性，则无论短期喂养试验和传统致畸试验是否显示有毒性与致畸作用，均应放弃该受试物用于食品；如有一项为阳性，而在短期喂养试验和传统致畸试验中未见有明显毒性与致畸作用，则可进入第三阶段毒性试验。如四项试验均为阴性，则可进入第三阶段毒性试验。

（三）短期喂养试验

1. 对只要求进行第一、二阶段毒理学试验的受试物，若 30 天喂养试验的最大未观察到有害作用剂量大于或等于人的可能摄入量的 100 倍，综合其他各项试验结果可初步作出安全性评价。

2. 对于人的可能摄入量较大的保健食品，在最大灌胃剂量组或在饲料中的最大掺入量剂量组未发现有毒性作用，综合其他各项试验结果和受试物的配方、接触人群范围及功能等有关资料可初步做出安全性评价。

3. 若最小观察到有害作用剂量小于或等于人的可能摄入量的 100 倍，或观察到毒性反应的最小剂量组其受试物在饲料中的比例小于或等于 10%，且剂量又小于或等于人的可能摄入量的 100 倍，原则上应放弃该受试物用于保健食品。但对某些特殊原料和功能的保健食品，在小于或等于人的可能摄入量的 100 倍剂量组，如果个别指标实验组与对照组出现有生物学意义的差异，要对其各项试验结果和受试物的配方、理化性质及功能和接触人群范围等因素综合分析后，决定受试物可否用于保健食品或进入下一阶段毒性试验。

（四）传统致畸试验、90 天喂养试验、繁殖试验

1. 传统致畸试验　以 LD_{50} 或 30 天喂养实验的最大未观察到有害作用剂量设计的受试物各剂量组，如果在任何一个剂量组观察到受试物的致畸作用，则应放弃该受试物用于保健食品，如果观察到有胚胎毒性作用，则应进行进一步的繁殖试验。

2. 90 天喂养试验、繁殖试验　国外少数国家或国内局部地区有食用历史的原料或成分,如最大未观察到有害作用剂量大于人的可能摄入量的 100 倍,可进行安全性评价。若最小观察到有害作用剂量小于或等于人的可能摄入量的 100 倍,或最小观察到有害作用剂量组其受试物在饲料中的比例小于或等于 10%,且剂量又小于或等于人的可能摄入量的 100 倍,原则上应放弃该受试物用于保健食品。

国内外均无使用历史的原料或成分,根据这两项试验中的最敏感指标所得最大未观察到有害作用剂量进行评价的原则是:

(1) 最大未观察到有害作用剂量小于或等于人的可能摄入量的 100 倍者表示毒性较强,应放弃该受试物用于保健食品。

(2) 最大未观察到有害作用剂量大于 100 倍而小于 300 倍者,应进行慢性毒性试验。

(3) 大于或等于 300 倍者则不必进行慢性毒性试验,可进行安全性评价。

(五) 慢性毒性(包括致癌)试验

根据慢性毒性试验所得的最大无作用剂量进行评价,其原则是:

1. 最大未观察到有害作用剂量小于或等于人的可能摄入量的 50 倍者,表示毒性较强,应放弃该受试物用于保健食品。

2. 未观察到有害作用剂量大于 50 倍而小于 100 倍者,经安全性评价后,决定该受试物可否用于保健食品。

3. 最大未观察到有害作用剂量大于或等于 100 倍者,则可考虑允许使用于保健食品。

根据致癌试验所得的肿瘤发生率、潜伏期和多发性等进行致癌试验判定的原则是:凡符合下列情况之一,并经统计学处理有显著性差异者,可认为致癌试验结果阳性。若存在剂量反应关系,则判断阳性更可靠。

1. 肿瘤只发生在试验组动物,对照组中无肿瘤发生。

2. 试验组与对照组动物均发生肿瘤,但试验组发生率高。

3. 试验组动物中多发性肿瘤明显,对照组中无多发性肿瘤,或只是少数动物有多发性肿瘤。

4. 试验组与对照组动物肿瘤发生率虽无明显差异,但试验组中发生时间较早。

(六) 受试物添加剂剂量

若受试物掺入饲料的最大量或液体受试物经浓缩后仍达不到最大未观察到有害作用剂量为人的可能摄入量的规定倍数时,综合其他的毒性试验结果和实际食用或饮用量进行安全性评价。

五、保健食品安全性毒理学评价需考虑因素

为获得客观正确的保健食品毒理学安全性评价结果,在试验中必须考虑人群、保健食品剂型、时间 - 毒性效应、安全系数、动物等因素。

1. 实验指标的统计学意义和生物学意义　在分析试验组与对照组指标统计学上差异的显著性时,应根据其有无剂量反应关系、同类指标横向比较及与本实验室的历史性对照值范围比较的原则等来综合考虑指标差异有无生物学意义。此外如在受试物组发现某种肿瘤发生率增高,即使在统计学上与对照组比较差异无显著性,仍要给

以关注。

2. 生理作用与毒性作用 对实验中某些指标的异常改变,在结果分析评价时要注意区分是生理学表现还是受试物的毒性作用。

3. 时间-毒性效应关系 对由受试物引起的毒性效应进行分析评价时,要考虑在同一剂量水平下毒性效应随时间的变化情况。

4. 特殊人群和敏感人群 对孕妇、乳母或儿童食用的保健食品,应特别注意其胚胎毒性或生殖发育毒性、神经毒性和免疫毒性。

5. 推荐摄入量较大的保健食品 应考虑给予受试物量过大时,可能影响营养素摄入量及其生物利用率,从而导致某些毒理学表现,而非受试物的毒性作用所致。

6. 含乙醇的保健食品 对试验中出现的某些指标的异常改变,在结果分析评价时应注意区分是乙醇本身还是其他成分的作用。

7. 动物年龄对实验结果的影响 对某些功能类型的保健食品进行安全性评价时,对实验中出现的某些指标的异常改变,要考虑是否因为动物年龄选择不当所致而非受试物的毒性作用,因为幼年动物和老年动物可能对受试物更为敏感。

8. 安全系数 将动物毒性试验结果外推到人时,鉴于动物、人的种属和个体之间的生物学差异,安全系数通常为100,但可根据受试物的原料来源、理化性质、毒性大小、代谢特点、蓄积性、接触的人群范围、食品中的使用量和人的可能摄入量、使用范围及功能等因素来综合考虑其安全系数的大小。

9. 人体资料 由于存在着动物与人之间的种属差异,在评价保健食品的安全性时,应尽可能收集人群食用受试物后反应的资料;必要时在确保安全的前提下,可遵照有关规定进行人体试食试验。志愿受试者体内的代谢资料对于将动物实验结果推论到人具有重要意义。在确保安全的条件下,可以考虑按照有关规定进行必要的人体试食试验。

10. 综合评价 在对保健食品进行最后评价时,必须综合考虑受试物的原料来源、理化性质、毒性大小、代谢特点、蓄积性、接触的人群范围、食品中的使用量与使用范围、人的可能摄入量及保健功能等因素,确保其对人体健康的安全性。对于已在食品中应用了相当长时间的物质,对接触人群进行流行病学调查具有重大意义,但往往难以获得剂量-反应关系方面的可靠资料;对于新的受试物质,则只能依靠动物试验和其他试验研究资料。然而,即使有了完整和详尽的动物试验资料和一部分人类接触者的流行病学研究资料,由于人类的种族和个体差异,也很难做出保证每个人都安全的评价。即绝对的安全实际上是不存在的。根据实验资料,进行最终评价时,应全面权衡做出结论。

11. 食品安全性毒理学评价应由国家认定的保健食品安全性毒理学检验机构承担。

安全性评价的依据不仅是科学实验的结果,与当时的科学水平、技术条件以及社会因素均密切有关。因此,随着时间的推移,很可能结论也不同。随着情况的不断改变,科学技术的进步和研究的不断进展,有必要对已通过评价的受试物进行重新评价,做出新的科学结论。

第三节　保健食品功能学评价的基本要求

对保健食品进行功能学评价是保健食品科学研究的核心内容,主要针对保健食品所宣称的生理功效进行动物学甚至是人体实验。本节中阐述评价保健食品的统一程序和试验规程。

一、保健食品功能学评价的动物试验规程

(一) 对受试样品要求

1. 应提供受试样品的原料组成或尽可能提供受试样品的物理、化学性质(包括化学结构、纯度、稳定性等)有关资料。

2. 受试样品必须是规格化的定型产品,必须是在保健食品 GMP 认证车间生产的中试规模以上的样品,符合既定的配方、生产工艺及质量标准。

3. 提供受试样品的安全性毒理学评价的资料以及卫生学检验报告,受试样品必须是已经过食品安全性毒理学评价确认为安全的食品。功能学评价的样品与安全性毒理学评价、卫生学检验的样品必须为同一批次(安全性毒理学评价和功能学评价实验周期超过受试样品保质期的除外)。

4. 应提供功效成分或特征成分、营养成分的名称及含量。

5. 如需提供受试样品违禁药物检测报告时,应提交与功能学评价同一批次样品的违禁药物检测报告。

(二) 对实验动物要求

1. 根据各项实验的具体要求,合理选择实验动物。常用大鼠和小鼠,品系不限,推荐使用近交系动物。

2. 动物的性别、年龄依实验需要进行选择。实验动物的数量要求为小鼠每组 10~15 只(单一性别),大鼠每组 8~12 只(单一性别)。

3. 动物应符合国家对实验动物的有关规定。

(三) 对给受试样品剂量及时间要求

1. 各种动物实验至少应设 3 个剂量组,另设阴性对照组,必要时可设阳性对照组或空白对照组。剂量选择应合理,尽可能找出最低有效剂量。在 3 个剂量组中,其中一个剂量应相当于人体推荐摄入量(折算为每公斤体重的剂量)的 5 倍(大鼠)或 10 倍(小鼠),且最高剂量不得超过人体推荐摄入量的 30 倍(特殊情况除外),受试样品的功能实验剂量必须在毒理学评价确定的安全剂量范围之内。

2. 给受试样品的时间应根据具体实验而定,原则上至少 1 个月。当给予受试样品的时间已达 30 天而实验结果仍为阴性时,则可终止实验。

(四) 受试样品处理要求

1. 受试样品推荐量较大,超过实验动物的灌胃量、掺入饲料的承受量等情况时,可适当减少受试样品的非功效成分的含量。

2. 对于含乙醇的受试样品,原则上应使用其定型的产品进行功能实验,其三个剂量组的乙醇含量与定型产品相同。如受试样品的推荐量较大,超过动物最大灌胃量时,允许将其进行浓缩,但最终的浓缩液体应恢复原乙醇含量,如乙醇含量超过 15%,

允许将其含量降至 15%。调整受试样品乙醇含量应使用原产品的酒基。

3. 液体受试样品需要浓缩时,应尽可能选择不破坏其功效成分的方法。一般可选择 60~70℃减压进行浓缩。浓缩的倍数依具体实验要求而定。

4. 对于以冲泡形式饮用的受试样品(如袋泡剂),可使用该受试样品的水提取物进行功能实验,提取的方式应与产品推荐饮用的方式相同。如产品无特殊推荐饮用方式,则采用下述提取的条件:常压,温度 80~90℃,时间 30~60 分钟,水量为受试样品体积的 10 倍以上,提取 2 次,将其合并浓缩至所需浓度。

(五) 给受试样品方式要求

必须经口给予受试样品,加入饮水或掺入饲料中,计算受试样品的给予量。不能加入饮水或掺入饲料的可选择灌胃。

(六) 合理设置对照组要求

以载体和功效成分(或原料)组成的受试样品,当载体本身可能具有相同功能时,应将该载体作为对照。

二、保健食品功能学评价的人体试食试验规程

人体实验必须在完成毒理试验后进行,评价食品保健作用时要考虑的因素如下:

1. 人的可能摄入量　除一般人群的摄入量外,还应考虑特殊的和敏感的人群(如儿童、孕妇及高摄入量人群)。

2. 人体资料　由于存在动物与人之间的种属差异、在将动物试验结果外推到人时,应尽可能收集人群服用受试物的效应资料及已完成的安全性毒理学评价资料,若体外或体内动物试验未观察到或不易观察到食品的保健效应或观察到不同效应,而有关资料提示对人有保健作用时,在保证安全的前提下,应进行必要的人体试食试验。

3. 结果的重复性和剂量 - 反应关系　在将评价程序所列试验的阳性结果用于评价食品的保健作用时,应考虑结果的重复性和剂量 - 反应关系,并由此找出其最小有作用剂量。

4. 食品保健作用的检测及评价应由国家认定的保健食品功能学检验机构承担。

学习小结

1. 学习内容

保健食品安全性与功能评价研究	保健食品安全性与功能评价的一般要求	保健食品安全性与功能评价的依据与基本要求
	保健食品安全性评价的方法	保健食品毒理学评价原则、试验阶段与试验原则、试验目的与试验内容、试验结果判定、保健食品毒理学安全性评价需考虑因素
	保健食品功能评价的方法	保健食品的保健功能评价试验的基本要求

2. 学习方法

通过对保健食品安全性与功能性有关要求的总结,理解保健食品安全性与功能

性的评价范围;通过分析保健食品毒理学试验的原则、内容及结果判定等,掌握保健
食品安全性评价的基本方法;掌握保健食品功能学评价程序的一般方法。

复习思考题

1. 保健食品安全性与功能评价的一般要求有哪些?
2. 对保健食品进行安全评价时对受试物有哪些要求?
3. 保健食品毒理学评价包括哪些内容? 如何判定试验结果?
4. 保健食品功能学评价的基本要求有哪些?

保健食品质量评价研究

第一节　保健食品质量检测方法

一、概述

　　2015 年 5 月 24 日实施的《GB16740-2014 食品安全国家标准 保健食品》进一步明确了"保健食品"的概念:"声称并具有特定保健功能或者以补充维生素、矿物质为目的的食品。即适用于特定人群食用,具有调节机体功能,不以治疗疾病为目的,并且对人体不产生任何急性、亚急性或慢性危害的食品"。根据保健食品的定义,我国保健食品分为两类:一是调节机体功能的保健食品。国家食品药品监督管理总局公布的保健食品有 27 种功能,有增强免疫力功能、缓解体力疲劳功能、辅助降血脂功能、辅助降血糖功能、辅助降血压功能、减肥功能等;二是营养素补充剂,以补充一种或多种维生素、矿物质而不以提供能量为目的的产品,其作用是补充膳食供给的不足,预防营养缺乏和降低发生某些慢性退行性疾病的危险性,此类产品仅限于补充维生素和矿物质。

　　保健食品功效成分主要分为碳水化合物、蛋白质、酶及氨基酸、脂肪和脂肪酸、维生素、皂苷类、黄酮类以及微量元素,其中碳水化合物主要包括糖类和纤维素。其功效成分的质量直接影响保健食品的质量。

　　此外,保健食品的原料在生长、采集、贮存等过程中,由于环境条件等各个方面因素的影响,易存在农药残留及毒素,影响保健食品质量,且在其加工处理过程中易

141

出现微生物、重金属或食品添加剂等含量不符合规定,所以还需对其进行卫生质量分析。其中微生物的检验一般是选用特定培养基培养再经生化试验进行鉴定。综上所述,保健食品的质量控制主要包括两个方面:一是其功能成分的质量控制,二是其从原料的采集到加工处理各个过程的质量控制。下面主要介绍保健食品中常用的质量控制方法。

二、功效成分的检测方法

基于保健食品功效成分的多样性,欲保证保健食品的质量,首先要有一套完整的质量检测体系,以控制其内在质量。对功效成分清楚的产品,建立其定性、定量的方法,方法特异性强的可直接定量,无特异性的定量方法,应有特异的定性方法,起到鉴别真伪、确定有效成分的作用。对功效成分不清楚的产品,建立其主原料的定性、定量方法,以确定产品中药材的存在及含量。对无特异性测定方法的产品可用共性成分的测定方法为过渡方法,充分利用现代科学的分析方法,如薄层色谱法、气相色谱法、高效液相色谱法、质谱法等。

(一) 薄层色谱法

薄层色谱法是利用混合物中各组分物理化学性质的差异(如吸附力、分子形状及大小、分子亲和力、分配系数等),使各组分在两相(一相为固定的,称为固定相;另一相流过固定相,称为流动相)中的分布程度不同,从而使各组分以不同的速度移动而达到分离的目的。薄层色谱法由于影响方法精密度的因素较多,定性多于定量。保健食品中皂苷类、黄酮类以及少部分的碳水化合物、维生素的定性鉴别多用薄层色谱法(TLC 法)。

1. 皂苷类　皂苷的极性较大,亲水性强的皂苷一般要求硅胶的吸附活性较弱一些,展开剂的极性要大些,才能得到较好的分离效果。常用的展开剂有:氯仿 - 甲醇 - 水(65∶35∶10)(下层)、水饱和的正丁醇、正丁醇 - 乙酸乙酯 - 水(4∶1∶5)、乙酸乙酯 - 吡啶 - 水(3∶1∶3)、乙酸乙酯 - 乙酸 - 水(8∶2∶1)、氯甲烷 - 甲醇(7∶3)。

亲脂性皂苷和皂苷元的极性较小,以硅胶为吸附剂,展开剂的亲脂性要求强些,常用的展开剂有:环己烷 - 乙酸乙酯(1∶1)、苯 - 乙酸乙酯(1∶1)、氯甲烷 - 乙酸乙酯(1∶1)、苯 - 丙酮(1∶1)、氯甲烷 - 丙酮(95∶5)。

皂苷属于甾、萜类衍生物,能用三氯化锑试剂、三氯醋酸试剂、25% 磷钼酸乙醇液、10% 浓硫酸乙醇液等作为显色剂。

皂苷的 TLC 法可以通过各种药材的皂苷 TLC 图谱或皂苷 R_f 值鉴别药材或某皂苷的存在,同时通过 TLC 图谱的扫描图谱与标准品比较进行定量测定。

2. 黄酮类　保健食品中涉及含有黄酮的中药材有银杏、茶叶等。其定性鉴别原理同皂苷。

(二) 薄层扫描法

薄层扫描法是以一定波长的光照射展开后的薄层色谱板,测定其对光的吸收或所发出的荧光,进行定量分析的方法。薄层扫描仪种类很多,其原理与双波长分光光度计相似,从光源发出的光,通过两个单色器分光后,成为不同波长的 λs(测定波长)和 λ_R(参比波长),斩光器使它们交替地照射到薄层上,经透射或反射后分别由光电倍增管接收,再输出电讯号,由对数放大器变换成吸光度,记录下的讯号是 λs 和 λ_R 两波长吸光度之差。通常是选择斑点中化合物的吸收峰波长作为测定波长,选择化合物吸收光谱的基线部分,即化合物无吸收的波长作为参比波长。薄层扫描法一般可分为吸收扫描法和荧光扫描法。

保健食品中的绿原酸经乙醇提取后,在聚酰胺 -6 薄膜上,以 36% 醋酸为展开剂上行展开,采用薄层扫描仪(测定波长 345nm)进行测定。

(三) 气相色谱法

气相色谱法系采用气体为流动相(载气)流经装有填充剂的色谱柱进行分离测定的色谱方法。物质或其衍生物气化后,被载气带入色谱柱进行分离,各组分先后进入检测器,用数据处理系统记录色谱信号。此法适用于保健食品中部分糖类、脂类的含量测定。

1. 糖类 保健品中含有蔗糖、棉籽糖、水苏糖等低聚糖的豆制品及山梨糖醇、麦芽糖醇、甘露糖醇等以糖醇类为重要功能成分的保健品适用此法。用气相色谱法(GC),设定适宜的条件,一次就能对多种糖及糖醇进行分析。GC 法中最重要的是制备 TMS 衍生物,固定相用 2% Silicone OV-17 [担体 Chromosorb W(AW,DMCS)],采用 10℃/min 的程序升温分析,进样口温度高达 350℃各种低聚糖分离效果良好。固定相用 2% Silicone DC QF-1 [担体 Chromosorb W(AW,DMCS)],程序升温约 20 分钟,可以分离定量果糖、葡萄糖、蔗糖、麦芽糖、甘露糖醇、山梨糖醇及麦芽糖醇。当甘露糖醇与山梨糖醇共存时可以用 TFA 衍生物和 5% Silicone XE-60 固定液 [担体 Chromosorb W(AW,DMCS)]的组合进行 GC 分析,将两者分离定量。也可用乙酰衍生物和 5% ECNSS-M 固定液[担体 Chromosorb W(AW,DMCS)]的组合来鉴定。

2. 脂类 保健食品中脂类化合物花生四烯酸、γ- 亚麻酸等可用气相色谱法测定其含量,方法可靠,组分分离效果良好。此外,花生四烯酸(AA,$C_{20:4}$),二十二碳六烯酸(DHA,$C_{22:6}$)还可采用 GC/MS 内标法进行定量测定,此法能较好排除和避免分析过程中的干扰因素和影响,相对偏差 ≤0.14%。

(四) 高效液相色谱法

高效液相色谱法(HPLC)系采用高压输液泵将规定的流动相泵入装有填充剂的色谱柱,对供试品进行分离测定的色谱方法。注入的供试品,由流动相带入柱内,各组分在柱内被分离,并依次进入检测器,由积分仪或数据处理系统记录和处理色谱信号。

保健食品中糖类、氨基酸、脂肪、维生素、皂苷、黄酮等均可用此法作定性定量分析。

1. 糖类 低聚糖的测定方法主要是色谱法,如 HPLC 法、TLC 法等,在定性的同时,计算各糖的相对百分含量,如有标准糖,可计算样品中糖的含量。表 7-1 列出了各种低聚糖的 HPLC 法。

2. 氨基酸 目前测定氨基酸的HPLC法主要有两种,一是离子交换柱分离,柱后衍生化的方法,衍生化试剂有邻苯二甲醛、茚三酮,此方法分析时间长,柱子平衡慢;二是柱前衍生化反相色谱法,衍生化试剂有6-氨基喹啉-*N*-羟基琥珀酰亚胺基氨基甲酸酯、异硫氰酸苯,此方法分析时间短。保健食品中的氨基酸以游离氨基酸型或蛋白肽型形式存在,游离氨基酸可以直接分析,而蛋白质中的氨基酸要水解成游离氨基酸后再分析。水解方法有多种,一般氨基酸分析用酸水解,色氨酸分析用

表 7-1 各种低聚糖的 HPLC 法

检测样品	样品处理	检测方法
乳制品： 果糖,右旋葡萄糖,蔗糖,麦芽糖,乳糖	称取均匀的样品 0.5~10g,于 150ml 带有磁力搅拌子的烧杯中,加水约 50g 溶解,缓慢加入乙酸锌溶液和亚铁氰化钾溶液各 5ml,再加水至溶液总质量约为 100g,磁力搅拌 30 分钟,放至室温后,用干燥滤纸过滤,取约 2ml 滤液用 0.45μm 微孔滤膜过滤或离心获取清液至样品瓶	柱:氨基色谱柱(4.6mm × 250mm) 流动相:乙腈 - 水(85 : 15),1.0ml/min 检测器:示差折光
玉米糖浆： 麦芽糖,右旋葡萄糖	称取 1~2g 均匀样品于 50ml 容量品,加水至溶液总质量约为 50g,充分摇匀,用 0.45μm 微孔滤膜过滤或离心获取清液至样品瓶中	柱:氨基色谱柱(4.6mm × 250mm) 流动相:乙腈 - 水(85 : 15),1.0ml/min 检测器:示差折光
大豆低聚糖： 水苏糖,棉籽糖	称取 1~3g 粉状样品,加水溶解,定量至 50ml,用 0.45μm 水相膜过滤;若滤液加水溶解后,溶液浑浊,取 5ml 溶液于 10ml 容量瓶中,用 95% 乙醇定容,混匀,用 0.45μm 有机膜过滤	柱:胺结合型柱(氨基键合型柱) 流动相:乙腈 - 水(70 : 30),1.0ml/min 检测器:示差折光
含二氧化碳的饮料： 果糖,葡萄糖,蔗糖,乳糖	吸取去除了二氧化碳的样品 50ml,移入 100ml 容量瓶中,缓慢加入乙酸锌溶液和亚铁氰化钾溶液各 5ml,放置室温后,用水定容至刻度,摇匀,静置 30 分钟,用干燥滤纸过滤,取约 2ml 滤液用 0.45μm 微孔滤膜过滤或离心获取清液至样品瓶	柱:氨基色谱柱(4.6mm × 250mm) 流动相:乙腈 - 水(85 : 15),1.0ml/min 检测器:示差折光

碱水解,半胱氨酸、蛋氨酸分析用氧化酸水解。

3. 脂肪酸类 脂肪酸衍生化后,经反相色谱柱分离,根据脂肪酸含有不同的碳原子数和双键数目,由大到小的顺序流出,紫外检测器 242nm 检测,外标法测定。

4. 皂苷 皂苷的 HPLC 法可用十八烷基硅烷键合硅胶、氨基键合硅胶等柱,酸性皂苷可用离子对法或离子抑制法,检测器可用紫外检测器,波长在 203nm 左右。表 7-2 列出了各种皂苷的 HPLC 法。

5. 黄酮类 黄酮类化合物可用正、反相 HPLC 法进行分离和测定。

正相色谱的适用性:含甲氧基黄酮类成分的样品,可直接苯提取分析,含有羟基黄酮或苷类成分的药材,可制备成酰化物后进行分析。

反相色谱的适用性:分离黄酮苷及苷元的常用固定相为 C_8 或 C_{18} 的键合相,在流动相中加入少量酸,能使峰形变得更为尖锐。

(五) 分光光度法

分光光度法是通过测定被测物质在特定波长处或一定波长范围内的吸光度或发光强度,对该物质进行定性和定量分析的方法。

常用的波长范围为:①200~400nm;②400~760nm 见光区;③760~2500nm 红外光区;2.5~25μm(按波数计为 4000~400cm^{-1})的中红外光区。所用仪器为紫外分光光度计、

表7-2　各种皂苷的 HPLC 法

组分（按出峰顺序）	样品处理	色谱条件
人参皂苷 Rg₁ 人参皂苷 Re 人参皂苷 Rf 人参皂苷 Rb₁ 人参皂苷 Rb₂ 人参皂苷 Rb₃ 人参皂苷 Rd	样品加入 100ml 乙醚于索氏提取器中，提取 1 小时，弃去乙醚，待残渣中乙醚挥干后，再加入甲醇回馏 8 小时，提取液在 60℃ 水浴条件下，经旋转蒸发仪减压浓缩至近干，氮气吹干，加入 4ml 去离子水充分摇匀。取 2ml 注入预先活化好的 SPE C₁₈ 柱中，待液面与柱筛板近平时，倒入 10ml 去离子水淋洗 SPE C₁₈ 柱，弃去流出液，待淋洗液液面与柱筛板近平时，加入 25ml 乙醇溶液洗脱 SPE C₁₈ 柱，收集洗脱液于 50ml 刻度试管中，氮气吹至 25ml 以下，用甲醇定容至 25ml，混匀后，用 0.2μm 滤膜过滤，待测	色谱柱：C₁₈（4.6mm×300mm，5μm） 流动相：a. 水；b. 甲醇；梯度洗脱（b 的比例）：0~20min，52%；20~23min，52%→57%；23~36min，57%；36~39min，57%→65%；39~71min，65%；71~74min，65%→52%；74~84min，52% 流速：0.8ml/min 柱温：47℃ 检测器：UV 202nm
三七皂苷 R₁ 人参皂苷 Rg₁	2.0g 样品，加 8~10 倍量甲醇，超声提取 60 分钟，离心，重复提取 3 次，合并上清液，浓缩，然后用 0.5μm 滤膜过滤，定容至 50ml	色谱柱：YWG-C₁₈（4.6mm×250mm，5μm） 流动相：a. 水；b. 乙腈；梯度洗脱（b 的比例）：0~6min，20%→30%；6~14min，30% → 40%；14~20min，40%→30%；20~30min，30%→20%； 流速：1.0ml/min 柱温：室温 检测器：UV 203nm

可见分光光度计（或比色计）、红外分光光度计或原子吸收分光光度计。

物质对光的选择性吸收波长，以及相应的吸收系数是该物质的物理常数。当已知某纯物质在一定条件下的吸收系数后，可用同样条件将该供试品配成溶液，测定其吸光度，即可由相应的公式计算出供试品中该物质的含量。在可见光区，除某些物质对光有吸收外，很多物质本身并没有吸收，但可在一定条件下加入显色试剂或经过处理使其显色后再测定，故又称比色分析。

保健食品中皂苷、黄酮及部分糖类、蛋白质、维生素等的含量测定可用此法。分光光度法更多用于保健食品功能成分总含量的测定，如总皂苷、总黄酮的测定。

三、重金属的检测方法

重金属的测定分析方法包括比色法、原子吸收光谱法、极谱法、离子选择性电极法等，但最常用的是原子吸收光谱法，它具有选择性和灵敏度都高的特点。

原子吸收光谱法（atomic absorption spectroscopy，AAS），又称原子吸收分光光度法，是一种根据特定物质基态原子蒸气对特征辐射的吸收来对元素进行定量分析的方法。

原子吸收光谱仪主要由锐线光源、原子化器（与试液相连）、分光系统、检测系统和电源同步调制系统组成。在测定特定元素含量时，用该元素的锐线光源发射出特征辐射,试液在原子化器中发生雾化并解离为气态基态原子,它吸收通过该区的元素特征辐射使后者得到减弱,经过色散系统和检测系统后测得吸光度,最后根据吸光度与被测定元素浓度之间的线性关系,进行该元素的定量分析。最常用的分析方法为标准曲线法,即配制一系列不同浓度的标准溶液,在相同测定条件下用空白溶液调整零吸收,根据标准溶液浓度和吸光度绘制吸光度 - 浓度标准曲线,测定试样溶液的吸光度,并用内插法在标准曲线上求得试样中被测定元素的含量。

四、农药残留和真菌毒素的检测方法

保健食品中的农药残留主要包括有机磷类和有机氯类,根据农药的化学特性和毒理学性质,有机氯类主要用色谱法检测,有机磷类测定方法有色谱法和酶抑制法(EIM)。

酶抑制法是由于有机磷农药能抑制乙酰胆碱酯酶(AchE)的活性,使该酶分解乙酰胆碱的速度减慢或停止,再利用一些特定的颜色反应来反映被抑制程度,用目测颜色的变化或分光光度计测定吸光度值,计算出抑制率,就可以判断出样品中农药残留的情况。

保健食品中存在的真菌毒素绝大部分为黄曲霉毒素,其检测方法有薄层色谱法、微柱筛选法、高效液相色谱法。微柱筛选法是指将试样提取液通过由氧化铝与硅镁吸附剂组成的微柱层析管,杂质被氧化铝吸附,黄曲霉毒素被硅镁吸附剂吸附,在 365nm 紫外线下呈蓝紫色荧光,其荧光强度在一定范围内与黄曲霉毒素的含量成正比,以此可测定黄曲霉毒素的总含量。

五、食品添加剂的检测方法

为改善保健食品的色、香、味以及防腐和加工的需要,常在保健食品中加入一些化学合成物或天然物质,即食品添加剂。常见的添加剂有防腐剂、甜味剂、抗氧剂、着色剂,如山梨酸、苯甲酸等。一般方法为添加剂与特定试剂在一定条件下发生颜色或沉淀反应以及重量法以判断其有无,用色谱法判断其含量。

六、其他检测方法

其他方法如滴定法、盐析法、水解法也可用于保健食品的质量控制,根据其与化学试剂及在化学仪器中发生的颜色反应、盐析、水解等不同反应结果分析保健食品的质量。

第二节　保健食品的卫生学检验

依据《GB 14881-2013 食品安全国家标准 食品生产通用卫生规范》《GB 16740-2014 食品安全国家标准 保健食品》,保健食品需要进行卫生学检验,包括微生物限量、污染物限量、真菌毒素限量等卫生学检验。

一、保健食品的卫生学检验

食品的卫生学检验目的是检查食品中是否含有或被污染有毒、有害物质,判定是否符合卫生标准的要求,从而保证食用的安全性。保健食品作为食品的一个种类,确

定卫生学检验项目的原则有如下几点。

1. 产品应符合《GB16740-2014 食品安全国家标准 保健食品》的各项卫生指标的要求：砷、铅、汞、菌落总数、大肠菌群、霉菌和酵母、金黄色葡萄球菌、沙门菌提出了限量指标，所有的保健食品的检验指标都应符合这个标准。

2. 检验保健食品的食品原料是否符合卫生标准要求：相当一部分保健食品是在正常食品中（如奶粉、酒类）加入一些特殊成分后构成的，这些正常的食品应符合相应的卫生标准要求。

3. 保健食品的功效成分应对人体不构成危害：保健食品与普通食品的最大区别在于前者含有的特殊功效成分，这些成分往往是外来加入的非正常食用物质，其中含有或可能含有对人体构成危害的有毒、有害物质。如鱼油、磷脂中含有过多的过氧化物、低级羧酸类对人体有一定的毒性作用。对它们的含量应有一定的限制此外，有些保健食品的功效成分本身具有一定的毒性。如三价铬具有调节血糖的作用，但如被氧化，形成或带有六价铬，则对人体具有毒性，检测它们的含量，使其控制在安全毒理学评价范围之内。

保健食品的卫生指标的检验方法应以国家标准检测方法为准。我国现行的规范性卫生检测方法有：GB/T 5009-1996、GB 4789-1994 等。

二、保健食品中金属元素测定方法

（一）食品中总砷的测定方法

其最低检出浓度：银盐法（测定用样品相当 5g）为 0.25mg/kg；砷斑法（测定用样品相当 5g）为 0.25mg/kg；硼氢化物还原比色法（测定用样品相当 5g）为 0.05mg/kg。

1. 银盐法（第一法）原理：样品经消化后，以碘化钾、氯化亚锡将高价砷还原为三价砷，然后与锌粒和酸产生的新生态氢生成砷化氢，经银盐溶液吸收后，形成红色胶态物，与标准系列比较定量。

2. 砷斑法（第二法）原理：样品经消化后，以碘化钾、氯化亚锡将高价砷还原为三价砷，然后与锌粒和酸产生的新生态氢生成砷化氢，再与溴化汞试纸生成黄色至橙色的色斑，与标准砷斑比较定量。同时制备一系列浓度的标准砷斑，与样品比较。

3. 硼氢化物还原比色法（第三法）原理：样品经消化，其中砷以五价形式存在。当溶液氢离子浓度大于 1.0mol/L 时，加入碘化钾 - 硫脲并结合加热，能将五价砷还原为三价砷。在酸性条件下，硼氢化钾将三价砷还原为负三价，形成砷化氢气体，导入吸收液中呈黄色，黄色深浅与溶液中砷含量成正比。与标准系列比较定量。

（二）食品中铅的测定方法

石墨炉原子吸收光谱法的最低检出浓度为 5mg/kg。火焰原子吸收光谱法的最低检出浓度为 0.1mg/kg。比色法的最低检出浓度为 0.25mg/kg。

（三）食品中铜的测定方法

最低检出浓度：火焰原子化法为 1.0mg/kg；石墨炉原子化法为 0.1mg/kg；比色法为 2.5mg/kg。

（四）食品中镉的测定方法

最低检出浓度：火焰原子化法为 5.0μg/kg；石墨炉原子化法为 0.1μg/kg；比色法为 50μg/kg。

（五）食品中总汞的测定方法

最低检出浓度：原子荧光光谱法为 0.15µg/kg；冷原子吸收光谱法用压力消解法为 0.4µg/kg；其他消解法为 10µg/kg；比色法为 25µg/kg。

第三节　保健食品生产过程的质量控制

一、保健食品生产管理规范

为规范保健食品生产质量管理，根据《中华人民共和国食品安全法》及其实施条例，制定了《GB 17405-1998 保健食品良好生产规范》，对保健食品生产企业的机构与人员、厂房与设施、设备、物料与成品、生产管理、质量管理和文件管理等方面的基本要求做了规定。企业应当严格执行本规范，坚持诚实守信，禁止任何虚假、欺骗行为，确保产品质量安全。

（一）生产管理

企业应当根据保健食品注册批准的内容，制定生产工艺规程及岗位操作规程，以确保生产的保健食品达到规定的质量标准，并符合注册批准的要求。按照生产工艺规程和岗位操作规程进行生产，并有相关记录。

1. 建立编制生产批号和确定生产日期的规程。每批保健食品均应当编制唯一的生产批号。生产日期不得迟于产品成型或灌装（封）前经最后混合的操作日期。每批产品均应当有相应的批生产记录，可追溯该批产品的生产与质量相关的情况。批生产记录的内容至少应当包括：生产指令、各工序生产记录、工艺参数、生产过程控制记录、清场记录、质量控制点监控记录及偏差处理等特殊问题记录生产指令的内容至少应当包括：产品名称、规格、批号、生产数量、主要原辅料及包装材料理论消耗量、签发人和签发日期。

生产记录的内容至少应当包括：操作前准备情况记录、操作过程中生产设备状态记录、具体操作的参数记录、生产操作者及复核者的签名。

2. 生产前应当按规定对生产场所进行确认和清洁，确认生产场所没有上批生产的遗留物品和与本次生产无关的物品，生产车间、设备、管道、工具和容器经清洁、消毒达到本次生产的卫生要求。确认和清洁应当按要求填写记录并按规定进行复核，合格后方可进行生产。

每批产品生产应当按生产指令要求领用原辅料和包装材料，并进行严格复核，确认其品名、规格、数量和批号（编号）与生产指令一致，并确认没有霉变、生虫、混有异物或其他感官性状异常、超过保质期等情形。

物料应当经过物料通道进入车间。进入洁净室（区）的必须除去外包装或进行清洁消毒。配料、称量和打印批号等工序应当经二人复核无误后方可进行生产，操作人和复核人应当在记录上签名。

3. 生产过程应当按工艺规程和岗位操作规程控制各工艺参数，及时填写生产记录。中间产品应当进行产品质量控制和复核。中间产品必须制定储存期限和条件，并在规定的时间内完成生产。

4. 不同品种、规格的产品的生产操作应当采取隔离或其他有效防止混淆的措施。

为防止污染，生产操作间、生产设备和容器应当有清洁状态标识，标明其是否经过清洁以及清洁的有效期限。

5. 每批产品应当进行物料平衡检查。如有显著差异，必须查明原因，在得出合理解释，确认无潜在质量隐患后，方可按正常产品处理。

生产过程中出现偏差时，应当按规定程序进行偏差处理，并如实填写偏差处理记录。每批产品生产结束应当按规定程序进行清场，剩余原辅料和包装材料应当及时包装退库，废弃物品应当按规定程序清理出车间并及时销毁，工具、容器应当经清洁消毒后按定置管理要求放入规定位置，并做好清场记录。

6. 批生产记录应当按批号归档，保存至产品保质期后一年，不得少于两年。

7. 生产用水必须符合国家生活饮用水要求，工艺用水应当根据工艺规程需要制备，并定期检验，检验应当有记录。

(二) 质量管理

生产企业应建立有效的质量保证体系，质量保证体系应当涵盖实施本规范和控制产品质量要求的所有要素。应当建立完整的程序来规范质量管理体系的运行，并监控其运行的有效性。

1. 制定完善的质量管理制度　制度的内容至少应当包括：部门和关键岗位的质量管理职责；物料、中间产品和成品放行制度；物料供应商管理制度；物料、中间产品和成品质量标准和检验规范；取样管理制度；留样观察和稳定性考察制度；生产过程关键质量控制点的监控制度和监控标准；清场管理制度；验证管理制度；生产和检验记录管理制度；不合格品管理制度；质量体系自查管理制度；文件管理制度；质量档案管理制度等；实验室管理制度；上市产品安全性监测及召回制度等。

2. 制定企业内控标准　包括原辅料、包装材料、中间产品和成品的内控质量标准，其不低于国家有关规定。按质量标准的要求对原辅料、中间体、成品进行逐批检验，检验项目应当包括功效成分或标志性成分，合格后方可出厂，定期对产品进行安全性监测和稳定性考察。每批产品的检验记录应当包括中间产品和成品的质量检验记录，可追溯该批产品所有相关的质量检验情况。

3. 根据所生产的品种和工艺确定生产过程的关键工艺参数和关键的质量控制点，对关键工艺参数和质量控制点应当进行监控并如实记录。制定和执行偏差处理程序，重大偏差应当有调查报告。

4. 质量管理部门应当独立行使物料、中间产品和成品的放行权。放行前应当审核相关的生产和检验记录。审核内容包括：物料、中间产品和成品的检验记录、配料及复核记录、关键工艺参数和质量控制点监控记录、清场记录、偏差处理记录和物料平衡等。应当对不合格品的处理结果进行审核，监督不合格品的销毁。不合格品的处理和销毁应当如实记录。

5. 定期对洁净车间的洁净度、生产用水进行监控，对监测中发现的异常和不良趋势应当及时采取措施。监测和处理应当有记录。

6. 应当制定计量器具和检测仪器检定制度，定期对生产和检验中使用的计量器具和检测仪器进行校验。

7. 每批产品均应当有留样。留样的包装形式应当与市售的产品相同；留样数量应当至少满足对该产品按质量标准进行三次全检的需要，或至少 4 个独立包装产品；

留样应当存放于专设的留样库(或区)内,按品种、批号分类存放,并有明显标志;应当按标示的储存条件至少保存至产品保质期后一年。

8. 应当定期对产品进行安全性和稳定性考察。应当建立完善的企业产品质量档案,质量档案内容包括:产品申报资料和注册批准文件、生产工艺和质量标准、原辅料来源及变更情况。

9. 至少每年组织一次质量体系自查。按照预定的程序,对人员、厂房设施、设备、文件、生产管理、质量管理、产品销售、用户投诉和产品召回等项目进行全面检查,证实与本规范的一致性。对检查中发现的问题及时进行整改。自查和整改应当形成完整记录。

二、生产过程在线质量控制

保健食品的质量是在生产过程中形成的,与生产过程中每个环节的影响因素密切相关,除对终级产品要按照质量标准进行严格分析、检验、把关外,更有必要建立从原料(包括辅料)到产品生产全过程的(包括在线的)质量控制体系和分析技术标准,对其生产全过程进行实时监测和自动化质量控制。从而真正确保质量均一、稳定。

随着科学技术的发展,特别是各种传感器和计算机技术的发展,过程分析(process analysis technology,PAT)在许多工业生产领域(包括制药)中得到了广泛的应用。美国食品与药品监督管理局(FDA)于2004年9月颁布了《PAT工业指南》,将PAT定义为一种可以通过测定关键性的过程参数和指标来设计、分析、控制药品生产过程中的机制和手段。其技术的核心是对及时获取生产过程中间体的关键质量数据和工艺过程的各项数据,掌握中间体或物料质量,跟踪工艺过程的状态,并对工艺过程进行监控,使产品质量向预期的方向发展,以此降低由生产过程造成的产品质量差异。

FDA认为,通过在药品生产过程中使用PAT技术,可以提高对工艺设计、生产过程和产品各阶段的重视及质量保证。PAT与常规药品质量分析的主要区别在于过程分析的基础是在线、动态的质量控制,即通过检测找到引起产品质量变动的影响因素,再通过对所使用的原材料、工艺参数、环境和其他条件设立一定的范围,使药物产品的质量属性能够得到精确、可靠的预测,从而达到控制生产过程的目的。这对于在中药生产行业中引入新技术、降低生产成本和损耗、降低生产风险、减少生产中的人为因素、减少污染、节省能源、提高管理效率、保证生产安全等都具有重要意义。同时还可以加深员工对生产过程和产品的理解,提高设备利用率。

PTA技术是一个多学科参与的综合化技术,包括化学、物理学、生物学、微生物学过程的分析、数学与统计学数据的分析、风险分析等。目前国际上通常使用的PTA工具包括:过程分析仪器、多变量分析工具、过程控制工具、持续改善/知识管理/信息管理系统等。

(一)保健食品过程分析系统与模式

保健食品生产过程是一个多环节的复杂工艺体系。从工程分析的角度,其质量控制的主要对象包括两部分:一是工艺过程,如温度、压力、溶剂比等确保工艺过程重现的工艺参数;二是质量指标,包括生产过程原辅料、中间体及成品的各项理化指标,如pH值、密度、重量差异、水分、药物成分含量等药物品质指标。质量控制模式亦包括生产设备自有控制系统和分析仪器植入生产线控制。其总体内容构成的基本框架如图7-1所示。

150

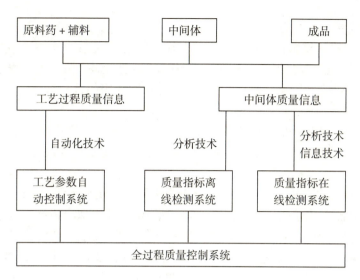

图 7-1　保健食品生产过程质量控制系统框架图

保健食品生产过程质量分析是采用各种传感器检测被控参数的数值,将其与工艺设定的数值对比,并根据偏差进行调控,使其维持在设定的范围内,以保证生产工艺遵循设定的路线进行。工艺过程参数的控制技术已非常成熟,并在其他工业生产过程中广泛应用。对于质量指标的控制,根据操作程序的不同,可分为离线分析法(off-line)和在线分析法(on-line)两种模式。离线分析是对原辅料或工艺环节完成后的中间体进行质量指标检测,其方法为常规的实验室分析法;在线分析是在工艺环节进行过程中对中间体的质量指标进行在线检测,包括在线质量控制指标的选择、在线检测、在线质量评价模型的建立、质量控制模型的建立等程序。保健食品生产过程分析模式见表 7-3。在实际工作中可采用几种不同的分析模式和方法,而以连续式的在线分析为首选。

表 7-3　保健食品生产过程分析模式

过程分析模式	操作方法技术	方法技术特点
离线分析法 (off-line)	离线分析 (off-line)	从生产现场取样,再回到实验室进行分析,准确度较高,但分析速度慢,信息滞后
	现场分析 (at-line)	人工取样后,在现场进行分析,分析速度较快,但不能实时监测
在线分析法 (on-line)	在线分析 (on-line)	采用自动取样和样品处理系统,将分析仪器与生产过程直接联系起来,进行连续或间歇连续的自动分析
	原位分析(in-situ)或 内线分析(in-line)	将传感器(如探头、探针等)直接插入生产流程中,所产生的信号直接进入检测器,并通过微机系统实现连续的或实时地自动分析监测
	非接触分析 (noninvasive)	利用遥感技术对生产过程进行检测,分析探头(或探针)不与试样直接接触,无需采样预处理,进行遥感和无损检测

(二)保健食品生产过程分析特点

1. 分析对象的复杂性　由于保健食品生产工艺的复杂性,决定其分析对象的复杂性,从整个过程看,包括:提取分离、干燥粉碎、制剂、包装、清洁等过程;从待测物聚集状态看,包括气态、固态、液态等。不同的对象所选用的分析方法和要求亦各不相同,但总的则应具有快速、简便、重现性好等特点。

2. 采样与样品处理的特殊性　由于制药工业生产物料量大,组成有时不均匀,故采样点是关键,必须注意代表性。样品自动和在线采集及预处理是过程分析的发展趋势。

3. 分析方法的时效性　制药过程分析方法是建立在对药品生产过程深刻理解的基础上的。样品采集于生产线,要求在较短时间内迅速获取分析结果信息,并及时反馈,以便监测生产环节,调节生产参数,控制生产过程,减小生产风险,从而达到控制生产过程质量的目的,因此,过程分析与一般药物分析要求不同,其时效性是第一要求,而准确度则可以根据实际情况在允许限度内适当放宽。

如物料混合均匀度、混合终点的确定,可选择近红外光谱法、激光诱导荧光法、热扩散法等;制粒的含量均匀度、颗粒粒径和密度的测定可选用近红外光谱法、拉曼光谱法、聚焦光束反射测量法、声学发射法等;颗粒粒径分布可采用激光衍射法、成像分析方法等;水分的测定可采用近红外光谱法;压片和装胶囊的效价、含量均匀度、硬度、孔隙率及重量差异等可选用近红外光谱法、激光诱导荧光法;包衣厚度和均匀度、包衣终点、喷枪与片床距离等测定可选用近红外光谱法、光反射法等。

4. 应用化学计量学建模的重要性　过程分析化学计量学(chemometrics)是过程检测和过程控制的软件系统,是 PAT 建立和发展的重要基础,其主要作用是:①检测信号的提取和解析;②过程建模;③过程控制。在制药过程控制中常用的方法包括主成分分析、主成分回归、多变量统计过程控制、偏最小二乘法、聚类分析和人工神经元网络等。

5. 过程分析仪器的匹配性　离线分析方法和所用仪器与一般常规分析方法相同。在线分析仪器应具备对试样的化学成分、性质及含量进行在线自动测量的特点:①具有自动取样和式样预处理系统;②具有全自动化控制系统;③稳定性好,使用寿命长、易维护,能耐受高温、高湿、腐蚀、振动、噪声等工作环境,结构简单,测量精度可以适当放宽。

为了与过程分析相匹配,其仪器结构亦与普通分析仪器有所不同,其自动及在线取样和样品处理系统是关键。如图 7-2 所示。

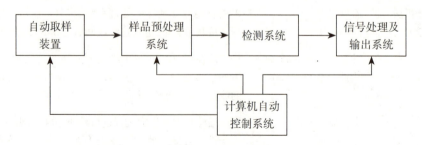

图 7-2　过程分析仪器结构示意图

（三）保健食品生产过程在线质量控制方法与技术简介

1. 紫外可见分光光度法　用于过程分析的紫外-可见分光光度计的光源、色散元件、光检测器与普通仪器相同，只是将样品池改为流通池。

其测定原理依据于 Lambet-Beer 定律，若需进行显色反应，则在取样器和分光光度计之间增加一个反应池。一般用自动采样器从生产工艺流程中取样，同时进行过滤、稀释、定容等预处理，然后进入反应池，依法加入相应试剂，如显色剂等，反应后流入比色池测量。本法适用于在紫外可见区有吸收或能产生一定显色反应、且无其他干扰的液体样品。

2. 近红外光谱分析法　近红外（near infrared, NIR）谱区是波长范围为 780~2500nm（或 12 800~4000cm^{-1}）的电磁波，近红外吸收光谱主要由分子中 C—H、N—H、O—H 和 S—H 等基团基频振动的倍频吸收与合频吸收产生。NIR 信号频率比 MIR 高，易于获取和处理；信息丰富，但吸收强度较弱，谱峰宽、易重叠，因此必须对所采集的 NIR 数据经验证的数学方法处理后，才能对被测物质进行定性定量分析。

在线 NIR 分析系统由硬件、软件和模型三部分组成。硬件包括近红外分光光度计，以及取样、样品预处理、测样、防爆等装置。其中近红外分光光度计是核心部分，由光源、分光系统、检测系统、数据处理及评价系统等组成。

近红外光谱分析工作基本流程如图 7-3 所示。

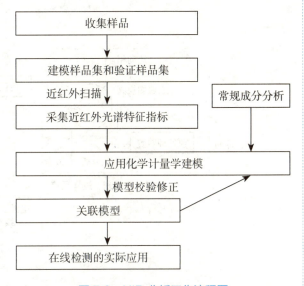

图 7-3　NIR 分析工作流程图

3. 拉曼光谱法　当按一定方向传播的光子与样品相互作用时，会有一部分光子改变传播方向，向不同角度传播的现象称为光散射。如果光子与物质分子发生非弹性碰撞，相互作用时有能量交换，结果是光子从分子处获得能量或将一部分能量给予分子，散射频率发生变化，这时将产生于入射光波长不同的散射光，相当于分子振动-转动能级能量差，这一现象称为拉曼效应，这种散射光称为拉曼（Raman）散射光。

拉曼光谱法（Raman spectroscopy）是建立在拉曼散射基础上的光谱分析法，主要用于物质鉴别、分子结构及定量分析。激光拉曼光谱仪器结构如图 7-4 所示。

4. 过程色谱分析法　用于工业生产过程分析的色谱，一般称为工业色谱（inducstrial chromatography）或过程色谱（process chromatography）与常规实验室分析不同，在过程色谱中，从样本采集、预处理至分析、检测、记录、显示等操作环节都是自动化的。但一般的过程色谱不能进行连续分析，而是间歇、循环式分析。通常循环周期为几分钟到几十分钟。

过程色谱主要由取样与样品处理系统、分析系统和程序控制系统等组成。如图 7-5 为典型的色谱在线分析系统。

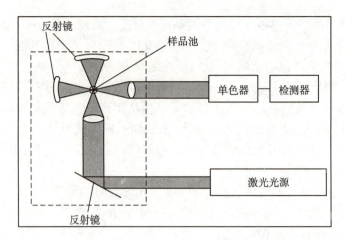

图 7-4　激光拉曼光谱仪器结构示意图

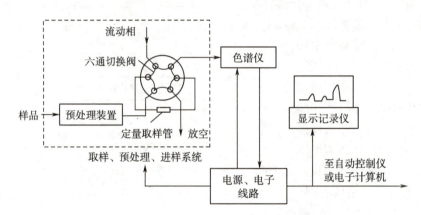

图 7-5　在线色谱系统结构示意图

过程色谱在发酵过程、反应废液分析、易挥发性成分分析、分离纯化等方面都有较好的应用。

5. 光纤传感器技术　传感器(sensor)是一种检测装置,能接收被测定信息,并将其按一定规律转换成电信号或其他可识别的信息输出。通常分为物理传感器(physical sensor)和化学传感器(chemical sensor)。前者如药物生产过程监控中的温度、压力传感器等;后者主要是由分子识别原件(感受器)和转换部分(换能器)组成。感受器用来识别被测对象,并通过引起某些光、热、化学变化等物理或化学变化以及直接诱导产生电信号,然后再利用电学测量方法进行检测和控制。

光纤传感器具有以下特点:①可以同时获得多元多维信息,并通过波长、相位、衰减分布、偏振和强度调制、时间分辨、收集瞬时信息等加以分辨,实现多通道光谱分析和复合传感器阵列的设计,达到对复杂混合物中目标物的检测;②光线的长距离传输还可实现生产过程的快速在线遥测或多点同时检测。如近红外光谱仪器可以在线检测 100m 以外的样品;③其灵活性易于制成便携式仪器,通过光纤探头,可直接插入生产装置的非正直、狭小的空间中,进行原位、实时、无损定位分析。同时也可以在困难或危险环境中采样分析。

(四) 生产中自动化质量控制

自动控制(automatic control)是指在没有人直接参与的情况下,利用外加的设备或装置(称控制器)使机器、设备或生产过程(称被控对象)的某个工作状态自动地按照预定的参数(即被控量)运行。

自动控制可以解决人工控制的局限性与生产要求复杂性之间的矛盾。生产实行自动控制可以提高产品质量,提高劳动生产率,降低生产成本,节约能源消耗,减轻体力劳动,减少环境污染等等优越性。自20世纪中叶以来,自动控制系统及自动控制技术得到了飞速的发展,制剂生产中利用自动控制越来越广泛。例如:物料的加热、灭菌温度的自动测量、记录和控制;洁净车间中空调系统的温度、湿度及新风比的自动调节;多效注射用水机中对所产注射用水的温度、电导率的检测的控制。注射剂生产中所使用的脉动真空蒸汽灭菌柜对灭菌温度、灭菌时间的自动控制和程序控制等等。

1. 固体制剂不合格品剔除　在制剂生产过程中,需要连续对产品进行检测,以控制和保证产品质量或检测生产状况。在粉针剂生产流水线中,为便于对分装、轧盖、灯检等工序进行考核和计算收率,可在各工序后的输送带上设光电计数器,通过计数器全面掌握各工序生产状况。片剂生产中,片重差异是片剂的重要质量指标之一。影响片重差异大小的因素很多,不可能对每片进行称量,难于保证不合格的片子不进入合格产品中。自动剔除片重不合格片子的压片机,其基本原理为:压片中对冲头采用液压传动,所施加的压力已确定,当片重小于或大于合格范围后,冲头所发生的压力也将小于或大于设定值,通过压力传感器将信号传送给压力控制器,通过微机与输入的设定值比较后,将超出设定范围的信号转换成剔除废片的信号,启动剔除废片执行机构,将废片剔除。

2. 灌装制剂不合格品剔除　在制剂生产过程中,需对某一方面进行自动保护,否则将可能影响产品质量或产生其他不利影响。粉针剂生产中的螺杆式分装机的自动保护如下。

防金属微粒的保护:分装机的分装头主要由螺杆和粉盒组成,螺杆和粉盒锥底均由不锈钢制成,螺杆与锥底的出粉口的间隙很小。为防止螺杆与出粉口摩擦造成金属微粒进入药粉中,在分装头上增设防金属微粒保护装置如图7-6。当螺杆与出粉口相接触,电路即接通,螺杆将停止转动,并报警。

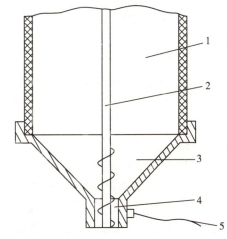

图7-6　防金属微粒保护装置

1. 粉盒　2. 螺杆　3. 锥底　4. 出粉口　5. 导线

第四节　保健食品稳定性试验研究

稳定性试验研究是保健食品质量控制研究的重要内容之一,也是保健食品注册、监管工作的重要依据之一。保健食品注册申请人应按照法律、法规、规章及国家相关标准等的有关要求,应根据产品具体情况,合理地进行稳定性试验设计和研究。国家食品药品监管总局办公厅印发了《保健食品稳定性试验指导原则》,自 2014 年 1 月 1 日起施行。保健食品注册检验机构应按照国家相关规定和标准等要求,根据样品具体情况,合理地进行稳定性试验设计和研究。

一、概述

保健食品的稳定性试验的目的是确定产品保质期;在既定的保质期内,保健食品的各项指标符合该产品的标准要求。保健食品的保质期根据《保健食品管理办法》规定,一般为 1.5~2 年,一些特殊品种根据试验的结果,另制定产品保质期。稳定性试验方法有两种:一种根据产品要求的保存条件,存放产品一年半以上至二年内,进行保存前后的检验,或与近期以相同技术方法、相同配方生产的产品进行检验比较分析,制订该产品的保质期。这种方法的优点是:客观地、真实地反映产品的质量变化情况。适合于成分比较稳定的保健食品。另一种方法是人工模拟条件,进行试验,即把产品保存在温度 37~38℃、相对湿度 70%~80%,并分别在开始保存后的零天、30 天、60 天、90 天对产品进行检验分析,制定保质期。完全通过 90 天试验的产品的保质期可定为 2 年。这种方法的特点是:试验周期短,全部试验可在 3 个月完成,但这种方法由于条件单一,不能完全反映产品的质量变化情况。稳定性试验无论用哪种方法进行,都要用至少三个批号的产品。

稳定性试验选定什么样的检验指标来进行,是试验的关键,确定的原则如下。

1. 保健食品的功效成分应作为稳定性试验的必检指标。保健食品之所以具有保健作用,是由于它含有的功效成分所起的作用。检验功效成分含量的变化情况,是制定保质期主要依据。在保质期内的功效成分不应发生较大幅度的变化,符合产品的标准要求。需要指出的是,一部分保健食品的功效成分不能通过稳定性试验,主要有以下几个原因。

(1) 生产工艺技术不过关使功效成分发生大的变化。以"加入"形式构成的保健食品,如果不能混匀在检验中很容易变化。

(2) 对功效成分的理化及生物学特点不了解,采取措施不当。双歧杆菌是一种有调节胃肠道菌群作用的厌氧菌,加入这种菌构成的保健食品,如不是真空包装,会影响试验结果。

(3) 检验技术和方法的问题,由于对很多功效成分尚无规范性的检验方法,对检验所用方法缺少深入的研究,可能会影响结果。

(4) 产品的包装类型和密封程度影响结果的准确性。

2. 有卫生学意义指标,是稳定性试验的内容之一。卫生指标在产品的保质期内绝对不能超出所制定的卫生标准。稳定性试验的卫生指标应包括菌落总数、大肠菌群、致病菌、霉菌、酵母菌及与产品类型有关的指标,如含脂类多的应检测酸价、过氧化值等。

3. 与产品质量相关的指标,作为试验的内容主要包括对产品外部的感官检验和产品质量标准中规定指标的检验,如水分、酸度等。

二、基本原则

1. 保健食品稳定性试验是指保健食品通过一定程序和方法的试验,考察产品的感官、化学、物理及生物学的变化情况。

2. 保健食品稳定性试验目的是通过稳定性试验,考察产品在不同环境条件下(如温度、相对湿度等)的感官、化学、物理及生物学随时间增加其变化程度和规律,从而判断申报产品包装、贮存条件和保质期内的稳定性。

三、稳定性试验方式

根据样品特性不同,稳定性试验可采取短期试验、长期试验或加速试验。

1. 短期试验 该类样品保质期一般在 6 个月以内(含 6 个月),在常温或说明书规定的贮存条件下考察其稳定性。

2. 长期试验 该类样品一般保质期为 6 个月以上,在说明书规定的条件下考察样品稳定性。

3. 加速试验 该类样品一般保质期为 2 年,为缩短考察时间,可在加速条件下进行稳定性试验,在加速条件下考察样品的感官、化学、物理及生物学方面的变化。目前,保健食品注册检验稳定性试验方式采用加速试验方法。

四、稳定性试验要求

1. 产品类别 不同的产品,其剂型、原辅料、成分等不同,对稳定性试验的要求、方法、判定标准也不同。主要分两类,一类属于普通产品,对贮存条件没有特殊要求,可在常温条件下贮存,如固体类产品(片剂、胶囊剂、颗粒剂、粉剂等);液体类产品(口服液、饮料、酒剂等),通常可在加速条件下进行考察。另一类属于特殊产品,对贮存条件有特殊要求,如:益生菌类、鲜蜂王浆类等,其考察条件就要有相应变化,如温度。

2. 样品批次、取样和用量 应符合现行法规的要求,目前采用三批样品进行稳定性试验,用量应满足稳定性试验的要求。

3. 样品包装及试验放置条件及试验时间 稳定性试验的产品所用包装材料、规格和封装条件应与产品质量标准、说明书中的包装要求完全一致。

(1)普通样品加速试验应置于温度 372℃±2℃、相对湿度 RH75%±5%、避免光线直射的条件下贮存 90 天,每 30 天检测一次,稳定性试验报告包括三批样品加速试验前(卫生学)、加速 30 天、加速 60 天、加速 90 天的样品检验结果。

普通样品长期试验一般考察时间应与样品保质期一致,如保质期定为 2 年的样品,则应对 0、3、6、9、12、18、24 个月样品进行检验。0 月数据可以使用同批次样品卫生学试验结果。

(2)特殊样品应采用在样品声称的保存条件下进行保存后进行稳定性试验。保质期在 3 个月之内的,应在贮存 0、终月(天)进行检测;保质期大于 3 个月的,应按每3 个月检测一次(包括贮存 0、终月)的原则进行考察。

五、稳定性试验考察指标

应按照国家有关部门颁布的或者企业提供的检验方法,对申请人送检样品的卫生学及其与产品质量有关的指标在保质期内的变化情况进行的检测。稳定性试验考察指标选择一般原则应按照产品质量标准规定的方法,对申请人送检样品的卫生学及其与产品质量有关的指标在保质期内的变化情况进行检测。

稳定性试验检测方法,应按产品质量标准规定的检验方法进行稳定性试验考察指标的检测。

六、稳定性试验结果评价

保健食品稳定性试验结果评价是对试验结果进行系统分析和判断,稳定性试验检测结果应符合产品质量标准规定。

1. 贮存条件的确定　应参照稳定性试验研究结果,并结合产品在生产、流通过程中可能遇到的情况,同时参考同类已上市产品的贮存条件,进行综合分析,确定适宜的产品贮存条件。

2. 直接接触产品的包装材料、容器等的确定　一般应根据产品具体情况,结合稳定性研究结果,确定适宜的包装材料。

3. 保质期的确定　保健食品保质期应根据产品具体情况和稳定性考察结果综合确定。采用短期试验或长期试验考察产品质量稳定性的样品,总体考察时间应涵盖所预期的保质期,应以与0月数据相比无明显改变的最长时间点为参考,根据试验结果及产品具体情况,综合确定保质期;采用加速试验考察产品质量稳定性的样品,根据加速试验结果,保质期一般定为2年;同时进行了加速试验和长期试验的样品,其保质期一般主要参考长期试验结果确定。

学习小结

1. 学习内容

保健食品质量评价研究	保健食品质量控制方法	功效成分/标志性成分的选择、鉴别、含量测定
	保健食品卫生学试验	重金属及砷盐的检查
		农药残留的检查
		微生物学检查
	保健食品稳定性研究	短期稳定性试验
		长期稳定性试验
		加速稳定性试验

2. 学习方法

通过分析保健食品功效成分/标志性成分的化学结构与理化性质,理解并掌握鉴别试验和含量测定的方法;通过分析试验过程,理解保健食品卫生学试验中各项试验的原理;通过对稳定性试验有关要求的归纳,掌握保健食品稳定性试验的项目与方法。

复习思考题

1. 保健食品的质量控制应包括哪些方面?
2. 保健食品卫生学试验包括哪些方面?
3. 如何检查保健食品中的重金属和砷盐?

4. 如何检查保健食品中的细菌总数和霉菌/酵母菌总数?
5. 保健食品的稳定性研究与产品保质期有何关系?
6. 简述保健食品稳定性试验方法。
7. 保健食品卫生学指标中哪些指标一般不用做稳定性试验?

保健食品的应用

通过学习掌握保健食品市场营销中市场调查、企业形象、产品特点、广告、价格、营销模式、服务等概念和方法；熟悉保健食品品牌的内涵，保健食品产品包装的特点，广告宣传的方式；了解直销模式和传统模式的特点，5s 服务理念等。

学习要点

保健食品市场营销中市场调查、企业形象、产品特点、广告、价格、营销模式、服务等概念和方法；市场调查、产品特点对于保健食品的重要性；营销模式、服务在保健食品营销中的重要性。

第一节　保健食品市场分析

按照美国市场营销协会 2013 年的定义，市场营销是在创造、沟通、传播和交换产品中，为顾客、客户、合作伙伴以及整个社会带来价值的活动、过程和体系。市场营销通常包含有市场调查、企业形象、产品特点、广告、价格、营销模式、服务等方面。

自 20 世纪 90 年代我国社会主义市场经济模式确立之日起，"以市场为导向，以营销为中心"的指导思想，影响着企业的每一步经营管理。过去计划经济体制下那种仅生产出产品的模式是完全行不通的；仅生产出质量过硬的产品，不顾市场需求的方式也是不行的。只有生产出质量过硬的产品，并且适销对路，将产品能够销售出去，并在市场上、在消费者的心目中占据一定的地位，取得一定的口碑，才算是达到了目的。只有这样，企业才能在异常激烈的市场竞争中得以生存和发展。

一、市场调查

在我国市场经济体制环境下，市场是一个多变量、多因素共同作用的复合体。保健食品市场调查就是采用科学的方法，有目的、有系统地对保健食品从生产领域到达消费者领域过程中所发生的有关市场信息和资料进行收集、汇总、整理、分析，以了解保健食品市场现状，预测今后的发展趋势，为保健食品企业的营销寻找潜在消费市场的一种活动。保健食品市场调查包括市场环境调查、市场现状调查、销售可能性调查，还可对消费者需求、同类产品价格、影响销售的社会和自然因素、销售渠道等开展调查。进行保健食品市场调查预测与细分的根本目的,在于摸清目前消费者的消费习惯、预测市场今后可能的走向,并在其中为企业寻找营销机会。

保健食品的市场调查应遵循有针对性、有时效性、有广泛性、有系统性、有准确性、有预见性的原则,并制定科学、严密、可行的调查方案。市场调查方案应该包括调查项目、调查目的、调查时间、调查地区、调查对象、调查方法、样本数量、信息统计处理方式等内容。

常用的市场调查方法有:

1. 现场观察法　现场观察法是指通过市场调查人员现场观察被调查事物和现象的一种市场调查方法。

2. 实验法　实验法是指在设定的条件下,以引起实验对象一定的反应或行为的并加以观察记录和分析的一种调查方法。

3. 问卷法　问卷法是指通过访谈、邮寄、电话、互联网等方式将调查内容以问卷的形式由调查对象作答并回收分析的一种调查方法。

4. 文献法　文献法是指利用各种文献、档案资料搜集信息的一种调查方法。

当调查工作全部结束后,将会得到大量的原始资料,但这些原始资料未经过加工整理和分析,是不能用以说明任何问题的,因此,市场调查原始资料还应该经过筛选、分类、汇总、制表等几个工作流程加以整理和分析,使之系统化和条理化,并以集中、简明的方式反映调查对象的总体情况。

市场调查还应该在得到的各种信息和资料基础上,运用一定方法或数学模型,对市场的未来状况作出预测与判断,它可以为企业的营销决策者提供可靠的、客观的、具有高度可操作性的依据。经过精心周密的市场调查,才能了解目前消费者的消费能力、消费习惯、及今后的需求倾向,并在其中找出潜在的目标市场,并顺应市场、开发产品、促进销售。

作为保健食品企业来说,市场调查应该为企业营销决策者提供以下信息:

1. 社会经济大环境状况　包括当前的社会经济发展水平,人口结构,法规政策,科技水平等。

2. 保健食品消费者的经济状况　包括保健食品的消费者收支水平,储蓄和信贷情况,消费能力等。

3. 保健食品的消费者消费习惯　包括保健食品消费者购买的动机、频度,购买地点,购买的决策者、实施者,品牌忠诚度,购买偏好,使用量等。

4. 消费者的保健食品需求倾向　包括消费者对保健食品的功能需求,价格接受度,新产品是否认同、接受等。

5. 保健食品消费市场潜量　包括市场宏观和微观潜量,长中短期潜量,总体和区域潜量等。

6. 拟开发保健食品的竞争对手状况　包括竞争对手的技术实力,产品情况,营销形式、途径,产品的不足等。

7. 拟开发保健食品的产品初步设想方案　包括拟开发产品的保健功能、技术指标、原料、剂型、式样、规格、包装等。

8. 供应商和中间商状况　包括拟开发保健食品的各种原辅料供应商及产品最终送达消费者手中所经过的各种渠道中间商的状况等。

只有通过翔实严谨的市场调查,保健食品企业才能找到潜在的市场,找到目标消费者,并给予拟开发的产品一个准确的市场定位。

二、企业形象

企业形象是指通过企业的外部标识和内在精神在公众心目中建立起的总体印象,是企业文化建设的核心。最基本的指标有两个:知名度和美誉度。知名度指企业被公众知晓、了解的程度,美誉度指企业获得公众信任、赞美的程度。美誉度是建立在一定知名度基础上的。保健食品企业形象最主要的要素是:安定性、信赖感、技术、规模。

企业形象是一个完整的有机整体,主要由企业的外部标识和内在精神构成。

1. 外部标识　外部标识是通过文字、图案、符号或具体物品等表现出来的。主要包括:企业名称、商标、产品、广告、标准色、包装、甚至装潢风格、建筑式样等方面。

2. 内在精神　内在精神即是企业的气质和风格,主要包括:创新与开拓精神、诚信正直的作风、对质量不懈的追求、严谨高效的办事效率、运营管理的特色等方面。

良好的企业形象是最宝贵的无形资产,可以为企业在消费者心目中创造出一种信赖感与消费信心,有利于新产品的推广与销售,同时也可以增强企业的凝聚力,吸引和保留人才。

建立企业形象的基本程序为:

1. 制定明确的发展战略与运营理念

2. 进行外部标识的设计与全方位应用

3. 重视对员工的培训与管理

企业形象初步建立后,可通过以下方式对企业形象进行提升和推广:

1. 利用经营理念的贯彻实施　经营理念是企业的价值导向,是企业经营活动的指导方针。企业可通过每个员工的实际行动以及形象广告等方式来提升和推广企业形象。

2. 通过利用社会热点事件　现代社会传媒发达,消费者的信息获取渠道较多,社会热点时时发生,乍看上去和企业无关,但是若仔细分析,巧妙应用,可能就是推广和提升企业形象的最佳机遇。

3. 利用名人效应　名人是指在社会上具有一定知名度,为公众所喜欢和尊敬的人物。如果将企业及产品与名人发生相互关系或联系,则能借助于名人效应,提升和推广企业形象。

4. 参与或赞助公益活动　公益活动的目的在于造福公众。企业参与或赞助公益活动,要考虑到这种公益活动与企业本身的联系,而不仅仅是要取得造福公众的好名声。当然,所取得的效益有直接的、有间接的,有短期的、有长期的,但是着眼点应该是塑造自身的企业形象,而非直接获益。

5. 利用无微不至的服务　优质的保健食品产品本身不是唯一的营销利器,只有提供无微不至的服务,才能获得更大的竞争优势。企业对消费者服务分为售前、售中、售后三种形态,无论处于哪种形态,都要秉承"给消费者以最好的心理感受"为原则。

6. 做好危机公关预案　互联网时代,保健食品行业的危机公关面临着更大的挑战,如果等到危机来临时才临时抱佛脚,往往一招不慎满盘皆输。因此,保健食品企业需要制定出面对各种危机的应对策略,以便第一时间进行回应、判断、修补,甚至加以巧妙利用,转危为安,这样会带给公众企业专业、诚信、负责之感,从而挽回甚至提升企业形象。

三、产品特点

保健食品产品特点是指企业的保健食品具有独特的,能够通过和同类产品相比较而展现出与众不同之处的特有属性和亮点。保健食品的产品特点主要通过产品定位、品牌、原辅料、包装、装量、生产工艺、文字说明等来体现。

1. 保健食品的产品定位　保健食品的产品定位是根据市场调查的结果,为产品赋予一定的特色,树立一定的形象,以满足目标消费者的某种需求或偏好。保健食品的产品定位直接关系到保健食品的声誉和销售,目标市场的环境,决定了一款保健食品是定位为优质高端,还是定位于物廉价美。并按此制定与此相契合的销售策略,才能获得销量。

2. 保健食品的品牌　保健食品的品牌包括产品商标、名称、标志等。品牌设计时,要做到以下几点:①命名要简洁易记;②有独特性和艺术性;③要清楚地表达出保健食品的特色;④要避开各种忌讳;⑤要遵守国家或地区相关法律法规的要求。

3. 保健食品的原辅料　保健食品的原辅料是指生产加工保健食品过程中使用的所有主要原料和各种辅助材料的总成。原辅料也是决定一款保健食品产品定位的重要因素,如果原辅料价低易获,产品定位就可以物廉价美,但如果原辅料珍贵难得,产品就只能定位于优质高端。

4. 包装　保健食品的包装,是为了保证产品质量和数量,便于储运、装卸、运输、销售,而采取适当的材质制成与产品相适应的容器,并加以标志和装潢的活动和措施。消费者购买产品时,首先看到的是产品的包装、品牌、外观,而不是产品本身,因此,保健食品的包装将会给消费者留下至关重要的第一印象。好的包装可以吸引消费者的注意力,促进销售。

为发挥包装的识别、联想、促销等功能,在保健食品的包装设计上,可采取不同的措施,从而形成不同的方案。

1)类似包装方案:类似包装方案指一个企业所生产的不同产品,采用具有明显共同特征的包装,让消费者能够很容易地识别到是一家企业的产品。

2)附带赠品包装方案:附带赠品包装方案指在包装设计时,附带上赠品,以提高产品对消费者的吸引力。

3)配套包装方案:配套包装方案是指根据消费者的购买习惯,将多种相关的保健食品配套包装在同一包装物内。

4)再生包装方案:再生包装方案是指包装物内的保健食品使用完以后,消费者还可以将包装物用来作其他用途。

5)变换包装方案:变换包装方案指一家企业的保健食品在推向市场一段时间后,推陈出新,变换包装,塑造新形象的方案。

一般说来,好的保健食品包装应该达到以下几点要求:

1)促销性:包装设计的目的之一就是增强视觉冲击力,便于消费者识别产品,刺激消费者产生购买欲,促进销售。

2) 时代性:包装设计必须适应现代化的生产和销售的方式,必须适应消费者的消费方式和审美要求。

3) 产品性:包装设计是从属于产品的,任何包装设计都应该为产品服务,表现出产品形象,以及符合法规对保健食品包装展示版面的要求。

4) 工艺性:包装设计必须和生产条件相适应,如果脱离生产实际,再好的设计也是毫无意义的。

5) 一致性:包装设计应该根据企业和产品本身的特点,和企业形象保持一致,从而达到刺激消费,提高企业知名度的目的。

5. 装量　保健食品的装量应根据保健食品的食用方法和食用量合理确定,便于定量食用。

6. 生产工艺　保健食品的生产工艺应根据保健食品的特点和现有能够达到的生产技术共同确定,不能采用脱离于实际技术条件的生产工艺。

7. 保健食品的文字说明　保健食品的文字说明要求达到简明扼要、通俗易懂、重点突出,应严格按照国家食品药品监督管理总局《保健食品说明书标签管理规定》的要求来编写。

企业在保健食品的营销过程中,应重点在产品定位、品牌、原辅料、包装、装量、生产工艺、文字说明等方面与同类竞争产品进行详尽的对比和分析,总结出自身产品的优势及特点,并在营销过程中向消费者进行清晰的展示,刺激消费者的购买欲望,让特点转化为卖点,从而达到推动自身产品销量的目的。

第二节　保健食品的市场策略

保健食品的市场营销贯穿于一款保健食品从立项研制到最终消费者使用后进行信息反馈的全过程。这是因为一款保健食品若想畅销,只有根据市场的需求来组织开发、生产,有需求才会有市场;保健食品生产出来后,还需要依靠各种物流方式和营销渠道才能到达用户的手上,进入使用环节。

一、广告

广告即广而告之。广告最为重要的功能就是传播信息,保健食品广告是为了传播企业形象和产品特点信息。企业发布广告的最终目的就是为了促进产品的销售。

优秀的保健食品广告,能够立竿见影,既能提升企业和产品的形象,又能够迅速被目标消费者所接受,刺激出消费欲望,促进产品的销售。保健食品广告如何投放,需要从市场和媒体两方面来综合考量。

1. 市场方面

(1) 要考虑目标消费者的属性:消费者是依其个人品位来选择适合的媒体的,不同学历或职业的消费者,对媒体的接触习惯都不相同。有的消费群体是偏重于报刊杂志;有的消费群体是偏重于广播电视;有的消费群体是偏重于互联网络。因此,要根据目标消费群体的性别、年龄、教育程度、职业及地域性等属性来决定投放何种媒体。

(2) 要考虑保健食品的特性:每种保健食品的特性不一样,应该按保健食品的特性来考虑媒体。有的保健食品是价廉物美,适宜的目标人群很广;有点是优质高档,适宜于特定的人群,显然,广告投放的媒体应当有所不同。

(3) 要考虑保健食品的销售范围:保健食品究竟是准备全国性的销售,还是限于某个地方区域性市场的销售,这关系到广告受众的范围大小,由此才可决定选择何种较经济有效的媒体,以避免使用不适当的广告媒体而毫无促销效果。

2. 媒体方面

(1) 要考虑媒体的基本盘:即考虑媒体的综合素质、口碑,以及报纸的发行量、杂志的发行量、电视的收视率、电台的收听率等。

(2) 要考虑媒体的受众:即考虑媒体的受众类型,应仔细分析其层次,以期与保健食品的潜在消费者的层次相符。

(3) 要考虑广告投放的效率:即慎重考虑投放广告的成本费用,不仅要考虑广告的实际支付费用,同时应考虑受众每人次的单位成本。

当消费者购买保健食品时,面对目前琳琅满目、功能相差无几的同类保健食品时,最容易产生认同并刺激起购买欲的是其头脑中已有印象的牌子。优秀的广告,能够增强广告本身的可记忆性和易记忆性,使消费者于不知不觉、潜移默化中,记住广告宣传的内容。通常需要使用以下几种方式来达到这种效果:

(1) 广告要重复出现:面对铺天盖地的媒体资讯,广大受众对大部分内容往往是过目就忘的。要想加深消费者的印象,只有依靠广告的重复。这种重复不是机械地重复,有很大的技巧性,巧妙的重复既能加深消费者的印象,又不使人产生厌恶感。

(2) 广告要简洁易懂:广告内容尤其是广告语,一定要简洁易懂,这是让消费者能够记住的一个基本条件。简洁就是要用最少最顺畅的文字来传递一定的信息,使消费者能够记住其中的精华;易懂就是所用文字清晰浅显,便于消费者能够明白其含义。

(3) 充分运用节奏与韵律:有节奏感和韵律的文字最容易被人们记住。广告制作的时候,应充分把握这一人类的记忆特点,将广告语创作得节奏鲜明、韵律优美、朗朗上口,便于消费者记忆。

(4) 充分运用联想功能:联想是指由于某种事物而想到其他相关的事物。联想是回忆的基础,人们的很多回忆都是通过联想完成的。联想分为相似联想、接近联想、对比联想、因果联想。在广告制作时,要充分运用联想功能,增强广告的记忆效果。

(5) 广告要有新颖性:无论是何种广告形式,都一定要新颖,人们对于新颖的东西关注度最高,也最容易被记住。而对那些千篇一律的广告往往视而不见,甚至心生厌恶,与发布广告的初衷背道而驰。

二、价格

价格是商品价值以货币的形式表现。在企业的整个营销体系中,销售能否成功,取决于产品、渠道、促销和价格的恰当配合,而价格是让企业获得运营收入和利润的唯一因素。在营销体系中,价格是灵活性最强的一个环节,也是决定销售成功与否的重要因素,但决不是唯一的因素。传统的观念认为价格是影响消费者购买的唯一因素,如果一款保健食品价格低廉,销路一定就好,这种观念是绝对片面的。

保健食品价格的制定应该遵循对企业有利这一原则,既要有利于增加保健食品的销量,又要利于吸引更多的消费人群,还要利于企业其他类型保健食品的销售,无论定价高低,宗旨都是有利于提高产品的竞争力,保证企业能够获得更多的利润,且获利能够让企业长久可持续发展。

企业在制定保健食品价格的时候,应注意到以下几个问题:

1. 充分考虑保健食品的成本、购买力、潜在消费者的心理承受力、竞争等这些影响价格的主要因素。

(1) 成本是定价的基础,低于成本的价格是企业不能接受的,成本是定价的最低界限;

(2) 购买力是决定需求的重要因素,也是消费者接受产品的最大能力,是定价的最高界限;

(3) 潜在消费者的心理承受力不同,定价需要充分考虑,不同类型的消费者有不同的消费心理,从而产生不同的期望价格;

(4) 企业在给保健食品定价的时候,不仅要考虑消费者的反应,也要考虑竞争对手同类产品的因素。

2. 掌握科学的定价方法。保健食品市场由于产品众多,竞争激烈,因此定价应多采取成本加成定价法、理解价值定价法和竞争导向定价法。

(1) 成本加成定价法指根据保健食品的单位总成本加上预期的利润来制定价格。成本加成定价法是以价值为基础来定价的,它是最普遍、最简单的定价方法。

(2) 理解价值定价法是以消费者对于保健食品价值的感受和理解程度作为定价的基础,再与产品成本相结合,定价时更偏重于消费者的感受的一种定价方式。理解价值定价法既能使保健食品满足消费者的需求标准,又在其心理预期的价位内,从而刺激消费欲。

3. 保健食品企业对于价格的确定,除了采取一般的定价方法外,还应该充分根据市场环境和灵活地运用定价技巧来促进销售。

(1) 定价通常会对消费者有一定的心理影响作用,因此销售的时候,应经常把价格作为产品质量的象征。价格高的产品,需要强调产品的优质,强调购买产品后可提高自己的地位和身份,吸引高端消费人群;价格低的产品,需要强调产品的价廉物美,以吸引重视性价比的人群;

(2) 人类天然地存在着一种接受暗示的能力,适当灵活地利用价格折扣、数量折扣、买赠策略,可给消费者强烈的心理暗示效果,刺激购买欲。

4. 对于普通消费者来说,当然希望自己购买的保健食品价格越低越好,更希望自己购买的保健食品能够带来良好的保健功效。当定价比同类产品价格高的时候,则需要明确地给消费者作出两个解释:为什么定价高? 是否值得消费?

(1) 为什么定价高? 可通过与同类竞争产品进行详细地对比和分析,强调自己产品的突出特点和长处,以及为了达到这些竞争对手所没有的优点而增加的不菲成本;

(2) 是否值得消费? 要让消费者明白,价格高出的那一部分是用到哪里去了,并让其感受到所多花费的部分给自己带来的利益或好处。

三、营销模式

营销模式是指企业在市场营销过程中采取的各种方式或方法。目前的保健食品市场,营销环境不断变化,市场竞争不断加剧,营销模式也推陈出新,层出不穷。不同的保健食品由于产品定位的不同,需要采取不同的营销模式,保健食品常见的销售类型有两类,即直销模式和传统销售模式。

1. **直销模式** 直销是指直销企业招募直销员,由直销员在固定营业场所之外直接向最终消费者推销产品的销售方式。常见的直销形式有电视直销、网络直销等,凡是不经过批发环节而直接零售给消费者的形式,都称之为直销。

直销模式具有以下几个特点:

(1)直销模式通过简化中间商环节,降低了保健食品在中间环节的流通成本,以求顾客利益最大化;

(2)直销更好地将消费者的意见、需求迅速反馈回企业,有助于企业能够及时地对市场环境作出评估,并迅速作出对应的调整;

(3)直销能有效地缩短流通环节、更贴近消费者,将产品快速送到顾客手中,加快销售进度和货款的回流。

直销模式并非适用于一切保健食品,事实上其适用范围是有局限性的。能够采取直销模式的保健食品一般是以下两类:

(1)第一类是生产成本占产品的价格比例很小,而采取传统经销模式的中间流通成本非常高的保健食品;

(2)第二类是那种几乎每个消费者都可以使用,并能够形成持续消费行为的保健食品。

因此,营养素补充剂类保健食品,生产成本较低且适宜人群广泛,能够形成持续消费行为,比较适宜采取直销模式;而功能性保健食品则由于生产成本较高,适宜人群受限等因素存在,不太适合采取直销模式。当然这不是绝对的,需要根据保健食品的个体情况进行具体的分析和论证。

2. **传统营销模式** 传统营销模式即保健食品企业生产出产品后通过批发商、零售商等中间环节销售给消费者的销售模式。

相对于直销模式,传统营销模式有以下特点:

(1)消费者的消费习惯、价值观念等都比较倾向于传统消费模式;

(2)消费者能够直接感受到产品,降低了购买风险,售后方面也更有保障;

(3)部分消费者,尤其是女性消费者将逛街购物作为生活中不可缺少的部分;

(4)促销人员面对面地都消费者进行生动形象的产品解说,往往更能成功的激发消费者的购买欲。

但是,与直销模式相比,传统营销模式也存在以下不足:

(1)产品一般需要经历好几个环节才能到达消费者手中,冗长的供应链不仅降低了产品的时效性,而且增加了流通环节的成本;

(2)存在很大的地域局限性,一般只能针对当地的消费者销售;

(3)经营成本较高,营业场所的费用花费较大;

(4)产品推广方式受到营业场所的约束,推广的受众范围小。

直销模式和传统销售模式在保健食品的营销应用上并不是一成不变、泾渭分明的。只有根据产品自身的定位和特点,选择出适合的营销模式,或两种模式兼收并蓄,共同开展,再加上优质的服务,才是营销成功的关键。

纵观目前的保健食品营销,一些颠覆传统观念的操作手法正不断地涌现,尽管在理论上并不一定有多么先进,但仍然值得借鉴。

笔记

(1) 广告轰炸型:广告轰炸型典型的特点就是铺天盖地、高频率、高密度地投放媒体广告。其优势是依靠广告的重复,能够迅速加深消费者的印象,从而引爆市场,扩大影响。但是铺天盖地的广告轰炸是一把双刃剑,随着消费者日趋理性,行业监管日益严格,一味地依赖于广告,企图以广告打开一片天地,只能短期受益,且如果广告手法陈旧,只是机械重复的话,还会让消费者出现抵触排斥心理。

(2) 明星代言型:明星代言型是指利用公众对于名人的崇拜心理,借势推出产品,对产品进行包装和炒作。这样可以有效避免直接宣传产品所带来的种种弊端,充分利用消费者对名人的迷信心理,让消费者顺其自然地接受所代言的产品。明星代言型可作为很多新品上市的利器,有着独到的作用。但凡是都是有利必有弊,所谓成也萧何、败也萧何,代言的明星如果出现任何的负面传闻,都将拖累到产品,因此这种方式终非长久之计。

(3) 会议营销型:会议营销也叫数据库营销、服务营销。是指通过寻找特定顾客,利用热情服务和产品说明会的方式,并结合各种不同的促销手段销售产品的销售方式,是一种具有中国特色的直销操作手法。由于年轻人对参加会议兴趣不大,且也没有大量的时间,因此,针对的目标对象主要是退休的中老年人群。会议营销主要通过持续的接触和沟通,加深目标消费者对产品和企业的了解,进而提高信心,增加产品购买率和忠诚度,具有投入少、目标明确,隐蔽性强、资金回收快等特点。会议营销由于投入资金少,实力参差不齐的各种企业一拥而上,泛滥成灾,售后服务又未能及时跟进,将会导致企业昙花一现,并非长久之道。

(4) 专家营销型:专家营销型是指企业和相关保健机构或零售商合作,聘请具有中高级职称的专家,通过坐诊的方式来拉动产品销售的一种形式。聘请的专家一般有较强的语言表达能力,有较好的形象气质,利用消费者对专家的崇拜心理,进而推销出产品。这种模式投入相对较低,市场启动快,资金回收快,但存在着很大的地域和范围局限性。

(5) 科普营销型:科普营销型是企业组织专业人员,编撰通俗易懂、图文并茂的科普类图书,借助科普图书这一载体,详尽系统地阐述产品的作用机制和功效特点,从而带动销售的一种模式。自古以来,读书都是颇受尊敬和崇尚的事,书籍也能给消费者以信任感,且这种方式信息容量大,可以全面系统地推介产品,同时也能起到了向公众普及健康养生知识的作用,因此广受好评。但这种方式也存在着受众少、见效慢的特点,与此同时,有些不良厂商利用这种方式夸大宣传,恶意炒作,消耗着公众的信任感。

(6) 公益营销型:公益营销就是保健食品企业与公益组织合作,充分利用其权威性和公益性资源,搭建一个能让消费者认同的营销平台,促进市场销售的模式。这种模式会提升企业知名度,建立起勇于承担社会责任的良好企业形象,同时也会影响消费者,使其对企业的产品产生偏好,在购买时会优先选择。公益营销的运用必须以消费者利益为先导、以企业社会责任感为前提,并与企业和产品形象相结合,且需要持之以恒地参与,才能取得最大的成效。这种方式见效比较慢,因此如果抱着投机取巧的心理,单纯地为促销而参与,则收效不大。

(7) 恐吓营销型:恐吓营销是指企业放大生活中的风险和疾病的潜在害处,给消费者以恐惧心理,借此推销产品的营销模式。这种方式围绕着保健食品的功能,详尽地罗列出与此相关的各种病症,深入分析这些病症的严重后果,利用人们对疾病与生俱来的恐惧和对健康的渴求,着重强调如果不立即加以预防和治疗,将会带来的巨大痛苦,使潜在购买成为现实购买。这种方法一定要注意恐吓的尺度把握问题,过度恐吓容易引起消费者的反感,力度不够又难以见效。且与诚实守信的社会公德相悖,影响企业和产品形象,不利于长久发展,因此需要慎用。

(8) 灌水营销型:灌水营销型是指网络水军在互联网上通过注水发帖,回复呼应等形式,为产品展开网络推广,获得更多的关注,从而达到销售的一种营销形式。随着互联网的发展,我国网民也数以亿计,这种营销模式利用互联网能够超越空间限制和时间约束进行信息交换的特点,可将产品信息在极短时间内炒作为网络热点,并传播到每个家庭,同时也会将产品的销售渠道打开。但是网络水军是双刃剑,为本企业产品造势的时候,万不可诋毁竞争对手的同类产品,因此需要企业把握好应用角度。

(9) 口碑营销型:口碑营销是指企业努力使得消费者通过其亲朋好友之间的交流,将良好的企业形象、产品特点传播开来的一种营销模式。俗语说:金杯银杯不如百姓的口碑。这种营销模式的特点是资金投入少、针对性强、成功率高、可信度强。实际应用上,这种模式通常与直销模式和灌水营销模式相结合,并作为前者的重要补充,会收到事半功倍的效果。

(10) 危机营销模式:危机营销指企业在面对突然而至的危机、灾难时,采取的一系列特殊营销措施,以期能最大限度地减少危机、灾难带给企业的不良影响。平时,保健食品企业就需要制定出面对各种危机的应对策略并加以演练,当危机真正来临时,才能够对症下药、顺势而为、借势而为、化危机为转机,从而挽回甚至提升企业的良好形象。

四、服务

服务是指关注顾客,进而提供服务,最终实现有利的交换的营销手段。一般情况下,优质高效的服务将使顾客得到较高水平的满足,因此就有较大的可能实现重复购买行为。现代社会,消费者决定购买行为的重要因素不仅仅是价格、质量,还包括购买前和购买后的心理感受。当要在两种价格、质量不相上下的保健食品作出选择时,绝大多数的消费者都会选择有着优质服务的那一款。优质的服务应该做到以下几点:

1. 树立顾客是上帝的观念

(1) 消费者是企业的上帝,是产品的购买者,是给企业带来收入的人群,没有他们,企业就无法生存,更谈不上发展;

(2) 消费者最明白自己有什么需求,有需求才会有市场,有市场才会有产品,这些都是企业进行市场调查时最需要搜集到的信息;

(3) 当前的保健食品市场完全是买方市场,面对众多的保健食品,消费者更乐于接受质量优、服务好的产品。因此必须最大限度地满足消费者的需求;

(4) 服务的研究、设计和改进,都应该站在消费者的角度,而不是站在企业的角度;

(5) 完善服务系统,加强售前、售中、售后服务,对消费者无论是售前、售中、售后,都要及时回应与跟进,使消费者感到极大的方便,给予最良好的心理感受;

(6) 高度重视消费者反馈的意见,及时作出回应和修正,把处理消费者的意见作为使其满意的重要一环。

2. 消费者感到满意的三要素

(1) 产品满意：产品满意是指企业产品带给消费者的满足状态,包括产品的内在质量、价格、设计、包装、时效等方面的满意。产品的质量满意是构成顾客满意的基础因素;

(2) 服务满意：服务满意是指产品售前、售中、售后以及产品生命周期的不同阶段采取的服务措施令顾客满意。这主要是在服务过程的每一个环节上都能设身处地为顾客着想,做到有利于顾客、方便顾客;

(3) 形象满意：形象满意指企业的综合实力和整体形象获得社会公众的一致认可。企业形象能否真实反映企业的精神文化,以及能否被社会各界和公众舆论所理解和接受,在很大程度上决定于企业和员工自身的主观努力。

3. 5S 服务理念　5S 服务理念是指微笑(smile)、速度(speed)、诚实(sincerity)、灵巧(smart)、专业(study)。

(1) 微笑：指适度的微笑。面对消费者,要发自内心地微笑,能够快速地拉近消费者,表现出开朗、体贴,给消费者留下美好的第一印象;

(2) 速度：指反应的速度。面对消费者,要以迅速的动作表现出活力和健康,同时也不能让消费者久等;

(3) 诚实：指真诚的心态。以真诚的态度尽心尽力地为消费者服务,能让消费者以小见大,帮助塑造优秀的企业形象;

(4) 灵巧：指灵巧的方式。学习接待与应对的技巧,以干净利落的方式,灵活巧妙的态度来获得顾客信赖;

(5) 专业：指专业的素养。要时刻学习和熟练掌握专业知识,提高专业素养,避免出现面对消费者的咨询,一问三不知的情况出现。

学习小结

1. 学习内容

		概念	市场营销、企业形象、产品特点
保健食品的应用	保健食品市场分析	方法	市场调查方法,企业形象进行提升和推广方法,产品包装方法,品牌设计方法
		程序	建立企业形象的基本程序
	保健食品的市场推广策略	广告	保健食品广告注意事项,保健食品广告投放方式
		价格	制定保健食品价格注意事项及价格制定方式
		营销模式	直销模式特点,目前的保健食品营销分类
		服务	优质的服务基本标准,消费者满意三要素,5S 服务理念

2. 学习方法

通过保健食品市场调查学习,明白产品特点的重要性;通过市场营销的内涵学习,理解企业形象和产品特点在市场营销中重要性,结合价格学基本知识,加强理解保健品价格制定的标准和依据;比较直销营销模式和传统营销模式学习保健食品营销模式;从消费者需求出发,学习优质服务在保健食品营销过程中重要性。

复习思考题

1. 企业形象进行提升和推广方法。
2. 保健食品品牌设计方法。
3. 保健食品广告注意事项。
4. 目前的保健食品营销分类。
5. 如何理解保健食品的社会服务功能?
6. 保健食品的广告应遵守哪些规定?

┌─────────────┐
│ **第九章** │
└─────────────┘

辅助降血脂、辅助降血糖、辅助降血压功能

学习目的

通过本章学习,了解高血脂、高血压和高血糖的基本概念和发病原因;能够正确判断高脂血症、高血压和高血糖症的类型;理解利用保健食品改善高血脂、高血压和高血糖的意义与一般原则;掌握具有辅助降血脂、辅助降血压和辅助降血糖的保健食品,能够正确利用相应的保健原料,开发具有改善高脂血症、高血压和高血糖症功能的保健食品;能够正确运用具有改善高脂血症、高血压和高血糖症功能的保健食品。

学习要点

高血脂、高血压和高血糖的基本概念、类型、发病原因和危害;辅助降血脂、辅助降血压和辅助降血糖保健食品的一般要求;具有辅助降血脂、辅助降血压和辅助降血糖功能的保健食品;辅助降血脂、辅助降血压和辅助降血糖保健食品的评价方法。

第一节 辅助降血脂功能

一、概述

近年来,心脑血管疾病死亡率呈明显上升趋势。高脂血症是一种常见的心血管疾病,其与动脉硬化以及心脑血管疾病的发生发展有紧密的联系,已经成为严重威胁人类健康的危险因素。因此,高脂血症的防治对于预防心脑血管病的发生和发展具有重要意义。

(一)高脂血症的定义

高血脂是指血中胆固醇(TC)和(或)甘油三酯(TG)过高或高密度脂蛋白胆固醇(HDL-C)过低。血浆总脂高于正常血脂水平称为高脂血症(hyperlipidemia),侧重强调血浆脂蛋白水平高则称为高脂蛋白血症(hyperlipoproteinemia),但在实际当中,高脂血症和高脂蛋白血症常常混用。正常血脂浓度值:甘油三酯 20~110mg/100ml,胆固醇及酯 110~220mg/100ml,磷脂 110~120mg/100ml。临床上的高脂血症主要是指血液中胆固醇含量高于 220~230mg/100ml、甘油三酯含量高于 130~150mg/100ml。详见表 9-1。

表 9-1　我国高脂血症的诊断标准

脂水平	血浆总胆固醇(TC)		血浆甘油三酯(TG)	
	mmol/L	mg/dl	mmol/L	mg/dl
合适水平	<5.2	<200	<1.7	<150
临界高值	5.2~5.7	201~219	2.3~4.5	200~400
高脂血症	>5.7	>220	>1.7	>150
低高密度脂蛋白血症	<0.9	<35		

(二) 高脂血症的分类

1. **根据血浆中脂蛋白水平高低分类**　20 世纪 60 年代,世界卫生组织认同了由 Fredrickson 提出的高脂血症五型 6 类分类法,即 I 型、II a 型、II b 型、III 型、IV 型和 V 型。其种类和特征如表 9-2 所示。

表 9-2　高脂血症的种类与特征

类别与名称	基本特征
I 型,属于高乳糜微粒血症(胆固醇水平正常或偏多,甘油三酯显著偏高)	血中乳糜微粒含量升高,皮肤和黏膜上出现基部发红的黄色斑块(黄瘤)
II a 型,属于 β - 脂蛋白血或高胆固醇血,LDL 升高	血中 β - 脂蛋白(LDL)与胆固醇水平升高 300~600mg/100ml,皮肤、肌腱与角膜上出现黄色脂肪沉积,动脉硬化速度加快
II b 型,伴有高甘油三酯血的高胆固醇血或符合高脂血症,LDL 或 VLDL 升高	血中 β - 脂蛋白(LDL)和前 β - 脂蛋白(VLDL)水平升高,血胆固醇和甘油三酯水平也升高,皮肤出现黄色或橙色脂肪沉积,动脉硬化速度加剧
III 型,属于宽 β - 或漂浮 β - 脂蛋白血,VLDL 升高	血中异常的前 β - 脂蛋白(VLDL)、胆固醇和甘油三酯含量升高,肌腱黄瘤、臀部、膝部和肘长黄瘤,手掌纹路变黄,冠状或周血管动脉硬化速度加快
IV 型,属于高前 β - 脂蛋白血,VLDL 升高	血中前 β - 脂蛋白和甘油三酯水平升高,胆固醇正常或偏高,心脏病加重,葡萄糖耐受能力降低
V 型,即混合高脂血症,乳糜微粒及 VLDL 水平升高	胆固醇水平升高或正常,乳糜微粒、前 β - 脂蛋白(VLDL)和甘油三酯升高(高达 1000~6000mg/100ml),黄斑麻疹,腹痛,眼视网膜出现脂沉积,肝脏和脾脏肿大

2. **按发病原因分类**　临床上将高脂血症按照发病原因分为原发性与继发性两种,前者多与遗传基因有关或病因不明;后者主要是继发于其他疾病或饮食不合理,病因比较明了。

(1) 原发性高脂血症:遗传可通过多种机制引起高脂血症,某些可能发生在细胞水平上,主要表现为细胞表面脂蛋白受体缺陷以及细胞内某些酶的缺陷(如脂蛋白脂酶的缺陷或缺乏),也可发生在脂蛋白或载脂蛋白的分子上,多由于基因缺陷引起,有家族遗传性和散发性两种。

(2) 继发性高脂血症:由不合理饮食如高热能、高胆固醇、高饱和脂肪和吸烟酗酒及缺乏运动等所引发;也可继发于其他疾病,如糖尿病、甲状腺功能减退、肾病和不当使用激素等。饮食因素作用比较复杂,高脂蛋白血症患者有相当大的比例是与饮食因素密切相关。不同饮食成分在调节脂蛋白代谢方面起着重要的作用。饮食中的脂肪酸、脂肪代替物、大豆蛋白制剂、单糖和双糖、抑制性淀粉、乙醇、胆固醇饮食、纤维素、植物固醇、生育酚和生育三烯酚、大蒜等均对高脂血症有一定的影响。在人体内糖代谢与脂肪代谢之间有着密切的联系,临床研究发现,约40%的糖尿病患者可继发引起高脂血症。现代医学研究资料证实,许多物质包括脂质和脂蛋白等是在肝脏进行加工、生产和分解、排泄的,一旦肝脏有病变,则脂质和脂蛋白代谢也必将发生紊乱。医学研究资料还表明,肥胖症最常继发引起血中甘油三酯含量增高,部分患者血胆固醇含量也可能会增高,大多主要表现为Ⅳ型高脂蛋白血症,其次为Ⅱb型高脂蛋白血症。

(三)血脂偏高状态人群的特点

一般血脂偏高的人群多表现为:头晕、神疲乏力、失眠健忘、肢体麻木、胸闷、心悸等,还会与其他疾病的临床症状相混淆,有的患者血脂高但无症状,常常是在体检化验血液时发现高脂血症。另外,还常常伴随着体重超重与肥胖的情况。血脂偏高还和自己的精神因素也有关系,过分紧张的精神状态容易导致内分泌失调,而引起高脂血症,除此之外,还和年龄,性别,是否抽烟、喝酒也有关系。

(四)高脂血症的危害

大量研究资料表明,高脂血症是引起脑卒中、冠心病的主要危险因素,也是促进高血压、糖耐量异常、糖尿病的一个重要危险因素。高脂血症还可导致脂肪肝、肝硬化、胆石症、胰腺炎、眼底出血、失明、周围血管疾病、跛行、高尿酸血症,其损害机制为:

1. 在导致高血压、脑中风、脑血栓和脑栓塞方面　高血脂在人体内形成动脉粥样硬化以后会导致心肌功能紊乱,血管紧张素转化酶会大量激活,促使血管动脉痉挛,诱导肾上腺分泌升压素,导致血压升高。人体一旦形成高血压,会使血管在栓子式血栓形成状态下瘀滞,导致脑血栓和脑栓塞。

2. 在导致冠心病、心绞痛方面　当人体由于长期高血脂形成动脉粥样硬化后,冠状动脉内血流量小、血管腔变窄、心肌注血量减少,造成心肌缺血导致心绞痛,形成冠心病。

3. 在损害肝功能方面　由于长期高血脂会导致脂肪肝,而肝动脉在粥样硬化后受到损害,肝小叶损伤后结构发生变化,而后导致肝硬化损害肝功能。

(五)高脂血症的预防

高脂血症的预防原则是在平衡膳食的基础上控制总能量和总脂肪的摄入量,限制膳食饱和脂肪酸和胆固醇,并保证充足的膳食纤维和多种维生素,补充适量的矿物质和抗氧化营养素。

1. 控制总能量摄入,保持理想体重　能量摄入过多是肥胖的重要原因,而肥胖又是高血脂的重要危险因素,故应控制总能量的摄入,并适当增加运动,保持理想体重。

2. 限制脂肪和胆固醇摄入　限制饱和脂肪酸和胆固醇摄入,膳食中脂肪摄入量以占总能量20%~25%为宜,饱和脂肪酸摄入量应少于总热量的10%,适当增加单不饱和脂肪酸和多不饱和脂肪酸的摄入。因鱼类中富含对心血管系统具有保护作用的ω-3系列的多不饱和脂肪酸,可适当多吃。少吃含胆固醇高的食物,如猪脑和动物内脏等,胆固醇摄入量少于300mg/d。高胆固醇血症患者应进一步降低饱和脂肪酸的摄入量,并使其低于总能量的7%,胆固醇摄入量少于200mg/d。

3. 提高植物性蛋白的摄入,少吃甜食　蛋白质摄入应占总能量的15%,植物蛋白中的大豆有很好的降低血脂的作用,所以应提高大豆及大豆制品的摄入量。碳水化合物应占总能量的60%左右,要限制单糖和双糖的摄入,少吃甜食和含糖饮料。

4. 保证充足的膳食纤维摄入　膳食纤维能明显降低血胆固醇,因此应多摄入含膳食纤维高的食物,如燕麦、玉米、蔬菜等。

5. 供给充足的维生素和矿物质　维生素E和很多水溶性维生素以及微量元素具有改善心血管功能的作用,特别是维生素E和维生素C具有抗氧化作用,应多食用新鲜的蔬菜和水果。

6. 适当多吃保护性食品　植物性食物具有心血管健康促进作用,鼓励多吃富含植物化学物的植物性食物,如洋葱、香菇等。

7. 戒烟　吸烟可升高血浆胆固醇和三酰甘油水平,降低HDL-C水平。停止吸烟1年,血浆HDL-C可上升至不吸烟者的水平,冠心病的危险程度可降低50%,甚至接近于不吸烟者。

二、辅助降血脂功能保健食品的常用原料

(一) 辅助降血脂保健食品的一般要求

辅助降血脂保健食品应有降低总胆固醇(TC)和或甘油三酯(TG)的作用;应有改善血液流变学异常、微循环障碍和血流动力学异常现象的作用和对受损的血管内表壁进行修复、恢复血管弹性作用,使血管内表壁光滑如初,使血液垃圾及脂质斑块不容易吸附到血管壁上,防止动脉硬化形成;并应具有抗血小板凝聚和保护心血管的作用等。一些缓解精神紧张、调整内分泌代谢紊乱、有减肥作用和改善引发继发性高脂血症的疾病状态的物质,可以应用到辅助降血脂保健食品之中。

(二) 具有辅助降血脂功能的保健食品原料

具有辅助降血脂功能的食品种类繁多,按其主要功能因子分为多糖类、膳食纤维、维生素、皂苷及甾体类、生物碱类、蛋白、多肽、氨基酸、黄酮类、酚类、不饱和脂肪酸等。目前我国降血脂的保健品审批数量较多。市场上的降血脂功能的保健食品原料选用主要以传统中药或提取物、普通食品浓缩物及新兴的多肽蛋白类为主。

国家食品药品监督管理总局批准具有辅助降血脂功能的常用原料有:花粉、洛伐他汀、γ-亚麻酸、不饱和脂肪酸、枸杞子、苦荞麦、黄芪、膳食纤维、α-亚麻酸、山楂、亚油酸、燕麦、DHA、EPA、银杏叶、红花油、螺旋藻、大蒜、红景天、雪莲花、深海鱼油、沙棘油、酸枣、大黄酸、蛋黄卵磷脂、黑芝麻、月见草油、蜂胶、牛磺酸、绞股蓝、冬虫夏草、小麦胚芽油、紫苏油、人参、芦荟、维生素E、玉米油、杜仲、亚麻籽油。常用于降血脂保健食品开发的功效成分及其来源如表9-3所示。

中药在降血脂方面的应用历史悠久、资源丰富、效果明显,具有得天独厚的优势。我国规定药食两用的中药有87种,都是进行食品或保健食品开发的重要原料。中药材中的有效降脂成分主要有:大黄蒽醌、枸杞多糖、茶叶多糖、黄连素(小檗碱)、灵芝多糖、人参皂苷、绞股蓝总皂苷、三七叶总皂苷、大豆皂苷、大豆磷脂、葛根素、甘草甜素、山楂黄酮、橙皮苷、黄芩苷、泽泻萜醇、银杏苦内酯、茶多酚、荷叶生物碱、川芎嗪、姜黄素、大蒜素、阿魏酸、亚麻酸、α-生育酚等。在众多活性成分中,皂苷、黄酮、生物碱、蒽醌、多糖类及不饱和脂肪酸类占据主要地位。

表 9-3 辅助降血脂保健食品功效成分功能及其来源

功效成分	降胆固醇	降甘油三酯	来源
多糖(7 个以上糖分子组成)		√	灵芝、香菇、枸杞子、银耳、螺旋藻、虫草、猪苓、党参、人参、昆布、黑木耳、山药、刺五加、黄芪、茯苓
低聚糖(3~6 个糖分子):低聚乳糖、低聚果糖、低聚异麦芽糖、大豆低聚糖	√		发酵工业制品原料:大豆、玉米、淀粉、半乳糖等;酵母菌等发酵产品
皂苷类(皂苷)、红景天苷	√		人参、西洋参、绞股蓝、山药、三七、红景天
膳食纤维	√		粮食(粗)、蔬菜、水果
壳聚糖(几丁聚糖)		√	虾、蟹壳的提取物
不饱和脂肪酸:油酸、亚油酸、亚麻酸、γ-亚麻酸、EPA、DHA、角鲨烯、鲨鱼软骨素	√		植物油(红花油、大豆油、葵花子油、玉米胚芽油、米糠油、芝麻油、菜子油、月见草油、黑加仑、沙棘子油、紫苏油);螺旋藻、小球藻;鱼油(金枪鱼、沙丁鱼、鲨鱼、鱿鱼、鲐鱼、乌贼、马面豚肝)
黄酮(生物类黄酮);银杏黄酮、茶叶黄酮	√		银杏叶、茶叶、大豆、山楂、沙棘、蜂蜜、陈皮、红花、甘草、金银花、银杏和茶叶的提取物
磷脂:大豆磷脂、卵磷脂	√	√	大豆、蛋黄
异黄酮类:黄豆苷原、葛根素、大豆黄素	√		大豆、甘蓝、蔷薇果、木瓜、葛根、柑橘类、洋葱、青椒、绿茶、谷粒
活性肽类:二肽、多肽	√	√	蛋白质的水解产物如酪蛋白磷酸肽、大豆水解产物
多酚类:茶多酚、香豆素、木酚素	√		茶叶、大蒜、黄豆、亚麻子、甘草根、亚麻子、蔬菜、水果、全谷粒制品
花青素	√		葡萄籽
大蒜素	√	√	大蒜
虫草素	√		冬虫夏草、发酵制品
洛伐他汀红曲素 K	√	√	红曲提取物
益生菌:乳酸菌(菌体及代谢产物)、双歧菌	√		乳酸菌(LB9416)、乳杆菌、链球菌、明串珠菌及乳球菌属、嗜酸乳酸杆菌、保加利亚杆菌、植物乳酸杆菌、两叉双歧杆菌、婴儿双歧杆菌、短和长双歧杆菌

三、辅助降血脂功能保健食品的功能学评价程序

(一)试验项目

1. 混合型高脂血症动物模型和高胆固醇血症动物模型(任选一种)

(1)血清胆固醇(TC)含量测定。

(2) 血清甘油三酯(TG)含量测定。

(3) 血清高密度脂蛋白胆固醇(HDL-C)含量测定。

(4) 血清低密度脂蛋白胆固醇(LDL-C)含量测定。

2. 人体试食试验

(1) 血清胆固醇(TC)含量测定。

(2) 血清甘油三酯(TG)含量测定。

(3) 血清高密度脂蛋白胆固醇(HDL-C)含量测定。

(4) 血清低密度脂蛋白胆固醇(LDL-C)含量测定。

(二) 试验原则

动物试验与人体试食试验相结合,综合进行评价。人体试食试验应加测一般性健康指标,如血常规、肝功和肾功等。

(三) 结果判定

动物试验结果为阳性时,可初步判定该受试物具有调节血脂作用。

人体试食试验结果为阳性时,可判定该受试物对血脂偏高人群具有调节血脂作用,在总胆固醇、甘油三酯、高密度脂蛋白胆固醇三项指标中:

有效:TC 降低 >10%;TG 降低 >15%;HDL-C 上升 >0.104mmol/L。

无效:未达到有效标准。

四、实例

目前国家食品药品监督管理总局批准了保健功能为辅助降血脂的国产保健食品 523 个、进口保健食品 13 个。

(一) ×× 牌葛明胶囊

保健功能:辅助降血脂

功效成分 / 标志性成分含量:每 100g 含:总蒽醌 430mg、葛根素 28mg

主要原料:决明子、葛根、丹参、山楂、制何首乌、泽泻、淀粉

适宜人群:血脂偏高者

不适宜人群:少年儿童、孕妇、乳母、慢性腹泻者

食用方法及食用量:每日 3 次,每次 4 粒

产品规格:0.5g/ 粒

保质期:24 个月

贮藏方法:密封,置干燥处

注意事项:本品不能代替药物;食用本品后如出现腹泻,请立即停止食用

(二) ×× 牌宇拓诺布胶囊

保健功能:辅助降血脂

功效成分 / 标志性成分含量:每 100g 含总皂苷 1.16g

主要原料:红景天提取物、山楂提取物、灵芝提取物、绞股蓝提取物、微晶纤维素、硬脂酸镁

适宜人群:血脂偏高者

不适宜人群:少年儿童

食用方法及食用量:每日 2 次,每次 3 粒,口服

产品规格：0.45g/粒
保质期：24个月
贮藏方法：密闭置于阴凉干燥处
注意事项：本品不能代替药物

第二节　辅助降血糖功能

一、概述

糖尿病是由于体内胰岛素不足而引起的以糖、脂肪、蛋白质代谢紊乱为特征的常见慢性病。它严重危害人类的健康，据统计，世界上糖尿病的发病率为3%~5%，50岁以下的人均发病率为10%。在美国，每年死于糖尿病并发症的人数超过16万。在中国，随着经济的发展和人们饮食结构的改变以及人口老龄化，糖尿病患者迅速增加。目前25岁以上成年人糖尿病患病率约为2.5%，达2000多万人，预计到2010年糖尿病患者可能达到6300万，将居世界首位。

糖尿病会引起并发症。研究表明，患糖尿病20年以上的病人中有95%出现视网膜病变，糖尿病患心脏病的可能性较正常人高2~4倍，患中风的危险性高5倍，一半以上的老年糖尿病患者死于心血管疾病。除此之外，糖尿病患者还可能患肾病、神经病变、消化道疾病等。由于糖尿病并发症可以累及各个系统，因此，给糖尿病患者精神和肉体上都带来很大的痛苦，而避免和控制糖尿病并发症的最好办法就是控制血糖水平。目前临床上常用的口服降糖药都有副作用，均可引起消化系统的不良反应，有些还引起麻疹、贫血、白细胞和血小板减少症等。因此寻找开发具有降糖作用的功能食品，以配合药物治疗，在有效地控制血糖和糖尿病并发症的同时降低药物副作用已引起人们的关注。

(一) 糖尿病的分类

一般来说，糖尿病分为Ⅰ型、Ⅱ型、其他特异型和妊娠糖尿病四种，常见的有：

1. Ⅰ型糖尿病　这种糖尿病又称胰岛素依赖型糖尿病（IDDM），多发生于青少年。临床症状为起病急、多尿、多饮、多食、体重减轻等，有发生酮症酸中毒的倾向，必须依赖胰岛素维持生命。

2. Ⅱ型糖尿病　这种糖尿病又称非胰岛素依赖型糖尿病（NIDDM），可发生在任何年龄，但多见于中老年。一般来说，这种类型起病慢，临床症状相对较轻，但在一定诱因下也可发生酮症酸中毒或非酮症高渗性糖尿病昏迷。通常不依赖胰岛素，但在特殊情况下有时也需要用胰岛素控制高血糖。

(二) 糖尿病的起因

目前，关于糖尿病的起因尚未完全弄清，通常认为遗传因素、环境因素及两者之间复杂的相互作用是最主要的原因。

1. 遗传因素　国外研究表明，有糖尿病家族史者占25%~50%，尤其是Ⅱ型糖尿病患者。

2. 自身免疫因素　糖尿病人及其亲属伴有自身免疫性疾病，如恶性贫血、甲状腺功能亢进症、桥本甲状腺炎等。自身免疫性肾上腺炎在糖尿病人中约占14%，比一般人群中的患病率高 6 倍。Ⅰ型糖尿病患者常有多发性自身免疫性疾病,如同时或先后发生肾上腺炎、桥本甲状腺炎,这 3 种症状并存称 Schmidts 综合征。

糖尿病中细胞免疫直接的证据是具有淋巴细胞浸润的胰小岛炎,这种病理多见于发病后 6 个月内死亡的Ⅰ型糖尿病患者,但在发病后 1 年以上死亡的病例胰岛中无此发现。故胰小岛炎可能属短暂性,发病后不久便消失。将牛羊类同种胰岛素注入动物引起自身免疫性胰小岛炎,将同种内分泌胰组织混悬液注入啮齿类动物引起抗胰组织过敏性反应及胰小岛炎,并伴有糖耐量降低。人类流行病学调查表明,这种胰小岛炎可能由于病毒感染后引起的免疫反应。因此,可以说病毒感染因素与自身免疫因素两者相辅相成。

在胰岛素依赖型糖尿病的发病机制中,自身免疫反应包括细胞免疫与体液免疫有较明确的证据,但引起免疫反应的原因目前还未明确,它与遗传因素的关系也有待进一步研究。

3. 病毒感染因素　人们已发现几种病毒,例如柯萨奇 B4 病毒、腮腺炎病毒和脑心肌炎病毒等,可以使动物出现病毒感染,大面积破坏 β - 细胞,造成糖尿病。经病毒感染过的动物,可出现几种不同的结果。例如用脑心肌炎病毒感染小鼠后,有的出现高血糖,有的仅在给予葡萄糖负荷后出现高血糖,有的不出现糖尿病。因此,显然存在对病毒感染"易感性"或"抵抗性"方面的差异。这种差异可能与胰岛素 β - 细胞膜上的病毒受体数目有关,也可能与免疫反应有关,即病毒感染激发自身免疫反应,从而导致胰岛素进行性破坏。

在胰岛素依赖型糖尿病人中,胰岛素细胞抗体阳性与胰岛炎病变支持了自体免疫反应在发病机制上的重要作用。然而,病毒易感性和自体免疫都为遗传因素所决定。病毒感染导致人类糖尿病的证据还不够充分,仅是有些报道认为糖尿病人群中某些病毒抗体阳性率高于正常对照,在病毒感染流行后糖尿病的患病率增高等。

4. β - 细胞功能与胰岛素释放异常　在胰岛素依赖型糖尿病中,胰岛炎会使 β - 细胞功能遭受破坏,胰岛素基值很低甚至测不出,糖刺激后 β - 细胞也不能正常分泌释放或分泌不足。在非胰岛素依赖型糖尿病中上述变化虽较不明显,但 β - 细胞功能障碍不论表现为胰岛素分泌延迟或增多,胰岛素分泌的第一时相(快速分泌)均降低或缺乏,而且与同时血糖浓度相比,胰岛素分泌仍低于正常,这是出现餐后高血糖的主要原因。

5. 胰岛素受体异常、受体抗体与胰岛素相抵抗　胰岛素受体有高度特异性,仅能与胰岛素或含有胰岛素分子的胰岛素原结合,结合程度取决于受体数、亲和力以及血浆胰岛素浓度。当胰岛素浓度增高时,胰岛素受体数往往会下降,呈胰岛素的不敏感性,称胰岛素抵抗性。上述情况常见于肥胖者或肥胖的非依赖患者,当他们通过减肥减轻体重时,脂肪细胞膜上胰岛素受体数增多,与胰岛素结合力加强而血浆胰岛素浓度下降,需要量减少,肥胖与糖尿病均减轻,且对胰岛素的抵抗性减低而敏感性增高。此种胰岛素不敏感性可由于受体本身缺陷,也可由于发生受体抗体或与胰岛素受体结合,使胰岛素效应减低导致胰岛素抵抗性糖尿病。此种受体缺陷与受体后缺陷若同时存在,会使抵抗性更为明显。

6. 神经因素　近年研究发现,刺激下丘脑外侧核(LHA)可兴奋迷走神经,使胰岛素分泌增多,刺激下丘脑腹内侧核(VMH),则兴奋交感神经,使胰岛素分泌减少,这说明下丘脑中存在胰岛素生成调节中枢及胰岛素剥夺中枢。刺激 LHA 可使血糖下降增加进食量,刺激 VMH 可使血糖上升,减少进食量,这说明下丘脑对胰岛素分泌的调节作用。脑啡肽存在于脑、交感神经及肾上腺髓质和肠壁中,作为一种神经递质,当对脑啡肽的敏感性增高时会出现高血糖,这是非胰岛素依赖型糖尿病的一种病因。

7. 胰岛素拮抗激素的存在　在正常生理条件下,血糖浓度的波动范围较小,这是由于在神经支配下存在 2 组具有拮抗作用的激素调节糖代谢过程,维持血糖处于动态的平衡状态。唯一可使血糖下降的是胰岛素,而使血糖升高的激素包括胰升糖素、生长激素、促肾上腺皮质激素、糖肾上腺皮质激素、泌乳素、甲状腺激素、胰多肽等。这类抗拮激素所致的糖尿病,大都属继发性糖尿病或糖耐量异常。

(三) 糖尿病的发病机制

不论胰岛素依赖型还是非依赖型糖尿病,均有遗传因素存在。但遗传仅涉及糖尿病的易感性而非致病本身。除遗传因素外,必须有环境因素相互作用才会发病。

胰岛素依赖型糖尿病的发病机制大致是,病毒感染等因素扰乱了体内抗原,使患者体内的 T、B 淋巴细胞致敏。由于机体自身存在免疫调控失常,导致了淋巴细胞亚群失衡,B 淋巴细胞产生自身抗体,K 细胞活性增强,胰岛 β - 细胞受抑制或被破坏,导致胰岛素分泌的减少,从而产生疾病。

非胰岛素依赖型糖尿病的发病机制包括以下三个方面:

(1) 胰岛素受体或受体后缺陷,尤其是肌肉与脂肪组织内受体必须有足够的胰岛素存在,才能让葡萄糖进入细胞内。当受体及受体后缺陷产生胰岛素抵抗性时,就会减少糖摄取利用而导致血糖过高。这时,即使胰岛素血浓度不低甚至增高,但由于降糖失效,导致血糖升高。

(2) 在胰岛素相对不足与拮抗激素增多条件下,肝糖原沉积减少,分解与糖异生作用增多,肝糖输出量增多。

(3) 由于胰岛 β - 细胞缺陷、胰岛素分泌迟钝、第一高峰消失或胰岛素分泌异常等原因,导致胰岛素分泌不足引起高血糖。

持续或长期的高血糖,会刺激 β - 细胞分泌增多,但由于受体或受体后异常而呈胰岛素抵抗性,最终会使 β - 细胞功能衰竭。

(四) 糖尿病与高脂血症的关系

糖尿病患者发生以动脉粥样硬化疾病为特征的大血管病变的危险,是非糖尿病人群的 3~4 倍,而且病变发生早进展快,是糖尿病患者死亡的最主要原因。这种大血管病变导致的死亡,与糖尿病人的血脂代谢异常密切相关。

糖尿病患者血脂异常的特点是:

(1) 甘油三酯升高(有 30%~40% 的病人甘油三酯水平 >2.25mmol/L);

(2) 餐后血脂水平高于普通人群;

(3) HDL-C 下降;

(4) 致病性很强的 LDL 由于糖化和氧化,消除减慢,因此,其对糖尿病大血管病变的危害性最大。

在 II 型糖尿病的危险因素中,第一位是 LDL-C 的升高。II 型糖尿病患者 LDL-C 降低 1mmol/L,可以使冠心病的危险减少 57%,将 HDL-C 升高 0.1mmol/L,使冠心病的危险显著减少。把具有高胆固醇血症,或高低密度脂蛋白血症的糖尿病患者胆固醇或 LDL-C 水平控制在正常的范围内 5~7 年,可使糖尿病患者的心肌梗死、脑卒中的发生事件比未控制胆固醇和 LDL-C 水平的糖尿病患者低 30%~40%。

美国有人提出,诱发糖尿病进一步恶化的最危险因素不是糖而是脂肪。如患者能接受低脂饮食,如将摄入脂肪所供的热量从 40% 减至 10%,糖尿病就会得到很好的控制。因此,糖尿病患者血清胆固醇水平应控制在 5.3mmol/L 以下,低密度脂蛋白 - 胆固醇水平应控制在 2.6mmol/L 以下,甘油三酯水平应控制在 1.7mmol/L 以下,高密度脂蛋白 - 胆固醇应保持在 1.4mmol/L 以下,这样就可在一定程度上减轻或延缓糖尿病患者的动脉粥样硬化的发生和发展,对糖尿病的慢性血管病变,特别是大血管病变起到一定的防治作用。

(五) 糖尿病的表现

体现在以下四个方面:

1. 多食　由于葡萄糖的大量丢失、能量来源减少,患者必须多食补充能量来源。不少人空腹时出现低血糖症状,饥饿感明显,心慌、手抖和多汗。如并发自主神经病变或消化道微血管病变时,可出现腹胀、腹泻与便秘交替出现现象。

2. 多尿　由于血糖超过了肾糖阈值而出现尿糖,尿糖使尿渗透压升高,导致肾小管吸收水分减少,尿量增多。

3. 多饮　糖尿病人由于多尿、脱水及高血糖导致患者血浆渗透压增高,引起患者多饮,严重者出现糖尿病高渗性昏迷。

4. 体重减少　非依赖型糖尿病早期可致肥胖,但随时间的推移出现乏力、软弱、体重明显下降等现象,最终发现消瘦。依赖型糖尿病患者消瘦明显。晚期糖尿病患者都伴有面色萎黄、毛皮稀疏无光泽。

二、辅助降血糖功能保健食品的功能学评价程序

(一) 试验项目

1. 动物实验　分为方案一(胰岛损伤高血糖模型)和方案二(胰岛素抵抗糖\脂代谢紊乱模型)两种

(1) 方案一(胰岛损伤高血糖模型)

1) 体重

2) 空腹血糖

3) 糖耐量

(2) 方案二(胰岛素抵抗糖\脂代谢紊乱模型)

1) 体重

2) 空腹血糖

3) 糖耐量

4) 胰岛素

5) 总胆固醇

6) 甘油三酯

2. 人体试食试验

(1) 空腹血糖

(2) 餐后 2 小时血糖

(3) 糖化血红蛋白(HbA1c)或糖化血清蛋白

(4) 总胆固醇

(5) 甘油三酯

(二) 试验原则

1. 动物实验和人体试食试验所列指标均为必做项目。

2. 根据受试样品作用原理不同,方案一和方案二动物模型任选其一进行动物实验。

3. 除对高血糖模型动物进行所列指标的检测外,应进行受试样品对正常动物空腹血糖影响的观察。

4. 人体试食试验应在临床治疗的基础上进行。

5. 应对临床症状和体征进行观察。

6. 在进行人体试食试验时,应对受试样品的食用安全性作进一步的观察。

(三) 结果判定

1. 动物实验

方案一:空腹血糖和糖耐量二项指标中一项指标阳性,且对正常动物空腹血糖无影响,即可判定该受试样品辅助降血糖功能动物实验结果阳性。

方案二:空腹血糖和糖耐量二项指标中一项指标阳性,血脂(总胆固醇、甘油三酯)无明显升高,且对正常动物空腹血糖无影响,即可判定该受试样品辅助降血糖功能动物实验结果阳性。

2. 人体试食试验　空腹血糖、餐后 2 小时血糖、糖化血红蛋白(或糖化血清蛋白)、血脂四项指标均无明显升高,且空腹血糖、餐后 2 小时血糖两项指标中一项指标阳性,对机体健康无影响,可判定该受试样品具有辅助降血糖功能的作用。

三、实例

目前国家食品药品监督管理总局批准了保健功能为辅助降血糖的国产保健食品 315 个、进口保健食品 13 个。

(一) ×× 牌三七黄芪胶囊

保健功能:辅助降血糖

功效成分 / 标志性成分含量:每 100g 含总皂苷 3.09g、总黄酮 0.14g、铬 2.16mg

主要原料:黄芪提取物、桑叶提取物、苦瓜提取物、女贞子提取物、三七总皂苷、富铬酵母

适宜人群:血糖偏高者

不适宜人群:少年儿童

食用方法及食用量:每日 3 次,每次 3 粒

产品规格:0.3g/ 粒

保质期:24 个月

贮藏方法:密封、避光、阴凉、干燥

注意事项:本品不能代替药物;本品添加了营养素,与同类营养素同时食用不宜超过推荐量

(二) ×× 牌黄芪玉知胶囊

保健功能:辅助降血糖

功效成分 / 标志性成分含量:每 100g 含:总黄酮 120mg、总皂苷 0.4g

主要原料：黄芪、山药、葛根、玉竹、枸杞子、生地黄、知母、微晶纤维素、二氧化硅

适宜人群：血糖偏高者。

不适宜人群：少年儿童、孕期及哺乳期妇女

食用方法及食用量：每日 3 次，每次 3 粒

产品规格：0.35g/ 粒

保质期：24 个月

贮藏方法：密封，置阴凉干燥处

注意事项：本品不能代替药物

第三节　辅助降血压功能

一、概述

高血压作为现代文明病之一，对人类健康具有极大的危害性。最新调查数据显示，目前中国已有 3 亿左右的高血压患者，每年新增高血压病例达 1000 万。中国是卒中高发地区，高血压患者的卒中 / 心梗发病比例为 5∶1，因此治疗高血压的主要目标是预防卒中。高血压存在着"三高"和"三低"的发病特点。"三高"是指：发病率高，致残率高，死亡率高。"三低"是指，知晓率低，服药率低；控制率低。调查数据显示，1979—2002 年间高血压发病率在逐年增加，2002 年中国 18 岁以上成人高血压患病率为 18.8%，2014 年卫生部公布的高血压患病率为 25.5%，全国第五次高血压调查初步数据（12 个省）显示目前高血压患病率为 27.9%，由此可见高血压患病率一直在增加。2010 年对 13 省调查显示，高血压知晓率、治疗率、控制率及治疗控制率分别为 42.6%、34.1%、9.3%、27.4%，高于 2002 年水平。1991—2009 年，我国 6~17 岁儿童青少年高血压患病率也出现增加趋势，这要求我们必须采取有效措施以预防和治疗高血压。因此，调节血压功能性食品的开发十分重要。

（一）高血压的定义

根据《中国高血压防治指南》（2005 年修订版），高血压的简明定义应该是：在未用高血压药物的情况下，收缩压≥140mmHg 和（或）舒张压≥90mmHg，按血压水平将高血压分为 1、2、3 级。收缩压≥140mmHg 和舒张压 <90mmHg 单列为单纯性收缩期高血压。患者既往有高血压史，目前正在用抗高血压药，血压虽然低于 140/90mmHg，亦应诊断为高血压。

（二）高血压的分类

1. 按病因分类

（1）原发性高血压：在人群中所发现的血压升高者，有 90% 以上查不出具体、明确病因，称为原发性高血压，简称高血压。原发性高血压的病因无法简单确定，因为它是由遗传和环境因素共同起作用的多病因、多基因疾病。

（2）继发性高血压　是指已有明确病因的高血压，如肾实质性高血压、肾血管性高血压、内分泌性高血压等。

（3）妊娠高血压：妊娠高血压可以是一种继发性高血压，也可以是原发性高血压在妊娠期呈现和加重。妊娠期首次出现高血压，收缩压≥140mmHg 和（或）舒张压

笔记

≥90mmHg,于产后 12 周内恢复正常。妊娠高血压是妊娠期最为严重的并发症。

（4）老年高血压：由于老年时，大动脉管内弹性纤维逐渐由胶原纤维取代，致使血管壁弹性降低。对 65 岁以上（含 65 岁）老年人高血压分类见表 9-4。

表9-4　老年高血压分类

类别	收缩压		舒张压	
	kPa	mmHg	kPa	mmHg
老年高血压	>21.3	>160	≥12.0	≥90
单纯临界高血压	18.7~21.3	140~160	<12.0	<90

2. 按血压水平分类　根据《中国高血压防治指南》（2005 年修订版）的分类，血压分为正常、正常高值及高血压，具体分类见表 9-5。

表9-5　血压水平的定义和分类[《中国高血压防治指南》(2005 年修订版)]

类别	收缩压（mmHg）	舒张压（mmHg）
正常血压	<120	<80
正常高值	120~139	80~89
高血压	≥140	≥90
1 级高血压（轻度）	140~159	90~99
2 级高血压（中度）	160~179	100~109
3 级高血压（重度）	≥180	≥110
单纯收缩期高血压	≥140	<90

（三）血压偏高人群的特点

1. 精神紧张的人易患高血压　精神长期处于紧张状态是当今青年人患高血压的主要原因。精神长期高度紧张，易造成大脑皮层功能失调，影响交感神经和肾上腺素，促使心脏收缩加速，血输出量增多，导致血压升高。

2. 食盐多的胖人易患高血压　肥胖和高盐摄入的人群易患高血压已得到国际社会的广泛认可。因此胖人应合理安排饮食，少食盐，控制体重。

3. 有吸烟嗜酒等不良习惯易患高血压　虽然没有直接的证据证明吸烟嗜酒会导致高血压的发生，但对高血压患者的调查中发现有吸烟嗜酒等不良习惯的人占有相当大的比例。所以已有高血压倾向的人必须戒烟戒酒。

4. 糖尿病人易患高血压。

（四）高血压的危害

高血压是当今最大的慢性病，是心脑血管疾病的罪魁祸首，具有发病率高、控制率低的特点。高血压的真正危害性在于对心、脑、肾的损害，造成这些重要脏器的严重病变。

1. 脑卒中　脑卒中是高血压最常见的一种并发症。脑卒中最为严重的就是脑出血，而高血压是引起脑出血的最主要原因，人们称之为高血压性脑出血。高血压会使血管的张力增高，也就是将血管"绷紧"，时间长了，血管壁的弹力纤维就会断裂，引起血管壁的损伤。同时血液中的脂溶性物质就会渗透到血管壁的内膜中,这些都会使脑动脉失去弹性,造成脑动脉硬化。而脑动脉外膜和中层本身就比其他部位的动脉外膜和中层要薄。在脑动脉发生病变的基础上,当病人的血压突然升高,就会发生脑出血的可能。如果病人的血压突然降低,则会发生脑血栓。

2. 冠心病 冠心病是冠状动脉粥样硬化性心脏病的简称,是指冠状动脉粥样硬化导致心肌缺血、缺氧而引起的心脏病。血压升高是冠心病发病的独立危险因素。研究表明,冠状动脉粥样硬化病人 60%~70% 有高血压,高血压患者发生冠状动脉硬化的概率较血压正常者高四倍。

3. 肾脏的损害 高血压危害最严重的部位是肾血管,会导致肾血管变窄或破裂,最终引起肾功能的衰竭。

4. 高血压性心脏病 高血压性心脏病是高血压长期得不到控制的一个必然结果,高血压会使心脏泵血的负担加重,心脏变大,泵的效率降低,出现心律失常、心力衰竭而危及生命。

(五) 高血压的防治原则

1992 年国际心脏会议提出高血压预防的主要内容是"健康四大基石",即"合理膳食、适量运动、戒烟限酒、心理平衡",其核心就是健康的生活方式,可使高血压的发病率下降 55%。

1. 合理膳食 合理的膳食很重要,以低脂、低钠、低胆固醇的饮食为主,食盐摄入量的标准为每天少于 6g。少吃高脂肪、高盐、高热量的食品,多吃新鲜蔬菜、水果和坚果,从饮食上控制体重的增加。

2. 适量运动 进行适度的体育锻炼,如快走、慢跑、健身操等,以促进热量的消耗。

3. 戒烟限酒 吸烟和过量饮酒均会刺激心率增加和血管收缩,导致血压升高,更重要的是,吸烟是脑卒的重要危险因素。因此,为了降低心血管病的危险因素,吸烟的人应争取戒烟。每日饮少量的酒,能有效地降低高血压及冠心病的患病率和病死率。适量饮酒能缓解紧张情绪,过量则适得其反。

4. 心理平衡 紧张、急燥和焦虑会使血压升高,要做到劳逸结合,心情放松,保持足够的睡眠,养成良好的生活习惯。

二、辅助降血压功能保健食品的常用原料

(一) 开发辅助降血压功能保健食品的一般要求

引发高血压的因素很多,主要是导致人体发生血液流变学异常、微循环障碍和血流动力学异常时出现异常的血压升高症状。因此辅助降血压的保健食品应以调整人体血液流变学、微循环和血流动力学为基础,以降低异常的血压升高为目标。

(二) 具有辅助降血压功能的保健食品原料

研究辅助降血压的保健食品的重点在于降低血压。现代医学研究证明,西医降压药和中医降压药各有其优缺点。西药并未解决导致高血压升高的病理因素,一旦停药血压就会很快反弹升高,使患者必须终生服药。中药的降压效果虽不如西药,但能通过其对脏腑功能的调节,改善导致血压升高的病理因素而达到防治血压升高的效果。且中医认为药补不如食补,具有药食两用的药物更是高血压患者的理想选择。

研究表明,降血压的保健食品功效成分主要有黄酮(芦丁等),皂苷,不饱和脂肪酸,粗多糖,低聚糖类,维生素,钾、镁、硒等微量元素等。

具有辅助降血压功能的部分物质有:绿茶、杜仲、杜仲叶、罗布麻叶、葛根、决明子、丹参、天麻、泽泻、芦丁(提取物)、三七、绞股蓝、菊花、大蒜油、海藻酸钾、牛磺酸、山楂、银杏叶、红花、藏红花、大枣、甘草、海带、蒲公英、夏枯草、玉米胚芽油、硒及富硒食品、维生素 E、藜蒿、槐米、昆布、桑皮、微晶纤维素、蜜环菌菌丝体、γ- 氨基丁酸(GABA)、茶氨酸、低聚糖类、虎杖、降血压肽、钩藤、荷叶、野菊花、淫羊藿、可可多酚、灵芝、大豆低聚肽、海藻酸低聚糖、酿造醋、牡蛎肉、无花果、芹菜等。

下面就几种常见的、重要的具有辅助降血压功能的物质进行介绍。

1. 罗布麻 罗布麻具有利尿、消肿和降血压作用。罗布麻中总黄酮类化合物是其主要成分和保健功能成分,含量在 0.2%~1.14%,主要包括槲皮素、金丝桃苷、异槲皮苷、三叶豆苷、紫云英苷、异槲皮苷 -6-O- 乙酰基、三叶豆苷 -6-O- 乙酰基。其中槲皮素、异槲皮苷、金丝桃苷、芦丁是罗布麻降血压、降脂、抗氧化的主要活性物质,其他还有绿原酸、香树精、异嗪皮啶等。

2. 杜仲和杜仲叶 杜仲提取物中具有降血压功能的活性成分为木脂素类化合物、芦丁和槲皮素等。木脂素类化合物是目前杜仲化学成分中研究最多、结构最明确、成分最明确的一类化合物,从杜仲中分离出的木脂素类化合物已有 27 种,其中多数为苷类化合物。其中的松脂醇二葡萄糖苷是最主要的降压成分。

3. 莲心碱 莲心碱是从睡莲科植物莲成熟种子的胚芽中提取的生物碱,其降压作用短而弱,但改变成甲基莲心碱后降压作用强而持久。主要是通过直接扩张血管平滑肌而使血压下降。甲基莲心碱还有抗心律失常作用,是一种多功能的降压新中药成分,有着较好的发展前景。

4. 茶氨酸 茶氨酸是茶叶中特有的游离氨基酸,又称 L- 茶氨酸,化学名为谷氨酸 -γ- 乙基酰胺,是茶叶中生津润燥的主要成分。茶氨酸有保护大脑及松弛神经功能、降血压功能、抗疲劳、改善睡眠和辅助抑制肿瘤作用。研究证明茶氨酸能有效地降低大鼠自发性高血压。其显示出的降低高血压效果在一定程度上也可以被看作是一种安定作用,而这种安定作用则无疑会有助于身心疲劳的恢复。

5. 降血压肽 目前,从天然蛋白质中分离的功能性肽多种多样,如促进钙吸收肽、降血压肽、降血脂肽、免疫调节肽等,这就是所谓的蛋白质第三功能(teriary function)。特别是降血压肽的研究更是活性肽研究的热点,研究表明降血压肽是一种血管紧张素转化酶(angiotension-Ⅰ coverting enzyme, ACE)抑制剂。对高血压患者,如果服用 ACE 抑制剂,则血管紧张素Ⅱ的生成和激肽的破坏均减少,血压必然下降,从而达到治疗高血压的目的。降血压肽除能降低血压外,还有排钠保钾的功效,再次证实降血压肽只对高血压患者起作用,同时还具有多功能性。人们从更多的蛋白质源中获得 ACE 抑制肽,已成功地从磷虾、金枪鱼、沙丁鱼、鲣鱼、玉米、大豆、酒糟、酪蛋白中获得了 ACE 抑制肽。

6. 褪黑素 Sandkyk 等研究证实,褪黑素可以通过下丘脑 – 垂体 – 肾上腺轴,调节肾素和胆固醇等的分泌来降低血压,维持正常的血容量和渗透压。褪黑素分泌增加,则血压下降,且血压的昼夜变化与褪黑素的昼夜节律一致,即早晨 6~9 时体内褪黑素水平最低,而此时血压最高。Kawashima 等研究也证实,去松果体的大鼠可出现高血压,给予褪黑素后能预防去松果体大鼠高血压的形成,并能降低自发性高血压大鼠的血压,对于血压正常大鼠,褪黑素也可以降低其动脉血压和心率。另外,应用褪黑素治疗原发性高血压患者,可降低患者血压。褪黑素可抑制某些应激状态下,如鸽子遇冷、大鼠受到强烈的声刺激时所致的反射性的心率加快,使应激状态下的小鼠的血压趋于正常。

以上只是列举了一些可以用来开发成降压保健食品的材料。我国已研究筛选出100多种单味降压中药,利用其毒性小,效果好的特点或利用对心血管系统具有保护作用的天然食物(或营养素)开发成降压保健食品,将会造福人类。

三、辅助降血压功能保健食品的功能学评价程序

(一) 试验项目

动物试验:测血压。

人体试食试验:测血压和观察临床症状。

(二) 试验原则

动物试验和人体试食试验所有项目必测,人体可加测一般性健康指标。

动物试验首选自发高血压大鼠,其次为肾血管型高血压大鼠,人体试食试验可在治疗基础上进行。

(三) 结果判定

动物试验血压明显下降,人体试食试验血压明显下降、症状改善,可判定受试物具有调节血压的作用。人体试验为必做项目。

有效:达到以下任何一项者。舒张压下降≥10mmHg或降至正常;收缩压下降≥20mmHg或降至正常。

无效:未达到以上标准者。

四、实例

目前国家食品药品监督管理总局批准了保健功能为辅助降血压的国产保健食品78个。

(一) ××牌亚喜胶囊

保健功能:辅助降血压

功效成分/标志性成分含量:每100g含:多酚21.52g、总黄酮3.2g

主要原料:罗布麻提取物、茶多酚、甘草提取物

适宜人群:血压偏高者

不适宜人群:少年儿童

食用方法及食用量:每日3次,每次3粒

产品规格:0.3g/粒

保质期:24个月

贮藏方法:置阴凉干燥处

注意事项:本品不能代替药物

(二) ××牌辅助降血压胶囊

保健功能:辅助降血压

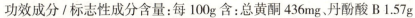

功效成分 / 标志性成分含量：每 100g 含：总黄酮 436mg、丹酚酸 B 1.57g

主要原料：杜仲提取物、葛根提取物、决明子提取物、山楂提取物、丹参提取物、芹菜提取物、淀粉、硬脂酸镁

适宜人群：血压偏高者

不适宜人群：少年儿童、孕妇、乳母、慢性腹泻者

食用方法及食用量：每日 2 次，每次 4 粒

产品规格：400mg/ 粒

保质期：24 个月

贮藏方法：避光、密封，置干燥阴凉处

注意事项：本品不能代替药物；食用本品后如出现腹泻，请立即停止食用

学习小结

1. 学习内容

第九章	辅助降血脂功能	高血脂症的定义、分类、防治原则
		辅助降血脂保健食品的研发要求与功能评价
	辅助降血糖功能	高血糖症的定义、分类、防治原则
		辅助降血糖保健食品的研发要求与功能评价
	辅助降血压功能	高血压的定义、分类、防治原则
		辅助降血压保健食品的研发要求与功能评价

2. 学习方法

通过熟悉有关生化指标正常范围，掌握高血脂 / 高血压 / 高血糖症的定义；通过对病因的分析，掌握高血脂 / 高血压 / 高血糖症的分类与防治原则，以及相应保健食品的研发要求；通过对辅助降高血脂 / 高血压 / 高血糖的功效成分及来源的归纳，了解研发辅助降高血脂 / 高血压 / 高血糖保健食品的原料范围；通过功能评价试验项目、试验原则和结果判定原则的总结，掌握辅助降高血脂 / 高血压 / 高血糖保健食品的功能评价基本方法。

复习思考题

1. 高脂血症 / 高血压 / 高血糖症的定义和防治原则？

2. 如何评价保健食品的辅助降高血脂 / 高血压 / 高血糖功能？

3. 保健食品能治疗高血脂 / 高血压 / 高血糖症吗？如何理解"辅助"一词？

笔记

第十章

抗氧化、增强免疫力功能

学习目的

通过本章的学习,掌握抗氧化功能、增强免疫力功能的评价方法,熟悉各种内源性及外源性抗氧化剂的种类及作用,熟悉抗氧化功能、增强免疫力功能保健食品的主要原料,了解自由基的特点,了解免疫及相关基本概念,了解保健食品增强免疫力功能的作用机制等。

学习要点

各种内源性及外源性抗氧化剂的种类及其作用;抗氧化功能、增强免疫力功能的保健食品主要来源;抗氧化功能、增强免疫力功能的评价方法。

第一节　抗氧化功能

一、概述

(一) 自由基及其形成

在一个化学反应中,分子中共价键分裂的结果存在两个方面,若共用电子对变为一方所独占则形成离子,若共用电子对分属于两个原子(或基团),则形成自由基(free radical)。自由基是指具有未配对电子的原子、原子团、分子和离子,是人们生命活动中多种生化反应的中间产物。自由基有氧自由基和非氧自由基之分,人体内以氧自由基最为重要,包括超氧阴离子自由基、羟自由基、过氧化氢分子、烷氧基、烷过氧基等。

人体细胞在正常的代谢过程中及机体受到电离辐射时都会产生自由基。一般情况下,人体内自由基的产生与清除处于动态平衡。人体存在少量的氧自由基,不但对人体没有害处,而且可以促进细胞增殖,能刺激白细胞和吞噬细胞杀灭细菌,又可消除炎症、分解毒物。

(二) 自由基对机体的损害

自由基中含有未成对电子,性质非常活泼。自由基若要稳定必须向邻近的原子或分子夺取电子,可使被夺去电子的原子或分子成为新的自由基而引发连锁反应,该过程称为氧化。当自由基产生过多或清除过慢即机体过度氧化时,可与蛋白质、脂肪、核酸等大分子物质反应,破坏细胞内这些生命物质的化学结构,干扰细胞功能,造成机体在分子水平、细胞水平及组织器官水平的各种损伤,加速机体的衰老进程并诱发各种疾病。氧化是导致疾病的重要原因之一,是血液中的不饱和脂肪酸因氧化而成为过氧化物质,经小肠吸收后经淋巴液和血液进入各组织,从而发生有害作用。特别是过氧化脂质可直接攻击血管内壁,而含有过氧化脂质的血清可以增加血管的障碍,成为脑出血、动脉硬化的初期病变。细胞内产生的过氧化脂质可使有关的细胞膜和局部组织受到伤害,如果溢出细胞可使血清过氧化脂质水平升高,使神经末梢组织受到伤害,也可通过脂褐质的形成使细胞老化。

研究表明,有近百种慢性疾病与自由基(氧化)有关,包括免疫力低下、肿瘤、心脑血管疾病、肾病、肝病、糖尿病、消化道疾病、甲状腺机能亢进、白内障、衰老、老年性痴呆等。

(三) 抗氧化功能保健食品的研发目的

研究表明,随着年龄的增长,机体内产生自由基清除剂的能力逐渐下降,机体清除自由基的能力也随着年龄而降低。同时,老年人抗氧化剂又常摄入不足,氧自由基在体内积累,造成脂褐质和过氧化脂质含量上升,从而减弱了对自由基损害的防御能力,使机体组织器官容易受损,加速了机体的衰老,引发一系列的疾病。为了防止此类现象的发生,可以人为地由膳食补充抗氧化剂,从而达到防御疾病、延缓衰老的目的。

二、抗氧化功能保健食品的常用原料

(一) 抗氧化剂

抗氧化剂是指能清除自由基或能阻断自由基参与的氧化反应的物质。人体在产生自由基的同时,也在产生着抵抗自由基的抗氧化物质,以抵消自由基对人体细胞的氧化攻击,称为内源性抗氧化剂,如超氧化物歧化酶(superoxide dismutase,SOD)、谷胱甘肽过氧化物酶(glutathione peroxidase,GSH-Px)、过氧化氢酶(catalase,CAT)等酶类自由基清除剂以及辅酶Q等。此外,还有维生素类、原花青素(proantho cyanidins,PC)、类胡萝卜素(carotenoids)、多酚类(polyphenols)、活性肽类(bioactive peptides)、微量元素硒以及主要提取自一些常用中药的生物类黄酮(bioflavonoids)、多糖类(polysaccharides)、生物碱类(alkloids)、皂苷类(saponins)等外源性抗氧化剂。现分述如下:

1. 酶类自由基清除剂

(1) 超氧化物歧化酶:超氧化物歧化酶是生物体内重要的抗氧化酶,对氧自由基有强烈清除作用。SOD可使超氧负离子发生歧化反应,生成过氧化氢和分子氧。过氧化氢可再经过谷胱甘肽过氧化物酶或过氧化氢酶的作用,进一步分解为水。

(2) 谷胱甘肽过氧化物酶:谷胱甘肽过氧化物酶是机体内广泛存在的一种重要的过氧化物分解酶,可使脂质过氧化物还原为脂肪酸和醇类,与SOD共同组成清除自由基的酶防御系统。

(3) 过氧化氢酶:过氧化氢酶存在于细胞的过氧化物体内,可以催化过氧化氢分解成氧气和水,是生物防御体系的关键酶之一。H_2O_2浓度越高,分解速度越快。

2. 辅酶Q 辅酶Q是生物体内广泛存在的脂溶性醌类化合物,不同来源的辅酶Q其侧链异戊烯单位的数目不同,人类和哺乳动物是10个异戊烯单位,故称辅酶Q_{10}。辅酶Q在体内呼吸链中质子移位及电子传递中起重要作用,是细胞呼吸和细胞代谢的激活剂,也是重要的抗氧化剂和非特异性免疫增强剂。辅酶Q_{10}可以抑制脂质和线粒体的过氧化,保护生物膜结构的完整性。

　　3. 维生素类

　　(1) 维生素 A 为脂溶性色素,其抗氧化作用与其具备多烯烃疏水链有关,其能淬灭氧自由基、羟自由基、脂质过氧化自由基以及其他自由基,结合和稳定过氧化氢结构。当维生素 A 缺乏时,机体的抗氧化屏障缺失,细胞膜上含有丰富的多不饱和脂肪酸,自由基及活性氧使其发生链式反应,氧化生成饱和脂肪酸,造成细胞膜的破坏,使自由基进一步攻击 DNA,造成 DNA 损伤。适量维生素 A 能发挥较好抗氧化作用。

　　(2) 维生素 C 为水溶性色素,具有强还原性,可通过逐级供给电子而转变为半脱氧抗坏血酸和脱氢抗坏血酸的过程清除体内自由基。

　　(3) 维生素 E 是生育酚、生育三烯酚以及具有天然维生素活性的生育酚乙酸酯等衍生物的总称,是维持机体正常代谢和机能的必需维生素。维生素 E 是体内重要的脂溶性阻断型抗氧化剂,能保护生物膜及脂溶性蛋白免受氧化。大部分情况下,维生素 E 的抗氧化作用是与脂氧自由基或脂过氧自由基反应,使脂质过氧化链式反应中断,从而实现抗氧化,它既是自由基清除剂,又是脂质过氧化物的阻断剂。

　　4. 原花青素　　原花青素是一种有着特殊分子结构的生物类黄酮,由不同数量的儿茶素(catechin)或表儿茶素(epicatechin)结合而成。最简单的原花青素是儿茶素、表儿茶素、或儿茶素与表儿茶素形成的二聚体,此外还有三聚体、四聚体等直至十聚体。按聚合度的大小,通常将二~五聚体称为低聚体(简称 OPC),将五聚体以上的称为高聚体(简称 PPC)。原花青素是安全高效的抗氧化剂和自由基清除剂,能有效清除体内多余的自由基,保护人体细胞组织免受自由基的氧化损伤。其抗氧化能力是维生素 E 的 50 倍,是维生素 C 的 20 倍,是国际公认的清除体内自由基非常有效的天然抗氧化剂。

　　5. 类胡萝卜素　　类胡萝卜素是一类重要的天然色素的总称,普遍存在于动物、高等植物、真菌、藻类中的黄色、橙红色或红色的色素之中。抗氧化性较强的类胡萝卜素主要有番茄红素(lycopene)、虾青素(astaxanthin)、叶黄素(xanthophylls)、β- 胡萝卜素(β-carotene)等。

　　(1) 番茄红素又称 ψ- 胡萝卜素,与 β- 胡萝卜素是同分异构体,是类胡萝卜素的一种,其抗氧化能力是维生素 E 的 100 倍,是维生素 C 的 1000 倍。

　　(2) 虾青素是从河螯虾外壳、牡蛎和鲑鱼中发现的一种红色类胡萝卜素,在体内可与蛋白质结合而呈青、蓝色。虾青素被称为超级抗氧化剂,其抗氧化的能力比 β- 胡萝卜素高 10 倍,比维生素 E 高 550 倍,是 OPC 的 20 倍。

　　(3) 叶黄素是 α- 胡萝卜素的衍生物,在自然界中与玉米黄素(zeaxanthin)共同存在。叶黄素可通过物理或化学淬灭作用灭活单线态氧抑制氧自由基的活性,阻止自由基对正常细胞的破坏,从而保护机体免受伤害。

　　(4) β- 胡萝卜素是自然界中最普遍存在也是最稳定的天然色素,是维生素 A 的前体成分,也具有较强的抗氧化性,是维护人体健康不可缺少的营养素。

　　6. 多酚类　　多酚类化合物广泛存在于植物体内,是指分子结构中含有多个酚羟基的成分的总称,具有很强的抗氧化作用。依据来源不同,主要包括茶多酚(tea polyphenols)、葡萄多酚(grape polyphenols)、苹果多酚(apple polyphenols)、荞麦多酚(buckwheat polyphenols)等。

(1) 茶多酚是茶叶中多酚类物质的总称,包括黄烷醇类、花色苷类、黄酮类、黄酮醇类和酚酸类等,是茶叶中主要保健功能成分之一。茶多酚具有较强的抗氧化作用,且随温度的升高抗氧化作用增强。

(2) 葡萄多酚广泛存在于葡萄籽、葡萄皮与果汁中,在葡萄籽与葡萄皮中含量较高。研究表明,红葡萄的果皮中多酚含量可达 25%~50%,种籽中则可达 50%~70%。因此,目前国内外研究使用的葡萄多酚一般均为从葡萄籽中提取。葡萄多酚能通过抑制低密度脂蛋白(LDL)的氧化而有助于防止冠心病、动脉粥样硬化的发生,这些物质能保护 LDL 上与细胞膜结合的特定位点上的氨基酸残基,因此具有较强的抗氧化性。

(3) 苹果多酚是苹果中所含多元酚类物质的通称,含量因成熟度而异,未熟果的多元酚含量为成熟果的 10 倍。苹果多酚清除氧自由基速度较快,其抗氧化能力与葡萄多酚相近。

(4) 荞麦多酚在荞麦壳、籽粒、茎、叶、花的提取物甚至花蜜中广泛存在,主要为黄酮类衍生物,具有很强的抗氧化作用。

7. 活性肽类　具有抗氧化性质的多肽类物质被称为抗氧化活性肽,主要是各种天然蛋白酶解物中具有一定抗氧化活性的低分子混合肽,如大豆肽、玉米肽、小麦肽、米糠肽、花生肽等。此外,在黑米、菜籽、灵芝、桂花、枸杞等植物蛋白质原料中也获得了具有抗氧化作用的活性肽。

8. 微量元素硒　硒是 GSH-Px 酶系的组成成分,它能催化 GSH,使过氧化物还原成羟基化合物,同时促进 H_2O_2 的分解,从而保护细胞膜的结构及功能不受过氧化物的干扰及损害。

9. 中药提取物类

(1) 生物类黄酮:生物类黄酮泛指两个苯环(A 环和 B 环)通过中央三碳链相互连接而成的一系列 C_6-C_3-C_6 化合物,主要是指以 2-苯基色原酮为母核的化合物,如芦丁、橙皮苷、槲皮素、山奈酚等。生物类黄酮大多是有效的抗氧化剂,能够与有毒金属结合并将它们排出体外,且与维生素 C 有协同效应,可以使维生素 C 在人体组织中趋于稳定。

(2) 多糖类:多糖广泛存在于自然界,主要分为植物多糖、动物多糖及微生物多糖 3 类,大多具有提高抗氧化酶活性、清除自由基、抑制脂质过氧化而保护生物膜等作用,如茯苓多糖、灵芝多糖、枸杞多糖、山药多糖、香菇多糖等。

(3) 生物碱类:生物碱是一类大多具有复杂含氮环状结构的有机化合物,绝大多数分布在双子叶植物中,具有抗氧化作用的生物碱类主要有四氢小檗碱、去甲乌药碱、苦豆碱、川芎嗪、小檗碱、药根碱、木兰碱、番荔枝碱等。影响生物碱抗氧化功能的结构因素主要是立体结构和电性,杂环中氮原子越"裸露"在外,越有利于充分地接近活性氧并与之反应,抗氧化效果就越好;供电子基团或者能使氮原子富有电子的结构因素也可增加其抗氧化活性。

(4) 皂苷类:皂苷是中药中一类重要的活性物质,根据苷元的化学结构不同分为甾体皂苷和三萜皂苷两类。研究表明,大多数皂苷具有明显的抗氧化功能,如黄芪皂苷、大豆皂苷、绞股蓝皂苷、苦瓜皂苷、罗汉果皂苷等。

(二) 抗氧化功能保健食品的主要原料

抗氧化功能保健食品的原料主要包括动物、植物、微生物及其代谢产物,所包含的功能因子种类较为广泛,如类胡萝卜素类、酶类、维生素类、类黄酮类、多糖类、多酚类、微量元素等多种类型。

具有抗氧化功能的常用物质有:维生素 A、维生素 C、维生素 E、硒、OPC、SOD、辅酶 Q_{10}、DHA、茶多酚、β-胡罗卜素、牛磺酸、螺旋藻、槐米、槐角、厚朴、刺五加、紫苏子、月季花、合欢花、香薷、荷叶、苦丁茶、知母、牛膝、酸枣仁、覆盆子、西洋参、黄芪、吴茱萸、连翘、益智、防己、黄连、香加皮、西洋参、罗布麻花、川芎、柴胡、木贼、玄参、厚朴花、牡丹皮、金荞麦、诃子、当归、玫瑰花、芦荟、桂枝、石斛、金银花、赤芍、荔枝核、枳壳、夏枯草、金樱子等。同时也包括用上述食物为原料经过科学加工或直接所制得的,并经抗氧化功能评价试验证明,确实能抗氧化的保健食品。

(三)已获批准的抗氧化功能保健食品现状分析

截至 2016 年 6 月,国家食品药品监督管理总局数据查询结果显示,获得批准的国产抗氧化功能保健食品共有 252 个(含以抗氧化功能为主要功能的多功能品种,不含延缓衰老功能的品种),占已批准国产保健食品总数的 1.60%,进口抗氧化功能保健食品有 5 个,占已批准进口保健食品总数的 0.67%。其中,2011 年至 2015 年批准国产抗氧化功能保健食品分别为 23 种、22 种、19 种、18 种、17 种,共计 99 种,批准进口保健食品 2 种,其中硬胶囊剂 43 种软胶囊剂 46 种,为近五年来抗氧化功能保健食品的两种主要剂型。在功效成分类型方面,单一功效成分的品种较少,配方多以 2 种或 2 种以上的功效成分组成,其中以原花青素为主要功效成分的 44 种,以维生素 E 为主要功效成分的 29 种,以总黄酮为主要功效成分的 24 种。此外,主要功效成分类型还涉及到番茄红素(16 种)、辅酶 Q_{10}(15 种)、维生素 C(12 种)、总皂苷类(12 种)、粗多糖类(12 种)等。

以上数据表明,尽管抗氧化功能保健食品的重要性显而易见,但在近年我国保健食品研究领域中所占比重不大(具延缓衰老功能的品种除外),与预期巨大市场潜力相比,其种类和数量远远不能满足市场的需求,应该引起保健食品研究学者的关注。同时,现有产品中约半数均以原花青素为主要功效成分,提示市场同类产品较多,配方重复率较高,市场份额竞争较为激烈。此外,以源自药食同源的中药的总黄酮提取物、总皂苷提取物以及粗多糖提取物的产品所占比例相对较小。因此,亟待利用我国特色的原料,立足于传统中医药理论和现代营养学、医学研究成果的有机结合,在阐明构效关系、组效关系的基础上,开发具有显著抗氧化功能的保健食品新产品,这对满足市场需求、提高我国国民健康水平具有重要的社会意义和实际应用价值。

三、抗氧化功能保健食品的功能学评价程序

为贯彻落实《食品安全法》及其实施条例对保健食品实行严格监管的要求,严格保健食品准入管理,切实提高准入门槛,2012 年 5 月国家食品药品监督管理总局修订发布了抗氧化、缓解视疲劳、辅助降血糖、辅助降血脂、改善缺铁性贫血、促进排铅、对胃黏膜损伤有辅助保护功能、减肥、清咽等 9 个保健食品功能的评价方法。新发布的功能评价方法主要提高了判断标准,完善了动物试验模型,细化了人体试食试验的受试人群要求,优化了试验方法,从而进一步提高了方法的科学性和可操作性。

(一) 试验项目

1. 动物试验

(1) 体重。

(2) 脂质氧化产物:丙二醛或血清 8-表氢氧异前列腺素(8-Isoprostane)。

(3) 蛋白质氧化产物:蛋白质羰基。

(4) 抗氧化酶:超氧化物歧化酶或谷胱甘肽过氧化物酶。

(5) 抗氧化物质:还原性谷胱甘肽。

2. 人体试食试验

(1) 脂质氧化产物:丙二醛或血清 8-表氢氧异前列腺素(8-Isoprostane)

(2) 超氧化物歧化酶。

(3) 谷胱甘肽过氧化物酶。

(二) 试验原则

1. 动物实验和人体试食试验所列的指标均为必测项目。

2. 脂质氧化产物指标中丙二醛和血清 8-表氢氧异前列腺素任选其一进行指标测定,动物实验抗氧化酶指标中超氧化物歧化酶和谷胱甘肽过氧化物酶任选其一进行指标测定。

3. 氧化损伤模型动物和老龄动物任选其一进行生化指标测定。

4. 在进行人体试食试验时,应对受试样品的食用安全性作进一步的观察。

(三) 结果判定

1. 动物实验　脂质氧化产物、蛋白质氧化产物、抗氧化酶、抗氧化物质四项指标中三项阳性,可判定该受试样品抗氧化功能动物实验结果阳性。

2. 人体试食试验　脂质氧化产物、超氧化物歧化酶、谷胱甘肽过氧化物酶三项指标中二项阳性,且对机体健康无影响,可判定该受试样品具有抗氧化功能的作用。

四、实例

目前国家食品药品监督管理总局批准了保健功能为抗氧化的国产保健食品 252 个、进口保健食品 5 个。

(一) ××牌葡萄籽维 E 软胶囊

保健功能:抗氧化

功效成分/标志性成分含量:每 100g 含:原花青素 16.0g、维生素 E 0.973g

主要原料:葡萄籽提取物、维生素 E、葵花籽油、蜂蜡、明胶、甘油、水、氧化铁红

适宜人群:中老年人

不适宜人群:少年儿童

食用方法及食用量:每日 2 次,每次 1 粒

产品规格:500mg/粒

保质期:24 个月

贮藏方法:置阴凉、干燥防潮处

注意事项:本品不能代替药物;本品添加了营养素,与同类营养素同时食用不宜超过推荐量

（二）××牌银杏首乌胶囊

保健功能：抗氧化

功效成分/标志性成分含量：每100g含：槲皮素、山奈素、异鼠李素总量714mg

主要原料：银杏叶提取物、何首乌提取物、大豆蛋白粉、淀粉

适宜人群：中老年人

不适宜人群：少年儿童

食用方法及食用量：每日2次，每次2粒

产品规格：300mg/粒

保质期：36个月

贮藏方法：密封、常温

注意事项：本品不能代替药物

第二节　增强免疫力功能

一、概述

在生物进化过程中，免疫系统出现于脊椎动物身上并趋于完善。经典的免疫是指机体对传染性疾病的抵抗能力，而且认为免疫对机体都是有利。但随着研究的深入，人们发现，在功能正常的条件下，对异己抗原产生排异反应，发挥免疫保护作用；在免疫功能失调情况下，免疫反应可造成机体自身损伤，引起变态反应性疾病，如过敏反应和因免疫监视功能低下而造成的肿瘤发生等；在自稳功能降低时，可打破对自身抗原的耐受性，免疫应答可产生自身免疫现象，造成组织损伤，发生自身免疫疾病。因此，免疫反应在正常的情况下对机体是有益的，而在异常情况下，对机体又是有害的。

免疫力功能的不足或低下会对机体健康产生极为不利的影响，使多种传染病与非传染病的发病率与死亡率提高。造成机体免疫下降的原因有多种，如营养失调、精神或心理因康、年龄增大、慢性疾病、应激性刺激、内分泌失调、遗传因素等。

具有增强免疫力功能的保健食品，应该是指那些能增强机体对疾病的防御力、抵抗力、抗感染、抗肿瘤以及维持自身生理平衡的食品。

（一）免疫及相关概念

免疫是机体的一种保护性生理反应，是机体在进化过程中，能识别"自己"或"非己"，并发生特异性的免疫应答排除抗原性异物，或被诱导而处于对这种抗原物质呈不活化状态（免疫耐受），借此以维持机体内环境平衡和稳定的一种重要生理功能。在排异的过程中可保护机体，亦可损伤机体。

1. 抗原　抗原是指能与相应克隆的淋巴细胞上独特的抗原受体特异性结合，诱导（活化或抑制）淋巴细胞产生免疫应答的物质。这类物质包括细菌、病毒、寄生虫、异体蛋白质和药物等。

2. 抗体　抗体是指能与相应抗原特异性结合的、具有免疫功能的球蛋白。免疫球蛋白按结构分为五类：IgG、IgA、IgM、IgD、IgE。

3. 补体　补体是人（或动物）体液中正常存在的一组与免疫有关的、且具有配活性的球蛋白。补体约占血清球蛋白总量的10%。

4. 免疫系统　免疫系统由免疫器官和免疫细胞组成。免疫器官按其在免疫中起的作用不同而分为中枢性免疫器官和外周性免疫器官两类。

5. 免疫应答　免疫应答是指从抗原刺激作用开始，到机体的淋巴细胞识别抗原及其后发生的一系列变化，最终表现出一定的效应，这一过程称之为免疫应答。

(二) 免疫系统的组成

免疫系统主要是指人和脊椎动物的特异性防疫系统。它与神经系统、内分泌系统、心血管系统等一样，也是机体的一个重要系统。人体免疫系统由免疫器官、免疫细胞和免疫分子组成。免疫器官、免疫细胞和免疫分子相互关联、相互作用，共同协调、完成机体免疫功能。

1. 免疫器官　免疫器官是指执行免疫功能的器官和组织，因为这些器官的主要成分是淋巴组织，故也称淋巴器官。按功能不同，免疫器官分为：

(1) 中枢淋巴器官：由骨髓及胸腺组成，主要是淋巴细胞的发生、分化、成熟的场所，并具有调控免疫应答的功能。

(2) 周围淋巴器官：由淋巴结、脾脏及扁桃体等组成。成熟免疫细胞在这些部位执行应答功能。

2. 免疫细胞　免疫细胞泛指所有参与免疫反应的细胞及其前身。包括造血干细胞、淋巴细胞、单核巨噬细胞、树突状细胞和粒细胞等。免疫细胞可分为以下几大类：

(1) 淋巴细胞：包括 T 细胞、B 细胞、杀伤细胞 (K)、自然杀伤细胞 (NK)、淋巴因子激活的杀伤细胞 (LAK) 和肿瘤浸润淋巴细胞 (TIL)。

(2) 辅佐细胞：包括巨噬细胞、树突状细胞等。

(3) 其他细胞：包括肥大细胞、有粒白细胞等。

免疫活性细胞对抗原分子的识别、自身活化、增殖、分化及产生效应的全过程称之为免疫应答，包括非特异性免疫和特异性免疫。非特异性免疫系统包括皮肤、黏膜、单核 - 吞噬细胞系统、补体、溶菌酶、黏液、纤毛等，而特异性免疫系统又分为 T 淋巴细胞介导的细胞免疫和 B 淋巴细胞介导的体液免疫两大类。

3. 免疫分子　免疫分子分为膜型和分泌型两类：膜型包括 BCR (B 细胞识别抗原的受体)、TCR (T 细胞识别抗原的受体)、MHC 分子 (主要组织相容性基因复合体)、CD 分子 (白细胞分化抗原) 等，分泌型包括抗体、补体和细胞因子等。

(三) 免疫系统的功能

免疫功能包括免疫防护、免疫自稳和免疫监视三方面内容。免疫系统通过对自我和非我物质的识别和应答以维持机体的正常生理活动。

1. 免疫防护功能　指正常机体通过免疫应答反应来防御及消除病原体的侵害，以维护机体的健康和功能。在异常情况下，若免疫应答反应过高或过低、则可分别出现过敏反应和免疫缺陷症。

2. 免疫自稳功能　指正常机体免疫系统内部的自控机制，以维持免疫功能在生理范围内的相对稳定性，如通过免疫应答反应消除体内不断衰老、颓废或毁损的细胞和其他成分，通过免疫网络调节免疫应答的平衡。若这种功能失调，免疫系统对自身组织成分产生免疫应答，可引起自身免疫性疾病。

3. 免疫监视功能　正常细胞在化学因素 (二噁英、黄曲霉毒素等污染物)、物理因素(紫外线、X射线)、病毒等致癌物、致突变因素的诱导下可以发生突变,其中有一些可能变为肿瘤细胞。人和高等动物体内的细胞个数是个天文数字,可以说,每天机体内都有一些细胞在各种诱因的作用下发生基因复制和转录的错误,进而发生突变和恶变。免疫监视功能可以监视和识别体内出现的突变细胞,并通过免疫应答反应消除这些细胞,以防止肿瘤的发生或持久的病毒感染。在年老、长期使用免疫抑制剂或其他原因造成免疫功能丧失时,机体不能及时消除突变的细胞,则易形成肿瘤。

(四)免疫功能失常引起的危害

1. 免疫力低下　各种原因使免疫系统不能正常发挥保护作用,则机体极易招致细菌、病毒、真菌等感染,一般兼有体质虚弱、营养不良、精神萎靡、疲乏无力、食欲降低、睡眠障碍等表现,而且常常反复发作,长此以往会导致身体和智力发育不良,还易诱发重大疾病。

2. 免疫力过高　免疫力超常也会产生对身体有害的结果,如引发过敏反应、自身免疫疾病等。此时几乎所有物质都可成为变应原,比如尘埃、花粉、药物或食物,它们作为抗原刺激机体产生不正常的免疫反应,从而引发变应性鼻炎、过敏性哮喘、荨麻疹(风疹块)、变应性结膜炎、食物过敏、食物不耐受等情况,严重的可能导致对身体内部自己的组织细胞产生反应,患上自身免疫病,如类风湿关节炎、系统性红斑狼疮、慢性甲状腺炎、青少年型糖尿病、慢性活动性肝炎、恶性贫血等疾病。

(五)防治方法

1. 保持营养均衡　营养均衡的原则其实很简单,每天摄取主食大约三到六份、牛奶两杯、蛋鱼肉豆类大约四到五份、蔬菜至少三份(以深绿色蔬菜为佳)、水果两份、油脂二至三汤匙。健康饮食要求每餐一定要吃蔬菜水果,并且饮食多样化,不能总吃某些特定食物,这样容易造成营养的偏废。

2. 保持充足的睡眠　睡眠与人体免疫力密切相关。良好的睡眠可使体内的两种淋巴细胞数量明显上升。睡眠时人体会产生一种称为胞壁酸的睡眠因子,此因子促使白血球增多,巨噬细胞活跃,肝脏解毒功能增强,从而将侵入的细菌和病毒消灭。熬夜会导致睡眠不足,造成免疫力的下降,充分的睡眠和作息才能保持身体的免疫力以对抗疾病。

3. 保持乐观情绪　乐观的态度可以维持人体处于最佳的状态。现今社会,人们面临的压力很大,巨大的心理压力会导致对人体免疫系统有抑制作用的荷尔蒙成分增多,所以容易受到感冒或其他疾病的侵袭。

4. 补充维生素　机体内干扰素及各类免疫细胞的数量与活力都和维生素与矿物质有关,每天应该适当补充维生素和矿物质。

5. 改善体内生态环境　用微生态制剂提高免疫力的研究和使用由来已久。研究表明,以肠道双歧杆菌、乳酸杆菌为代表的有益菌群具有广谱的免疫原性,能刺激负责人体免疫的淋巴细胞分裂繁殖,同时还能调动非特异性免疫系统,去"吃"掉包括病毒、细菌、衣原体等在内的各种可致病的外来微生物,产生多种抗体,提高人体免疫能力。

6. 适当运动　研究发现,每天运动30到45分钟,每周5天,持续12周后免疫细胞数目会增加,抵抗力也相对增加。运动只要心跳加速即可,晚餐后散步的方式就比较适合。

二、增强免疫力功能保健食品的常用原料

具有增强免疫力功能的保健食品种类很多,其调节机体免疫的作用各有不同。

(一) 增强免疫力功能保健食品的作用机制

1. 参与免疫系统的构成　蛋白质是直接参与人体免疫器官、抗体、补体等重要活性物质的构成。蛋白质是机体免疫防御功能的物质基础,如上皮、黏膜、胸腺、肝脏和白细胞等组织器官以及血清中的抗体和补体等都是主要由蛋白质参与构成的。当蛋白质营养不良时可导致淋巴器官发育缓慢,胸腺、脾脏重量减轻,淋巴组织器官中淋巴细胞数量减少,外周巨噬细胞数量和吞噬细胞活力显著降低,淋巴细胞对有丝分裂原的反应性降低。同时,细胞免疫和体液免疫能力也随之下降,使机体对传染病的抵抗力降低。哺乳期妇女蛋白质营养不足则影响泌乳力及乳品质,乳中蛋白质含量尤其是初乳中免疫球蛋白的含量可影响幼儿的免疫力。

2. 促进免疫器官的发育和免疫细胞的分化　体内外大量研究发现,维生素 A、维生素 E、锌、铁等微量营养素通常可通过维持重要免疫细胞的正常发育、功能和结构完整性而不同程度地提高机体免疫力。

维生素 A 对免疫系统功能的维护至关重要。维生素 A 的缺乏可增加机体对疾病的易感性。缺乏维生素 A 时,其淋巴细胞对有丝分裂原刺激引起的反应降低,抗体生成量减少,自然杀伤细胞活性降低,对传染病的易感性增加。维生素 A 与类胡萝卜素在吸收前必须在肠道中经胆汁乳化,然后被分解为视黄醇而被吸收入肠黏膜细胞,并以视黄醇的形式储存。视黄醇可有效刺激多形核嗜中性粒细胞(PMN)产生大量的超氧化物,从而增强其杀菌力。

微量元素中已知与免疫关系较密切的有铁、铜和锌。当机体缺乏铁元素时,主要引起 T 细胞数减少而且可抑制活化 T 淋巴细胞产生巨噬细胞移动抑制因子,嗜中性粒细胞的杀菌能力也减退,因此可导致对感染敏感性的增加。锌缺乏主要导致 T 细胞功能明显下降,抗体产生能力降低。并有实验证实 T 辅助细胞是一类依赖锌的细胞亚群。人与动物缺锌则生长迟缓,胸腺和淋巴组织萎缩,容易感染。动物实验表明,妊娠中、后期锌不足可使后代抗体产生能力降低。人患锌缺乏症时,血中胸腺活性、白细胞介素 -2 活性以及 T 细胞的亚群比例、T 杀伤细胞的活性部可降低。锌还可调节白细胞分泌 TNF、白细胞介素 -1β 以及白细胞介素 -6,它在 T 淋巴细胞中有独持的作用。

3. 增强机体的细胞免疫和体液免疫功能　维生素 E 能有效防止细胞内不饱和脂肪酸不被氧化破坏,而且影响花生四烯酸的代谢和前列腺素(PGE)的功能。免疫保护作用与前列腺素水平直接相关,前列腺素 E 干扰免疫系统的功能,比如淋巴细胞的活动、增殖以及巨噬细胞的一系列功能。维生素 E 通过抑制前列腺素 -1 和皮质酮的生物合成,促进体液、细胞免疫和细胞吞噬作用以及提高白细胞介素 -1 含量来增强机体的整体免疫机能。适量补充维生素 E 可提高人群和试验动物的体液和细胞介导免疫功能,增加吞噬细胞的吞噬效率。

实验研究还表明,许多营养因子还能提高血清中免疫球蛋白的浓度,并促进免疫机能低下的老年动物体内的抗体的形成。

(二) 增强免疫力功能保健食品的主要原料

具有增强免疫力的原料和功能因子多种多样。在原料方面主要包括动物、植物、微生物及其代谢产物。目前在增强免疫力的保健品中主要为多糖类、黄酮类、皂苷类、萜类、蛋白质、氨基酸、脂类、维生素、微量元素等多种营养素。

具有免疫调节功能的食物常见的有：人参、西洋参、大枣、黄芪、蜂王浆、蜂胶、花粉、金针菇、香菇、猴头菇、黑木耳、银耳、灵芝、云芝、枸杞子、芡实、刺五加、虫草、茯苓、党参、红花、天麻、牛膝、首乌、雪莲花、芦荟、白芷、山药、大蒜、肉苁蓉、银杏叶、螺旋藻、绞股蓝、黑豆、黑芝麻、米草、中华鳖、牡蛎、(羊)胎盘、羊肚菌、珍珠、鳖鱼软骨、蛇胆、雄蚕蛾、蚕蛹、龟、乌贼墨、鱼鳔、蝎子、海马、蛇、鲍鱼、鳄鱼、鹿血、扇贝、牛初乳、阿胶、淫羊藿、沙棘油、鲨鱼肝油、蚂蚁、骨髓等。当然，也包括用上述食物为原料经过科学加工或直接所制得的并经免疫调节功能评价试验证明，确实能增强免疫力的保健食品。

具有免疫调节活性的物质常见的有：真菌多糖、β- 胡萝卜素、茶多酚、葡萄籽提取物、蛋黄卵磷脂、大豆卵磷脂、猪脾多肽、核酸、蝇蛆蛋白、氨基酸钙、核苷酸、牛磺酸、免疫球蛋白、金属硫蛋白、酶解卵蛋白、甲壳素、SOD、有机硒等。双歧杆菌、乳酸杆菌等益生菌可用作调节免疫功能的物质。经过加工的食品中含有上述物质，并经免疫调节功能评价试验证明确实有免疫调节功能的，也属于增强免疫力功能食品的范畴。

近年来，国内外医药工作者在用现代科学手段研究中医的同时，对中药也进行了大量的研究，从不同角度揭示了它们多方面的作用，对生物免疫的影响也在探讨之中。我国规定药食两用的中药有 87 种，都是进行食品或保健食品开发的重要原料。中药材中可增强免疫作用的成分主要有：人参多糖、枸杞多糖、灵芝多糖、银耳多糖、香菇多糖、淫羊藿多糖、猪苓多糖、云芝多糖、刺参多糖、白芍总苷、人参总苷、绞股蓝总苷、黄芪甲苷、三七总皂苷、甘草皂苷等。常见中药及食物与增强免疫力功能的关系如下：

1. 对白细胞的影响

(1) 促进白细胞数增加：人参、灵芝、黄芪、党参、刺五加、阿胶、肉桂、补骨脂等。

(2) 促进中性白细胞吞噬功能：人参、黄芪、白术、甘草等。

(3) 促进单核巨噬细胞数增加：香菇、甘草、灵芝等。

(4) 促进巨噬细胞吞噬功能：黄芪、白术、党参、地黄、杜仲、猪苓、香菇等。

2. 对 T 淋巴细胞的影响

(1) 促进 T 淋巴细胞数目增多：香菇、白术、黄芪、天冬、草豆蔻、人参、榛子等。

(2) 促进 T 淋巴细胞转化：五味子、榛子、何首乌、猪苓、白术、灵芝、淫羊藿等。

3. 对体液免疫的影响

(1) 促进抗体生成：何首乌、胎盘、地黄、淫羊藿、茯苓等。

(2) 抑制抗体生成：甘草、大枣、当归、补骨脂等。

4. 对免疫球蛋白的影响

(1) IgA：胎盘、地黄、黄芪、灵芝、何首乌、淫羊藿等。

(2) IgE：黄芪。

(3) IgG：香菇、黄芪等。

(4) IgM：茯苓、黄芪等。

三、增强免疫力功能保健食品的功能学评价程序

(一) 试验项目

1. 动物试验

2. 脏器 / 体重的比值、胸腺 / 体重的比值、脾脏 / 体重的比值。

3. 细胞免疫功能测定：小鼠脾淋巴细胞转化试验、迟发型变态反应。

4. 体液免疫功能测定：抗体生成细胞检测、血清溶血素测定。

5. 单核 - 巨噬细跑功能测定；小鼠碳廓清试验、小鼠腹腔巨噬细胞吞噬鸡红细胞试验。

6. NK 细胞活性测定。

(二) 试验原则

1. 所列指标均为必做项目。

2. 采用正常或免疫功能低下的模型动物进行实验。

(三) 结果判定

在细胞免疫功能、体液免疫功能、单核 - 巨噬细胞功能、NK 细胞活性四个方面任两个方面结果阳性，可判定该受试样品具有增强、免疫功能作用。

其中细胞免疫功能测定项目中的两个实验结果均为阳性，或任一实验的两个剂量组结果阳性，可判定细胞免疫功能阳性。体液免疫功能、单核 - 巨噬细胞功能可同法测定。

NK 细胞活性测定实验的一个以上剂量组结果阳性，可判定 NK 细胞结果阳性。

四、实例

目前国家食品药品监督管理总局批准了保健功能为增强免疫力的国产保健食品2952 个、进口保健食品 57 个。

(一) ××牌灵芝西洋参胶囊

保健功能：增强免疫力

功效成分 / 标志性成分含量：每 100g 含：粗多糖 4.85g、总皂苷 3.5g

主要原料：灵芝提取物、西洋参提取物、微晶纤维素、硬脂酸镁

适宜人群：免疫力低下者

不适宜人群：少年儿童、孕妇、乳母

食用方法及食用量：每日 2 次，每次 2 粒

产品规格：0.4g/ 粒

保质期：24 个月

贮藏方法：密闭，置于阴凉干燥处

注意事项：本品不能代替药物

(二) ××牌藏地胶囊

保健功能：增强免疫力

功效成分 / 标志性成分含量：每 100g 含：腺苷 180mg

主要原料：蝙蝠蛾拟青霉菌粉

适宜人群：免疫力低下者

不适宜人群:少年儿童、孕妇、乳母

食用方法及食用量:每日 2 次,每次 3 粒,口服

产品规格:0.5g/ 粒

保质期:24 个月

贮藏方法:密闭置于阴凉干燥处

注意事项:本品不能代替药物

学习小结

1. 学习内容

抗氧化功能、增强免疫力功能	抗氧化功能	自由基的形成原因及对机体的危害
		保健食品中常见的抗氧化功效成分、抗氧化功能保健食品的主要原料
		抗氧化功能保健食品的功能评价
	增强免疫力功能	免疫及相关概念、免疫系统
		保健食品增强免疫力功能的作用机制、增强免疫力功能保健食品的主要原料
		增强免疫力功能保健食品的功能评价

2. 学习方法

　　抗氧化功能内容的学习应重点掌握自由基的结构特点机体过度氧化造成的伤害,在此基础上学习抗氧化剂的种类及作用特点,从而进一步掌握国家食品药品监督管理总局批准的抗氧化功能的主要原料,最后学习掌握抗氧化功能保健食品的评价方法。增强免疫力功能内容的学习应在熟悉免疫(及相关概念)以及免疫系统组成的基础上,掌握免疫功能失常引起的危害,从而进一步学习保健食品增强免疫力功能的作用机制,掌握国家食品药品监督管理总局批准的增强免疫力功能的主要原料,最后学习掌握增强免疫力功能保健食品的功能评价方法。

复习思考题

1. 何为氧化? 机体过度氧化可造成哪些损害?
2. 请列举常用抗氧化剂的类型。
3. 保健食品增强免疫力功能的主要机制是什么?
4. 简述抗氧化功能及增强免疫力功能保健食品的主要原料及物质有哪些?
5. 简述抗氧化功能及增强免疫力功能保健食品的功能评价方法。

第十一章

祛痤疮、祛黄褐斑、改善皮肤水分、改善皮肤油分功能

学习目的

通过本章的学习,了解祛痤疮功能、祛黄褐斑功能、改善皮肤水分功能、改善皮肤油分功能保健食品的功能特点、原料与配方和功能评价基本方法。

学习要点

祛痤疮功能、祛黄褐斑功能、改善皮肤水分功能、改善皮肤油分功能保健食品的特点、针对性、原料与配方、功能评价方法。

第一节　祛痤疮功能

一、概述

痤疮是一种慢性毛囊炎症,主要发生于青春期所以又称为青春痘。痤疮主要发生在面部,发病初期在毛囊口处形成圆形小丘疹,内含淡黄色皮脂栓,即粉刺。常见的粉刺有黑头与白头两种。因毛孔开放,黑头粉刺也称为开放性粉刺。黑头粉刺常表现为皮脂栓塞顶端干燥,皮脂长期暴露在外容易被空气氧化和尘埃污染而呈黑色,如果用手挤压,可挤出 1mm 左右的乳白色脂栓。白头粉刺因毛囊口不开放,亦成为封闭性粉刺,约针头大小,为灰白色小丘疹,如果用手挤压不易挤出脂栓。在痤疮的发病过程中由于各种内在因素和外在因素的影响,粉刺可变为炎性丘疹、结节、脓包、囊肿,甚至破溃流脓等。炎性丘疹有米粒至绿豆大小,淡红至暗红,有的中心有黑头。炎性丘疹如炎症较重或化脓感染就会发展为脓包。结节呈紫红或暗红色,高出皮肤表面呈半球形或圆锥形,亦可逐渐吸收或化脓溃破,最后产生疤痕。囊肿是由于皮脂毛囊口阻塞、囊内组织坏死所致,其色有暗红或褐色。较大的囊肿挤压有波动感,并能排出大量脓血。

痤疮的病因可以用现代医学和中医辨证论治两方面来解释。痤疮的治疗方法很多,可通过中医辨证论治,也可通过西药治疗如口服异维 A 酸等。常用的药物有痤疮软膏、解毒痤疮丸等。

笔记

203

(一) 病因及表现形式

1. 现代医学病因　现代医学认为,痤疮的发病主要与雄激素、皮脂分泌增多、皮脂腺导管角化异常、免疫因素、微生物感染、心理等因素有关。

(1) 雄激素及皮脂腺功能异常:现代研究表明:内分泌因素尤其是雄激素的代谢水平是痤疮发生的重要因素。雄激素在痤疮的发病机制中主要是刺激皮脂腺的活性,使得雄激素分泌旺盛,进而刺激皮脂腺细胞的增生与分泌。雄激素中的睾酮在酶的作用下,与相应受体结合,调控毛囊皮脂腺的活动,致使毛囊皮脂腺的异常角化。角化细胞相互粘连,堵塞毛囊管口,从而导致痤疮的发生。雄激素水平的改变及雄激素与相应受体结合后进入细胞核,调控基因的表达,雄激素刺激皮脂腺细胞的增生和分泌,在痤疮的发生发展中起到相辅相成的作用。

皮脂腺功能异常主要是指自由脂肪酸、亚油酸、鲨烯酸等皮脂溢出过多导致皮脂腺功能异常,形成过多脱屑,引起细菌的滞留和繁殖,阻塞皮脂通道进而产生局部炎症。

(2) 免疫因素及遗传:皮肤自身的免疫系统可以防止皮肤病的发生,但近几年研究表明皮肤的免疫系统参与痤疮的发病过程,主要是一种天然免疫分子 TLR-2 在痤疮的发病过程中具有重要作用。Toll 样受体 2(TLR-2)是一种可以参与非特异性免疫和特异性免疫的蛋白质分子。无论是毛囊皮脂腺角质形成细胞的过度增生,还是炎性皮损处都可能有免疫系统的参与。

(3) 环境因素:环境的因素会影响微生物的产生与变异,皮肤微生物群与宿主、环境之间在生理、动态的平衡下不会形成痤疮等生理疾病。一旦该微生态平衡被打破,患者面部菌群受到感染就会发生异常,菌群结构和数量发生改变,就增加了形成痤疮的机会。

(4) 心理因素:痤疮形成后常表现为粉刺、脓疱、结节、囊肿、瘢痕等,这不仅使人们美观受损,而且会使得心灵受到创伤。对患者自尊有不利影响,心情长期郁闷,导致肝郁气滞、肝火旺盛,使得病情更加严重。这方面女性较男性明显,病情越长,心理障碍越重,导致病情越来越严重。心理因素也是很重要的因素,治疗时需要对病人进行沟通,心理治疗辅助药物治疗效果会更好,有利于病情的恢复。

2. 中医病因　中医认为素体阳热偏盛,火邪灼伤阴血,炼津成痰,灼血成瘀,痰瘀互结;过食辛辣肥甘之品,肺胃积热,循经上熏,壅于面部;情志刺激,肝气郁结,郁而化火,火性上炎,熏蒸于面;素体阳虚或治疗不当(如反复用清热解毒药)导致人体元气、脾胃虚弱,下元虚寒,不能运化津液上润肺胃,致虚阳上浮于面,火郁于内而发疹。

3. 表现形式　痤疮的表现形式主要有三种,第一种是寻常型痤疮,这种痤疮较常见也是很容易治愈的,一般发生在青春期,主要长在面部,其次长在胸背部,初发时一般为粉刺并伴有皮脂溢出,与饮食和生活作息密切相关,青春期过后和调整饮食后会自动治愈;第二种是聚合型痤疮是痤疮较重的一种,多发生于体格强壮的毛孔粗大、代谢旺盛的男性,起初为粉刺、脓包,随着病程迁延,囊肿会破溃形成窦道、瘢痕等,偶尔会在急性发作时会有发热等身体不适的症状;第三种是反常型痤疮,这种痤疮会反复的发生,多发生在大汗腺分布的褶皱部位,如股沟、臀褶、臀部及颈项部等部。

(二) 治疗方法

治疗方法主要有三种:一是西医外治,常会使用一些外用的激素类的药物,如可用于治疗多种皮肤疾病的维 A 酸类药物,目前临床治疗痤疮较常见的外用药物还包括:水杨酸、壬二酸和硫磺制剂等。二是中医外治,根据中医的辨证论治的治疗方法,常采用的治疗方法有外用中药制剂、针灸法、刮痧疗法、耳穴贴压、刺血疗法、火针疗法、刺络拔罐等方法。三是物理疗法主要有电疗(微电凝器)法、光疗法、微波法、激光疗法等。

二、祛痤疮功能保健食品的常用原料

(一)祛痤疮功能保健食品的一般要求

祛痤疮功能的保健食品应具有与雄激素竞争结合雄性激素受体的特性,同时具有可以抑制酶的活性从而减少雄烯二酮睾酮的转化的功能,使得皮脂腺分泌减少,这样的可以缓解痤疮病情的食品药物可以用于祛痤疮功能的保健食品和药物中。

(二)祛痤疮功能保健食品的原料

祛痤疮功能保健食品的常用原料主要有:芦荟、金银花、锌、决明子四种。

1. 芦荟 芦荟中含的多糖和多种维生素对人体皮肤有良好的营养、滋润、增白作用。翠叶芦荟,即库拉索芦荟,是最适宜直接美容的芦荟鲜叶,它具有使皮肤收敛、柔软化、保湿、消炎、漂白的性能。还有解除硬化、角化、改善伤痕的作用,不仅能防止小皱纹、眼袋、皮肤松弛,还能保持皮肤湿润、娇嫩,同时,还可以治疗皮肤炎症,对粉刺、雀斑、痤疮,以及烫伤、刀伤、虫咬等亦有很好的疗效。

2. 金银花 金银花自古以来就以它的药用价值广泛而著名。其功效主要是清热解毒,主治温病发热、热毒血痢、痈疽疔毒等。可增强免疫力、抗感染的功效。

3. 决明子 决明子味苦、甘、咸,性微寒,入肝、肾、大肠经,对肝火旺盛有一定的治疗作用。

三、祛痤疮功能保健食品的功能学评价程序

(一)受试者纳入标准

选择临床痤疮Ⅰ~Ⅲ度的自愿受试患者,男女均可。

(二)受试者排除标准

1. 年龄在 14 岁以下或 65 岁以上者,妊娠或哺乳期妇女,及对本保健食品过敏者。

2. 合并有心、肺、脑血管、肝、肾和造血系统等严重性疾病及精神病患者。

3. 短期内服用与受试功能有关的物品,影响到对结果的判断者。

4. 未按规定服用受试样品的受试者,资料不全影响功效或安全性判断者。

(三)实验设计及分组要求

采用自身和组间两种对照设计。按受试者的痤疮情况随机分为试食组和对照组,尽可能考虑影响结果的主要因素如年龄、性别、病程等,进行均衡性检验,以保证组间的可比性。每组受试者不少于 50 例。

(四)受试样品的剂量和使用方法

试食组按推荐服用方法,服用量服用受试产品,对照组服用安慰剂或采用空白对照。受试样品给予时间 30 天,必要时可以延长至 45 天。受试者在试验期间停止使用其他口服及外用有关养颜祛痤疮的用品。试验期间不改变原来的饮食习惯,正常

饮食。

(五) 观察指标

1. 安全性指标

(1) 一般情况包括精神、睡眠、饮食、大小便、血压等

(2) 血、尿、便常规检查

(3) 肝、肾功能检查

(4) 胸透、心电图、腹部 B 超检查 (在试验开始时检查一次)

2. 功能性指标

(1) 皮肤油分的测定:用干净棉球蘸蒸馏水清洁被测皮肤部分(以颜面部为主),擦干 15 分钟后测定皮肤油分,测定油分的参照标准:9~27 为正常、<9 为低油、>27 为高油。

(2) 痤疮皮疹:观察受试者在试食前后整个颜面部位的痤疮皮疹改变情况。试食前后分别记录颜面部白头粉刺、黑头粉刺、炎性丘疹、脓包、囊肿、结节数目及皮损的程度。

(六) 数据处理及结果判定

1. 功效判定

有效:痤疮数目减少≥30%,皮损程度减轻一度。

无效:痤疮数目减少 <30%,皮损程度无变化。

根据皮损程度、痤疮数量等临床情况进行分级,对试食前后痤疮数量、皮损程度积分进行统计,同时计算有效率。

2. 皮损程度分级和积分

Ⅰ度:黑有粉刺,散发至多发,炎性丘疹散发。1 分

Ⅱ度:Ⅰ度 + 潜在性脓疱,炎性丘疹数目增加,局限在颜面。2 分

Ⅲ度:Ⅱ度 + 深在性炎性丘疹、结节,发生颜面、颈部、胸背部。3 分

Ⅳ度:Ⅲ度 + 囊肿,已形成疤痕,发生于上半身。4 分

实验数据为计量资料,可用 t 检验进行分析。凡自身对照资料可以采用配对 t 检验,两组均数比较采用成组 t 检验,后者需进行方差齐行检验,对非正态分布或方差不齐的数据进行适当的变量转换,对满足正态方差齐后,用转换的数据进行 t 检验;若转换数据仍不能满足正太方差齐要求,改用 t' 检验或秩和检验;但变异系数太大(如 $CV>50\%$)的资料应用秩和检验。

有效率采用 χ^2 检验进行检验。四格表总例数小于 40,或总例数等于或大于 40 但出现理论数等于或小于 1 时,应改用确切概率法。

3. 结果判定　试食组痤疮数量平均明显减少,且大于等于 20%,皮损程度积分明显减少,差异均有显著性,皮肤油分不显著增加,可判定该受试样品具有祛痤疮功能的作用。

四、实例

目前国家食品药品监督管理总局批准了保健功能为祛痤疮的国产保健食品 65 个、进口保健食品 3 个。

(一) ×× 牌美肤康片

保健功能:美容(祛黄褐斑、祛痤疮)

功效成分/标志性成分含量:每克中含总皂苷 80mg,丹参酮 1.2mg

主要原料:丹参、三七、枸杞、茯苓、百合、甘草

适宜人群:有黄褐斑、痤疮者

不适宜人群:儿童

食用方法及食用量:口服,每日 2 次,每次 3 片

产品规格:0.33g/ 片

保质期:24 个月

贮藏方法:置阴凉干燥处

注意事项:本品不能代替药物;置幼儿不易触及处

(二) ×× 牌瑞丽胶囊

保健功能:祛痤疮

功效成分/标志性成分含量:每 100g 含粗多糖 7.0g,丹参酮 II_A 40mg

主要原料:益母草、丹参、当归、红花、白芷

适宜人群:有痤疮者

不适宜人群:儿童、孕产妇及月经过多者

食用方法及食用量:每日 2 次,每次 2 粒,口服

产品规格:0.35g/ 粒

保质期:24 个月

贮藏方法:阴凉干燥处保存

注意事项:本品不能代替药物

第二节　祛黄褐斑功能

一、概述

黄褐斑,中医称"肝斑",俗称"蝴蝶斑",是一种慢性、获得性面部色素代谢异常皮肤病,表现为获得性色素对称性沉着,轻者为淡黄色或浅褐色,重者呈深褐色或浅黑色,形状呈蝶翅状,一般对称地分布在眼周围附近、额部、颧颊部、鼻旁和口唇周围,边界清楚,未凸出皮肤,无皮屑脱落,阳光照射会加深其色素,多数患者无任何自觉症状。因此临床上将黄褐斑分为三型:①面部中央型:最常见,皮损分布于前额、颊、上唇、鼻和下颌部;②面颊型:皮损主要位于双侧颊部和鼻部;③下颌型:皮损主要位于下颌,偶累及颈部 V 形区。黄褐斑好发于中青年女性,随着年龄增加,病情有加重趋势,且肤色偏深的女性较易发生,而男性患者较少见。主要是影响患者的容貌,造成患者情绪波动,给患者精神、生活、社交造成诸多烦恼和痛苦,严重影响着患者的生活质量。

黄褐斑的病因尚不明确。现代医学上认为黄褐斑的发病机制极其复杂,发病前没有局部炎症和外伤史,组织学特点主要是表皮中黑素和黑素小体增加,黑素细胞活性增强,但真正改变黑素细胞功能的原因尚不清楚。中医学认为黄褐斑是全身机能失

笔记

调的外在表现之一,病机变化与肝郁、脾虚、肾虚相关。从气血津液方面来看,气血亏虚、气血瘀滞则气血不能上荣于颜面被认为在黄褐斑发病过程中起着重要作用。因此许多中医专家认为脏腑不和、情志失调、气血失调、女子冲任功能失调是产生黄褐斑的根本原因。研究称其发病与紫外线照射、氧自由基、内分泌紊乱、遗传、口服避孕药物、妊娠、内脏疾病和微生态失衡等因素有关。

黑素是决定皮肤色泽的主要因素。黑素是酪氨酸在酪氨酸酶作用下合成的,酪氨酸酶在黑素体的生成及其黑素化过程中起着重要作用。治疗黄褐斑主要是影响色素形成相关酶的作用,减少色素的生成,或减弱紫外线效应降低黑素细胞活性从而减少色素形成,或去除已存在的过量色素,以达到治疗目的。黄褐斑治疗法主要分为局部治疗法和系统治疗法。局部治疗法主要包含外用药物剥脱疗法、激光或强脉冲光治疗等疗法。其中外用药物剥脱疗法是最简单、最常用的治疗方法,将脱色素制剂和皮肤脱色剂,涂抹药物于黄褐斑表面,使其表皮脱落,或抑制色素形成相关酶作用,如寡肽面霜脱素剂、氢醌＋维 A 酸＋缩丙酮化合物联合外用脱色剂等。激光或强脉冲光治疗已经成为治疗黄褐斑的流行技术,包括点阵激光、超脉冲 CO_2 激光,Q 开关 1064nm Nd:YAG 激光等。系统治疗主要是口服或注射维生素、氨甲环酸、儿茶素等,以阻止黑色素代谢的氧化过程,抑制黑素合成,或减少不饱和脂肪酸的抗氧化作用,消除自由基。目前,激光或强脉冲光治疗和药物治疗结合也成了黄褐斑治疗的主要方法。随着中医药事业的发展,用中医学治疗黄褐斑的方法逐渐兴起,且疗效显著,如刮痧、针刺、拔罐和中药处方治疗黄褐斑等。

临床中,黄褐斑常并发多种疾病。如:生殖器官疾病(女性子宫附件炎、不孕症等)、肝病(当肝功能不全时,因肝脏破坏,以致雌激素在血中积蓄,刺激黑色素增加而发生黄褐斑)、慢性营养不良(因巯基来源不足而使色素增加)等。更为严重的就是,黄褐斑是内分泌失调的先兆。内分泌长期失调就会引发乳房肿块、子宫肌瘤等多种病变。

二、祛黄褐斑功能保健食品的常用原料

(一) 具有祛黄褐斑功能保健食品的常用原料

大豆异黄酮、维生素 C、维生素 E、人参提取物、珍珠粉、丹参、当归提取物、西洋参、芦荟、马鹿胎粉、蜂王浆冻干粉、葡萄籽提取物、谷氨酸、赖氨酸等。

(二) 祛黄褐斑功能保健食品原料简介

1. 大豆异黄酮　大豆异黄酮主要成分有:大豆苷(daidzin),大豆苷元(daidzein),染料木苷(genistin),染料木素(genistein),黄豆黄素(glycitin),黄豆黄素苷元(glycitein)。大豆异黄酮广泛存在于豆类、谷类、水果、蔬菜等 300 多种植物中,日常饮食中主要有大豆及其制品。

大豆异黄酮是一种植物性雌激素,又称为植物动情激素,是一种天然荷尔蒙,异黄酮是黄酮类化合物中的一种,主要存在于豆科植物中,是大豆生长中形成的一类次级代谢产物。大豆异黄酮的雌激素作用影响到激素分泌、代谢生物学活性、蛋白质合成、生长因子活性,是天然的癌症化学预防剂,能够弥补 30 岁以后女性雌性激素分泌不足的缺陷,改善皮肤水分及弹性状况,缓解更年期综合征和改善骨质疏松。大豆异黄酮具有抗氧化作用、雌激素样作用、对心血管系统的作用、防癌和抗癌作用等。黄褐斑发病主要原因与血中雌激素水平高相关,因此大豆异黄酮是祛黄褐斑功能保健

食品常用原料。

2. 维生素 C　维生素 C，又称 L- 抗坏血酸，为酸性己糖衍生物，是烯醇式己糖酸内酯，维生素 C 主要来源是新鲜水果和蔬菜，是高等灵长类动物与其他少数生物的必需营养素。维生素 C 有 L- 型和 D- 型两种异构体，只有 L- 型的才具有生理功能，还原型和氧化型都有生理活性。

维生素 C 可促进抗体及胶原形成，组织修补（包括某些氧化还原作用），苯丙氨酸、酪氨酸、叶酸的代谢，铁、碳水化合物的利用，脂肪、蛋白质的合成，维持免疫功能，羟化 5- 羟色胺，保持血管的完整，并促进非血红素铁吸收。同时维生素 C 还具备有抗氧化，抗自由基，抑制酪氨酸酶的形成，从而达到美白，淡斑的功效。

三、祛黄褐斑功能保健食品的功能学评价程序

（一）试验项目
人体试食试验项目：
(1) 黄褐斑面积
(2) 黄褐斑颜色

（二）试验原则
1. 所列的指标均为必做项目。
2. 试验前后应针对固定皮肤范围内的黄褐斑面积及颜色进行分析。
3. 在进行人体试食试验时，应对受试样品的使用安全性作进一步的观察。

（三）结果判定
试食组黄褐斑面积明显减少且大于等于 10%，颜色积分明显下降，差异均有显著性，且不产生新的黄褐斑，可判定该受试样品具有祛黄褐斑功能的作用。

（四）祛黄褐斑功能检验方法
1. 受试者纳入标准　经体检符合下列条件的自愿受试者。
(1) 面部淡褐色至深褐色，界限清楚的斑片，通常对称性分布，无炎性表现及鳞屑。
(2) 无明显自觉症状。
(3) 主要发生在青春期后，女性多发。
(4) 病情有一定的季节性，夏重冬轻。
(5) 无明显内分泌疾病，并排除其他疾病引起的色素沉着。

2. 受试者排除标准
(1) 年龄在 18 岁以下或 65 岁以上者，妊娠或哺乳期妇女，过敏体质及对本保健食品过敏者。
(2) 合并有心血管、脑血管、肝、肾和造血系统等严重疾病及内分泌疾病，精神病患者。
(3) 嗜酒者或吸烟者。
(4) 短期内服用与受试功能有关的物品，影响到对结果的判断者。
(5) 未按规定服用受试样品，无法判定功效或资料不全影响疗效或安全性判断者。

（五）试验设计及分组要求
采用自身和组间两种对照设计。按受试者的黄褐斑颜色、面积情况随机分为试

209

食组合对照组,尽可能考虑影响结果的主要因素如户外活动情况、性别、年龄等,进行均衡性检验,以保证组间的可比性。每组受试者不少于 50 例。

(六) 受试样品的剂量和使用方法

试食组按推荐服用方法、服用量服用受试产品,对照组可服用安慰剂或采用阳性对照。受试样品给予时间 30 天,必要时可延长。受试者在试验期间停止使用其他口服及外用有关养颜祛斑的用品。试验期间不改变原来的饮食习惯,正常饮食。

(七) 观察指标

1. 安全性指标

(1) 一般状况:包括精神、睡眠、饮食、大小便、血压等。

(2) 血、尿、便常规检查。

(3) 肝、肾功能检查。

(4) 胸透、心电图、腹部 B 超检查(在试验开始前检查一次)。

2. 功效性指标

(1) 颜面部黄褐斑面积大小检测:用标尺测量受试前后整个面部黄褐斑的面积(mm^2)。

(2) 颜面部黄褐斑颜色深浅检测:按照中国科学院地理研究设计研制,测绘出版社 1992 年出版的《实用标准色卡》(第一版)中的棕色(Y+M+BK 即黄+品红+黑的叠色)色卡为黄褐斑深浅的判断标准:Ⅰ度(15、20、5),Ⅱ度(30、40、10),Ⅲ度(40、60、15)。

(八) 数据处理和结果判定

对试食前后黄褐斑颜色积分和面积变化进行统计,同时计算有效率。色卡Ⅰ度、Ⅱ度、Ⅲ度分别计 1 分、2 分、3 分。

1. 功效判定标准

(1) 有效:黄褐斑颜色下降Ⅰ度,面积减少大于 10%,且不产生新黄褐斑。

(2) 无效:黄褐斑颜色及面积无明显变化。

2. 数据分析方法　实验数据为计量资料,可用 t 检验进行分析。凡自身对照资料可以采用配对 t 检验,两组均数比较采用 t 检验,否则需进行方差齐性检验,对非正态分布或方差不齐的数据进行适当的变量转换,待满足正态方差齐后,用转换的数据进行 t 检验;若转换数据仍不能满足正态方差齐要求,改用 t' 检验或秩和检验;但变异系数太大(如 $CV>50\%$)的需要应用秩和检验。

有效率采用 χ^2 检验进行检验。四格表总例数等于或大于 40 但出现理论数等于或小于 1 时,应改用确切概率法。

3. 结果判定　试食组黄褐斑面积平均减少大于 20%,且不产生新的黄褐斑,可判定该受试样品具有黄褐斑功能的作用。

四、实例

目前国家食品药品监督管理总局批准了保健功能为祛黄褐斑的国产保健食品 346 个、进口保健食品 15 个。

(一) ×× 牌鹿胎丹白颗粒

保健功能:祛黄褐斑

功效成分 / 标志性成分含量:每 100g 含大豆异黄酮 500mg、大豆苷 325mg、大豆

苷元 150mg、染料木素 2.3mg、染料木苷 18mg、蛋白质 7.0g

主要原料:马鹿胎冻干粉、丹参、葛根、白芍、大豆异黄酮、糊精、甘露醇、羧甲基纤维素钠

适宜人群:有黄褐斑的成年女性

不适宜人群:少年儿童、孕妇和哺乳期妇女、妇科肿瘤患者及有妇科肿瘤家族病史者

食用方法及食用量:每日 2 次,每次 1 袋,冲饮

产品规格:5g/ 袋

保质期:24 个月

贮藏方法:置阴凉干燥处存放

注意事项:本品不能代替药物;不宜与含大豆异黄酮成分的产品同时食用;长期食用注意妇科检查

(二) ×× 牌舜华胶囊

保健功能:祛黄褐斑

功效成分 / 标志性成分含量:每 100g 含:总黄酮 0.30g

主要原料:当归、白芍、白芷、菊花、茯苓、珍珠粉、淀粉、硬脂酸镁

适宜人群:有黄褐斑者

不适宜人群:少年儿童

食用方法及食用量:每日 3 次,每次 3 粒

产品规格:0.38g/ 粒

保质期:24 个月

贮藏方法:避光、密封,置干燥阴凉处

注意事项:本品不能代替药物

第三节　改善皮肤水分功能

一、概述

水是人体之本,人的老年化过程也是一种水分丢失的过程。皮肤是人体最大的器官之一,人体皮肤表层水分在 12%~15% 时,皮肤光滑而有弹性。一旦缺少水分引起的干燥则严重影响肌肤的健康。研究表明,眼睛处于干燥状态 3 小时,会在一天内黯淡无光,没有神采;手部处于干燥状态 1 天,需要 3 天恢复原有的弹性;脸部处于干燥状态 3 天,皮肤会起皮、长皱纹、皮肤色素沉积加快,干燥时间超过 7 天,会产生色斑,堆积毒素,需要 3 个月恢复;全身干燥状态超过 30 天,生成各种顽固性色斑、皱纹,皮肤老化速度加快 3 年。

皮肤干燥有两种类型的:一种是简单型,即皮肤缺乏油脂,使皮肤的水分容易蒸发,这经常发生在 35 岁以下的女性中;一种是复杂型,这发生在老年人中,既缺乏油脂又缺乏水分,特别是皮肤松皱、皮肤脱色或有色斑,主观感觉则为皮肤紧巴。皮肤干燥主要发生在面部和手部。原因是膳食中缺乏 VA 和 B 族维生素,以及皮肤受风吹日晒的缘故。作为补水美肤类材料的主要功能在于向构成皮肤的表皮和真皮补充其

主要成分。

根据中国保健协会统计数据显示,截至目前,国家批准改善皮肤水分功能的保健食品共计 23 个,其中国产为 16 个,进口为 7 个。且多种产品同时申报了两种以上的保健功能,包括改善睡眠、祛黄褐斑、延缓衰老等。

就改善皮肤水分而言,以前更多的关注是放在了化妆品上,现在对美丽的追求趋向于"由外而内",人们开始注重内部的调节,"食疗"被越来越多的人所追求。美容养颜类保健食品成为保健品产业内最大的细分市场之一。据国家药监局南方医药经济研究所的统计,2001 年女性美容类产品市场销售额达到 35.4 亿元。

美容养颜产品形成三种类型的产品阵营,一类是以滋补调养概念为主的产品,有太太、朵而、柔依、神迪鹿胎宝等;另一类是提倡消导排毒概念的美容产品,主要有排毒养颜胶囊、百消丹、芦荟排毒胶囊等;最后是以"青春宝"为代表的延缓衰老类产品。

太太和朵而是第一类产品的典型代表。它们通过强调美容要"以内养外"的概念,获得了女性消费者的强烈认同,赢得了市场的极大成功。根据国家统计局 2003 年 3 月 22 日在北京人民大会堂公布的《2002 年保健品全年销售额排行榜》,太太和朵而分别以 5.39% 和 3.05% 排在第 2 名和第 5 名。而且它们在产品寿命平均只有 3~5 年的保健品市场的投放时间分别是 10 年和 8 年,证明了产品切实的功效。

二、改善皮肤水分功能保健食品的常用原料

改善皮肤水分功能保健食品的常用原料有:珍珠、白芷、葛根、透明质酸、大豆异黄酮、维生素 E、牛磺酸、刺五加、芦荟、当归、鱼油、乌梅、见草油、山药、胶原蛋白、枸杞子、昆布、桑葚、红花等。

配方举例:制首乌、当归、熟地黄、白芍、桃仁、郁金、红花、川芎、蜂蜜、水。

三、改善皮肤水分功能保健食品的功能学评价程序

国家对"改善皮肤水分"保健功能评价主要为人体试食试验。通过对年龄为 30~50 岁,皮肤水分 ≤ 12% 的受试者安全性指标和功能性指标观察和测试,试食组皮肤水分明显改善,试食前后自身比较及与对照组比较,差异均有显著性,可判定该受试样品具有改善皮肤水分功能作用。

适宜人群:国家规定改善皮肤水分功能的适宜人群为皮肤干燥者,多指 18 岁上的成年女性。

不适宜人群:国家没有规定该功能的不适宜人群,但多数该功能保健食品都不适合儿童食用。含红花成分的保健食品不适合孕妇食用。

四、服用改善皮肤水分功能保健食品注意事项

(一) 美容保健食品不是"可食化妆品"

有些企业将保健食品宣称为"可食性化妆品",但保健食品根本不可能像化妆品那样迅速见效,人体通过保健食品达到皮肤表面的改善和修复是一个漫长的过程,至少需要半个月的时间。

(二) 美容保健食品类不可同时食用

美容保健食品可分为两类:改善皮肤水分、改善皮肤油分属于滋养类产品;祛痤

疮、祛黄褐斑属于泻火类产品。两者配伍成分的作用恰恰相反,万不可同时食用。有些企业为了扩大销售对象,在产品外包装上只标注美容,而不标注具体功能,自然会对消费者造成误导。人体出现痤疮和黄褐斑,往往是由于激素偏高造成内分泌紊乱,如果再吃含有动植物激素成分的滋养类美容保健品,必然会加剧内分泌功能的紊乱。

(三) 大豆异黄酮不可长期服用

大豆异黄酮成分是一种植物性雌激素,可延缓容颜衰老,短期并适量服用是安全的,但长期并大量服用雌激素容易引发子宫颈癌、卵巢癌、乳腺癌等妇科癌症。

(四) 要认准保健食品批准文号

目前,可具有批准文号的美容类保健食品包括祛黄褐斑、改善皮肤水分、改善皮肤油分、祛痤疮四类,凡宣传有美白作用的保健食品就可认定其违法。

(五) 关于改善皮肤水分功能保健食品的错误观点说明

1. 将补水与保湿混为一谈　补水是直接补给肌肤角质层细胞以所需要的水分,滋润肌肤的同时,更可改善微循环,增强肌肤滋润度。保湿则仅仅是防止肌肤水分的蒸发,根本无法解决肌肤的缺水问题。

2. 油性皮肤不需要补充水分　秋天,各类型皮肤都处于缺水状态,但补水方式并不相同。不要以为泛着油光的肌肤,既不紧绷又无干皱的感觉就永远都处于饱水状态,水分的及时补充对肌肤来说是同样重要,也是必不可少的环节。

3. 年纪超过 30 岁才应注意皮肤保养　据专家介绍,女性到了青春期,体内的荷尔蒙出现重大变化,这时就需要加强皮肤的护理和保养,若等到皮肤干燥时,才开始保养,恐怕为时已晚。特别是那些在青春期就开始化妆的女性,尤其需要使用一些产品来补充皮肤失去的水分。

4. 补水就要多喝水　准确地说,身体"渴"与肌肤"渴"并没有直接关联。不过从健康角度说,人体每天要补充 1500~1800ml 的水,肌肤状况也能部分反映身体的健康状况。除了喝水,还可以用喝汤、吃水果的方式摄取水分。

5. 忽视导致肌肤老化的缺水问题　肌肤含水量的下滑直接导致了肌肤干燥、发黄、发暗、肌肤无光泽、松弛、皱纹早生等现象。所以我们必须重视肌肤缺水问题,尤其在秋季,更要重视肌肤的补水。

五、实例

目前国家食品药品监督管理总局批准了保健功能为改善皮肤水分的国产保健食品 11 个、进口保健食品 4 个。

(一) ×× 牌鱼胶原大豆异黄酮粉

保健功能:改善皮肤水分

功效成分 / 标志性成分含量:每 100g 含蛋白质 57g、羟脯氨酸 4g、大豆异黄酮 0.9g

主要原料:鱼胶原蛋白粉、大豆异黄酮、珍珠粉、低聚果糖、羧甲基纤维素钠、柠檬酸、苹果酸、三氯蔗糖

适宜人群:皮肤干燥的成年女性

不适宜人群:少年儿童、孕期及哺乳期妇女、妇科肿瘤患者及有妇科肿瘤家族病史者

食用方法及食用量:每日 2 次,每次 1 袋,冲食

产品规格:3g/ 袋

保质期:24 个月

贮藏方法:置阴凉干燥处

注意事项:本品不能代替药物;不宜与含大豆异黄酮成分的产品同时食用;长期食用注意妇科检查

(二) ×× 牌雅沁胶囊

保健功能:改善皮肤水分

功效成分 / 标志性成分含量:每 100g 含羟脯氨酸 5.0g、大豆异黄酮 2g、大豆苷 0.29g、大豆苷元 1.3g、染料木素 0.46g、染料木苷 0.07g、原花青素 4g、维生素 E 2.6g

主要原料:胶原蛋白、大豆提取物、葡萄籽提取物、维生素 E、微晶纤维素、二氧化硅、硬脂酸镁

适宜人群:皮肤干燥的成年女性

不适宜人群:少年儿童、孕妇、哺乳期妇女、妇科肿瘤患者及有妇科肿瘤家族病史者

食用方法及食用量:每日 2 次,每次 3 粒,温水送食

产品规格:0.32g/ 粒

保质期:24 个月

贮藏方法:密封,置阴凉干燥处

注意事项:本品不能代替药物。本品添加了营养素,与同类营养素同时食用不宜超过推荐量;不宜与含大豆异黄酮类成分的产品同时食用;长期食用注意妇科检查

第四节　改善皮肤油分功能

一、概述

人的皮肤按其皮脂腺的分泌状况,一般可分为四种类型,即:中性皮肤、干性皮肤、油性皮肤和混合性皮肤。在实际操作过程中,也会经常遇见敏感性皮肤。油性皮肤的三大特点是油光满面,毛孔粗大,易发粉刺(俗称青春痘)。为何皮肤会分泌过多的皮脂呢? 雄 / 雌激素比例不当,会导致黑头粉刺。在青春期和成年后都会发生。紧张、压力、抑郁、经常疲劳和生活条件差都会诱发和加剧皮脂分泌。此外过热、过湿的气候及一些药物会加剧皮脂腺分泌,如雄激素和一些抗生素等。

二、改善皮肤油分功能保健食品及其原料

改善皮肤油分功能的保健食品主要用传统的中医药养生保健理论,或现代医学理论为指导思想。配方要有一定的理论依据,申报具有某项保健功能的产品,配方中应含有提示可能具有该功能的成分或原料。而且配方中各原料的配伍要合理。

改善皮肤油分功能保健食品的常用原料有:珍珠、透明质酸、大豆异黄酮、维生素 E、牛磺酸、刺五加、芦荟、红花等。

配方举例:芦荟、三七、灵芝浸膏粉、灵芝孢子粉。

214

三、改善皮肤油分功能保健食品的功能学评价程序

检测项目：申报改善皮肤油分功能的产品需要检测：毒理学试验、功效成分检测、卫生学检验、加速稳定性试验、保健功能评价（含人体试食试验）等。

各项检验时间与总时间：毒理安全性评价：30~50天，功效成分/卫生学/加速稳定性检查：90~120天。人体试食试验30~50天。全部的检验时间大约在14~18个月才能完成。

适宜人群：皮肤油分缺乏者

不适宜人群：国家没有规定"不适宜人群"，但不同的产品要区别对待，要根据该产品的原料确定。

四、实例

目前国家食品药品监督管理总局批准了保健功能为改善皮肤油分的进口保健食品1个。

××牌30天美丽秘方片剂

功效成分：钙、镁、锌、铁、胡萝卜素等

功能：美容（改善皮肤水分和油分、改善皮肤酸碱度）

适宜人群：成年女性及干性皮肤者

学习小结

1. 学习内容

		有关病症的病因及防治原则
第十一章	祛痤疮、祛黄褐斑、改善皮肤水分、改善皮肤油分功能	这类保健食品的原料与配方的特点
		这类功能评价的基本方法
		相关实例

2. 学习方法

结合有关医学基本知识，理解痤疮、黄褐斑、干性皮肤、油性皮肤的成因及防治原则；结合实例理解这类保健食品的原料与配方的特点；结合临床治疗方法理解相关的功能评价方法。

复习思考题

1. 痤疮的可能病因是什么？
2. 如何评价保健食品的祛痤疮功能？
3. 如何评价保健食品的祛黄褐斑功能？

笔记

第十二章

缓解体力疲劳、提高缺氧耐受力功能

📖 **学习目的**

通过本章的学习，了解体力疲劳的有关机制、具有缓解体力疲劳功能的营养物质和中药原料，了解研发具有缓解体力疲劳功能的保健食品的策略；了解缺氧对生理功能的影响，了解研发具有提高缺氧耐受力功能的保健食品可选用的功能性原料与研发思路。

学习要点

体力疲劳的机制、营养素与运动能力的关系、缓解体力疲劳的主要物质；缺氧对机体生理功能的影响、常见的能提高缺氧耐受力的物质、中医药理论在提高缺氧耐受力方面的应用。

第一节　缓解体力疲劳功能

一、概述

(一) 疲劳的基本概念与分类

疲劳是人们连续学习或工作以后效率下降的一种现象，可以分为生理疲劳与心理疲劳两种。临床上一般将疲劳分为体力疲劳、脑力疲劳、心理疲劳、病理疲劳和综合性疲劳。

体力疲劳又叫躯体性疲劳。人持续长时间、高强度的体力活动时，体内会产生大量的代谢物，如乳酸、二氧化碳、血清尿素等，这类物质在体内积聚，刺激人体的组织细胞和神经系统，就会使人产生疲劳感。

脑力疲劳是人们长时间用脑后引起大脑血液和氧气供应不足导致的，具体可出现注意力不集中、头昏眼花、反应迟钝、四肢乏力或嗜睡等症状，严重的可引起失眠、多梦、恶心、呕吐、性格改变等诸多问题。

心理疲劳是现代生活中最常见和较复杂的一种疲劳，其产生与心理、社会环境及生活方式等因素有密切关系，如精神紧张和学习工作过量、繁杂的信息轰击、住房拥挤、噪音、工作条件恶劣、疾病、家庭不和、人际关系紧张、事业遭到挫折等，均是诱发心理疲劳的重要因素。人长期从事一些单调、机械的工作、学习活动，中枢局部神经细胞由于持续紧张而出现抑制，致使人对工作、生活的热情和兴趣明显降低，直至产

笔记

216

生厌倦情绪。产生心理疲劳的人,轻者出现厌恶、逃避工作、学习及生活的症状,重者还可出现抑郁症、神经衰弱、强迫行为以及诸如开始吸烟、酗酒等生活习惯改变的现象。长年累月便在心理上造成心理障碍、心理失控甚至心理危机,在精神上造成精神萎靡、精神恍惚甚至精神失常,引发多种心身疾患,如紧张不安、动作失调、失眠多梦、记忆力减退、注意力涣散、工作效率下降等,以及引起诸如偏头痛、荨麻疹、高血压、缺血性心脏病、消化性溃疡、支气管哮喘、月经失调、性欲减退等疾病。

病理疲劳是由于某些疾病所造成的人体虚弱、无力等症状。疲劳是这些病的先兆之一,比如病毒性肝炎、肺结核、糖尿病、心肌梗死、贫血、血液病和癌症等都可使患者感到莫名其妙的疲劳。这种疲劳与体力、脑力、心理性疲劳性质完全不同,它有三个特点:一是在健康人不应该出现疲劳时出现;二是疲劳的程度严重,消除得也慢;三是这种疲劳常伴有其他症状,如低热、全身不适、食欲不振或亢进等,只有在疾病治愈后,疲劳才会消除。

综合性疲劳往往不是单一原因引起的,它既有体力、脑力的原因,也有心理、社交的原因,也可能还夹杂着疾病的原因,使各种单一疲劳的"症状"不很突出和典型,这种非单一因素引起的疲劳称为综合性疲劳。

(二)体力疲劳的特点与缓解体力疲劳保健食品的本质

1. 体力疲劳的特点　体力疲劳属于生理疲劳。由于运动引起机体生理生化功能改变而导致机体运动能力暂时降低的现象被称为运动性疲劳。疲劳是防止机体发生威胁生命的过度功能衰竭而产生的一种保护性反应,它的产生提醒工作者应降低工作强度或终止运动以避免机体损伤。当肌肉和器官完全不可能维持其运动功能时,即精疲力竭。

2. 缓解体力疲劳保健食品的本质　我国于 2003 年 5 月由卫生部出台了《保健食品检验与评价技术规范》,把 1996 年颁发的《保健食品功能学评价程序与检验方法》中的"抗疲劳"保健功能改为"缓解体力疲劳"功能(市场上这类保健食品的保健功能项下仍有书写当时批准的"抗疲劳"功能)。国家规定"缓解体力疲劳"功能的检验方法是结合两项运动试验和三项生化指标的结果判定。两项运动试验是小鼠负重游泳试验和小鼠爬高试验,三项生化指标是血乳酸、血清尿素和肝糖原。从这些试验和生化指标可以看出,"缓解体力疲劳"功能是指缓解运动后的体力疲劳即运动性疲劳。

3. 缓解体力疲劳保健食品适宜人群　国家规定缓解体力疲劳保健食品的适宜人群是"易疲劳者",这主要是指以下人群:

(1) 运动员及爱好运动、健身的人群;

(2) 高温作业人员;

(3) 军事活动人员;

(4) 高原地区作业人员;

(5) 其他人员,包括夜班工作人员、长途司机等。

此外,短暂剧烈运动、旅游引起的疲劳人员也都属于易疲劳人群。

国家规定此类保健食品的不适宜人群是少年儿童,这是由于很多可以缓解体力疲劳的成分会影响少年儿童的生长发育。

(三)体力疲劳的机制

根据疲劳发生的部位可将体力疲劳分为中枢疲劳和外周疲劳。

217

1. 中枢疲劳及其机制　中枢疲劳是指发生在脑至脊髓部位的疲劳。其特点是：

（1）由于中枢神经系统发生功能紊乱，改变了运动神经元的兴奋性。疲劳时神经冲动的频率减慢，使肌肉工作能力下降；

（2）中枢内代谢功能失调，表现为大脑细胞中腺嘌呤核苷三磷酸（ATP）水平明显降低，血糖含量减少，γ- 氨基丁酸含量升高，特别是 5- 羟色胺和脑氨升高，引起多种酶活性下降，ATP 再合成速率下降，从而使肌肉工作能力下降导致疲劳。

2. 外周疲劳及其机制　外周疲劳主要指运动器官肌肉的疲劳。其主要表现：一是肌肉中供能物质输出的功率下降，使机体不能继续保持原来的劳动强度；二是肌肉力量下降。肌肉中供能物质的变化机制与疲劳的发生可理解为以下几个方面：

（1）磷酸原贮备减少而发生疲劳：研究发现当机体进行短时间极限强度的运动时，由于肌肉中 ATP 含量极少，仅能够维持 1~2 秒的肌肉收缩。当肌肉中 ATP 含量减少后，磷酸肌酸将所贮存的能量随磷酸基团迅速转移给二磷酸腺苷（ADP），以重新合成 ATP。肌肉中磷酸肌酸的含量尽管比 ATP 高 3~4 倍，但也只能使剧烈运动持续约 10 秒。可见短时间的极限强度的运动导致的疲劳与 ATP、磷酸肌酸的大量消耗有关。

（2）糖贮备减少而发生疲劳：糖是肌肉活动时能量的重要来源，在超过 10 秒的高强度运动中，糖是主要的供能物质。当肌肉中的糖原被大量消耗时，机体活动能力降低，出现疲劳。长时间运动时肌肉不仅消耗糖原，同时还大量摄取血糖。当摄取速度大于肝糖原的分解速度时，血糖水平降低。中枢神经系统主要靠血糖供能，血糖降低引起中枢神经系统供能不足，从而导致全身性疲劳的发生。在正常情况下，机体内糖的合成与代谢是在动态平衡下进行的。血糖水平降低导致疲劳的产生，致使运动成绩下降，严重的时候，如马拉松赛跑，由于体内肝糖原几乎耗尽，会引发运动员晕厥甚至昏迷等现象。

（3）乳酸与肌肉疲劳的发生：肌体进行超过 10 秒的剧烈运动，其肌肉不能得到充足的氧气时，主要靠糖原的无氧酵解来获得能量。乳酸是在缺氧条件下糖酵解的产物，随着糖酵解速度的增加，肌肉中的乳酸量不断增加。在剧烈的运动时，肌肉中乳酸含量可比安静时增加 30 倍。尽管机体对于堆积的乳酸经三条代谢途径清除，但由于这三条代谢途径起始时都要经过将乳酸氧化成丙酮酸的过程，这一过程在缺氧时是不能进行的。因此在剧烈的运动或劳动中，肌肉中的乳酸量将逐渐积累，解离的氢离子使肌细胞 pH 值下降，进而引起一系列生化变化。其变化使 ATP 酶活性下降，不利于 ATP 的恢复；使磷酸果糖激酶活力下降，磷酸果糖激酶是糖酵解反应的限速酶，其活力下降将使糖酵解供能过程减慢，当 pH 值下降到 6.3~6.4 时，该酶活性几乎完全丧失，使糖酵解过程中断，这一原因也使机体内的乳酸不能无限地积累；影响肌浆网中钙离子的释放及其与肌钙蛋白的偶联调节，降低了肌球、肌动蛋白的连接收缩过程，从而使肌力下降；破坏了细胞内外离子平衡，使肌细胞膜电位下降，导致肌力下降；使分解脂肪作用降低，脂肪供能减少，导致肌力下降。实验证明，快肌的乳酸堆积的速度要高于慢肌，故快肌容易疲劳。可见体育工作者的肌细胞中乳酸堆积和肌肉工作能力有关。

（4）脂肪动用与疲劳：体内脂肪的贮备量较多，在理论上可供 120 小时以上的中强度的运动。但实际上在脂肪尚未大量动用之前，机体已因疲劳而停止运动。当运动员的脂肪作为能源时,糖的消耗会减少,但利用脂肪供能时由于其输出功率仅是糖有氧氧化供能的一半,是糖酵解的 1/4,因而产生运动的力量和速度都会降低,意味着疲劳出现。

由此可见,运动性疲劳的产生大致可归纳为如下几点:

1）能源、物质过度消耗。如 ATP、肌糖原和肝糖原过度消耗。

2）内环境的紊乱。除了乳酸堆积外,机体渗透压、离子分布、pH 值、水分、温度等内环境条件的变化,使体内酸碱平衡、渗透平衡、水平衡等失调,导致机体工作能力下降而发生疲劳。

3）神经系统、酶、激素在运动时的代谢调控失调等。

二、缓解体力疲劳功能保健食品的常用原料

（一）缓解体力疲劳保健食品开发的一般要求

保健食品缓解体力疲劳的重要手段是补充能源和纠正机体内环境,特别是体液系统的不平衡。另外,通过提高机体器官的功能,特别是循环系统的功能,加速体内代谢物质的清除、排出,来达到缓解体力疲劳的目的,具有重要意义。目前市场上缓解体力疲劳的产品大致可以分为补充能量型、补充人体必需的维生素和微量元素型、提高机体器官的功能型及综合型。

（二）营养素与运动能力的关系

良好的体能是运动员在比赛中充分发挥潜能的重要保证,超量的训练负荷依赖于长期的营养供给,为此体育界将营养学运动能力恢复作为训练计划的一个重要组成部分,放在仅次于训练的重要位置。通过营养手段来提高运动员的运动能力,促进其体力恢复,预防运动性疾病是运动营养学的重要内容。合理的营养摄入有助于内环境的稳定,全面调节器官的功能,并使代谢过程顺利进行,有利于运动能力的提高。运动员营养不足或过剩不但会降低运动能力,甚至会产生某些运动性疾病。

1. 糖与运动能力　糖是人体主要的供能物质,糖容易被肠道吸收并易于氧化,糖的热价最高,它代谢的终产物二氧化碳和水不改变体液的酸碱度。因而随着运动员运动强度的增加,参与代谢的糖的比例也增加。

人体内的糖有三种,即存在血液中的葡萄糖、存在肝脏中的糖原和肌肉中的糖原。肝糖原可以由葡萄糖、半乳糖、果糖等单糖生成,也可由甘油、乳酸和成糖氨基酸等非糖物质生成,它不仅可以氧化以供应肝脏本身活动的需要,还可分解成葡萄糖进入血液,通过血液循环供其他组织利用,故肝糖原对于血糖水平的维持有重要作用。肌糖原只能由葡萄糖合成。当肌肉活动时,肌糖原分解可以产生大量能量供给肌肉活动需要,但由于肌肉中缺乏葡萄糖-6-磷酸酶,因此肌糖原不能直接分解成血糖供给其他组织利用。运动员由于肌肉发达,单位肌肉质量的糖原含量也高,所以运动员体内的肌糖原贮备较正常人高。

一般认为体内糖原的贮备和运动耐力呈正相关。如在赛跑中的前 1 小时,肌糖原的含量与运动能力无关,但在 1 小时后肌糖原含量高的受试者可保持其运动能力,因此可用肝糖原和肌糖原贮备为指标来评价机体缓解体力疲劳的能力。

2. 脂肪与运动能力　正常成人的脂肪含量占体重的 10%~20%,肥胖者可达20%~30%。体脂是人体主要的能量贮备,因为贮存脂肪比贮存糖更为经济。在供氧

充足时,脂肪是人体主要的能量来源。如安静时,85% 的能量供应是氧化来自动脉血的游离脂肪酸,仅 15% 来自血糖。在进行轻微活动时,脂肪供能大约占总能量供应的 60%。长时间的活动,如马拉松、越野跑时,体内氧供应充足,脂肪仍为主要能源,特别是马拉松至后半程,其脂肪供能可达 90%,可见脂肪是长时间运动的主要能源。对于长时间供氧充足的运动,增强脂肪分解,充分动员脂肪供能,无疑会提高机体的缓解体力疲劳能力。

脂肪在体内氧化供能时需要充足的氧的供应,如果运动时体内处在缺氧状态,脂肪得不到彻底氧化,其中间产物——酮体就会在血液及组织中堆积起来。另外,由于脂肪动员受脂肪酶活力的影响,而在长时间运动时,由于 ATP 大量分解生成 ADP 和 AMP,AMP 进一步分解为腺苷。积聚的腺苷与脂肪细胞上 AL 受体结合,会抑制脂肪细胞内激素敏感型脂肪酶的活性,从而抑制了脂肪的动员和利用。

3. 蛋白质与运动能力　蛋白质的生理活性对提高机体在运动中的生理功能具有重要意义,如通过提高线粒体中氧化酶的活性、提高血液中血红蛋白与肌肉中肌红蛋白的含量,在剧烈运动中机体能够更好地利用有氧代谢途径供能,从而降低疲劳程度。实验证明,在运动训练中有针对性地供给必需的蛋白质不仅可预防运动性贫血,而且可以提高训练效果。在考虑蛋白质供给量时,机体热能需要量必须充分满足。如果热能供给不足,则摄入的蛋白质就不能有效地被利用,甚至不能维持氮平衡。所以对人体而言,只有供给充足的能量才能发挥蛋白质应有的作用。随着运动强度的增加,热能消耗增加,人体对热能和蛋白质的需要都有所增加,适应运动型的保健食品要保证热能和蛋白质的补充。但由于蛋白质分解代谢的产物及其排泄会增加肝脏和肾脏的负担,因此蛋白质补充也要适量。

4. 维生素与运动能力　机体中缺少维生素 B_1 会影响一些氨基酸的转氨作用,破坏机体氮平衡。资料表明,缺乏维生素 B_1 时机体水分和盐的代谢也会发生失常,这些都直接影响机体的活动能力。机体缺乏维生素 B_2 将直接影响氧化供能系统,使机体在活动中由于得不到充足的能量而产生疲劳感。维生素 B_6 是转氨酶的辅酶,其缺乏将影响蛋白质的活力。维生素 C 能够加强氧化还原过程,提高组织的吸氧能力,使组织的代谢营养功能加强,从而增强机体耐力,使之不易产生疲劳感。维生素 E 具有抗氧化作用,可以增强人体对缺氧的抵抗力,使机体耗氧减少,提高缓解体力疲劳的能力。

5. 无机盐与运动能力　无机盐是构成机体组织的重要成分,也是很多酶系的激活剂或组成成分。无机盐与蛋白质协同维持着组织细胞的渗透压,在体液移动和贮备过程中起重要作用。酸性、碱性无机盐离子及其原子团的相互配合维持着机体的酸碱平衡。各种无机离子在机体中保持一定比例是维持神经肌肉兴奋性和细胞膜通透性的必要条件。其中钙离子与运动能力的表现为:肌肉神经正常兴奋性及其兴奋传导都必须有一定的钙离子存在,血清钙量下降可使神经和肌肉的兴奋性增高而引起抽搐;钙还是许多酶的激活剂,如钙能激活肌细胞的 ATP 酶,促进肌肉收缩。镁在细胞内集中于线粒体中,对许多酶系统,特别是对与糖代谢及氧化磷酸化有关的酶系统起促进作用;镁与钙、钾、钠一起共同维持神经肌肉的兴奋性,并参与维持心脏正常功能的作用。磷除了是构成骨骼的原料之外,还是构成核酸、磷脂和许多辅酶的材料,磷参与许多与劳动能力有直接关系的生理功能,如糖和脂肪的代谢过程中需要有磷酸化合物的存在,三磷酸腺苷和磷酸肌酸中的磷起着贮存和转移能量的作用;磷酸盐从尿中排出的数量和形式有助于机体酸碱平衡的调节。铁在成人体内的含量约为5g,其中血红蛋白里含有73%,肌红蛋白里含有3%,0.2%存在于细胞色素酶、过氧化氢酶、过氧化物酶等一些酶系中。铁在机体中的主要作用是参与氧的转运、交换和组织呼吸过程。

(三) 缓解体力疲劳的主要物质

1. 营养素　营养素的补充是缓解体力疲劳的重要方法,主要补充糖、脂肪、蛋白质、维生素和微量元素等。

2. 碱性食物　长期剧烈的运动会产生大量乳酸,从而降低血中的 pH 值,因此碱性食物能起缓冲作用,保持内环境的稳定及与肌肉运动有关的酶的功能正常。如枸橼酸钠或枸橼酸钾、碳酸氢钠能起缓冲作用;天冬氨酸的钾盐与镁盐有防止疲劳的作用,能消除一般的疲劳症状与长途行军中的疲劳。服用天冬氨酸盐能防止疲劳的积累,特别是能延缓运动到衰竭的时间。此外,天冬氨酸能转变为谷氨酸,加强中枢神经系统功能,增强运动员的意志。

3. 抗自由基及抗脂质过氧化物质　自由基与体力、脑力活动也有密切关系。可利用抗自由基与抗脂质过氧化的原理来防止在长期和过量的体育运动中肌肉细胞的损伤,如服用人体内固有的酶,包括超氧化物歧化酶、过氧化氢酶、谷胱甘肽过氧化物酶、谷胱甘肽转硫酶和葡萄糖磷酸脱氢酶,或服用营养素和生化物质,如维生素、胡萝卜素、谷胱甘肽、辅酶 Q_{10} 及微量元素锌、硒、锰和金属硫蛋白等。

4. 麦芽油　麦芽油是从小麦胚芽中提取的油类,含有胆碱、植物固醇等营养物质,还有二十八碳醇、谷胱甘肽及多种微量元素,是国际公认的抗疲劳物质,是美国最流行的缓解体力疲劳的物质之一。运动员在训练时服用麦芽油,能明显改善训练效果,增加机体的活动能力,增进机体对糖原的代谢。

5. 红景天　红景天是景天科植物,是生长在海拔 800~5000m 高寒无污染地带的珍稀野生植物。小鼠服食红景天提取物后,能明显延长长途游泳时间,刺激细胞内线粒体中 ATP 的合成或再合成,说明红景天有助于增强体能以及促进剧烈运动后身体的恢复。服用红景天提升或保持运动员的比赛或训练期间的耐力在体育界较为普遍。

6. 林蛙油　林蛙油能延长小鼠负重游泳时间、减少小鼠游泳时血清尿素的含量、增加肝糖原含量、减少血乳酸的浓度,这也说明林蛙油是较好的抗体力疲劳物质。

7. 其他具有抗疲劳作用的中药　人参、刺五加等许多中药具有适应原样作用,它们有双向调节功能,与人体本身产生的应激反应不同,能增强机体对外界刺激的抵抗能力,使反应向着有利机体的方向进行;能改善神经系统功能,减轻疲劳,加速疲劳的恢复。如刺五加苷可提高敏锐度和物理耐力,可改善运动肌肉对氧的使用,可维持更久的有氧运动并更快地从运动疲劳中恢复。人参水煎液和人参皂苷具有明显的抗疲劳作用,可延长小鼠游泳时间,抑制游泳大鼠肌糖原的降低;可减轻疲劳大鼠的肾上腺皮质超微结构的病理变化;对疲劳大鼠的活动减少、运动能力下降、记忆力下降等各项指标均有改善作用;还可提高小鼠耐缺氧、抗寒冷、抗高温的能力。

常用的缓解体力疲劳的中药还有三七、灵芝、五味子、麦冬、西洋参、黄精、黄芪、枸杞、淫羊藿、巴戟天、补骨脂、桑葚、当归、山药、百合、绞股蓝等。

笔记

此外蝙蝠蛾拟青霉菌粉、拟黑多刺蚁、牡蛎提取物、L-盐酸赖氨酸、牛磺酸、烟酰胺等也被广泛用于缓解体力疲劳的保健食品中。

三、缓解体力疲劳功能保健食品的功能学评价程序

(一) 实验项目

1. 动物体重
2. 负重游泳实验
3. 血乳酸
4. 血清尿素
5. 肝糖原或肌糖原

(二) 试验原则

1. 动物实验所列指标均为必做项目。
2. 实验前必须对同批受试样品进行违禁药物的检测。
3. 运动实验与生化指标检测相结合。

(三) 结果判定

负重游泳实验结果阳性,血乳酸、血清尿素、肝糖元/肌糖元三项生化指标中任二项指标阳性,可判定该受试样品具有缓解体力疲劳的作用。

四、实例

目前国家食品药品监督管理总局批准了保健功能为缓解体力疲劳的国产保健食品 979 个、进口保健食品 24 个。

(一) ×× 牌正力胶囊

保健功能:缓解体力疲劳

功效成分/标志性成分含量:每 100g 含总皂苷 0.54g、粗多糖 9.47g

主要原料:人参、黄芪、淫羊藿、枸杞子、茯苓、淀粉、硬脂酸镁

适宜人群:易疲劳者

不适宜人群:少年儿童、孕期及哺乳期妇女

食用方法及食用量:每日 3 次,每次 2 粒

产品规格:0.45g/粒

保质期:24 个月

贮藏方法:室温、避光密封

注意事项:本品不能代替药物

(二) ×× 牌参杞胶囊

保健功能:缓解体力疲劳

功效成分/标志性成分含量:每 100g 含粗多糖 1.54g、总黄酮 202mg

主要原料:西洋参、灵芝、蝙蝠蛾拟青霉菌粉、淫羊藿、枸杞子

适宜人群:易疲劳者

不适宜人群:少年儿童、孕期及哺乳期妇女

食用方法及食用量:每日 3 次,每次 2 粒

产品规格:0.35g/粒

保质期：24 个月
贮藏方法：置阴凉干燥处
注意事项：本品不能代替药物

第二节　提高缺氧耐受力功能

一、概述

(一) 缺氧的含义

氧是人体生理代谢的基本物质，在生命活动中不可缺少。成人在静息状态下每分钟耗氧 250ml，活动时耗氧量增加。人体内氧储量极少，依赖于空气中的氧通过呼吸进入血液，再经血液循环传输到全身组织，这种不断地摄取和运输氧的活动保证生命的需要。人或动物在生长、发育过程中，当组织细胞得不到代谢活动所必需的氧时，便会产生缺氧症，简称缺氧。这是由于氧气的摄入不足以供给机体所需，导致肺泡氧分压和血氧饱和度降低，组织细胞不能从血液获得所需的氧进行正常氧化代谢而出现的一系列症状。

缺氧症状广泛存在于人类的生活与工作中，尤其在高原环境、高空或剧烈的运动过程中，以及呼吸和循环系统的某些疾病或急性失血等不同病理情况下。

根据引起缺氧的原因不同可将其分为缺氧性缺氧症、贫血性缺氧症、局部缺氧性缺氧症和组织中毒性缺氧症。若按缺氧发生速度分类，则分为暴发性缺氧症、急性缺氧症、亚急性缺氧症和慢性缺氧症。

(二) 缺氧症状的一般表现与危害

1. 缺氧症状的一般表现　由于引起缺氧的原因和发生的部位不同，其表现有一定的差别：
(1) 心脏缺氧，表现为心悸、胸闷、气促、口干、嘴唇发紫，甚至出现恶心、呕吐等。
(2) 脑缺氧，表现为头晕、目眩、失眠、记忆障碍、神志不清等。
(3) 躯体肌肉缺氧，表现为机体反应迟钝、酸痛乏力、手脚发麻等。

但不论是哪一类缺氧症，共同的基本特征是：对机体的危害视缺氧程度而定，一般短暂而且程度轻的缺氧，可刺激机体从外界获得更多的氧气以满足体内氧气的不足；如果长时间或急剧的缺氧，则可由于机体氧化代谢受阻，能量产生不足甚至耗竭，引起严重的功能障碍或病理性改变，出现许多相关性的疾病，并可能最终导致生命活动的终止。

2. 缺氧对机体生理功能的影响
(1) 对神经系统的影响：在机体所有组织中，神经系统特别是大脑皮层对缺氧最为敏感。每克脑组织在每分钟内需要氧 0.09~0.10ml，几乎是肌肉组织需要量的 20 倍。因此，缺氧条件下高级神经活动的改变出现较早。当轻度缺氧时，皮层下中枢损害较轻，兴奋过程占优势，交感神经、肾上腺髓质系统处于兴奋状态，化学感受器对缺氧刺激的冲动能够做出一系列适应代偿性反应，如通气量增加、心跳加速、心排血量增多、血流加快，在心理活动上有情绪不稳和兴奋现象等。如果这种适应性超过一定限度，某些器官的负担过重，则给机体带来不良影响。当中度缺氧时，某些皮层中枢内的抑

223

制过程进一步破坏,对一些与机体适应有关的器官的调节作用加强。当严重缺氧时,由于皮层细胞发生严重营养代谢障碍,则兴奋过程和条件反射逐渐减弱,抑制过程逐渐加深,从皮层向皮层下中枢扩散,导致生理功能调节障碍。

缺氧对自主神经系统也有明显的影响。轻度缺氧时,感受器神经紧张性增强,如眼皮颤抖、头痛、易怒。严重缺氧时,出现副交感神经紧张力增强和迷走神经过敏综合征,如恶心、呕吐、头痛等;同时感受器官功能也发生改变,如出现味觉、视觉和触觉等的敏感性降低。

(2) 对消化系统的影响:缺氧状态下,动物或人对食物的摄取减少,出现食欲下降、恶心、呕吐,各类消化腺的分泌量均有所下降,消化功能减弱,胃的排空时间延长,肠的活动受到抑制、张力减弱、蠕动速度和幅度减小,多有消化不良症状。胃肠黏膜血管扩张、血流瘀滞、血栓形成,易引起消化道出血。肠道的吸收功能在轻度缺氧时没有大的影响,但随着缺氧程度的加重,肠道的吸收功能也逐渐减弱。严重缺氧时肝细胞坏死,出现黄疸。

(3) 对呼吸系统的影响:缺氧开始时,呼吸系统改变明显,呼吸频率加快,肺活量加大,肺通气量增加,肺泡内氧分压增高,同时肺泡开放,肺表面积增大,肺泡表面活性物质增多,肺动脉压增高,这些改变有利于向组织供氧;而缺氧及迷走神经反射性兴奋会引起支气管平滑肌收缩,使肺非弹性阻力增加。中度缺氧时,肺表面活性物质减少,弹性回缩力下降。过度换气能使二氧化碳排出过多,血液 pH 值升高,出现碱血症;肺动脉高压又常导致右心室肥大和高原性心脏病的发生。

(4) 对循环系统的影响:缺氧时,首先出现心跳加快,其适应意义是力图增加心排血量以利于组织供氧;中度缺氧时,心率增加但每搏输出量逐渐呈进行性下降;严重缺氧时,心率减慢;极度缺氧时,心率可再次增加或伴有心律不齐,随后极度减慢直到脉搏停止。而在急性缺氧时,脑的血流增加以提高血液运氧能力,但持续性增加可能导致脑水肿的发生。冠状血流增加或减少,肾血流不变或稍有增加,皮肤血流减少。

(5) 对泌尿系统的影响:机体处于缺氧状态时,肾血流量、肾血浆流量均减少,而缺氧引起的大脑垂体后叶抗利尿素分泌增加,故出现少尿现象;时间越长,体力负荷越大,出现蛋白尿的几率越大。

(6) 缺氧对机体物质代谢的影响

1) 对碳水化合物代谢的影响:缺氧时,消化功能下降,胃张力降低,排空时间长,消化液分泌量减少,食欲和口渴感下降,食物和水摄入量减少,不能满足机体生理上的需要。同时,葡萄糖吸收减慢,血糖降低,糖原分解加强,合成酶活力下降,糖原异生受阻,糖原储备量减少。此外,机体有氧代谢下降,无氧酵解加强,血液乳酸含量升高并在体内积留。

2) 对蛋白质代谢的影响:缺氧时,蛋白质和氨基酸分解代谢加强,氮的排出量增加;蛋白质合成率下降;血清中必需氨基酸/非必需氨基酸的比值下降。

3) 对脂类代谢的影响:机体在缺氧条件下,血浆游离脂肪酸、甘油三酯、胆固醇、磷脂等均增高。由于脂蛋白脂肪酶活力减弱和激素敏感脂肪酶活力增强,脂肪分解的速度大于合成的速度。脂肪储量减少而对急性缺氧的适应不力,可能由于脂肪覆盖红细胞表面,影响血红蛋白与氧的结合和携带,导致动脉血氧含量和血氧浓度的下降。

4）对水和电解质代谢的影响：急性缺氧时，水代谢呈现负平衡，电解质代谢出现紊乱，体液从细胞外进入细胞内，细胞外液减少而细胞内液增加导致细胞水肿。同时由于血液氧分压和二氧化碳分压的降低，导致血液浓度上升和碱贮备减少。

5）对微量元素代谢的影响：在缺氧的条件下，微量元素在体内的分布有明显的改变，可动用的微量元素被释放进入血液，形成恢复组织呼吸及消除代谢紊乱产物所必需的酶分子或其他金属蛋白化合物。所以血液、脑、肾、肝脏和心肌中铜、锌、铁等微量元素的含量增加，细胞色素氧化酶、过氧化氢酶等金属酶的活性升高。但在机体微量元素不断消耗而供给量不足的情况下，代谢负平衡将导致血液及组织中这些元素含量减少，发生"习惯性微量元素缺乏"。

另外，缺氧对维生素和核苷酸的代谢也会有一些影响。

（三）中医药理论在提高缺氧耐受力方面的应用

根据中医学整体观念和辨证论治的理论观点，从益气养阴、活血补血、泻肺利水等治则的角度出发，筛选出提高缺氧耐受力的天然药物，研究开发出安全、有效、低廉的保健食品是供需双方的理想追求。在目前药食同源的中药中，补益药为首选药，如人参、西洋参、党参、黄芪、甘草、刺五加、当归、熟地黄、龙眼肉、枸杞子、沙参、三七、麦冬、红景天等。此外，丹参、五味子、葛根、菊花等中药也有应用。这些药食同源中药的价格适中，应用安全有效。

以中医学整体观念和辨证论治的理论观点开发提高缺氧耐受力的保健食品的模式已被广泛应用。

（四）藏医药理论对缺氧耐受的认识及应用研究

藏医药学具有完整的、科学的理论体系和临床实践体系，它强调疾病预防、身体保健、延年益寿的理念。作为名副其实的传统"高原医学"，藏医理论认为，在高原低氧环境下，外缘突然侵入导致机体血液中消化、吸收和分解的"三火"代谢功能发生紊乱，导致精华不化、糟粕侵入，是高原病的主要发病机制，治疗常采用起居疗法、饮食疗法、药物疗法、外治疗法等多种方法相结合。藏医临床中所用药物大都生长在青藏高原，受高原特殊的生长环境的影响，藏药体内具有低海拔地区药用植物所不具有的适应原物质，这也决定了藏药在防治高原疾病方面的优势。在国家卫计委公布的《既是食品又是药品的物品名单》和《可用于保健食品的物品名单》中，有余甘子、沙棘、蕨麻、红景天、诃子等传统藏药。现代药理研究表明，红景天、沙棘、蕨麻、冬虫夏草等藏药可以提高缺氧耐受力，改善心肌氧的供求，调节机体耗氧量。在藏医药理论体系指导下，应用红景天、沙棘、蔓菁、蕨麻、余甘子等药食同源藏药，以及由红景天组成的藏药复方制剂，受到人们的广泛青睐和应用。

二、提高缺氧耐受力功能保健食品的常用原料

航空航天、高原、井下等特殊岗位作业人群，常常存在低压、缺氧等应激因素的影响，短期、轻度的缺氧可很快恢复，不致于产生不良后果；而长期、累积性缺氧可能渐进性损害身心功能，加重疲劳，降低工作效率，甚至诱发安全事故。因此，研究制定预防缺氧或提高机体缺氧耐受力的措施与对策具有重要的现实需求和重大的社会、经济效益。

（一）提高缺氧耐受力保健食品开发的一般要求

开发提高缺氧耐受力的保健食品，目的是使机体在低氧分压下不发生或少发生病理改变，以增强机体的缺氧耐受力，维持组织能量代谢接近于正常，从而维持心、脑等器官的正常功能。该类保健食品的研究，对在高原环境、高空或剧烈的运动过程中易缺氧人群增强机体的缺氧耐力有着十分重要的意义。目前提高机体耐缺氧能力保健食品的研究尚不够深入，好的产品并不多见。

（二）常见的能提高缺氧耐受力的物质

1. 维生素　维生素在提高缺氧耐受力保健食品中应用比较普遍。维生素 C 可改善机体低氧时的氧化过程和氧的利用，延长动物的寿命；维生素 B_1、维生素 B_2、尼克酰胺等是机体能量代谢中辅酶的辅助因子，这些维生素的缺乏将导致组织细胞对氧的利用和 ATP 的生成发生障碍。

2. 微量元素　微量元素的提高缺氧耐受力作用已得到现代药理学实验证实，并在保健食品中普遍应用。铜、铁、锰等离子是细胞内多种金属酶的组成成分和激活因子，如铜和铁的就与细胞色素氧化酶、琥珀酸脱氢酶、过氧化氢酶及铜蓝蛋白有密切关系。运动员的运动能力与细胞中这些元素的含量有关。有研究指出，在有训练经历的运动员血细胞中，这些元素的含量比新运动员高。细胞内铜、锌、铁、锰含量的增加和血液运氧能力的增强，可以看作是机体对运动负荷适应的表现。适量地补充这些微量元素，能明显改善机体对低氧环境的适应能力，增加机体呼吸功能，并使多种在造血功能方面有重要作用的金属酶的活性增强。

3. 海藻硫酸多糖　近年来学者们发现海藻硫酸多糖可显著地抑制运动性及其他缺氧所致的心肌和肝组织自由基增加，降低血、骨骼肌、心肌、肝组织脂质过氧化物（MDA）水平，具有很好的提高缺氧耐受力、缓解体力疲劳的作用。

4. 红景天　在抗疲劳作用方面，红景天有适应原样作用，能恢复运动疲劳，提高运动成绩。其影响运动员生理功能及运动能力的机制是能改善运动员的心肺功能，显著提高运动时的最大耗氧量和分钟通气量，增加血红蛋白含量等，从而提高比赛成绩。藏药狭叶红景天提高缺氧耐受力的作用相近或略优于刺五加，优于红参水煎剂。目前提高缺氧耐受力的保健食品以红景天为原料的较多，国产、进口均有。以红景天冠名的保健食品也较多，剂型也较多，如红景天口服液、红景天保健茶、红景天酒等。

5. 人参　人参在中医学中被列为补气养阴、扶正固本药。现代药理研究证明，人参能增强机体非特异性抵抗力，对高温、低温、超重、电离辐射、缺氧、有毒物质等对机体的损害有保护作用，并具有缓解体力疲劳、抗衰老的功效。它对中枢神经系统特别是高级部位有特殊作用，能最优地调节其兴奋和抑制过程，从而提高功效并减少能量的消耗。人参皂苷在 7000m 高空缺氧条件下，对脑皮层神经元细胞器的超微结构有明显的保护作用，而且还可抑制内源性糖原的利用，增强组织呼吸，促进无氧糖酵解，在缺氧条件下提高产能水平；一方面降低能耗，一方面提高产能，所以能保护神经元免受缺氧损害。另外，人参皂苷可以增加红细胞的 2,3- 二磷酸甘油酸的浓度，降低血红蛋白对氧的亲和力，从而向组织释放更多的氧，满足其对氧的需要；此外人参还有清除自由基的作用。

6. 茶多酚　茶多酚是从茶树或茶叶中提取的天然抗氧化物质，对脑缺血有优良的保护作用。

7. 角鲨烯　角鲨烯最初是从鲨鱼的肝油中发现的,属于开链三萜类化合物,又称鱼肝油萜,具有提高体内超氧化物歧化酶(SOD)活性、增强机体免疫能力、改善性功能、抗衰老、抗疲劳、抗肿瘤等多种生理功能。角鲨烯广泛分布在人体内膜、皮肤、皮下脂肪、肝脏、指甲、脑等组织和器官内,其促进血液循环和活化身体功能细胞的功能可预防及治疗因功能细胞缺氧而引致的病变,如胃溃疡、十二指肠溃疡、肠炎、肝炎、肝硬化、肺炎等。角鲨烯有良好的供氧功能,尤其是身体组织缺氧时更容易供给氧气,具有类似红细胞摄氧的功能,生成活化的氧化鲨烯,随血液循环运输到机体末端细胞以释放出氧,从而增加了机体组织对氧的利用效率和能力。

8. 其他常用的提高缺氧耐受力的原料　枸杞多糖能显著地增加小鼠肌糖原、肝糖原储备量,提高运动前后血液乳酸脱氢酶总活力,降低小鼠剧烈运动后血尿素氮的增加量,加快运动后血尿素氮的清除速率,表明枸杞多糖对提高负荷运动的适应能力较强,对加速消除疲劳的作用十分明显。黄精提高缺氧耐受力的作用显著,机体缺血/缺氧会引发急性期神经元坏死及慢性期神经元凋亡的损伤,黄精可抑制神经细胞凋亡的发生,有利于防止缺血性脑血管疾病的发生。冬虫夏草的抗疲劳、耐缺氧作用显著,通过对小鼠负重游泳实验得出冬虫夏草可延长小鼠负重游泳时间,可明显降低游泳后血的乳酸含量,可降低游泳后血清的尿素含量。冬虫夏草水提取物在体外对剧烈运动后红细胞的变形有明显的改善作用,可增强机体对运动耐力的适应性和保护作用。冬虫夏草还具有抗心肌缺血、缺氧,扩张冠状动脉增加心排血量和冠脉血流量,增加心脑组织对氧的摄取利用,改善心肌缺血,降低心肌耗氧量及抗氧化的作用。绞股蓝对犬的脑干缺血有较好的保护作用,其机制可能与升高SOD活性有关。此外党参、川芎、当归、刺五加、灵芝、黄芪、三七、银杏叶、红花等均有对抗机体缺血/缺氧的功能,可改善机体缺血/缺氧条件下的机体状况,从而达到保护机体的目的。

提高缺氧耐受力的保健食品较多,但处于霸主地位的提高缺氧耐受力的保健食品尚未产生。市场上对提高缺氧耐受力保健食品的需求较高,特别是体育界。开发出既不是兴奋剂又能提高缺氧耐受力的保健食品对提高比赛成绩很有帮助。寻找提高缺氧耐受力的新物质一直是药理研究工作者的科研热点之一。

三、提高缺氧耐受力功能保健食品的功能学评价程序

(一) 试验项目
1. 体重
2. 常压耐缺氧实验
3. 亚硝酸钠中毒存活实验
4. 急性脑缺血性缺氧实验

(二) 试验原则
所列指标均为必做项目。

(三) 结果判定
常压耐缺氧实验、亚硝酸钠中毒存活实验、急性脑缺血性缺氧实验三项实验中任二项实验结果阳性,可判定该受试样品具有提高缺氧耐受力的作用。

四、实例

目前国家食品药品监督管理总局批准了保健功能为提高缺氧耐受力的国产保健食品 148 个、进口保健食品 3 个。

(一) ×× 牌红景天真珍胶囊

保健功能:缓解体力疲劳、提高缺氧耐受力

功效成分 / 标志性成分含量:每 100g 含红景天苷 0.16g、总皂苷 1.78g

主要原料:红景天、五味子、巴戟天、西洋参、淀粉、微晶纤维素

适宜人群:处于缺氧环境者、易疲劳者

不适宜人群:少年儿童

食用方法及食用量:每日 2 次,每次 3 粒

产品规格:300mg/ 粒

保质期:24 个月

贮藏方法:置阴凉干燥处

注意事项:本品不能代替药物;无补氧作用

(二) ×× 牌伏尔肯胶囊

保健功能:提高缺氧耐受力

功效成分 / 标志性成分含量:每 100g 含人参总皂苷 1.346g、总黄酮 1.374g

主要原料:西洋参、葛根提取物、丹参提取物、银杏叶提取物、珍珠粉、玉米淀粉

适宜人群:处于缺氧环境者

不适宜人群:无

食用方法及食用量:每日 2 次,每次 2 粒

产品规格:0.35g/ 粒

保质期:24 个月

贮藏方法:密闭、避光,阴凉干燥处保存,避免受潮受热

注意事项:本品不能代替药物;本品无补氧功能

学习小结

1. 学习内容

第十二章	缓解体力疲劳功能	疲劳的基本概念与分类、体力疲劳的特点与缓解体力疲劳保健食品的本质、中枢疲劳及其机制、外周疲劳及其机制、缓解体力疲劳保健食品开发的一般要求、营养素与运动能力的关系、缓解体力疲劳的主要物质
	提高缺氧耐受力功能	缺氧的含义、缺氧对机体生理功能的影响、提高缺氧耐受力保健食品开发的一般要求、常见的能提高缺氧耐受力的物质、中医药理论在提高缺氧耐受力方面的应用

2. 学习方法

通过分析体力疲劳的机制、营养素与体力疲劳的关系,了解缓解体力疲劳保健食品的有关原料与研发策略;通过学习缺氧对生理功能的影响,了解具有提高缺氧耐受力功能的保健食品的有关原料与研发思路。

复习思考题

1. 简述体力疲劳的机制。
2. 缺氧对人的生理功能有什么影响?
3. 可用于保健食品的、缓解体力疲劳的物质有哪些?
4. 可用于保健食品的、提高缺氧耐受力的物质有哪些?

笔记

第十三章

减肥、改善生长发育功能

学习目的

通过本章学习,了解肥胖的原因及减肥的方式;掌握具有减肥功能的保健食品中常用的功能性成分,及此类保健食品的开发原则;能够对其进行功效性评价。了解生长发育的过程及其营养要求;掌握具有促进生长发育功能的保健食品中常用的功能性成分,及此类保健食品的开发原则;能够对其进行功效性评价。

学习要点

肥胖产生的原因;减肥类保健食品的开发原则与功效评价;生长发育过程特点与促进儿童生长发育保健食品的开发。

第一节 减肥功能

在国际上,医学家和社会学家已经将肥胖与艾滋病和吸毒一起视为当今社会的三大问题。目前,由肥胖导致死亡的数目呈逐年上升的趋势,仅在美国每年就有超过30万人因严重肥胖而导致死亡。根据中国青年报的报道,我国约有3.25亿人口处于肥胖的状态,而这一数据将随着我国人民生活水平的改善而进一步提高。因此,减肥成了全民关注的热点,减肥产品已经被越来越多的肥胖和爱美人士所接受和使用,具有减肥功能保健食品已经占据我国保健品市场的半壁江山。

一、概述

1. 肥胖产生的原因 肥胖是指一定程度的明显超重与脂肪层过厚,是体内脂肪、尤其是甘油三酯积聚过多而导致的一种状态。

(1)下丘脑摄食中枢的功能异常:在人类大脑的下丘脑部位存在对摄食进行直接调控的神经细胞:丘脑腹内侧核和下丘脑腹外侧核。刺激前者或破坏后者均可产生饱腹感,引起食欲下降或拒绝进食,反之则产生食欲亢进,进食量增多。

(2)高胰岛素血症:肥胖者和正常人相比,其血浆胰岛素水平较高,且血中胰岛素水平和肥胖度呈正相关。在肥胖者体重下降后,血中胰岛素浓度也随之下降。

(3)脂肪细胞与肥胖:人体内的脂肪组织有两种形式:白色脂肪和棕色脂肪。肥胖的发生可能与棕色脂肪细胞功能低下有关,当棕色脂肪细胞产热功能异常时,摄入体内的能量以热的形式散发减少,并在体内储存转变为脂肪。同时,肥胖和白色脂肪细胞的数目和体积有关,肥胖人群普遍存在白色脂肪细胞的数目多且体积大的现象。通常成年人减肥,是通过一定手段减小白色脂肪细胞的体积,但不能减少其数量。

(4)肥胖基因:1994 年,人类采用分子生物学技术与基因工程技术,首次成功地克隆了小鼠的肥胖(ob)基因及人类的同源序列,现已确定人类的 ob 基因位于 7 号染色体上。同时发现该基因编码了一种蛋白质,命名 Leptin(瘦素)。研究发现,只有成熟的白色脂肪细胞才能表达瘦素。瘦素可作用于下丘脑的体重调节中枢,引起食欲降低、能量消耗增加,从而减轻体重。

2. 肥胖的分类 根据肥胖的病因一般将其分为原发性及继发性两类。

(1)原发性肥胖

1)单纯性肥胖:肥胖是临床上的主要表现,无明显神经、内分泌系统形态和功能改变,但伴有脂肪、糖代谢调节过程障碍,此类肥胖最为常见,包括:体质性肥胖、营养性肥胖。一般在城市里,以 20~30 岁妇女多见,中年以后男、女也有自发性肥胖倾向,绝经期妇女更易发生。

2)特发性浮肿:此型肥胖多见于生殖期与更年期女性。其发生可能与雌激素增加所致毛细血管通透性增高、醛固酮分泌增加及静脉回流减慢等因素有关,导致脂肪分布不均匀,以小腿、股、臀、腹部及乳房为主。

(2)继发性肥胖

1)内分泌障碍性肥胖:由于下丘脑发生病变或是因垂体病变而影响下丘脑引起的。其主要表现为中枢神经症状、自主神经和内分泌代谢功能障碍:因下丘脑食欲中枢损害致食欲异常,因多食而导致肥胖。

2)垂体性肥胖:垂体前叶分泌过多某些激素类物质,使双侧肾上腺皮质增生,可产生继发性性腺、甲状腺功能低下,导致肥胖。

3)其他继发性肥胖:由于甲状腺功能减退而引起肥胖;由于肾上腺皮质腺瘤或腺癌而引起肥胖;轻型Ⅱ型糖尿病早期,常因多食而肥胖。

(3)遗传性肥胖:遗传性肥胖多由于染色体异常所致,常见于以下人群:先天性卵巢发育不全症、先天性睾丸发育不全症、Laurence-Moun-Biedl 综合征、糖原累积病Ⅰ型、颅骨内板增生症等。

3. 减肥的主要方式

(1)改善膳食结构:减少畜禽肉及油脂的摄入,增加谷类食物消费。目前我国城市居民的脂肪功能比为 35%,超过了世界卫生组织推荐的 30% 上限,而其谷物的消费为 47%,明显低于 55%~65% 的合理范围,由此直接导致我国肥胖人口快速增长,由肥胖而带来的相关疾病的患病率普遍上升。

(2)改变饮食偏好:研究发现,肥胖者通常食欲旺、食量大、爱甜食、零食与油腻食品。以上饮食偏好往往导致人体摄入过多的能量,而这些能量不能及时消耗,将转化成为脂肪,存储在人体内,造成肥胖。同时,饮食不规律也会导致肥胖,例如:睡前进食、晚餐多食、早餐少食或不食均有可能导致肥胖。另外,进食次数较少的人易发生肥胖。

(3)增强运动:运动可以消耗人体内过多的能量,防止脂肪细胞体积膨胀。有助于保持人体的健康状态。但随着我国居民生活水平的提高,人们的运动量却逐渐减少,这使得人体每日的能量供给大于能量消耗,导致肥胖。

(4) 保持良好心情,提高文化素养:良好心情可避免由于心情压抑而带来的暴饮暴食,可以减少每日不必要的能量摄入,有助于人体保持良好的健康状态。

在发达国家中,低阶层人群往往占据着肥胖的主体,而在不发达国家,肥胖多发生在富有的人群中。文化程度高的人群更关注膳食的合理性,相反文化程度较低的人群更喜欢廉价而高热量的食品,导致其较易肥胖。

二、减肥功能保健食品的常用原料

1. 主要功效成分

(1) 膳食纤维:膳食纤维是一种不能被人体消化的碳水化合物,以是否溶解于水中可分为两个基本类型:水溶性纤维与非水溶性纤维。常见的食物中富含水溶性纤维的有:大麦、豆类、胡萝卜、柑橘、亚麻、燕麦和燕麦糠等食物。食物中的小麦糠、玉米糠、芹菜、果皮和根茎蔬菜中含有较多的非水溶性纤维。提高膳食中膳食纤维含量,可使摄入的热能减少,肠道内营养的消化吸收也下降,最终使体内脂肪消耗而起减肥作用。膳食纤维遇水可膨胀 200~250 倍,使人产生轻微的饱腹感,减少过多热量的吸收。又可以包覆多余糖分和油脂随同肠道内的老旧沉积废物一同排出体外。

(2) 左旋肉碱:左旋肉碱(L-carnitine),又称 L-肉碱,化学名为 β-羟基-γ-三甲铵丁酸,是一种促使脂肪转化为能量的类氨基酸,红色肉类是左旋肉碱的主要来源,对人体无毒副作用。人体可以自行合成左旋肉碱,食物也可提供一部分。不同类型的日常饮食已经含有 5~100mg 的左旋肉碱,但一般人每天只能从膳食中摄入 50mg,素食者摄入更少。左旋肉碱作为脂肪酸 β-氧化的关键物质,能够在机体内除去多余的脂肪及其他脂肪酸的残留物,使细胞内的能量得到平衡。其原理是左旋肉碱能够促进脂肪酸进入线粒体氧化分解,是转运脂肪酸的载体。在长时间大强度运动中,肉毒碱提高了脂肪的氧化速率,减少了糖原的消耗,同时也延缓了疲劳。

(3) 葡甘露聚糖:葡甘露聚糖是魔芋(又名蒟蒻)中的主要有效成分,分子量可高达 10^6 道尔顿,黏度特别高,溶于水,在水中膨胀度特大,而热量超低,是一种理想的可溶性膳食纤维。葡甘露聚糖能够较好的抑制人体小肠对脂肪分解物的吸收,促进脂肪排出体外。同时,葡甘露聚糖的高黏性可以延缓食物在人体内的消化过程,促进肠道蠕动,将肠道内的有毒物质排出体外。

(4) 脂肪代谢调节肽:将乳、鱼、大豆、明胶等蛋白质的混合物酶解,可得到长度为 3~8 个氨基酸的脂肪代谢调节肽,其氨基酸构成形式主要有"缬-缬-酪-脯"、"缬-酪-脯"、"缬-酪-亮"等。这种多肽具有抑制脂肪的吸收、阻碍脂质合成、促进脂肪代谢的作用,从而调节血清中甘油三酯的含量,当其与脂肪同时进食时,可抑制脂肪甘油三酯的上升。

(5) L-鸟氨酸:L-鸟氨酸具有刺激脑垂体分泌生长激素的功能,生长激素能够促进机体的代谢,从而达到促进体内糖类、脂肪与蛋白质代谢的作用。在结合运动的情况下摄食 L-鸟氨酸可减少体内脂肪的堆积,增强肌肉,起到减肥的作用。L-鸟氨酸可与 L-左旋肉碱搭配使用。

(6) α-亚麻酸:目前研究认为,α-亚麻酸通过以下几个方面起到减少体内脂肪的作用:通过减少脂蛋白酯酶而减少脂肪在体内的储存;加快脂肪降解速度和脂肪在线粒体中的燃烧速度;减少脂肪细胞分裂增殖;延缓前脂肪细胞成长为脂肪细胞的速度。同时 α- 亚麻酸可以减少肌肉蛋白的降解,增加肌肉细胞的能量供给,维持甚至增长肌肉组织。

(7) 茶提取物:茶提取物能抑制高脂饮食诱导的体重增加、附睾脂肪组织和肾周脂肪组织的增加;其中普洱茶提取物减轻体重、体脂的作用强于绿茶提取物;普洱茶提取物与绿茶提取物抑制高脂饮食导致的血脂升高侧重点不同,绿茶提取物降低血 TG、TC 和 LDL-C 的作用强于普洱茶提取物,而普洱茶提取物升高 HDL-C 的作用强于绿茶提取物。茶提取物中的茶多酚、茶黄素、儿茶素、维生素 C、黄酮、单宁等成分具有减肥功能。其中单宁类成分可在儿茶酚氧化酶的催化下形成邻醌类的聚合物,此聚合物能够结合甘油三酯与胆固醇,以粪便的形式将其排出。黄酮类成分具有类雌性性激素的作用,可调节人体的内分泌系统,达到减肥的目的。

(8) 药食同源中药材中的功能性成分:姜黄素、荷叶提取物(荷叶碱)、枳实提取物、泽泻提取物、白茅根提取物、白术提取物、辣椒素等均具有一定调节内分泌或者促进脂肪代谢的功能。

2. 减肥功能性食品的开发原则 减肥性保健食品主要受益人群是单纯性肥胖者,而继发性肥胖患者需要通过相应的医疗手段解决病因,消除肥胖。减肥功能性食品的开发原则主要是:在保证人体所需正常营养素的基础上,减少热量的摄入,并调整机体状态。

(1) 减少热量的摄入:减少热量主要指减少食品中糖与热量所占的比例。同时要求:①适度的添加蛋白质,使蛋白质的能量供给量占总能量的 20%~30%,约合 418~836kJ 的能量。如果人体的蛋白质摄入过少,会使机体的营养平衡处于负状态,而蛋白质摄入过多会造成肝肾功能的损伤。通常较为合适的高蛋白食品有:牛奶、鱼类、鸡肉、蛋清、瘦肉等。②增加膳食纤维的摄入比例,利用膳食纤维胃排空时间长,可增加饱腹感的特点,可减少人体热能的摄入,起到减肥的作用。在水果、蔬菜中含有较高的膳食纤维。③限制使用食盐、乙醇以及嘌呤含量高的食品原料,食盐可以使人感到口渴、增加食欲,不利于肥胖的改善;酒精可以向人体供给 29.7kJ/g 的能量,不利于体内脂肪的消耗;嘌呤不仅可以增加食欲还能加重肝肾的负担,一般在动物内脏中含有较多的嘌呤类成分。④保证维生素与矿物质的供给量,维持人体正常的生理状态。

(2) 调整机体状态:改善机体的能量转化机制是调整机体状态的手段之一,例如使用左旋肉碱提高脂肪的氧化分解效果,使用含有促进脂肪氧化酶类的食品可加速脂肪的代谢,食用含有多酚类成分的食品可加速脂肪的排出。改善内分泌是调整机体状态的另一手段,利用中药来源的食材中的功能性成分,例如异黄酮等,可改善由内分泌失调而导致的肥胖。

三、减肥功能保健食品的功能性评价程序

1. 试验项目
(1) 动物实验
1) 体重、体重增重
2) 摄食量、摄入总热量
3) 体内脂肪重量(睾丸周围脂肪垫、肾周围脂肪垫)

4）脂 / 体比（BMI）

（2）人体试食试验

1）体重

2）腰围、臀围

3）体内脂肪含量

2. 试验原则

（1）动物实验和人体试食试验所列指标均为必做项目。

（2）动物实验中大鼠肥胖模型法和预防大鼠肥胖模型法任选其一。

（3）减少体内多余脂肪，不单纯以减轻体重为目标。

（4）引起腹泻或抑制食欲的受试样品不能作为减肥保健食品。

（5）每日营养素摄入量应基本保证机体正常生命活动的需要。

（6）对机体健康无明显损害。

（7）实验前应对同批受试样品进行违禁药物的检测。

（8）以各种营养素为主要成分替代主食的减肥功能受试样品可以不进行动物实验，仅进行人体试食试验。

（9）不替代主食的减肥功能试验，应对试食前后的受试者膳食和运动状况进行观察。

（10）替代主食的减肥功能试验，除开展不替代主食的设计指标外，还应设立身体活动、情绪、工作能力等测量表格，排除服用受试样品后无相应的负面影响产生。结合替代主食的受试样品配方，对每日膳食进行营养学评估。

（11）在进行人体试食试验时，应对受试样品的食用安全性作进一步的观察。

3. 结果判定

（1）动物实验：实验组的体重或体重增重低于模型对照组，体内脂肪重量或脂 / 体比低于模型对照组，差异有显著性，摄食量不显著低于模型对照组，可判定该受试样品动物减肥功能实验结果阳性。

（2）人体试食试验：不替代主食的减肥功能受试样品：试食组自身比较及试食组与对照组组间比较，体内脂肪重量减少，皮下脂肪四个点中任两个点减少，腰围与臀围之一减少，且差异有显著性，运动耐力不下降，对机体健康无明显损害，并排除膳食及运动对减肥功能作用的影响，可判定该受试样品具有减肥功能的作用。

替代主食的减肥功能受试样品：试食组试验前后自身比较，其体内脂肪重量减少，皮下脂肪四个点中至少有两个点减少，腰围与臀围之一减少，且差异有显著性（$P<0.05$），微量元素、维生素营养学评价无异常，运动耐力不下降，情绪、工作能力不受影响，并排除运动对减肥功能作用的影响，可判定该受试样品具有减肥功能作用。

四、减肥功能保健食品中可能存在的违禁成分

面对巨大的市场和利润，一些不法厂商利用消费者急于减肥的心理，置国家法律法规于不顾，在减肥食品中添加国家法律法规明令禁止的药物，对消费者造成了极大的身体伤害。具有减肥功效的药物主要有以下几类：

1. 抑制食欲的药物 此类成分通过调节摄食与饱食中枢来抑制食欲，从而达到

减肥的目的。其中苯丙胺类药物为精神药品,安非拉酮、氟西汀属于特殊管理的一类精神药品,久用易成瘾产生依赖性。此外,西布曲明作用于中枢神经,可抑制去甲肾上腺素和 5- 羟色胺的再摄取,且呈剂量依赖性。

(1) 影响神经中枢儿茶酚胺(CA)类:苯丙胺、甲苯丙胺、苄甲苯丙胺、安非拉酮、右苯丙胺。

(2) 影响中枢 5- 羟色胺类:芬氟拉明、右芬氟拉明、氟西汀等。

(3) 同时影响儿茶酚胺和 5- 羟色胺类:吲哚衍生物,如吗吲哚及环咪唑吲哚(西布曲明)。

(4) 麻醉口腔味觉和胃肠道黏膜:苯佐卡因。

(5) 影响饱感的生物制剂:神经肽 Y 受体拮抗剂、饱满素、肠抑素、胆囊素、胰淀粉样素、瘦素。

2. 增加能量消耗的药物 此类成分通过促进人体发汗、利水和提高基础代谢,来达到减肥的功效。

(1) 兴奋中枢:麻黄碱、茶碱、咖啡因等。

(2) β 肾上腺素受体激动剂。

(3) 激素类:甲状腺激素、同化激素类(苯丙酸诺龙)、生长激素等。

(4) 胰岛素样生长因子 -1(IGF-1)。

3. 抑制肠道消化吸收的药物 此类成分使脂肪酶失去活性而不能将食物中的脂肪水解为可吸收的游离脂肪酸和单酰基甘油,未消化的甘油三酯不能被身体吸收,从而减少热量摄入,控制体重。

(1) 脂肪酶抑制剂:奥利司他。

(2) 葡萄糖苷酶抑制剂:阿卡波糖。

(3) 其他影响肠道吸收的:胰岛素增敏剂、曲格列酮、二甲双胍。

五、实例

目前国家食品药品监督管理总局批准了保健功能为减肥的国产保健食品 386 个、进口保健食品 9 个。

(一) ×× 牌减肥胶囊

保健功能:减肥

功效成分 / 标志性成分含量:每 100g 含 *L*- 肉碱 38.5g

主要原料:泽泻、荷叶、余甘子、*L*- 肉碱、硬脂酸镁

适宜人群:单纯性肥胖人群

不适宜人群:少年儿童、孕期及哺乳期妇女

食用方法及食用量:每日 2 次,每次 3 粒,口服

产品规格:0.5g/ 粒

保质期:24 个月

贮藏方法:置阴凉干燥处

注意事项:本品不能代替药物

(二) ×× 牌减肥胶囊

保健功能:减肥

功效成分/标志性成分含量:每100g含总皂苷(以人参皂苷Re计)3.1g、总黄酮(以芦丁计)1.6g

主要原料:决明子、山楂、荷叶、冬瓜籽、西洋参、龙眼肉

适宜人群:单纯性肥胖人群

不适宜人群:少年儿童、孕期及哺乳期妇女

食用方法及食用量:每日3次,每次2粒;饭后半小时食用

产品规格:0.45g/粒

保质期:24个月

贮藏方法:置阴凉干燥处

注意事项:本品不能代替药物

第二节　改善生长发育功能

一、概述

生长是指人体各部位及其整体可以衡量的量的增加,如骨重、肌重、血量、身高、体重、胸围、坐高等。发育是指细胞、组织等的分化及其功能的成熟完善过程,难以用量来衡量,如免疫功能的建立,思维记忆的完善等。医学上通常指狭义的个体发育,即由受精卵生殖细胞到形成成熟的个体(以性功能成熟为标志)的全过程。生物学上广义的个体发育还包括成熟个体到自然死亡阶段,其含义相当于生活史。人们通常所称的发育一般指机体发育,此外,还有心理发育,即知觉、情感、思维、言语、行为等。根据人体不同时期的生长特点,生长发育分为:胎儿期(出生前280天)、新生儿期(出生到满月)、婴儿期(满月到周岁)、幼儿期(2~3岁)、学龄前期(4~7岁)、学龄期(8~12岁)、青春少年期(13岁~成年)。

1. 生长发育的判断指标

体重:出生后1~6个月的体重可用下列公式计算:出生时体重g+月龄×700g。出生后7~12月的体重可以下列公式计算:6000g+月龄×250g。出生后第2年增加2.5~3kg,第2年以后至10岁以前,每年约递增2kg。

身高:1岁时的身高约为出生时的1.5倍,4岁时为2倍,13~14岁时为3倍。1岁以后的身高可按公式:年龄(岁)×5+80cm(青春期除外)。

坐高:从头的矢状面最高点到所坐平面的距离。中国城区男性新生儿的坐高为33.5cm±1.5cm,女性新生儿为33.1cm±1.4cm。

头部发育:头的发育在胎儿期和出生后前半年都很快。头围的大小,反映脑的体积。胎儿出生时头长为身高的1/4,2个月时头长为身高的1/2,5个月胎儿为1/3,6岁时为1/6,成人为1/8。脑在出生时约重360g,约为成人脑重的25%。脑发育极快,至6岁时达成人脑重的90%。新生儿头围平均值约为33~35cm,至5个月时约增8cm,以后半年内约增3cm,2~4岁时共增1.5cm,4~10岁共增1.5cm,以后增长缓慢。

胸部发育:出生时胸围平均值约为31~33cm,比头围小1~2cm。胸围可反映胸廓肌肉、胸背肌肉、皮下脂肪及肺的发育程度。营养良好的小儿,其头、胸围交叉的月龄

提早,营养不良的小儿因胸部肌肉和脂肪发育较差,头、胸围交叉时间就较晚。

骨骼与牙齿:正常儿童的成骨中心按年龄出现、按年龄变更形状、按年龄接合。四肢长骨的骨化年龄有一定的程序,用 X 射线检查成骨中心的数目、大小、形状以及骺部接合的情况,即可测定骨骼发育的年龄(骨龄),评价儿童发育的成熟程度。

感知和运动的发育:婴儿抬头、坐起等大动作的发育先于手的细动作,这与脑的发育是一致的。正常新生儿有觅食、吸吮和吞咽反射。

言语发育:1~2 个月时能发出元音,6~7 个月会发辅音,8 个月能听懂自己的名字,并能体会"不要"。约 9 个月能合并两个语音,会说"爸爸"、"妈妈"等。12 个月以后能理解家常物品的名称。1 岁以后能以简单的字音表达自己的意思。15 个月开始说短句,以后词汇量增加。18 个月时能指出自己亲人的眼、鼻、口、手、足等,喜欢翻看图书。2 岁时能用我、我的等代词,3 岁时能指出几种颜色,4 岁时能唱几支歌,能用较多代词、形容词、副词等,会数数 1~20,所说的话全部能被人听懂,句法多正确。5 岁时会用一切词类,读数 1~30 或 1~100,6 岁时说话流利。

2. 儿童生长发育的营养要求

能量:是人体正常生长发育,进行新陈代谢的基础,儿童处于生长发育时期,其基础代谢旺盛,基础代谢率较成人高。儿童的体力活动大,能量需求也会增加,同时儿童的智力发育也需要能量,因此能量供给不足会导致儿童出现疲劳、消瘦、抵抗力低等不利于生长发育的现象,还会影响脑与神经系统及其他器官的正常发育。

蛋白质:作为生命的物质基础,蛋白质是人体组织与器官的重要组成部分。儿童处于生长发育时期,摄入充足的蛋白质对保障儿童的健康成长具有至关重要的作用。如果蛋白质供给不足或蛋白质中必需氨基酸含量较低,则会造成儿童生长迟缓、发育不良、肌肉萎缩、免疫力下降等症状。

矿物质:钙是构成人体骨骼与牙齿的主要成分,而儿童时期是骨骼与牙齿生长发育的关键时期,对钙的需求量高,吸收率可达40%左右。铁是血红蛋白、肌红蛋白的组成成分,参与人体的呼吸作用与氧化反应。儿童生长发育旺盛,造血功能很强,每日需要摄入一定量的铁。锌是人体代谢中相关酶的辅酶,存在于人体的各个主要器官中。锌缺乏会影响儿童青春期的发育和性腺的成熟,出现生长停滞、性特征发育推迟、味觉减退和食欲不振等症状。碘是甲状腺素的成分,具有促进和调节代谢与生长发育的作用,人体缺碘会影响机体的代谢率并易患缺碘性甲状腺肿大。硒的主要生理作用是参与人体的氧化还原反应,发挥抗氧化的作用,可防止氢过氧化物在细胞内堆积,保护细胞膜,可以提高机体的免疫水平。

维生素:维生素是调节人体代谢不可缺少的营养物质,在人体不同生长时期,对各种维生素的需求量也在发生变化。其中维生素 A 的作用是参与人体视紫红质合成,影响细胞生长、分化和调控蛋白质的合成。人体缺乏维生素 A 后导致骨骼发育不良、发育停滞、对弱光敏感度降低、暗适应能力减弱甚至是夜盲症。维生素 D 的作用是促进小肠对钙的吸收,保证人体钙、磷供给。维生素 B 族缺乏会导致儿童食欲下降,其中维生素 B_1 作为脱羧酶的辅酶调节糖代谢;维生素 B_2 参与人体氧化还原反应;烟酸维持皮肤、黏膜和神经的健康,防止癞皮病,促进消化系统的功能。维生素 E 是一种脂溶性维生素,是人体内主要的抗氧化物质,其代谢物生育酚能促进性激素分泌,具有促进儿童性系统发育的作用。

二、改善生长发育功能保健食品的常用原料

1. 改善生长发育功能保健食品的典型物料有：肌醇、牛磺酸、锌、牛初乳、铁、鸡内金、维生素 A、维生素 D、维生素 C、钙、牡蛎等。市场上出现的保健食品主要以补充钙、铁、锌、维生素等营养素类众多，如葡萄糖酸锌口服液、钙片、（复合）维生素片等。具有促进生长发育功效的典型物料，见表 2。

2. 具有改善生长发育功能的中药

(1) 山楂：山楂含有机酸及黄酮类化合物，还含有胡萝卜素、维生素 B_1、维生素 B_2 及矿物质微量元素钙、锌、铁、镁等，所以山楂具有多种改善生长发育的功能。山楂的有效成分 - 有机酸能增加胃中酶的分泌，促进消化，而所含解脂酸又能促进脂肪食物的消化，有利于改善机体对食物的消化和吸收，达到改善生长发育的目的。

(2) 鸡内金：口服鸡内金后胃液酸度明显增高，消化能力的增强虽较迟缓，但维持时间较久；胃运动机能明显增强，表现在胃运动延长及蠕动波增强，因此胃排空速率加快。鸡内金本身只含微量的胃蛋白酶和淀粉酶，能使胃液的分泌量增加和胃运动增强。

(3) 山药：山药具有促进小肠运动、促进肠道内容物排空的作用，能增强小肠的吸收功能。山药水煎液可显著增加小鼠的脾脏重量，表明山药对免疫有较强的促进作用。

(4) 麦芽：麦芽中含有 α 淀粉酶和 β 淀粉酶。淀粉在 α 淀粉酶和 β 淀粉酶的作用下可分解成麦芽糖与糊精，增加了淀粉的消化利用率。麦芽煎剂对胃酸与胃蛋白酶的分泌似有轻度促进作用。

此外，大枣、枸杞子、龙眼肉等健脾消食中药材也是改善生长发育保健食品的常用原料。

3. 具有改善生长发育功能保健食品的开发原则　根据不同年龄儿童生长发育的特点，将此类保健食品分为以下几类：改善婴儿生长发育的保健食品、改善幼儿生长发育的保健食品、改善学龄（前）儿童生长发育的保健食品及改善青少年生长发育的保健食品。其配方原则如下：

(1) 改善婴儿生长发育的保健食品：婴儿期的营养主要用于修补旧组织、增生新组织、产生能量和维持生理活动所需要的合理膳食，此时期以母乳为主。婴儿 4 个月后可根据自身情况添加辅助食品，辅食以谷物为基础，强化蛋白质及有助于神经细胞发育的食品原料，例如 DHA、EPA，同时可科学添加维生素与矿物质。但不适宜添加牛初乳等可能会促进婴幼儿性早熟的功能成分。

(2) 改善幼儿生长发育的保健食品：幼儿膳食的特点是从乳类食品过渡到以谷物为主，奶、蛋、鱼、禽、肉及蔬菜水果为辅的混合膳食。幼儿的消化系统尚未完善，可辅助添加有助于消化吸收的食品原料，例如双歧因子，同时可科学添加维生素与矿物质。

(3) 改善学龄（前）儿童生长发育的保健食品：3~6 岁的学龄前儿童神经细胞的分化基本完成，大脑体积与神经纤维髓鞘化正在进行，身高体重快速增长。7~12 岁的学龄儿童脑形态发育已经接近成人，身体与器官的发育相对稳定。因此，此时期儿童需要充足而平衡的能量与营养素供给，但也存在缺铁性贫血、锌缺乏与维生素 A 缺乏的

问题。因此在设计此类保健食品的配方时,应注意强化矿物质与维生素,同时可添加有助于钙吸收的功能成分,例如酪蛋白磷酸肽。

(4)改善青少年生长发育的保健食品:青少年时期包括青春发育期及少年期,此时生长发育很快,尤其是生殖系统迅速发育,第二性征逐渐明显。同时青少年课业繁重,大脑耗能增加,可添加牛磺酸等有助于缓解大脑疲劳的功能成分。此时的保健食品配方中应包含能够提供高能量与优质蛋白质的原料,并含有一定量的钙、铁、锌、维生素 A、维生素 B 族等,例如:牡蛎、肝脏、杏仁。

三、改善生长发育功能保健食品的功能性评价程序

1. 试验项目
(1)动物实验:体重、身长、食物利用率
(2)人体试食试验:身高、体重、胸围、上臂围、体内脂肪含量
2. 试验原则
(1)动物实验和人体试食试验所列指标均为必测项目。
(2)应对试食前后膳食、运动状况进行观察。
(3)实验前应对受试样品是否含有与生长发育有关的激素进行测定。
(4)在进行人体试食试验时,应对受试样品的食用安全性作进一步的观察。
3. 结果判定
(1)动物实验:体重、身长增加明显高于对照组,食物利用率不显著低于对照组,可判定动物实验结果为阳性。
(2)人体试食试验:试食组身高阳性,体重、胸围、上臂围三项指标中任一项阳性,体内脂肪含量不明显高于对照组,并排除膳食和运动对结果的影响,可判定该受试样品具有改善生长发育功能的作用。

四、实例

目前国家食品药品监督管理总局批准了保健功能为改善生长发育的国产保健食品 21 个。

(一) ×× 牌生长胶囊

保健功能:改善生长发育(促进生长发育)

功效成分 / 标志性成分含量:每 100g 含总黄酮 161mg、钙 5.5g、铁 192mg、锌 292mg、维生素 D 160μg

主要原料:山楂、麦芽、柠檬酸钙、乳酸亚铁、乳酸锌、维生素 D、赖氨酸、淀粉、微晶纤维素

适宜人群:生长发育不良的少年儿童

不适宜人群:无

食用方法及食用量:每日 3 次,每次 3 粒

产品规格:300mg/ 粒

保质期:24 个月

贮藏方法:置阴凉干燥处

注意事项:本品不能代替药物

(二) ×× 牌茁壮片

保健功能：改善生长发育(促进生长发育)

功效成分/标志性成分含量：每 100g 含铁 94.4mg、锌 293mg、钙 17.6g、赖氨酸 2734mg、牛磺酸 2098mg

主要原料：珍珠粉、益智仁、鸡内金、赖氨酸、牛磺酸、乳酸亚铁、葡萄糖酸锌、淀粉

适宜人群：生长发育不良的少年儿童

不适宜人群：(空白)

食用方法及食用量：每日 2 次，每次 1000mg

产品规格：500mg/ 片、1000mg/ 片

保质期：24 个月

贮藏方法：密封、置阴凉干燥处

注意事项：本品不能代替药物

学习小结

1. 学习内容

第十三章	具有减肥功能的保健食品	肥胖产生的原因、肥胖的分类、减肥的主要方式
		具有减肥功能保健食品的常用原料及开发原则
		具有减肥功能保健食品的评价方法
	具有改善生长发育功能的保健食品	生长发育的概念与分类
		生长发育的判断指标与营养要求
		改善生长发育的保健食品的常用原料及配方原则
		改善生长发育功能保健食品的评价方法

2. 学习方法

通过对肥胖原因及减肥方式的分析，理解具有减肥功能保健食品的开发原则；通过对具有减肥功能的保健食品原料的归纳，明确具有减肥功能保健食品的开发思路。通过对生长发育基本知识的总结，理解改善生长发育的保健食品开发原则；通过对具有改善生长发育功能的保健食品原料的归纳，明确此类保健食品的开发思路。通过对功能试验项目、试验原则和结果判定原则的分析，掌握相应的功能评价方法。

复习思考题

1. 肥胖及其分类有哪些？
2. 可用于保健食品的、具有减肥功效的物质有哪些？
3. 如何评价保健食品的减肥作用？
4. 市面上的保健食品中常见的违法添加物有哪些？
5. 生长发育过程的营养要求及此类保健食品的配方原则是什么？
6. 如何对改善生长发育类保健食品进行功效评价？

第十四章

改善睡眠、辅助改善记忆、缓解视疲劳功能

学习目的

通过本章的学习,掌握改善睡眠功能、辅助改善记忆功能、缓解视疲劳功能的评价方法,熟悉具有改善睡眠功能、辅助改善记忆功能、缓解视疲劳功能的物质,了解睡眠的节律,睡眠与中枢神经及其递质的关系,睡眠障碍产生的原因,引发记忆障碍的原因,改善记忆的途径,影响视力的因素,视疲劳产生的原因、治疗方法等。

学习要点

改善睡眠功能、辅助改善记忆功能、缓解视疲劳功能的评价方法;具有改善睡眠功能、辅助改善记忆功能、缓解视疲劳功能的物质。

第一节　改善睡眠功能

一、概述

睡眠,对于绝大部分高等动物而言,都是不可缺少的一部分。人一生中约有 1/3 的时间是在睡眠中度过的。20 世纪 30 年代初,法国生理学家将睡眠定义为:睡眠是"身体内部需要,使感觉性活动暂时停止,给予适当刺激就能立刻觉醒"这样的一种状态。现代研究认为:睡眠是一种主动过程,并有专门的中枢管理睡眠与觉醒,睡眠时人脑只是换了一种工作方式,使能量得到贮存,有利于精神和体力的恢复;而适当的睡眠是最好的休息,既是维护健康和体力的基础,也是取得高度生产能力的保证。国际精神卫生组织于 2001 年将每年的 3 月 21 日定为"世界睡眠日"。但是随着现代社会生活节奏的加快,生存压力的加大和竞争的不断激烈化,人类的睡眠正在受到严重的威胁。因此,寻求有效且安全可靠的改善睡眠的保健品成为保健食品又一个新的发展方向。

(一) 睡眠的重要性

在人的四大生命元素——空气、水、睡眠和食物中,睡眠位列第三,优于食物,因此,不睡觉会比不吃饭更快地置人于死地。不同年龄的人,对睡眠时间的需要是不一样的。年龄愈小,因身体生长发育都不齐全,抵抗力较弱,睡眠时间要多,随着年龄的增长,睡眠时间有所减少。一般成年人的睡眠时间为 7~9 小时。

睡眠对人体的功能主要有以下两个方面:首先,是让人体获得充分休息,恢复精力和体力,使睡眠后保持良好的觉醒状态;其次,是对自由基所造成细胞的自我修复及新细胞产生的过程。研究表明,被持续剥夺睡眠60小时以上时,便会出现疲乏、全身无力、思睡、头痛、耳鸣、复视、皮肤针刺感等各种不适感,有的甚至出现幻觉、情感淡漠、反应迟钝,嗜睡现象越来越严重,最后连行走站立之中也会突然入睡。如果持续不眠100小时以上,嗜睡更为严重,一切手段都难以阻止受试者突然入睡。有少数受试者行为表现类似精神分裂症患者。若继续让其不眠,将导致死亡。但恢复睡眠9~12小时后,所有受试者均重新恢复正常状态。长期的睡眠不足,将导致人体内各系统的严重受损,不但会破坏人体免疫系统功能,降低免疫力,还会阻碍大脑正常运作,无法集中注意力及清楚思考,失去对抗压力的能力,焦虑增加,焦躁易怒,并影响判断能力。因此,睡眠对人体身心健康具有非常重要的意义。

(二)睡眠的节律生物呈现出节律现象

当波动的周期接近地球自转的周期时,称为昼夜节律。觉醒与睡眠的周期,正好与昼夜的交替一致,然而,并不是光照与黑暗直接引起了觉醒与睡眠。人类觉醒与睡眠的交替是人体"生物钟"的一种内在控制。根据国际睡眠协会制定的分类标准,睡眠是由两种状态组成(或称两个时段相):第一种是眼球速动期(亦称快速动眼睡眠相,简称REM),这时眼球会不停转动(入睡后非自主的无意识转动),大脑也非常活跃,与清醒时的大脑活动类似,对睡眠中的信息处理和记忆固定有重要作用。第二种是眼球非速动期(亦称非快速动眼睡眠相,简称NREM),可以使身体和脑细胞都进入休眠状态,这是一种较深的无意识状态。

人在不同的精神活动下,脑部会产生不同电流频率的脑波,根据睡眠中脑波的差异,非快速动眼睡眠可以划分为4个阶段,第一阶段为入睡期,此时仍有部分意识,时间非常短;第二阶段为浅睡期,在非快速动眼睡眠中所占比例最大,约占全部过程的一半;第三第四阶段出现的脑电波均为频率低的慢速波,这两个阶段为慢波睡眠时期,属于睡眠质量最好的深睡眠阶段,梦游通常发生在此阶段。第二、三、四阶段均完全无意识,醒来也不会记得所发生的事情。

在睡眠中,快速动眼睡眠和非快速动眼睡眠是交替出现的。一般情况下,成人睡眠开始于非快速动眼睡眠,从第一阶段快速过渡到第三、四阶段,然后再返回到第二阶段,继而转变到快速动眼睡眠。非快速动眼睡眠和紧接其后的快速动眼睡眠构成一个睡眠周期。一夜的睡眠由四到五个周期组成,但是每个周期中的快速动眼睡眠和非快速动眼睡眠所占的时间比例是有所差异的。快速动眼睡眠大约90分钟出现一次,且所占比例逐渐增加,在首次出现时通常持续约10分钟,此后逐渐延长,在凌晨的几个小时中可以持续30分钟。另外,人们所处的年龄段和个体的身体状态和习惯等因素也都会影响循环的数量、一个特定睡眠阶段的相对持续时间和整个睡眠长度。

(三)睡眠与中枢神经及其递质的关系

1. 与睡眠有关的中枢神经结构　现在认为睡眠不是一个被动的过程,而是中枢神经系统特定部位发生了一个主动的过程造成的。中枢神经系统内存在着产生睡眠的中枢。刺激中枢神经系统不同部位能诱发睡眠的研究指出,颞叶梨状区、扣带回前部、视前区等边缘系统结构均与睡眠有关。这些部位的活动很可能通过前脑内侧束下行而影响到低位脑干,从而诱发睡眠。此外,来自躯干和内脏感觉的上行冲动也可抵达脑干尾端,促使上述引起睡眠和脑电图(EEG)同步化的中枢活动加强,从而诱发睡眠。在生理条件下的自然睡眠,可能就是在由皮层下行和脊髓上行冲动的影响下,低位脑干中与睡眠和觉醒有关结构的功能对抗发生了向睡眠转化而形成的。

2. 与睡眠有关的中枢神经递质　随着中枢神经递质研究工作的发展,目前已把快速动眼睡眠和非快速动眼睡眠的发生原理和不同的中枢神经递质系统联系起来。在中枢神经递质中,最为重要的是脑内的一些单胺类递质(5-羟色胺和去甲肾上腺素)。利用组织化学荧光技术证实,在低位脑干背侧缝际核的神经元内含有大量的5-羟色胺,这些神经元发出小轴突向上投射到达间脑和大脑皮层。含有大量去甲肾上腺素的低位脑干神经元则主要集中在脑桥外侧的网状结构内特别是蓝斑内,这些肾上腺素能神经元发出的轴突,经去甲肾上腺素能上行背束而投射到间脑和大脑皮质,并对上部缝际核的活动发生影响。

参与睡眠与觉醒的中枢递质除5-羟色胺和去甲肾上腺素外,还有乙酰胆碱和多巴胺,它们彼此的关系也较为复杂。去甲肾上腺素和5-羟色胺似乎是其中的一对主要矛盾。在脑内去甲肾上腺素含量不变或增高的情况下,降低5-羟色胺含量即可引起失眠;而在脑内5-羟色胺含量正常或增高的情况下,降低去甲肾上腺素含量可引起多眠。去甲肾上腺素、多巴胺、乙酰胆碱递质系统均与觉醒功能有关。行为觉醒的维持是中脑黑质多巴胺递质系统的功能,而蓝斑是脑干内的一个与睡眠觉醒有关的神经核团,它分为头、中、尾三部分,蓝斑核中部和下部主要用于维持快速动眼睡眠,蓝斑的头部则维持觉醒。缝际核是脑干内另一个与睡眠觉醒有关的神经核团,缝际核的上部(引起非快速动眼睡眠)和下部(引起快速动眼睡眠)是互相协同地维持睡眠的。总之,睡眠是中枢神经系统内特定的结构发生的主动神经过程。

(四)睡眠障碍

睡眠障碍是指睡眠量的异常及睡眠质的异常或在睡眠时发生某些临床症状,如睡眠减少或睡眠过多、梦行症等。睡眠障碍可能会引发严重的躯体化问题,如:头痛、血压升高、心慌气短、疲乏无力、食欲下降等,有的可导致情绪改变、兴趣下降、心情郁闷,情绪低落等,严重的还会引起记忆力下降、注意力不集中等,使学习或工作效率降低。由于长期睡眠障碍,出现其他精神疾病的概率高于正常人20多倍。

发生睡眠障碍的原因主要有:①精神因素:精神紧张、焦虑、恐惧、兴奋等可引起短暂失眠,主要为入眠困难及易惊醒,精神因素解除后,失眠即可改善。②躯体因素引起的失眠:各种躯体疾病引起的疼痛、痛痒、鼻塞、呼吸困难、气喘、咳嗽、尿频、恶心、呕吐、腹胀、腹泻、心悸等均可引起睡眠障碍。③生理因素:由于生活工作环境的改变,短期适应后失眠即可改善。④药物因素引起的失眠:利血平、苯丙胺、甲状腺素、咖啡碱、氨茶碱等可引起失眠,停药后失眠即可消失。⑤大脑弥散性病变:慢性中毒、内分泌疾病、营养代谢障碍、脑动脉硬化等各种因素引起的大脑弥散性病变,失眠常为早期症状,表现睡眠时间减少、间断易醒、深睡眠期消失,病情加重时出现嗜睡及意识障碍及其他睡眠障碍。⑥遗传因素:有些睡眠障碍如遗尿症有一定的家族遗传史。⑦年龄因素:大脑的发育情况与睡眠障碍有关,儿童多以夜惊、梦魇、遗尿为主,老年人则以失眠为主。

二、改善睡眠功能保健食品的常用原料

阿胶、白术、白芷、柏子仁、百合、蝙蝠蛾拟青霉菌丝蛋白、刺五加、大豆异黄酮、大枣、丹参、当归、低聚果糖、熟地黄、蜂胶、蜂蜜、蜂王浆、佛手、茯苓、甘草、枸杞子、何首乌、红景天、黄精、黄芪、姜黄、绞股蓝、菊花、决明子、卡瓦根、灵芝、龙眼肉、芦丁、芦荟、马鹿胎、马鹿血、麦冬、牡蛎肉、木瓜、葡萄子提取物、人参、三七、桑葚、山药、山茱萸、山楂、首乌藤、酸枣仁、天冬、天麻、褪黑素、维生素 B_6、维生素 C、维生素 E、乌梅、乌鸡、五味子、香菇、羊胚胎、夜交藤、银杏叶、薏苡仁、远志、珍珠粉、栀子、荜茇、侧柏叶、茶氨酸、丹皮、丁香、甘氨酸、积雪草、缬草、蜜环菌提取物、木贼、牡丹皮、肉豆蔻、α-乳白蛋白、石菖蒲、紫苏。

三、改善睡眠功能保健食品的功能学评价程序

改善睡眠作用的评价方法选用健康单一性别的成年小鼠，18~22g，每组 10~15 只。以小鼠的翻正反射消失为睡眠指标。当小鼠置于背卧位时，能立即翻正身位，如超过 30~60 秒不能翻正者，即认为翻正反射消失，进入睡眠。翻正反射恢复即为动物觉醒。翻正反射消失至恢复这段时间为动物睡眠时间。观察给予受试物后小鼠是否出现安静、闭目、嗜睡或睡眠现象，并应用作用机制明确的、典型的中枢抑制药物作为工具，观察受试物与已知药物是否有协同作用。通常选用戊巴比妥钠、巴比妥钠等巴比妥类镇静药。该类药物的作用机制主要是选择性地阻断脑干网状结构上行激活系统的传导功能，使大脑皮层细胞受到抑制，继而容易睡眠。

(一) 试验项目

1. 体重；
2. 延长戊巴比妥钠睡眠时间实验；
3. 戊巴比妥钠(或巴比妥钠)阈下剂量催眠实验；
4. 巴比妥钠睡眠潜伏期实验。

(二) 试验原则

1. 所列指标均为必做项目；
2. 需观察受试样品对动物直接睡眠的作用。

(三) 动物试验方法

1. 直接睡眠试验　观察动物给予不同剂量受试物后是否出现睡眠现象，比较对照组与实验组入睡动物数及睡眠时间之间的差异，若入睡动物数及睡眠时间增加有显著性，则实验结果为阳性。

2. 延长戊巴比妥钠睡眠时间试验　阈下剂量的戊巴比妥钠具有延长睡眠时间的功能，因此可以通过观察给予受试物后是否睡眠时间延长来判断其是否具有改善睡眠作用。若睡眠时间增加有显著性，则实验结果为阳性。

3. 戊巴比妥钠(或巴比妥钠)阈下催眠剂量实验　由于戊巴比妥钠通过肝酶代谢，而对该酶有抑制作用的药物也能延长戊巴比妥钠睡眠时间，所以为排除这种影响，应进行阈下剂量实验。阈下剂量戊巴比妥钠具有促使安静的作用。如果受试物能够显著增加最大阈下剂量戊巴比妥钠的入睡动物发生率，则实验结果为阳性。

4. 巴比妥钠睡眠潜伏期实验 睡眠潜伏期是指给予药物后直到入睡的一段时间。在巴比妥钠催眠的基础上,观察受试物是否能缩短入睡潜伏期,若受试物能够显著缩短巴比妥钠诱导的睡眠的潜伏期,则实验结果为阳性。

(四) 结果判定

延长巴比妥钠睡眠时间实验、戊巴比妥钠(或巴比妥钠)阈下剂量催眠实验、巴比妥钠睡眠潜伏期实验 3 项实验中任 2 项阳性,且无明显直接睡眠作用,可判定该受试样片具有改善睡眠的作用。

(五) 注意事项

1. 实验室环境必须安静、恒温、恒湿,以确保条件的恒定。

2. 由于动物自身固用的生物学特征和习性,对受试样品的反应存在着种属、性别、年龄等方面的差异。鼠类活动夜间比白天活跃,雌性比雄性更明显,年龄大的动物中枢神经反应不敏感。因此这类实验应尽量安排在夜间同一时间进行,室温 24~25℃ 为宜。

3. 实验时应使动物在测定室适应数分钟后再进行正式测试,实验组与对照组交叉进行测试。

四、实例

目前国家食品药品监督管理总局批准了保健功能为改善睡眠的国产保健食品 537 个、进口保健食品 48 个。

(一) ×× 牌百合枣仁胶囊

保健功能:改善睡眠

功效成分 / 标志性成分含量:每 100g 含总黄酮 40.6mg、总皂苷 58g

主要原料:百合提取物、酸枣仁提取物、刺五加提取物、茯苓提取物、丹参提取物、淀粉、硬脂酸镁

适宜人群:睡眠状况不佳者

不适宜人群:少年儿童

食用方法及食用量:每日 1 次,每次 3 粒

产品规格:0.45g/ 粒

保质期:24 个月

贮藏方法:密封,置阴凉干燥处

注意事项:本品不能代替药物;请将此品放在儿童不能触及的地方

(二) ×× 牌珍珠茯苓胶囊

保健功能:改善睡眠

功效成分 / 标志性成分含量:每 100g 含总皂苷 358mg、五味子甲素 19.8mg

主要原料:酸枣仁提取物、茯苓提取物、五味子提取物、珍珠粉、淀粉、硬脂酸镁

适宜人群:睡眠状况不佳者

不适宜人群:少年儿童、孕期及哺乳期妇女

食用方法及食用量:每日 2 次,每次 3 粒

产品规格:0.3g/ 粒

保质期:24 个月

贮藏方法:密封,置阴凉干燥处
注意事项:本品不能代替药物

第二节 辅助改善记忆功能

一、概述

大脑的主要功能之一就是学习和记忆,记忆是人脑对经历过事物的反映,而在日常生活中人们会发生记忆力下降的现象。记忆力下降可分为两种:器质性与功能性的改变。器质性的记忆力下降是由于身体某一部位器质性病变或外伤引起的;功能性的记忆力下降主要为膳食状况、营养条件、不良嗜好和压力等引起的。影响记忆力的因素有很多,如遗传、兴趣、情绪、疲惫程度、心理状态和膳食状况等。

(一) 现代记忆理论

认知和记忆是大脑最重要和基本的神经过程,现代的神经科学、心理学以及精神病学领域均对其进行了深入的研究。近代生理心理学认为,学习是指经验信息的获得和发展,记忆是经验信息的储存和提取,是两个不同而又紧密结合的神经活动。作为一项复杂的生理生化过程,记忆可以被看作为建立在条件反射基础上的大脑活动,分为瞬时记忆、短期记忆和长期记忆。从神经学来说,神经突触是实施脑功能的关键部位,具有可塑性,其传递效率的改变被认为是记忆产生的原因。神经刺激传入纤维,引发第二信使的级联激活,提高信息传递效率,这系列的改变包括原突触连结的改变以及已有蛋白的修饰,最终形成了短期记忆。当反复刺激海马或进行强直刺激时,会发生晚期的突触长时程增强(LTP),细胞内的信号传导途径被更广泛地激活,属于信息巩固的过程,从而实现短期记忆向长期记忆的转变。微弱的突触活动还可以引起长时程的突触传导抑制(LTD)。两种不同类型的突触可塑性变化可以改变突触连接的强弱,进而储存大量的信息,构成学习以及记忆的基础。

(二) 学习记忆障碍产生的原因

引发学习记忆障碍的原因很多,机制也较复杂,其变化的理化指标主要有以下几方面:①中枢胆碱能神经系统,胆碱乙酰转移酶、乙酰胆碱酯酶为重要指标;②主要包括去甲肾上腺素、多巴胺和5-羟色胺的神经递质;③谷氨酸、γ-氨基丁酸等氨基酸类神经递质;④神经生长因子对中枢胆碱能神经细胞具选择性营养作用;⑤突触数量、突触面结构、突触体膜流动性、突触可塑性的变化均可观察到记忆的变化;⑥Ca^{2+}是控制神经可塑性的重要因素。

(三) 改善记忆功能的途径

大脑是思维和意识的中枢,也是人体新陈代谢的重要体现。大脑的正常功能离不开营养物质的滋养和补给。营养物质或食物成分可参与神经细胞或髓鞘的构成,直接作为神经递质及其合成的前体物质,或与氧气的供应有关,如果供氧不足,就会影响大脑的思维活动。

多种营养物质或食物成分在中枢神经系统的结构和功能中发挥着极其重要作用,一些营养物质或食物成分参与5-羟色胺、去甲肾上腺素、多巴胺、乙酰胆碱等神经递质的构成、合成和释放。一些必需氨基酸是神经递质5-羟色胺的前体。一些矿物质影响大脑中核酸的合成及基因的转录,如锌的营养状况与学习记忆功能关系密切。氧化应激和炎症过程均与痴呆时信号系统及行为学缺失有关。洋葱、姜、茶叶、银杏等草本植物对衰老以及阿尔茨海默病(AD)所导致的行为功能具有改善作用。因此,可以认为,提高人体记忆力有以下途径:补充大脑必需营养物质、补充促进新陈代谢的物质、增加氧气利用率。

二、辅助改善记忆功能保健食品的常用原料

牛磺酸、银杏叶、鱼油、大豆磷脂、葡萄糖酸锌、乳酸锌、维生素 E、二十二碳六烯酸(DHA)、枸杞子、红景天、卵磷脂、钙、人参、茯苓、核桃、远志、酸枣仁、紫苏子油。

三、辅助改善记忆功能保健食品的功能学评价程序

(一)试验项目

1. 动物实验

(1) 体重;

(2) 跳台实验;

(3) 避暗实验;

(4) 穿梭箱实验;

(5) 水迷宫实验。

2. 人体试食试验

(1) 指向记忆;

(2) 联想学习;

(3) 图像自由回忆;

(4) 无意义图形再认;

(5) 人像特点联系回忆;

(6) 记忆商。

(二)试验原则

1. 动物实验和人体试食试验为必做项目。

2. 跳台实验、避暗实验、穿梭箱实验、水迷宫实验 4 项动物实验中至少应选 3 项,以保证实验结果的可靠性。

3. 正常动物与记忆障碍模型动物任选其一。

4. 动物实验应重复一次(重新饲养动物,重复所做实验)。

5. 人体试食试验统一使用临床记忆量表。

6. 在人体试食试验时,应对受试样品的食用安全性做进一步的观察。

(三)动物实验方法

1. 跳台实验　反应箱底铺有通 36V 电的铜栅,动物受到电击,其正常反应是跳上箱内绝缘的平台以避免伤害性刺激。多数动物可能再次或多次跳至铜栅上,受到电击又迅速跳回平台,如此训练 5 分钟,并记录每只鼠受到电击的次数或错误次数,以此作为学习成绩。24 小时或 48 小时重测验,此即记忆保持测验。记录受电击的动物数、第一次跳下平台的潜伏期和 3 分钟内的错误总数。停止训练 5 天后(也可以在训练后的一周、两周或其他时间点)进行记忆消退实验。若受试样品组与对照组比较,

潜伏期明显延长,错误次数或跳下平台的动物数明显少于对照组,差异有显著性,以上三项指标中任一阶段的任一项指标阳性,均可判定该项实验阳性。

注意事项:①动物在 24 小时内有其活动周期,不同时间相处于不同的觉醒水平,故每次实验应选择同一时间(上午 8~12 点或下午 1~4 点),前后 2 天的实验要在同一时间内完成。②实验应在隔音,光强度和温、湿度适宜且保持一致的行为实验室进行。③推荐使用纯系动物,实验前数天将动物移至实验室以适应周围环境。④实验者必须每天与实验动物接触,如喂水、喂食和抚摸动物。⑤减少非特异性干扰,如情绪、注意、动机、觉醒、运动活动水平、应激和内分泌等因素。⑥考虑动物种属差异。

2. 避暗法　利用小鼠嗜暗的习性设计一个装置,一半是暗室,一半是明室,中间有一小洞相连。暗室底部铺有通电的铜栅,并与一计时器相连,计时器可自动记录潜伏期的时间。小鼠进入暗室即受到电击,计时自动停止。实验注意事项同跳台实验。若受试样品组小鼠进入暗室的潜伏期明显长于对照组,5 分钟内进入暗室的错误次数或 5 分钟内进入暗室的动物数少于对照组,且差异有显著性,以上三项指标中任一阶段的任一项指标阳性,均可判定该项实验阳性。

3. 穿梭箱实验(双向回避实验)　利用条件反射原理,采用大鼠穿梭箱装置,实验注意事项同跳台实验。若实验组主动和 / 或被动回避时间明显短于对照组,差异有显著性,可判定为该指标阳性。

4. 水迷宫实验　动物都有一种“探索”和“更替”倾向,当离开一个臂时,总是跑向“久”未跑过的“新”臂。小鼠不愿在水中,因而寻找能爬出水面的阶梯,训练后,小鼠能记住找到阶梯的路线。试验组与对照组比,试验组到达终点所用的时间或到达终点前的错误次数明显少于对照组,或 2 分钟内到达终点的动物数明显多于对照组,且经统计学检验差异有显著性。其中任一项指标为阳性,可判为该项实验阳性。

实验注意事项:
(1) 训练时在目标区(终点)停留的时间不能太短,否则失去强化效果。
(2) 每天训练结束后,要对实验箱进行清洗,以清除动物留下的气味。
(3) 实验前可对动物进行初筛,经训练后,2 分钟内仍不能游至终点者淘汰。
(4) 其余同跳台实验。

记忆测试指标见表 14-1。

表 14-1　记忆测试指标一览表

	测试项目	评价指标	仪器
被动回避	跳台实验	被动回避时间、错误次数和动物出现错误反应百分率	跳台仪
	避暗实验	被动回避时间、错误次数和动物出现错误反应百分率	避暗仪
主动回避	单向回避实验	达标所需的训练次数	穿梭箱
	双向回避实验	回避时间和回避率	穿梭箱
迷宫试验	水迷宫实验	到达安全台的时间和达标所需的训练次数、动物出现错误反应的动物百分率	水迷宫自动记录仪

248

5. 结果判定 跳台实验、避暗实验、穿梭箱实验、水迷宫实验四项实验中任二项实验结果阳性。且重复实验结果一致（所重复的同一项实验两次结果均为阳性），可以判定该受试样品辅助改善记忆功能动物实验结果阳性。

（四）人体试食试验

1. 改善记忆的保健食品人体试食试验的一般原则

（1）受试者应本着自觉自愿的原则。

（2）应以保障受试者的健康为前提。

受试样品必须有其来源、组成、加工工艺和卫生条件的详细说明，必须先经毒理学安全性评价，证明安全无毒，也不存在任何潜在的危险因素；经动物功效实验已证明有效，或者虽然动物实验无效，但有大量背景资料证明确有改善人体记忆的作用，在此基础上，才能进行人体试食试验。

（3）主试人员必须经过专门的培训，取得结业证书后方可进行该项试验。

2. 选择受试者的原则

（1）从比较集中、各方面影响因素大致相同的群体中挑选受试者，比如学校、部队或其他群体。

（2）文化程度基本一致。

（3）属同一年龄组，如不在同一年龄组，则应对量表分进行校正。

（4）未接受过类似测试。

（5）排除短期内服用与受试功能有关的物品，影响到对结果的判断。

3. 试验设计和分组

（1）试验原则：对照、双盲、随机。

（2）对照：记忆测试是一种心理测试，易受迁移学习和心理暗示的影响，第二次测验的记忆商一般比第一次高，有时对照组前后两次测试的记忆商差异有显著性，因此，不能仅以服样前后自身比较的结果下结论，必须设置平行对照。

（3）双盲：对照组必须服用安慰剂（不含有效成分，但其剂型、色泽、外观、口感、包装等均与受试样品相同），以消除心理暗示的影响；主试者在施测时不知道谁服样品，谁服安慰剂，以消除主试者主观偏向的影响，保证测试结果客观可靠。

（4）同一受试者前后两次测试由同一主试者进行。

（5）施测顺序一般是先听觉测验后视觉测验。具体测验顺序是：①指向记忆；②联想学习；③无意义图形再认；④图像自由回忆；⑤人像特点联系回忆。

（6）分组方法：服样前对受试者进行第一次记忆商测试后，然后按记忆商随机分为试食组和对照组，尽可能考虑影响结果的主要因素如文化水平、年龄等，进行均衡性检验，以保证组间可比性。每组受试者不少于 50 例。

（7）受试样品的剂量和使用方法：试食组按样品的推荐剂量和方法服用受试样品，对照组服用安慰剂。受试样品给予时间 30 天，必要时可延长至 45 天。

4. 观察指标

（1）安全性指标

1）一般状况包括精神、睡眠、饮食、大小便、心率等（儿童只要求进行心肺听诊、肝脾触诊等一般体格检查）。

2）血、尿常规检查。

3) 肝、肾功能检查(儿童受试者不测定此项)。

4) 胸透、心电图、腹部 B 超检查(成人受试者测定此项且仅试验前检查一次)。

(2) 功效指标:使用临床记忆量表。用测试后的各分测验原始分查量表分,各分测验量表分相加得总量表分,用总量表分查记忆商。包括指向记忆量表分、联想学习量表分、图像自由回忆量表分、无意义图形再认量表分、人像特点联系回忆量表分、记忆商。

5. 结果判定　在试验前两组记忆商均衡的前提下,试食后试食组的记忆商高于对照组,且差异有显著性,同时试食组试验后的记忆商高于其试验前的记忆商,且差异有显著性,可以判定该受试样品具有辅助改善记忆的功能。

6. 注意事项

(1) 心理测验必须由受过训练的人员进行,否则影响试验结果。

(2) 测试应当在一个安静的房间内进行。除受试者和主试者外,尽量避免有其他人在场。

(3) 本量表内有三项和视觉有关的分测验,室内光线必须保证能看得清楚刺激图片。尽量排除因听力或视力不佳而影响记忆成绩。

(4) 必须注意受试者受测时的精神状态,测验需在受试者情绪正常、不反对接受测试、注意力比较集中的情况下进行。受试者是否疲倦,注意力是否集中,是否配合、对测试是否紧张,是否有信心等均需记录在记录纸的首页上。

(5) 同一受试者的测试要求一次做完。在用年龄量表分比较分测验成绩时,必须注意不同分测验是否在相同的精神状态下进行的。

(6) 填写记录必须认真,字迹清楚。填写时注意以下几点:①首页必须逐项填写,即受试者的姓名、性别和年龄,以及检查日期和时间。②填写文化程度和职业作为了解受试者接受测验的背景材料。③填写健康状况或诊断,前一夜睡眠情况或当时疲倦与否。④对表明当时精神状况的各项,如配合程度、注意力、紧张状态、信心等也要填写清楚。⑤除记录受试者记忆回答的正误外,应当记下错误回答的具体内容,以备分析研究用。⑥是否应用记忆方法以及使用什么方法对记忆研究是有益的。在用此量表进行研究时应当记录此项。⑦各项分测验成绩的原始分记入首页总结表中,要先经复查,复查无误方可填入原始分项内。

四、实例

目前国家食品药品监督管理总局批准了保健功能为改善记忆的国产保健食品272 个、进口保健食品 2 个。

(一) ×× 牌远志熟地胶囊

保健功能:改善记忆

功效成分 / 标志性成分含量:每 100g 含粗多糖 0.41g、总皂苷 1.17g

主要原料:生牡蛎、山萸肉、熟地黄、茯苓、五味子、远志

适宜人群:需改善记忆者

不适宜人群:少年儿童

食用方法及食用量:每日 3 次,每次 4 粒;温开水送服

产品规格:0.3g/ 粒

保质期:24 个月

贮藏方法:置阴凉干燥处

注意事项:本品不能代替药物

(二) ×× 牌佳力片

保健功能:辅助改善记忆

功效成分 / 标志性成分含量:每 100g 含总黄酮 2.2g、DHA 0.48g、茶多酚 3.0g、锌 300mg

主要原料:绿茶提取物、银杏叶提取物、大豆粉末磷脂、红景天提取物、DHA 油微囊、葡萄糖酸锌、叶酸、乳糖、滑石粉、木糖醇、羧甲基纤维素钠、硬脂酸镁

适宜人群:需要改善记忆的成人

不适宜人群:无

食用方法及食用量:每日 2 次,每次 3 片

产品规格:0.5g/ 片

保质期:24 个月

贮藏方法:密封,置于干燥通风处,避免阳光直射

注意事项:本品不能代替药物;本品添加了营养素,与同类营养素同时食用不宜超过推荐量

第三节　缓解视疲劳功能

一、概述

眼睛是人体掌管视觉的感觉器官,它的构造复杂,功能敏锐,是人体中最重要的器官之一。眼睛之所以能看到外界的物体,是外界光线通过眼球的角膜、房水、晶状体和玻璃体四部分的透明间质,折射成像在视网膜上,使视网膜上的视锥细胞和视杆细胞这两种感光细胞发生一系列化学变化,包括是感光细胞中的视紫红质转变成光视紫红质,再转变成高视紫红质等一系列变化,将光能转变为电能,引发神经冲动,最后经视神经传至大脑皮层视区而产生视觉。

(一) 视力及影响视力的主要因素

视力是机体通过眼睛对电子跃迁而吸收不同波长的光所感知的形象、颜色和运动的能力。在医学上,是指分辨两点之间最小距离的能力,即对物体形象的精细辨别能力,称为视力。影响视力的主要因素有:①屈光不正,包括远视、近视、散光;②晶状体浑浊,发生白内障;③角膜和玻璃体的浑浊;④各种视神经失常,包括视神经萎缩、视神经炎、急慢性青光眼等;⑤眼球内出血;⑥视网膜动脉硬化和视网膜脱落;⑦眼睛过度疲劳所导致的视力减退等。

(二) 视疲劳产生的原因

视疲劳是目前眼科常见的一种疾病,是眼或全身器质性因素与精神(心理)因素相互交织的综合征,是一组表现为用眼后出现视觉障碍、眼部不适及全身症状以致不能正常进行视作业的症候群,因此,在临床上又常称为眼疲劳综合征。具体表现症状为眼部干涩、酸胀、视觉重影,以及间歇性视觉模糊,严重时会产生恶心、呕吐、眩晕、

251

头痛、颈部肌肉紧张、肩部酸痛等全身症状,直接影响人们的工作与生活。轻度的视疲劳往往得不到人们的重视,导致视疲劳症状加重,长期反复出现视疲劳可能会引发多种眼部疾病,如干眼症、屈光不正、VDT(visual display terminal)视疲劳综合征、电脑视觉综合征等。近年来,随着视屏终端设备和 3D 立体影像的普及和现代社会工作生活节奏的加快,视疲劳人群的范围也在不断扩大。

现代营养学和医学研究认为导致视疲劳产生的原因主要有:①自由基学说:眼球长时间处于搜索注视状态,眼外肌和睫状肌代谢增加,造成代谢废物(包括氧自由基)产生积累增加,从而造成肌细胞结构损伤和功能下降,已有研究表明自由基可导致和加剧多种视网膜疾病;②视细胞营养物质损耗学说:视细胞消耗过度,而所需营养物质供应不及时,造成黄斑及视网膜恢复时间延长。视细胞中营养物质主要包括叶黄素、维生素 A、多不饱和脂肪酸、维生素 B_1、维生素 B_2、微量矿物质元素等;③视网膜损伤学说:可见光在视网膜上的聚焦,产生高氧压、高聚光,易发生脂质过氧化反应而其产物吞噬视网膜色素上皮细胞导致其视网膜受损;④视网膜细胞衰老学说:视网膜色素上皮细胞衰老,导致眼睛老化,进而引发与年龄相关性眼病,如黄斑色素光学密度降低等。

(三) 视疲劳的检查和治疗方法

视疲劳的检查方法,主要是对眼部进行综合检查:①测眼压以排除青光眼;②测泪液分泌情况以除外干眼症;③查屈光以纠正轻微的屈光不正;④查旧镜以排除不合适的眼镜所造成的肌肉功能紊乱;⑤用 SD-1 型视度仪测量视疲劳;⑥全面的眼肌检查,包括隐斜、调节、辐辏、同视功能和融合力的测定,并注意检查眼外肌是否平衡。

由于产生视疲劳的原因复杂多样,是眼或全身器质性因素与精神心理因素以及环境卫生相互交织形成的结果,针对视疲劳综合征的不同原因,各种治疗方法如下:①手术方法:内直肌截除术、外直肌后徙术;②眼外肌训练:包括同视肌训练、辐辏训练、正位视训练、调节训练等;③颈交感神经节定位或颅内动脉鞘定位注射:行利多卡因、地塞米松、维生素 B_1、ATP 等注射;④针刺、耳穴贴压;⑤利用中医的整体观念和辨证施治,也可采用专方专法,均能取得良好疗效;⑥黄色薄本:黄色属单一光谱,使用黄色本阅读,进入眼内的光量子少,耗能少,可减少视觉中枢的疲劳;⑦心理咨询:对患者进行心理疏导工作,通过交谈取得患者的依赖和合作,促进自我调控能力。如有条件可建议改变生活和工作环境,以利于视疲劳的恢复;⑧使用各种理疗仪器、保健品和照明灯设备等。

(四) 各类营养素在保护视力和缓解视疲劳中的作用

1. 维生素类　维生素 A,负责暗光下视力和明暗变换视力的重要营养素,也是视色素的主要成分,对维持正常的视觉有着重要的作用。维生素 A 缺乏,可引起夜盲、干眼病及角膜软化症。表现为在较暗光线下视物不清、眼睛干涩、易疲劳等。

维生素 B_1,是维持并参与视神经等细胞功能和代谢的重要物质,缺乏时可导致视神经和眼球干涩,引起视疲劳,从而影响视神经导致视力减退。

维生素 B_2,是保证眼睑、视网膜和角膜的正常代谢,缺乏维生素 B_2,眼睛会怕光,流泪,容易疲劳,视力逐渐减退。

维生素 C,是眼球晶状体的重要营养物质,能减弱光线对晶状体的损害,可延缓眼球功能的衰老,缺乏时可致晶状体浑浊,眼睛疲劳,视力下降,进而导致白内障等眼病。

维生素 E,可延缓眼球功能的衰老,增加视神经的营养能力,预防老年性眼病的发生。

2. 矿物质类 锌,锌是人体必需的微量元素,能增强视神经的敏感度,是视网膜组织细胞中视黄醇还原酶的组成成分,缺乏时会影响视网膜上视锥细胞的辨色能力,还会影响维生素 A 对视素质的合成和代谢。

钙,视神经的反应有赖于钙的参与,以促进神经的传递。当视神经缺钙时,容易引起视疲劳,注意力不集中等情况。

硒,可参与眼球肌肉、瞳孔的活动,是维持视力的一种重要元素,缺硒可导致弱视。

铬,当人体缺铬时,可影响胰岛素调节功能,会使血糖升高,造成眼球晶状体房水渗透压上升,屈光度增加而导致近视。

铜和钼,是组成眼睛虹膜的重要营养成分,而瞳孔活动的灵敏程度与虹膜密切相关。

3. 其他营养素 叶黄素是眼球内最重要的感光物质和抗氧化、抗自由基的重要因素。只要眼睛对着亮光,视网膜上的叶黄素就在不断消耗,一旦叶黄素耗竭,眼睛的损害不可避免。现代医学和营养学研究证实,叶黄素是改善老花眼、白内障、飞蚊症、视网膜黄斑病变等症的有效因子,补充叶黄素可以改善视觉功能,有效缓解视疲劳。

二、缓解视疲劳功能保健食品的常用原料

白芍、白芷、党参、决明子、葛根、枸杞子、黑芝麻、β- 胡萝卜素、菊花、L- 乳酸锌、桑叶、沙棘、菟丝子、维生素 A、花青素类、蓝莓、硫酸软骨素、玉米黄质、绿原酸、花色苷、茶多酚、丹酚酸、花青苷、葛根素、总黄酮、总皂苷、牛磺酸、锌、硒、钙、番茄红素、α- 胡萝卜素。

三、缓解视疲劳功能保健食品的功能学评价程序

(一)人体试食试验项目

1. 分别于试食前后进行眼部症状及眼底检查,血、尿常规检查,肝、肾功能检查,症状询问、用眼情况调查;于试验前进行一次胸透、心电图、腹部 B 超检查。

2. 明视持久度

3. 视力

(二)试验原则

1. 受试样品试食时间为 60 天。

2. 所列指标均为必做项目。

3. 在进行人体试食试验时,应对受试样品的食用安全性作进一步的观察。

(三)人体试食试验方法

1. 受试者纳入标准

(1) 18~65 岁的成人。

(2) 长期用眼,视力易疲劳者。

2. 受试者排除标准

(1) 患有感染性、外伤性眼部疾患者。进行眼部手术不足 3 个月者。

(2) 患有角膜、晶体、玻璃体、眼底病变等内外眼疾患者。

(3) 患有心血管、脑血管、肝、肾、造血系统等疾病者。

(4) 妊娠或哺乳期妇女、过敏体质患者。

(5) 短期内服用与受试功能有关的物品,影响到对结果的判定者。

(6) 长期服用有关治疗视力的药物,保健品或使用其他治疗方法未能终止者。

(7) 不符合纳入标准,未按规定食用受试物者,或资料不全等影响功效或安全性判断者。

3. 试验设计及分组要求　采用自身和组间两种对照设计。根据随机、双盲的要求进行分组,分组时根据症状及视力检查情况,使试食组和对照组的症状及视力水平均衡。同时要考虑年龄、性别等因素,使两组具有可比性。试食试验结束时每组受试者人数不少于 50 例。

4. 受试物的剂量和使用方法　试食组按推荐方法和推荐量服用受试物,对照组服用安慰剂。受试物服用时间为连续 60 天。

5. 观察指标

(1) 安全性指标

1) 血、尿常规检查,体格检查。

2) 肝、肾功能检查。

3) 胸透或 X 光片、心电图、腹部 B 超检查(于试食前检查一次)。

(2) 功效性指标:于试食开始及结束时检查。

1) 问卷调查:症状询问、用眼情况。

2) 眼科检查:包括眼底检查、视力检查(近视、远视、散光等)。

3) 明视持久度。

6. 功效判定标准

(1) 症状改善有效率:眼酸痛、眼胀、畏光、视物模糊、眼干涩、异物感、流泪,全身不适 8 种症状中有 3 种改善,且其他症状无恶化即判定症状改善。计算两组症状改善例数和两组症状改善有效率。症状改善有效率(%)计算方法为症状改善例数 / 试食例数 ×100。将两组症状改善有效率进行统计学检验。

(2) 症状平均积分:计算每位试食者试食前后的症状积分,分别计算两组的平均积分值,并进行统计学检验。(表 14-2)

表 14-2　视疲劳症状判定方法(半定量积分法)

症状 / 积分	0	1分	2分	3分
眼胀	无	偶感眼胀	时有眼胀,休息后好转	经常眼胀,休息后改善
眼酸痛	无	偶感隐痛	时有眼痛	经常眼痛
畏光	无	偶有畏光	时有畏光	经常畏光
视物模糊	无	偶有模糊	时有模糊,休息后缓解	经常模糊,休息后改善

续表

症状 / 积分	0	1分	2分	3分
眼干涩	无	偶有干涩	时有干涩	经常干涩
异物感	无	偶有异物感	时有异物感	经常异物感
流泪	无	偶有流泪	时有流泪	经常流泪
与视疲劳相关的全身不适	无	偶有全身不适	时有全身不适	经常全身不适

注:"偶感"是指 1-2 次 /2 天;"时有"是指 1-3 次 / 天;"经常"是指 >3 次 / 天

(3) 视力改善率:以试食后较试食前提高两行为改善,统计两组服用受试物后的视力改善率作为参考指标。参考指标不作为对缓解视疲劳功能是否有效的判定标准。

(4) 明视持久度:当人大脑皮质兴奋性降低时,视觉分析功能下降,眼睛注视对象物的过程中,不能明视的时间增加,能明视的时间减少。这种明视时间对注视时间的百分比称为明视持久度,它是综合反映视功能和心理功能的一种指标。

明视持久度的测定方法如下:

在检查表上绘制"品"字形立体方块图,方块每边长 1cm,局部照明 100~150lx(可使用专门制作的灯箱)。测定时,检查表与眼睛的距离应按照受试者视物习惯保持在适当距离不动,规定受试者看到"品"字图像视为明视,倒"品"字时为不明视。测定时间为 3 分钟。

检查时让受试者手持能断续计时的秒表,检查者发出开始的口令后,受试者立即注视方块中的图案(或打开灯箱开关),同时开动手中的秒表计时。在注视过程中看到倒"品"字时立即按下秒表的暂停开关;看到又呈"品"字图像时再开动秒表,如此反复进行。测定到规定时间 3 分钟结束时受试者听到检查者的口令立即停止秒表,这段时间内秒表走过的读数就是受试者看成"品"字图像的总时间,即明视时间。(图 14-1)

明视持久度 =(明视时间 / 注视总时间)× 100%

测定时应注意场地和照明,还与受试者受试前的用眼程度有关,实验前应注意。

试食组自身比较或试食组与对照组组间比较,明视持久度差异有显著性($P<0.05$),且平均明视持久度提高大于等于 10% 为有效。

7. 数据处理和统计分析　计量资料可用 t 检验进行分析。自身对照采用配对 t 检验,两组均数比较采用成组 t 检验。对非正态分布或方差不齐的数据进行适当的变量转换,待满足正态方差齐后,用转换的数据

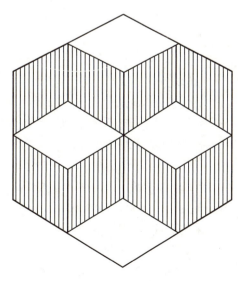

图 14-1　明视持久度测定用"品"字图

进行 t 检验;若转换数据仍不能满足正态方差齐要求,改用 t' 检验或秩和检验。在试食前组间比较差异无显著性的前提下,可进行试验后组间比较。

计数资料可用 χ^2 检验。四格表总例数小于 40,或总例数等于或大于 40 但出现理论频数等于或小于 1 时,应改用确切概率法。

8. 结果判定

(1) 试食组自身比较或试食组与对照组组间比较,症状改善有效率或症状总积分差异有显著性($P<0.05$)。

(2) 试食组自身比较或试食组与对照组组间比较,明视持久度差异有显著性($P<0.05$),且平均明视持久度提高大于等于 10%。

具备上述条件且视力改善率不明显降低,可判定该受试物具有有助于缓解视疲劳功能的作用。

四、实例

目前国家食品药品监督管理总局批准了保健功能为缓解视疲劳的国产保健食品 136 个、进口保健食品 5 个。

(一) ×× 牌叶黄素越橘软胶囊

保健功能:缓解视疲劳

功效成分 / 标志性成分含量:每 100g 含叶黄素 0.28g、花色苷 1.85g

主要原料:叶黄素、菊花提取物、越橘提取物、枸杞子提取物、β- 胡萝卜素、玉米油、蜂蜡、明胶、甘油、二氧化钛、胭脂红、水

适宜人群:视力易疲劳者

不适宜人群:少年儿童

食用方法及食用量:每日 2 次,每次 2 粒

产品规格:0.7g/ 粒

保质期:24 个月

贮藏方法:密封,置阴凉干燥处

注意事项:本品不能代替药物;本品添加了营养素,与同类营养素同时食用不宜超过推荐量

(二) ×× 牌正点胶囊

保健功能:缓解视疲劳

功效成分 / 标志性成分含量:每 100g 含总黄酮 166mg、粗多糖 819mg

主要原料:枸杞子、菊花、熟地黄、山茱萸、白芍、葛根、淀粉

适宜人群:视力易疲劳者

不适宜人群:婴幼儿、孕妇、乳母

食用方法及食用量:每日 2 次,每次 4 粒,口服

产品规格:400mg/ 粒

保质期:24 个月

贮藏方法:密封、置阴凉干燥处

注意事项:本品不能代替药物

学习小结

1. 学习内容

第十四章	改善睡眠功能	睡眠的节律、睡眠与中枢神经及其递质的关系、睡眠障碍的原因
		可用于保健食品中的具有改善睡眠功能的部分物质
		改善睡眠功能的评价方法
	辅助改善记忆功能	现代记忆理论、学习记忆障碍产生的原因、改善记忆功能的途径
		可用于保健食品中的具有辅助改善记忆功能的部分物质
		辅助改善记忆功能的评价方法
	缓解视疲劳功能	视力及影响视力的主要因素、产生视疲劳的原因、视疲劳的检查和治疗方法
		各类营养素在保护视力和缓解视疲劳中的作用、具有缓解视疲劳功能的部分物质
		缓解视疲劳功能的评价方法

2. 学习方法

本章学习首先要了解睡眠障碍、记忆障碍、视疲劳产生的原因及熟悉具有改善睡眠功能、辅助改善记忆功能、缓解视疲劳功能的物质,在此基础上重点掌握改善睡眠功能、辅助改善记忆功能、缓解视疲劳功能的评价方法。

复习思考题

1. 试述改善睡眠功能、辅助改善记忆功能、缓解视疲劳功能的评价方法。
2. 试述具有改善睡眠功能、辅助改善记忆功能、缓解视疲劳功能的物质。

笔记

257

第十五章

调节肠道菌群、促进消化、通便、对胃黏膜损伤有辅助保护功能

学习目的

通过本章的学习,掌握调节肠道菌群功能、促进消化功能、通便功能、对胃黏膜损伤有辅助保护功能的评价方法,熟悉相应的功能性物质,了解这些功能所针对症状的产生原因,了解研发这些保健食品的思路。

学习要点

调节肠道菌群功能的评价方法、具有调节肠道菌群功能的部分物质;促消化功能的评价方法、具有促消化功能的部分物质;通便功能的评价方法、具有通便功能的部分物质;对胃黏膜损伤有辅助保护功能的评价方法、具有对胃黏膜损伤有辅助保护功能的部分物质。

第一节　调节肠道菌群功能

一、概述

人类肠道是一个多元化和充满活力的微生态系统,它的结构和功能成为目前生命科学和医学的研究热点。人类肠道拥有 1000 万亿近 5600 种细菌,在这个空间中它们与人类相互作用,对人类健康产生了巨大影响,其中有积极的作用,同时又伴随着潜在的威胁。

这些数目庞大的细菌大致可以分为三大类:有益菌、有害菌和中性菌。有益菌,也称之为益生菌,主要是各种双歧杆菌、乳酸杆菌等,是人体健康不可缺少的要素,可以合成各种维生素,延缓衰老、减低胆固醇、抑制有害细菌、抗过敏、提高机体免疫力等等。有害菌,数量一旦失控大量生长,产生有害物质,就会引发多种疾病,或者影响免疫系统的功能。中性菌,即具有双重作用的细菌,如大肠杆菌、肠球菌等,在正常情况下对健康有益,一旦增殖失控,或从肠道转移到身体其他部位,就可能引发疾病。

正常情况下,肠道各菌种与宿主相互依存、相互制约,维持一种动态的生态平衡,一旦受到宿主及外环境变化的影响,平衡状态就会被打破,形成破坏生理性组合、生

成病理性组合,从而造成肠道菌群失调。而凡是能促进益生菌生长,抑制有害菌繁殖的物质,则都可起到调节肠道菌群的作用。

二、调节肠道菌群功能保健食品的常用原料

低聚果糖,低聚甘露糖,低聚异麦芽糖,大豆低聚糖,聚葡萄糖,乳酸菌,嗜热链球菌,食用酵母,双歧杆菌,砂仁,山楂,决明子,绿茶,麦芽,香菇,栀子,番泻叶,姜,水苏糖,小麦麸纤维,茁霉多糖,转半乳糖苷低聚糖,阿拉伯胶,半乳糖甘露聚糖,赤藓糖醇,大豆低聚肽,大豆膳食纤维,大豆异黄酮,低聚半乳糖,低聚菊糖,低聚龙胆糖,低聚麦芽糖,低聚乳果糖,低聚糖类,低聚异麦芽酮糖,瓜尔豆胶,决明子胶,角豆胶,菊粉,抗性淀粉,壳聚糖,蓝藻,罗望子胶,米糠半纤维素,木糖醇,魔芋精粉,棉子糖,凝结多糖,啤酒酵母细胞壁,牛初乳,溶菌酶,乳糖醇,乳铁蛋白,益生菌类。

三、调节肠道菌群功能保健食品的功能学评价程序

根据《保健食品检验与评价技术规范(2003 年版)》公布的实验项目、实验原则和结果判定,规定如下:

(一)试验项目

1. 动物实验　观察指标有体重、双歧杆菌、乳杆菌、肠球菌、肠杆菌、产气荚膜梭菌。

(1)实验原理:双歧杆菌、乳杆菌、肠球菌、产气荚膜梭菌和肠杆菌是人类和动物肠道中主要菌群。双歧杆菌和乳杆菌可发酵肠道内容物产生乙酸和乳酸,使肠道内的 pH 值降低,抑制有害菌生长。计数粪便中上述细菌含量,可判定肠道菌群的变化情况。

(2)实验动物:推荐甲近交系小鼠,18~22g,单一性别,每组 10~15 只。

(3)剂量分组及受试样品给予时间:实验设三个剂量组和一个阴性对照组,以人体推荐量的 10 倍为其中的一个剂量组,另设二个剂量组,必要时设阳性对照组。受试样品给予时间 14 天,必要时可以延长至 30 天。

(4)实验方法:在给予受试样品之前,无菌采取小鼠粪便 0.1g,10 倍系列稀释,选择合适的稀释度分别接种在各自选择性培养基上。培养后,以菌落形态、革兰染色镜检、生化反应等鉴定、计数菌落,计算出每克湿便中的菌数,取对数后进行统计处理。最后一次给予受试样品之后 24 小时,与实验前同样方式取直肠粪便,检测肠道菌群,方法同上。

2. 人体试食试验

(1)受试者纳入标准

1)一个月内未患过胃肠疾病者。

2)一个月内未服用过抗生素者。

(2)受试者排除标准

1)年龄在 65 岁以上者,妊娠或哺乳期妇女,过敏体质及对本保健食品过敏者。

2)合并有心血管、脑血管、肝、肾和造血系统等严重疾病及内分泌疾病、精神病患者。

3)停服受试样品或中途加服其他药物,无法判断功效或资料不全者。

4）短期内服用与受试功能有关的物品，影响到对结果的判断者。

（3）试验设计及分组：采用自身和组间两种对照设计。按受试者的菌群状况随机分为试食和对照组，尽可能考虑影响结果的主要因素如年龄、性别、饮食因素等，进行均衡性检验，以保证组间的可比性。每组受试者不少于 50 例。

（4）受试样品的剂量和使用方法：试食组按推荐服用方法、服用剂量服用受试产品，对照组可服用安慰剂或采用空白对照。受试样品给予时间为 14 天，必要时可以延长至 30 天。试验期间不改变原来的饮食习惯，正常饮食。

（5）试验方法：在给予受试样品之前，无菌采取受试者粪便 1.0g，10 倍系列稀释，选择合适的稀释度分别接种在各自的选择性培养基上。培养后，以菌落形态、革兰染色镜检、生化反应等鉴定计数菌落，计算出每克湿便中的菌数，取对数后进行统计处理。最后一次给予受试样品之后 24 小时，再次检测，方法同上。

（6）观察指标

1）安全性指标：在试验前、后各测定一次。包括①一般状况（包括精神、睡眠、饮食、大小便、血压等）；②血、尿、便常规检查；③肝、肾功能检查（仅在试验开始前检查一次）；④胸部 X 线（胸片）、心电图、腹部 B 超（肝、胆、肾、胰）检查（此类指标仅在试验前检测一次）。

2）功效性指标：双歧杆菌、乳杆菌、肠球菌、肠杆菌、拟杆菌、产气荚膜梭菌。

（二）试验原则

1. 动物实验和人体试食试验所列指标均为必做项目。

2. 正常动物或肠道菌群紊乱模型动物任选其一。

3. 受试样品中含双歧杆菌、乳杆菌以外的其他益生菌时，应在动物和人体试验中加测该益生菌。

4. 在进行人体试食试验时，应对受试样品的食用安全性作进一步的观察。

（三）调节肠道菌群功能结果判定

1. 动物实验　符合以下任一项，可判定该受试样品调节肠道菌群功能动物实验结果阳性。

（1）双歧杆菌和（或）乳杆菌（或其他益生菌）明显增加，产气荚膜梭菌减少或无明显变化、肠球菌、肠杆菌无明显变化。

（2）双歧杆菌和（或）乳杆菌（或其他益生菌）明显增加，产气荚膜梭菌减少或无明显变化、肠球菌和 / 或肠杆菌明显增加，但增加的幅度低于双歧杆菌、乳杆菌（或其他益生菌）增加的幅度。

2. 人体试食试验　符合以下任一项，可判定该受试样品具有调节肠道菌群功能的作用。

（1）双歧杆菌和（或）乳杆菌（或其他益生菌）明显增加，产气荚膜梭菌减少或无明显变化、肠球菌、肠杆菌、拟杆菌无明显变化。

（2）双歧杆菌和（或）乳杆菌（或其他益生菌）明显增加，产气荚膜梭菌减少或无明显变化、肠球菌和 / 或肠杆菌、拟杆菌明显增加，但增加的幅度低于双歧杆菌、乳杆菌（或其他益生菌）增加的幅度。

四、实例

目前国家食品药品监督管理总局批准了保健功能为调节肠道菌群的国产保健食品 113 个、进口保健食品 2 个。

(一) ×× 牌益生菌粉

保健功能:调节肠道菌群

功效成分 / 标志性成分含量:每 100g 含:乳杆菌数 3.8×10^{10}cfu、双歧杆菌数 1.9×10^{10}cfu、嗜热链球菌数 5.4×10^{10}cfu

主要原料:菊粉、异麦芽酮糖醇、葡萄糖、草莓果粉、复合益生菌粉(嗜酸乳杆菌、干酪乳杆菌干酪亚种、两歧双歧杆菌、乳双歧杆菌、嗜热链球菌)、草莓香精、二氧化硅、硬脂酸镁

适宜人群:肠道功能紊乱的成人

不适宜人群:少年儿童、孕妇、乳母

食用方法及食用量:每日 1 次,每次 1 袋,倒入温水(40℃以下)中冲饮或直接食用,建议餐后食用,避免空腹食用

产品规格:2g/ 袋

保质期:15 个月

贮藏方法:温度低于 25℃,阴凉干燥处,冷藏更佳

注意事项:本品不能代替药物

(二) ×× 牌参芝胶囊

保健功能:增强免疫力、调节肠道菌群

功效成分 / 标志性成分含量:每 100g 含总皂苷 2.38g、低聚木糖 30.6g

主要原料:西洋参提取物、灵芝提取物、低聚木糖

适宜人群:免疫力低下者、肠道功能紊乱者

不适宜人群:少年儿童

食用方法及食用量:每日 3 次,每次 3 粒

产品规格:0.39g/ 粒

保质期:24 个月

贮藏方法:密封、避光、置阴凉干燥处

注意事项:本品不能代替药物

第二节　促进消化功能

一、概述

消化是机体通过消化管的运动和消化腺分泌物的酶解作用,使大块的、分子结构复杂的食物,分解为能被吸收的、分子结构简单的小分子化学物质的过程。消化有利于营养物质通过消化管黏膜上皮细胞进入血液和淋巴——吸收,从而为机体的生命活动提供能量。消化过程包括机械性消化和化学性消化,前者指通过消化管壁肌肉的收缩和舒张(如口腔的咀嚼,胃、肠的蠕动等)把大块食物磨碎;后者指各种消化酶

将分子结构复杂的食物,水解为分子结构简单的营养素,如将蛋白质水解为氨基酸,脂肪水解为脂肪酸和甘油,多糖水解为葡萄糖等。胃肠道是营养物质的摄取、消化与吸收的器官,对食物的消化作用主要是依靠其运动、消化酶的分泌来完成的。如果某一保健品能对这一环节或几环节有调节作用,那它就有可能具有促进消化功能的作用。

二、促进消化功能保健食品的常用原料

白扁豆,白术(焦白术),刺梨,大枣,党参,酸枣仁,太子参,益智仁,地黄,佛手,茯苓,橘皮,莱菔子,莲子,连翘,麦芽,芡实,乳酸菌,山药,山楂,神曲,食用酵母,薏苡仁,鸡内金,丁香,黄芥子,决明子,金樱子,白豆蔻,苍术,侧柏叶,木瓜,酿造醋,青果,溶菌酶,石菖蒲,乌梅,乌药,小茴香,柚皮,鱼精蛋白,泽兰,枳壳。

三、促进消化功能保健食品的功能学评价程序

根据《保健食品检验与评价技术规范(2003年版)》公布的实验项目、实验原则和结果判定,规定如下:

(一)试验项目

1. 动物实验

(1)实验原理:胃肠道是营养物质的摄取、消化与吸收的器官,对食物的消化作用主要是依靠其运动、消化酶的分泌来完成的。如果某一保健食品能对这一环节或几环节有调节作用,那它就有可能有促进消化功能的作用。

(2)实验项目:促进消化功能动物实验包括体重、体重增重、摄食量和食物利用率实验;小肠运动实验;消化酶的测定等三部分。

(3)实验动物:根据实验项目可选用单一性别成年小鼠或大鼠。小鼠18~22g,每组10~15只,大鼠120~150g,每组8~12只。

(4)剂量分组及受试样品给予时间:实验设三个剂量组和一个阴性对照组,以人体推荐量的10倍(小鼠)或5倍(大鼠)为其中的一个剂量组,另设二个剂量组,必要时设阳性对照组和模型对照组。受试样品给予时间30天(小肠运动实验受试样品给予时间15~30天),必要时可延长至45天。

(5)实验内容

1)体重、体重增重、摄食量和食物利用率:选用同一性别的大鼠。实验开始时动物体重的差异应不超过平均体重的10%。分不同剂量实验组和阴性对照组,经口给予受试样品,每周测2次体重和食物摄入量。实验结束时计算体重、体重增重、摄食量和食物利用率。

2)小肠运动实验:选用同一性别的小鼠,分不同剂量实验组、空白对照组和模型对照组,模型对照组用复方地芬诺酯造模。可用墨汁或炭末加阿拉伯树胶作为指示剂。经口给予受试样品。实验结束前禁食不禁水16小时,于测定当天各实验组和空白及模型对照组再给予一次受试样品或蒸馏水,30分钟后各实验组和模型对照组给予复方地芬诺酯(0.025%~0.05%),空白对照组给予蒸馏水,30分钟后各组再给予指示剂,25分钟后断颈处死动物,测量小肠并计算墨汁推进率。

3)消化酶的测定:选用同一性别的大鼠,分不同剂量实验组和阴性对照组,实验

开始时动物体重的差异应不超过平均体重的 10%。经口给予受试样品,实验结束前各组动物禁食不禁水 24 小时,采用乙醚麻醉大鼠幽门结扎法收集一定时间内排出的胃液,测定单位时间内胃液量。取胃液 1ml 放入 50ml 的三角烧瓶中,加入 0.05mol/L 盐酸溶液 15ml 摇匀,放入新鲜制作的蛋白管两根。塞好瓶口,在 37℃恒温箱中孵育 24 小时,取出蛋白管,用尺测量蛋白管两端透明部分的长度(mm),以四端之值求其平均值。计算胃蛋白酶活性和胃蛋白酶排出量。

(6) 结果判定

1) 体重、体重增重、摄食量和食物利用率:实验组与阴性对照组比较,体重、体重增重、摄食量三项指标中任一指标增加,经统计处理差异有显著性,且食物利用率与阴性对照组比较不明显降低,可判定该实验结果阳性。

2) 小肠运动实验:在模型成立的前提下,实验组与模型对照组比较,墨汁推进率增加,经统计处理差异有显著性,可判定该实验结果阳性。

3) 消化酶的测定:实验组与阴性对照组比较,胃液量、胃蛋白酶活性,胃蛋白酶排出量三项指标中任一指标增加,经统计处理差异有显著性,可判定该实验结果阳性。

4) 结果判定:动物体重、体重增重、摄食量、食物利用率,小肠运动实验和消化酶测定三方面中任两方面实验结果阳性,可判定该受试样品动物实验结果阳性。

2. 人体试食试验 根据不同受试样品适应人群的区别,促进消化功能人体试食试验建立两套试食试验方案,即针对适应人群主要为儿童的儿童方案和适应人群主要为成人的成人方案。

(1) 儿童方案

1) 受试者纳入标准:受试者选择由单纯饮食不佳造成的体重在同龄平均正常体重值小于 1 个标准差以内,伴有食欲低下、食量减少、偏食等消化不良表现的 4~10 岁儿童。

2) 受试者排除标准:急、慢性腹泻者;粪便虫卵检查阳性者;合并有心血管、肝、肾和造血系统等全身性疾病者;短期内服用与受试功能有关的物品,影响到对结果判断者;未坚持服用受试样品者。

3) 试验设计及分组要求:采用自身和组间两种对照设计。按受试者体重、血红蛋白、进食量等随机分为试食组和对照组,尽可能考虑影响结果的主要因素如年龄、性别、家庭经济水平等,进行均衡性检验,以保证组间的可比性。每组受试者有效例数不少于 50 例。

4) 受试样品的剂量和使用方法:试食组按推荐服用方法、服用量服用受试产品,对照组服用安慰剂或采用空白对照。受试样品给予时间 30 天,必要时可延长至 45 天。按盲法进行试食试验。试验期间不改变原来的饮食习惯,正常饮食。

5) 观察指标:①安全性指标:一般体格检查:试验前应询问和查阅受试儿童健康卡片(如果有),了解受试儿童的睡眠、精神情况。对所有儿童进行常规体格检查;血常规:红细胞计数、白细胞计数;尿常规:比重、pH 值、白细胞;粪便常规检查;粪便虫卵检查(试食开始前检查一次)。②功效性指标:食欲:分为食欲佳,食欲可,食欲差三级;进食量:采用 3 天膳食调查法。记录试食开始前和试食结束前 3 天各受试儿童的总进食量(包括主食、副食、蔬菜和水果),以连续 3 天观察计算出 1 天平均的进食量;偏食:

分为无偏食,中等偏食,偏食三级;体重测量和血红蛋白含量的测定:测定试食前后的体重和血红蛋白变化。

6) 数据处理和结果判定:①食欲改善:食欲评价分为食欲佳(进餐时有食欲,喜欢吃饭,3 分);食欲可(进餐时能吃饭但比同龄儿童少,2 分),食欲差(进餐时不愿吃饭,比同龄儿童明显减少,1 分)三级。试食前后试食组自身比较,食欲评分明显增加,试食后试食组与对照组比较,食欲评分或其试验前后的差值增加,经统计处理差异有显著性,可判定该指标阳性;②进食量改善:试食前后试食组自身比较进食量明显增加,试食后试食组与对照组比较,进食量或其试验前后的差值增加,经统计处理差异有显著性,可判定该指标阳性;③偏食改善:偏食评价分为无偏食(进餐时不挑食,3 分),中等偏食(进餐时挑食但在劝说下能进食,2 分),偏食(进餐时挑食严重,在劝说下仍不进食,1 分)三级。试食前后试食组自身比较,偏食评分明显增加,试食后试食组与对照组比较,偏食评分或其试验前后的差值增加,经统计处理差异有显著性,可判定该指标阳性;④体重测量和血红蛋白含量的测定:试食前后试食组自身比较,体重或血红蛋白明显增加,试食后试食组与对照组比较,体重或血红蛋白明显增加,经统计处理差异有显著性,可判定体重或血红蛋白指标阳性;⑤改善儿童消化功能结果判定:食欲、进食量、偏食改善结果阳性,体重和血红蛋白二项指标中一项指标结果阳性,可判定该受试样品具有促进人体消化功能的作用。

(2) 成人方案

1) 受试者纳入标准:选择功能性消化不良,伴有长期胃肠不适,主诉食欲不振,早饱、气多,胃肠胀满,呕吐,不明原因慢性腹泻或大便秘结等自愿受试者。

2) 受试者排除标准:①急性腹泻者;②严重器质性病变引起的消化不良者;③体质虚弱无法接受试验者;④合并有心血管、肝、肾和造血系统等严重全身性疾病患者;⑤短期内服用与受试功能有关的物品,影响到对结果的判断者;⑥未按要求服用受试样品,无法判断试食结果者。

3) 试验设计及分组要求:采用自身和组间两种对照设计。按受试者的消化症状轻重随机分为试食组和对照组,尽可能考虑影响结果的主要因素如年龄、性别、病程等,进行均衡性检验,以保证组间的可比性。每组受试者有效例数不少于 50 例。

4) 受试样品的剂量和使用方法:试食组按推荐服用方法、服用量服用受试产品,对照组服用安慰剂或采用空白对照。受试样品给予时间 30 天,必要时可延长至 45 天。试验期间不改变原来的饮食习惯,正常饮食。

5) 观察指标:①安全性观察指标:在试验前、后各测定一次,包括:一般状况(包括精神、睡眠、饮食、大小便、血压等);血、尿、便常规检查;肝、肾功能检查(转氨酶、血清总蛋白、白蛋白、尿素、肌酐、血脂、血糖等);胸部 X 线(胸片)、心电图、腹部 B 超(肝、胆、肾、胰)检查(此类指标可仅在试验前检测一次);②功效性指标:临床症状观察:准确记录受试者试验前后的临床症状,按下表给予量化评分,比较试验前后症状积分的变化;胃 / 肠运动试验:所有受试者在试验前、试验结束时均进行胃 / 肠运动检查,推荐用钡条透视法(在进食的条件下检查)。

6) 结果判定:①临床症状结果判定:试食前后试食组自身比较及试食后试食组与对照组组间比较,临床症状积分明显减少,经统计处理差异有显著性,可判定该指标阳性;②胃/肠运动试验结果:试食前后试食组自身比较及试食后试食组与对照组组间比较,胃/肠运动试验指标明显改善,经统计处理差异有显著性,可判定该指标阳性;③改善成人消化功能结果判定:临床症状明显改善,胃/肠运动实验结果阳性,可判定该受试样品具有促进消化功能的作用。(表15-1)

表 15-1 临床症状积分

症状	轻(1分)	中(2分)	重(3分)
腹痛	持续时间短,不需服药	疼痛时间较长,每日超4小时,尚能忍受	疼痛较重,持续,需服药才能减轻
嗳气	间有发作	经常发作,引及两胁不适	频繁发作,引及两胁疼痛
反酸	偶有吐酸	饮食不适即吐酸	频繁吐酸
腹胀	腹胀在短时间内较甚	腹胀较甚,在较长时间内不缓解	整日腹胀
食欲	食欲较差,饭量减少1/2以内	食欲差,饭量减少1/2~1/3	无食欲,饭量减少2/3以上
腹泻或便秘	偶有腹泻或便秘	饮食不适即腹泻或便秘	频繁腹泻或便秘

(二)试验原则

1. 动物实验和人体试食试验所列指标均为必做项目。

2. 在进行人体试食试验时,应对受试样品的食用安全性作进一步的观察。根据受试样品的适用人群特点在人体试食试验方案中任选其一。

(三)结果判定

1. 动物实验 动物体重、体重增重、摄食量、食物利用率,小肠运动实验和消化酶测定三方面中任两方面实验结果阳性,可判定该受试样品促进消化功能动物实验结果阳性。

2. 人体试食试验

(1) 针对改善儿童消化功能的,食欲、进食量、偏食改善结果阳性,体重和血红蛋白两项指标中任一项指标结果阳性,可判定该受试样品具有促进消化功能的作用。

(2) 针对改善成人消化功能的,临床症状明显改善,胃/肠运动实验结果阳性,可判定该受试样品具有促进消化功能的作用。

四、实例

目前国家食品药品监督管理总局批准了保健功能为促进消化的国产保健食品95个、进口保健食品1个。

(一)××牌消食片

保健功能:促进消化

功效成分/标志性成分含量:每100g含橙皮苷22.6mg、总黄酮13.0mg

主要原料:太子参、麦芽、山楂、山药、茯苓、陈皮、蔗糖、糊精、硬脂酸镁、柠檬酸、羟丙基甲基纤维素、山楂香精

适宜人群:消化不良者

不适宜人群:无

食用方法及食用量:0.5g/片:每日 3 次,每次 6 片;0.8g/片:每日 3 次,每次 4 片,咀嚼食用

产品规格:0.5g/片;0.8g/片

保质期:24 个月

贮藏方法:置阴凉干燥处

注意事项:本品不能代替药物

(二) ×× 牌山楂陈皮咀嚼片

保健功能:促进消化

功效成分/标志性成分含量:每 100g 含有机酸 1.9g、总黄酮 300mg

主要原料:山楂、麦芽(炒)、白术(炒)、鸡内金(炒)、陈皮、木糖醇、硬脂酸镁

适宜人群:消化不良的儿童

不适宜人群:婴幼儿

食用方法及食用量:每日 2 次,每次 2 片

产品规格:0.5g/片

保质期:24 个月

贮藏方法:置于阴凉干燥处

注意事项:本品不能代替药物

第三节　通便功能

一、概述

便秘是指排便困难或费力,排便不畅,排便次数减少,粪便干结量少。调查显示,我国老年人便秘高达 15%~20%,女性多于男性,随着年龄增长,患病率明显增加。便秘的分类按有无器质性病变可分为器质性和功能性便秘,按病程或起病方式可分为急性和慢性便秘,一般认为便秘时间大于 12 周为慢性便秘。

长期的便秘,会因体内产生的有害物质不能及时排出,被吸收入血而引起腹胀、食欲减退、口内有异味(口臭)、烦躁、焦虑、失眠等症状,还会引起贫血、肛裂、痔疮、直肠溃疡,增加直肠癌的发病率。便秘本身并不会产生致命的危险,但是对于患有心脑血管疾病的老人,便秘可成为一个致命的危险因素。便秘使得排便时必须用力,因此血压升高,机体的耗氧量增加,很容易诱发脑溢血、心绞痛和心梗而危及生命。

对于器质性便秘主要针对病因治疗,也可临时使用药物治疗以缓解便秘症状。对于功能性便秘则应该注意多饮水和添加润肠通便的食物,养成良好的生活习惯及排便习惯,避免滥用泻药。通常认为凡能提高粪便持水能力的、促进肠道蠕动的物质,均能起到润肠通便的作用。

二、通便功能保健食品的常用原料

大豆磷脂,大豆纤维,大豆低聚糖,低聚半乳糖,低聚果糖,低聚木糖,低聚乳果

糖,低聚甘露糖,低聚异麦芽糖,甲壳素,聚葡萄糖,壳聚糖,水苏糖,姜黄,绞股蓝,橘皮,金银花,菊花,决明子,苦参,昆布,莱菔子,莲子,灵芝,龙眼肉,芦荟,罗布麻,绿茶,绿藻,马齿苋,麦冬,麦曲,魔芋,牡丹皮,酿造醋,地黄,丁香,杜仲,番泻叶,蜂胶,蜂蜜,防风,佛手,茯苓,甘草,葛根,枸杞子,荷叶,何首乌,核桃仁,黑芝麻,红花,红茶多酚,猴头菇,厚朴,β-胡萝卜素,花粉,黄芪,火麻仁,藿香,鸡内金,苹果纤维,葡萄糖酸锌,葡萄籽提取物,蒲公英,人参,肉桂,L-肉碱,肉苁蓉,乳酸菌,三七,桑叶,砂仁,山梨糖醇,山药,山茱萸,山楂,芍药,膳食纤维,蛇肉,嗜热链球菌,神曲,首乌藤,双歧杆菌,酸枣仁,阿胶,大黄(制),大麦苗,大枣,丹参,淡竹叶,当归,白茅根,百合,北沙参,补骨脂,西红花,车前草种皮,川芎,土茯苓,维生素C,维生素E,西洋参,夏枯草,香菇,杏仁,玄参,硒及富硒食品,燕麦麦麸,洋槐花,羊胚胎,益母草,银杏叶,薏苡仁,银耳,淫羊藿,柚皮,鱼腥草,郁李仁,泽泻,珍珠粉,紫苏子油,枳椇子,栀子,阿拉伯胶,大豆膳食纤维,榧子,瓜尔豆胶,褐藻糖胶,决明子胶,角豆胶,菊粉,罗望子胶,棉子糖,难消化性糊精,胖大海,啤酒酵母细胞壁,桑白皮,半胱氨酸,车前子,甜菜纤维,微晶纤维素,亚麻仁种皮纤维,茁霉多糖。

三、通便功能保健食品的功能学评价程序

根据《保健食品检验与评价技术规范(2003年版)》公布的实验项目、实验原则和结果判定,规定如下:

(一) 试验项目

1. 动物实验　观察指标体重、小肠运动实验、排便时间、粪便重量、粪便粒数、粪便性状

(1) 小肠运动实验

1) 实验原理:经口灌胃给予造模药物复方地芬诺酯,建立小鼠小肠蠕动抑制模型,计算一定时间内小肠的墨汁推进率,来判断模型小鼠胃肠蠕动功能。

2) 实验动物:选用成年雄性小鼠,体重18~22g,分为5组,每组10~15只。

3) 剂量分组及受试样品给予时间:实验设三个剂量组、一个空白对照组和一个模型对照组。以人体推荐量的10倍为其中的一个剂量组,另设两个剂量组,必要时设阳性对照组。受试样品给予时间7天,必要时可延长至15天。

4) 观察指标:测量肠管长度为"小肠总长度",从幽门至墨汁前沿为"墨汁推进长度"。按公式计算墨汁推进率。

(2) 排便时间、粪便粒数和粪便重量的测定

1) 实验原理:经口灌胃给予造模药物复方地芬诺酯,建立小鼠便秘模型,测定小鼠的首粒排黑便排便时间、5或6小时内排便粒数和排便重量,来反映模型小鼠的排便情况。

2) 实验动物:选用成年雄性小鼠,体重18~22g,分为5组,每组10~15只。

3) 剂量分组及受试样品给予时间:实验设三个剂量组、一个阴性对照组和一个模型对照组。以人体推荐量的10倍为其中的一个剂量组,另设两个剂量组,必要时设阳性对照组。受试样品给予时间7天,必要时可适当延长至15天。

4) 观察指标:记录每只动物首粒排黑便时间、5或6小时内排黑便粒数及重量。

(3) 结果判定

1）小肠运动实验结果判定:在模型成立的前提下,受试样品组小鼠的墨汁推进率显著高于模型对照组的墨汁推进率时,可判定该项实验结果阳性。

2）排便时间、粪便粒数和粪便重量的测定结果判定:在小肠便秘模型成立的前提下,受试样品组小鼠的首粒排黑便时间明显短于模型对照组,即可判定该项指标结果阳性;5或6小时内排黑便粒数明显高于模型对照组,可判定该项指标结果阳性;5或6小时内排黑便重量明显高于模型对照组,可判定该项指标结果阳性。

2. 人体试食试验　观察指标症状体征、粪便性状、排便次数、排便状况。

（1）纳入受试者标准:

1）排便次数减少和粪便硬度增加者。

2）排便一周少于3次者。

3）无器质性便秘者。

4）习惯性便秘者。

（2）受试者排除标准

1）不能经口进食者或不能按规定服用受试样品者。

2）主诉不清者。

3）体质虚弱无法进行试验者。

4）30天内进行过外科手术引起便秘症状发生者。

5）因严重器质病变引起的近期排便困难者(结肠癌,严重的肠炎、肠梗阻,炎症性肠病等)

6）排便困难并伴有疼痛者。

7）30天内发生过急性胃肠道疾病者。

8）孕期及经期妇女。

9）合并有心血管、肝、肾和造血系统等严重全身疾病患者。

10）有其他伴随疾病正在治疗者。

11）短期内服用与受试功能有关的物品,影响到对结果的判断者。

（3）试验设计及分组要求:采用自身和组间对照两种试验设计。按受试者的便秘症状(排便次数、粪便性状、症状持续时间等)随机分为试食组和对照组,尽可能考虑到影响结果的主要因素如年龄、性别、日常饮食习惯、便秘原因等,进行均衡性检验,以保证组间的可比性。每组受试者不少于50例。

（4）受试样品的剂量和使用方法:试食组按推荐服用方法、服用量服用受试产品,对照组可服用安慰剂或采用空白对照。按盲法进行试食试验,受试样品给予时间7天,必要时可以延长至15天。试验期间不改变原来的饮食习惯,正常饮食。

（5）观察指标

1）安全性指标:在试验前、后各测定一次:①一般状况(包括精神、睡眠、饮食、大小便、血压等)、饮食习惯(规律性、膳食纤维类食物摄入量等);②血、尿、便常规检查;③肝、肾功能检查(转氨酶、血清总蛋白、白蛋白,尿素、肌酐、血脂、血糖等);④胸部X线(胸片)、心电图、腹部B超(肝、胆、肾、胰)检查(此类指标可仅在试验前检测一次)。

2）功效性指标:每日对受试者进行询问并记录,同时调查受试者服用受试样品前7天及试验时(7~15天)的情况:①每日排便次数:记录受试者试食前后排便次数的变化;②排便状况:根据排便困难程度(腹痛或肛门烧灼感、下坠感、不适感,有无便频但排便困难而量少等症状)分为Ⅰ~Ⅳ级,统计积分值。Ⅰ级(0分):排便正常;Ⅱ级(1分):仅有下坠感、不适感;Ⅲ级(2分):下坠感、不适感明显,或有便频但排便困难而量少,较少出现腹痛或肛门烧灼感;Ⅳ级(3分):经常出现腹痛或肛门烧灼感,影响排便);③粪便性状:根据布里斯托(Bristol)粪便性状分类法将粪便性状分为Ⅰ~Ⅲ级。Ⅰ级(0分):像香肠或蛇,平滑而且软;像香肠,但在它的表面有裂痕;软的团块,有明显的边缘(容易排出);Ⅱ级(1分):香肠形状,但有团块;松散的块状,边缘粗糙,像泥浆状的粪便;Ⅲ级(2分):分离的硬团,像果核(不易排出));④膳食调查:在试食开始前和结束前进行3天询问法膳食调查,记录受试者的饮食情况,计算食物(主食、副食等)和膳食纤维的摄入量。具体方法见减肥功能试验;⑤记录有无不良反应(恶心、胀气、腹泻、腹痛及粪便异常等)。

(6)结果判定:试食前后试食组自身比较排便次数明显增加,排便状况和粪便性状二项指标中一项指标积分明显下降,差异有显著性;试食后试食组与对照组比较,排便次数、排便状况和粪便性状任一项明显改善,差异有显著性,可判定该受试样品具有通便功能的作用。

(二)试验原则

1. 动物实验和人体试食试验所列指标均为必做项目。

2. 除对便秘模型动物各项必测指标进行观察外,还应对正常动物进行观察,不得引起动物明显腹泻。

3. 排便次数的观察时间试验前后应保持一致。

4. 在进行人体试食试验时,应对受试样品的食用安全性作进一步的观察。

(三)结果判定

1. 动物实验　排粪便重量和粪便粒任一项结果阳性,同时小肠运动实验和排便时间任一项结果阳性,可判定该受试样品通便功能动物实验结果阳性。

2. 人体试食试验　试食前后试食组自身比较排便次数明显增加,排便状况和粪便性状二项指标中一项指标积分明显下降,差异有显著性;试食后试食组与对照组比较,排便次数、排便状况和粪便性状任一项明显改善,差异有显著性,可判定该受试样品具有通便功能的作用。

四、实例

目前国家食品药品监督管理总局批准了保健功能为通便的国产保健食品572个、进口保健食品29个。

(一)××牌膳食纤维胶囊

保健功能:通便

功效成分/标志性成分含量:每100g含低聚木糖20g

主要原料:半乳甘露聚糖、低聚木糖、菊粉、硬脂酸镁

适宜人群:便秘者

不适宜人群:少年儿童

食用方法及食用量:每日2次,每次6粒

产品规格:0.5g/粒

保质期:24 个月

贮藏方法:室温、密封、干燥阴凉处保存

注意事项:本品不能代替药物

(二) ×× 牌香茗袋泡茶

保健功能:通便

功效成分 / 标志性成分含量:每 100g 含茶多酚 3.0g、粗多糖 7.0g

主要原料:绿茶、决明子、土茯苓、北沙参、番泻叶、山药、竹茹、蜂蜜

适宜人群:便秘者

不适宜人群:少年儿童、孕期及哺乳期妇女、慢性腹泻者

食用方法及食用量:每日 1 次,每次 1 袋,热水冲泡,5~8 分钟后饮用

产品规格:2.5g/ 袋

保质期:24 个月

贮藏方法:置阴凉干燥处

注意事项:本品不能代替药物;食用本品后如出现腹泻,请立即停止食用

第四节　对胃黏膜损伤有辅助保护功能

一、概述

胃位于腹腔正中稍偏左上方,是人体消化管的主要部分之一,由食管送来的食团暂时贮存胃内,进行部分消化,此后进入十二指肠。胃可分为贲门、胃底、胃体、胃窦和幽门几个部分。

胃壁由黏膜层、黏膜下层、肌层、浆膜层四层构成。胃黏膜上皮向内凹陷,形成胃腺。幽门腺分布于胃窦及幽门部,呈分支较多而弯曲的管状黏液腺,内有较多内分泌细胞,是分泌黏液及促胃液素的主要腺体。胃底腺分布于胃底和胃体部,分支少,由主细胞、壁细胞、颈黏液细胞及内分泌细胞组成,是分泌胃酸、胃蛋白酶及内因子的主要腺体,也称泌酸腺。贲门腺分布于胃贲门附近,单管腺,主要分泌黏液。

胃液 pH 约为 0.9~1.5,正常人分泌量为 1.5 ~2.5L/d,在酸性环境下胃蛋白酶原被激活。此外,胃黏膜经常与各种病原微生物、有刺激性的、损伤性的物质接触,但胃黏膜却能保持本身完整无损,使胃腔与胃黏膜内的 H^+ 浓度维持在 1000 倍之差的高梯度状态,这与胃黏膜屏障所涉及的三个层面有关。

1. 上皮前　由覆盖于胃黏膜上皮细胞表面的一层约 0.5mm 厚的黏液凝胶层及碳酸氢盐层构成,能防止胃内高浓度的盐酸、胃蛋白酶、病原微生物及其他有刺激性的甚至是损伤性的物质对胃上皮细胞的伤害,保持酸性胃液与中性黏膜间高 pH 梯度。

2. 上皮细胞　上皮细胞顶面膜及细胞间的紧密连接对酸反弥散及胃腔内的有害因素具有屏障作用。它们再生速度很快,约每隔 2~3 天更换 1 次,在其受到损伤后,可很快修复。上皮细胞可以产生炎症介质,其间有上皮间淋巴细胞,是黏膜免疫的重要组成部分。

3. 上皮后　胃黏膜细胞内的糖原储备量较少,在缺氧状态下产生能量的能力也

较低。因此要保持胃黏膜的完整无损,必须供给它足够的氧和营养物质。胃黏膜丰富的毛细血管网为上皮细胞旺盛的分泌功能及自身不断更新提供足够的营养,也将局部代谢产物及反渗回黏膜的盐酸及时运走,胃黏膜的健康血液循环对保持黏膜完整甚为重要。此外,间质中的炎症细胞在损伤愈合中亦具有积极意义。

前列腺素、一氧化氮、表皮生长因子、降钙素基因相关肽、蛋白酶活化受体、过氧化物酶增殖活化受体及辣椒素通路等分子群参与了复杂的胃黏膜屏障功能调节。前列腺素 E 对胃黏细胞具有保护作用,能促进黏膜的血液循环及黏液、碳酸氢盐的分泌,是目前认识较为充分一类黏膜保护性分子。

二、对胃黏膜损伤有辅助保护功能保健食品的常用原料

葛根,红景天,猴头菇,积雪草,鸡内金,姜,橘皮,蕨根,壳聚糖,白芷,丁香,甘草,莱菔子,蒲公英,L-乳酸锌,乳香,砂仁,山药,山楂,蛇肉,水苏糖,薤白,锌及富锌食品,薏苡仁,枳椇子,栀子,沙棘,沙棘子油,甜茶,无花果,五加皮,仙人掌,小茴香,月桂叶,叶绿素,银耳,枳实,百合,荜茇,苍术,草珊瑚,茶多酚,柴胡,车前草,车前子,代代花,党参,高良姜,厚朴,槐花,花椒,花色素类,黄柏,黄酮类物质,黄麻叶,荬迷果,姜黄,姜黄素,可可多酚,木香,七叶皂苷,青刺果,肉桂,紫苏。

三、对胃黏膜损伤有辅助保护功能保健食品的功能学评价程序

根据国家药品食品监督管理局 2012 年公布的实验项目、实验原则和结果判定,规定如下:

(一) 试验项目

1. 动物实验

(1) 原理:在一定时间内给予一定量的受试样品,用对胃黏膜有损伤作用的物质造成急性胃黏膜损伤模型,观察各剂量组胃黏膜的损伤程度;或用对胃黏膜有损伤作用的物质造成慢性胃溃疡模型,在一定时间内给予一定量的受试样品,观察各剂量组胃溃疡的面积和体积,反映受试样品对胃黏膜的保护作用。

(2) 实验动物:选用 SD 或 Wistar 健康大鼠,单一性别,180~220g,每组 8~12 只。

(3) 实验设计及剂量分组:受试物设三个剂量组,其中一个应为人体推荐量的 5 倍剂量组,并同时设置正常对照组。不同的损伤模型,还应设置相应的模型对照组。慢性溃疡模型应先造模,手术次日再分组。受试样品给予时间一般为 14~30 天,必要时可以延长至 45 天。

(4) 胃黏膜损伤模型:胃黏膜损伤模型有急性胃黏膜损伤酒精模型、急性胃黏膜损伤吲哚美辛(消炎痛)模型和慢性胃溃疡模型。

(5) 结果判定:受试物一个或一个以上剂量组与模型对照组进行比较,大体观察评分与病理组织学检查评分结果均表明胃黏膜损伤明显改善,可判定该受试样品动物实验结果为阳性。

2. 人体试食试验　观察指标有临床症状、体征和胃镜观察。

(1) 受试者的选择标准

1) 纳入受试者标准:符合慢性浅表性胃炎诊断标准且经胃镜筛选确诊为胃黏膜损伤的自愿受试者。

2）排除受试者标准：①年龄在 18 岁以下或 65 岁以上，妊娠或哺乳期妇女，过敏体质及对本样品过敏者；②继发性慢性胃炎；③合并有心血管、脑血管、肝、肾和造血系统严重疾病，精神病患者；④经常用药、嗜酒、吸烟，4 周内参加过其他实验；⑤3 个月内用过已知对胃肠功能有损害的药物；⑥症状、体征分级为重症者；⑦有严重消化系统溃疡的病人；⑧正在服用其他治疗药物或接受其他治疗者；⑨未按规定服用样品，无法判断功效，或资料不全等影响功效或安全性判断者。

（2）试验设计及服样期限：采用组间和自身两种对照设计。按受试者的症状轻重随机分为试食组和对照组，尽可能考虑影响结果的主要因素如年龄、性别、病程等，进行均衡性检验，以保证组间的可比性。每组受试者不少于 50 例。

（3）受试样品的剂量和使用方法：试食组按推荐服用方法、服用量服用受试产品，在试验期间停用其他用于慢性胃病的物品，对照组服有相同作用的阳性物。按双盲法进行试食试验。观察时间不少于 30 天，必要时可延长至 45 天。试验期间不改变原来的饮食习惯，正常饮食。

（4）观察指标

1）安全性指标：①一般状况：包括精神、睡眠、饮食、大小便、血压等；②血、尿、便常规检查；③肝、肾功能检查；④胸透、心电图、腹部 B 超检查（仅在试验开始前检查一次）。

2）功效指标：①症状观察：胃痛、嗳气、反酸、腹胀、食欲不振、少食等临床症状。体征观察剑突下压痛程度。按症状轻重统计积分（重症 3 分，中度 2 分，轻度 1 分），见表；②胃镜检查与体征观察：剑突下压痛程度检查，根据疼痛程度分为轻（1 分）、中（2 分）、重（3 分）。（轻度：用力时才出现疼痛，压痛轻微 1 分；中度：用力即出现疼痛，但疼痛尚能忍受，压痛明显 2 分；重症：稍微用力即出现疼痛，疼痛不能忍受，压痛剧烈 3 分），随机选择试食组和对照组各 15 例受试者进行胃镜检查，比较试食试验前后的改变。（表 15-2）

表 15-2　人体试食试验症状轻重分级表

症状	轻（1 分）	中（2 分）	重（3 分）
胃痛	轻微，持续时间短，不影响工作及休息	疼痛时间较长，每日超 4 小时，尚能忍受，但对工作及休息有一定影响	疼痛较重，持续难忍，需服药才能减轻
嗳气	偶有发作	经常发作，引及两胁不适	频繁发作，引及两胁疼痛
反酸	偶有吐酸	饮食不适即吐酸	频繁吐酸
腹胀	腹胀轻微，时作时止，在短时间内可较甚	腹胀较甚或发作频繁，在较长时间内不缓解，影响工作及休息	腹胀难忍，持续时间长，需服药才能减轻
少食	食欲较差，饭量减少 1/2 以内	饭量减少 1/2~2/3	无食欲，饭量减少 2/3 以上

（5）结果判定：试食前后试食组自身比较及试食后试食组与对照组组间比较，临床症状、体征积分明显减少，胃镜复查结果有改善或不加重，可判定该受试样品对胃

黏膜损伤有辅助保护功能。

(二) 试验原则

1. 动物实验和人体试食试验所列指标均为必做项目。

2. 无水乙醇、吲哚美辛致急性胃黏膜损伤模型或冰醋酸致慢性胃黏膜损伤模型任选其一进行动物实验。

3. 在进行人体试食试验时,应对受试样品的安全性作进一步的观察。

(三) 结果判定

1. 动物实验　受试物一个或一个以上剂量组与模型对照组进行比较,大体观察评分与病理组织学检查评分结果均表明胃黏膜损伤明显改善,可判定该受试样品动物实验结果为阳性。

2. 人体试食试验　试食前后试食组自身比较及试食后试食组与对照组组间比较,临床症状、体征积分明显减少,胃镜复查结果有改善或不加重,可判定该受试样品对胃黏膜损伤有辅助保护功能。

四、实例

目前国家食品药品监督管理总局批准了保健功能为对胃黏膜有辅助保护功能的国产保健食品 81 个。

(一) ×× 牌维达软胶囊

保健功能:对胃黏膜有辅助保护功能

功效成分 / 标志性成分含量:每 100g 含总黄酮 3.2g

主要原料:蜂胶粉(提纯蜂胶、淀粉、硬脂酸镁)、砂仁提取物、广藿香油、玉米油、蜂蜡、明胶、纯化水、甘油、可可壳色、二氧化钛

适宜人群:轻度胃黏膜损伤者

不适宜人群:少年儿童、孕妇、乳母

食用方法及食用量:每日 2 次,每次 2 粒,口服

产品规格:0.5g/ 粒

保质期:24 个月

贮藏方法:密封、置阴凉干燥处

注意事项:本品不能代替药物;蜂产品过敏者慎用

(二) ×× 牌宜中胶囊

保健功能:对胃黏膜有辅助保护功能

功效成分 / 标志性成分含量:每 100g 含总黄酮 1.79g、总皂苷 2.1g

主要原料:蒲公英、佛手、三七、砂仁、猴头菌提取物、蜂胶提取物、淀粉、硬脂酸镁

适宜人群:轻度胃黏膜损伤者

不适宜人群:少年儿童、孕妇、乳母

食用方法及食用量:每日 2 次,每次 3 粒,口服

产品规格:0.45g/ 粒

保质期:24 个月

贮藏方法:密闭,置阴凉干燥处

注意事项:本品不能代替药物;蜂产品过敏者慎用

学习小结

1. 学习内容

第十五章	调节肠道菌群功能	调节肠道菌群功能的评价方法
		具有调节肠道菌群功能的部分物质
		举例
	促进消化功能	促消化功能的评价方法
		具有促消化功能的部分物质
		举例
	通便功能	通便功能的评价方法
		具有通便功能的部分物质
		举例
	对胃黏膜损伤有辅助保护功能	对胃黏膜损伤有辅助保护功能的评价方法
		具有对胃黏膜损伤有辅助保护功能的部分物质
		举例

2. 学习方法

通过对功能评价试验项目、试验原则和结果判定原则的总结,理解调节肠道菌群功能、促进消化功能、通便功能和对胃黏膜损伤有辅助保护功能的评价方法;结合实例掌握具有上述功能、可用于保健食品的相关原料,并了解这些类别保健食品的研发思路。

复习思考题

1. 如何评价保健食品的调节肠道菌群功能?

2. 如何评价保健食品的促进消化功能?

3. 如何评价保健食品的通便功能?

4. 如何评价保健食品的"对胃黏膜损伤有辅助保护功能"?

5. 可用于保健食品,具有调节肠道菌群功能、促进消化功能、通便功能和对胃黏膜损伤有辅助保护功能的原料有哪些?

笔记

第十六章

其 他 功 能

学习目的

通过本章学习,了解铅中毒、缺铁性贫血、咽喉炎、产后缺乳等的基本概念和发病原因;理解开发促进排铅、改善缺铁性贫血、清咽和促进泌乳功能的意义;掌握促进排铅、改善缺铁性贫血、清咽和促进泌乳功能评价的方法;能够正确利用相应的保健原料,开发保健食品。

学习要点

铅中毒、缺铁性贫血、咽喉炎、产后缺乳的基本概念、发病原因和危害。促进排铅、改善缺铁性贫血、清咽和促进泌乳功能的保健食品常用原料和功能评价方法。

第一节　促进排铅功能

一、概述

金属铅因具有熔点低、易加工、耐腐蚀、化学性质稳定等特点,受到广泛应用。但是铅能引起人体生理、生化和行为紊乱,对机体各个器官均有不同程度的影响,是一种累积性的有毒重金属元素。涉铅工业工人因直接或间接接触到铅而罹患相应职业病,如铅中毒。随着工业的发展,铅的广泛应用对环境的污染日趋严重。铅污染范围已由职业环境蔓延到生活环境中,严重危及人们的生命安全。开采、冶炼铅矿厂、含铅汽车尾气排放出大量的铅,一定条件下含铅的马口铁、陶瓷、搪瓷、锡壶等包装容器玩具及其含铅的印刷颜料油墨等也可能溶出后危害人体健康。

年幼婴童特别容易受到铅污染的影响,他们从特定来源吸收的摄入铅量是成人的4~5倍。储存在骨骼中的铅可能在妊娠期间重新游离到血液,从而使胎儿发生接触。营养低下儿童更容易受到铅的影响,因为当缺乏钙等其他营养素时,身体会吸收更多的铅。此外,儿童的天生好奇心以及与其年龄相符的手口行为会将含铅或者镀铅物品放入口中或者吞下,比如受到污染的土壤或者灰尘以及腐烂的含铅涂料薄片。据世界卫生组织的报道估计,儿童因接触铅每年导致大约60万例新发智障儿童,铅接触每年造成14.3万例死亡,在发展中国家区域造成的负担最重。约有一半由铅造成的疾病负担发生在世卫组织东南亚区域,而世卫组织西太区和东地中海区域则各占五分之一。

世卫组织已经将铅确定为引起重大公共卫生关注的十种化学品之一,需要各会员国采取行动,保护工人、儿童和育龄妇女的健康。

20世纪60年代我国才开始对铅中毒的系统研究,比其他发达国家晚很多。在80年代以后,我国才开始临床水平的儿童铅中毒研究。目前,在我国约1.6万个保健食品中,具有排铅功能的产品仅有48个,所占比例不到千分之三。促进排铅保健食品的开发具有很大的市场空间。

因此,对铅中毒的预防以及促进排铅保健食品的开发具有重要意义。

(一) 铅对人体的危害

铅在人体中至今尚未发现具有生理功能。人体主要是通过呼吸道、胃肠道和皮肤吸收铅。一般每人每日通过食物摄入铅约300~400μg,其中仅有5%~10%可被胃肠道吸收,进入血液中铅形成可溶性磷酸氢铅($PbHPO_4$)或甘油磷酸铅。铅一旦进入血液,就会分布到大脑、肾脏、肝脏和骨骼等各个器官。骨中铅含量约为人体总铅量90%以上(儿童仅占64%);血铅量约占体内总量2%以下,其中绝大部分与红细胞结合,其余血铅在血浆中;头发和指甲含铅量较高。当铅通过呼吸道吸入时,成人肺中沉积率达30%~50%。

铅在体内半衰期长,身体将铅储存在牙齿和骨骼,随着时间推移而不断积累,对人体各个系统器官造成影响。

铅进入机体以后,通过抑制磷酸化而影响能量代谢,抑制三磷酸腺苷酶而影响细胞膜功能,因血红蛋白生物合成障碍而影响组织呼吸,及因血管痉挛而使局部供血不良。对神经细胞产生直接影响,引起神经功能紊乱,出现神经衰弱综合征,也可引起心动过速和心电图改变。可使神经细胞发生慢性、弥漫性病变及功能衰退。还可引起多发性神经炎、肢端痛觉和触觉减退或消失,还可出现铅中毒性麻痹。如严重铅中毒时可致铅毒性脑病,引发智商下降和身体生长障碍。

在急性和慢性铅中毒时,肾脏排泄机制受到影响,使肾组织出现进行性变性,伴随肾功能不全。慢性低水平接触可抑制抗体产生及对巨噬细胞毒性而影响免疫功能,大量铅进入人体后会出现高血压。还有不少资料报道,铅可抑制着床过程,引起孕妇胚胎停育和流产,对胎儿有致癌、致畸致突变作用。

(二) 铅中毒的判定

铅中毒者与正常人的区别可由血中铅含量加以判断,血液中含有7~26μg/L,为正常值;当血液中含铅达30μg/L以上,则会引起中毒症状;60~65μg/L为急性中毒限界值;70~100μg/L为急性中毒。尿中20μg/L为其安全限界。

(三) 促进排铅机制

1. 络合机制　通过广谱性药物或蛋白质、氨基酸、果胶等天然大高分子络合或吸附体内的铅,与血液、肝、肾、脑等靶器官中的铅结合排出体外。

2. 拮抗机制　可通过增加锌、铁、钙等与铅同属二价金属元素,在小肠中竞争同一运载结合蛋白,通过与铅的取代和拮抗等相互作用,降低铅的吸收作用和毒性。或摄入维生素B_1、维生素C等维生素在体内拮抗铅的作用或减少铅吸收。此外,还可通过摄入还原型谷胱甘肽等自由基清除剂,清除自由基和其他活性代谢产物而增强机体免疫力,保护和减轻细胞损害。

二、促进排铅功能保健食品的常用原料

(一) 具有促进排铅功能的常用原料

钙、铁、锌、维生素 B_1、维生素 C、猕猴桃、海带、牛磺酸、茶叶、L- 半胱氨酸、海藻酸钠、低酯果胶、茯苓、绿豆、菊花、魔芋精粉等。

(二) 促进排铅保健食品原料简介

1. 大蒜 大蒜含有含硫化合物、氨基酸、肽类、蛋白质、维生素等。含硫化合物主要有大蒜辣素、大蒜素、大蒜新素等硫醚化合物,此外,大蒜含有半胱氨酸、果胶、维生素 B_1,均有排铅作用。大蒜排铅机制:一是大蒜本身含有能直接与铅反应物质,如果胶、半胱氨酸、葫蒜素、三硫醚等;二是某些含硫化合物如硫醚、硫肽等进入人体后,可释放出活性巯基物质,这些疏基物质再与铅反应生成配合物,配合物通过尿液或粪便排出体外,从而达到排铅目的。

2. 菊花 菊花中富含维生素 C 和 Se、Zn、Fe、Ca 等微量元素,维生素 C 可补充体内由于铅所造成自身损失,并与铅结合成溶解度较低抗坏血酸铅盐,降低铅吸收;同时维生素 C 还直接参与解毒过程,促进铅排出。

3. 硒 硒是人体红细胞谷胱甘肽过氧化物酶(GSH-Px)和磷脂过氧化氢谷胱甘肽过氧化物酶组成成分,其主要作用是参与酶合成,保护细胞膜结构与功能免遭过度氧化和干扰。

当机体处于缺硒状态时,GSH-Px 活性降低,会引起脂质自由基和过氧化物积累,导致细胞膜破坏、组织损伤。目前富含硒的保健食品原料有食用菌、灵芝、平菇、香菇、金针菇、藻类、酵母、茶叶等。而硒元素与金属铅有很强亲和力,在体内可与铅结合成金属硒蛋白复合物使之排出体外,降低血铅;另外 Zn、Fe、Ca 等金属元素对铅吸收也有一定拮抗作用。

4. 牛奶 牛奶蛋白质可与铅结合为一种不溶性化合物,从而能阻止铅吸收;同时,牛奶中所含钙可促使已在骨骼上吸着铅减少,而由尿排出。

三、促进排铅功能保健食品的功能学评价程序

(一) 试验项目

1. 动物实验
(1) 体重
(2) 血铅
(3) 骨铅
(4) 肝组织铅
2. 人体试食试验
(1) 血铅
(2) 尿铅
(3) 尿钙
(4) 尿锌

(二) 试验原则

1. 动物实验和人体试食试验所列指标均为必做项目。

2. 应对临床症状、体征进行观察。

3. 应对尿铅进行多次测定,以了解体内铅的排出情况。

4. 在进行人体试食试验时,应对受试样品的食用安全性作进一步的观察。

(三) 结果判定

1. 动物实验　实验组与模型对照组比较,骨铅含量显著降低,同时血铅或肝铅显著降低,可判定该受试样品动物实验结果为阳性。

2. 人体试食试验　试食组与对照组组间比较,至少两个观察时点尿铅排出量增加且较试验前显著增高,或总尿铅排出量明显增加。同时,对总尿钙、总尿锌的排出无明显影响;或总尿钙、总尿锌排出增加的幅度小于总尿铅排出增加的幅度,可判定该受试样品具有促进排铅功能。

四、实例

目前国家食品药品监督管理总局批准了保健功能为促进排铅的国产保健食品48 个。

(一) ×× 牌排铅多维牛磺酸口嚼片

保健功能:促进排铅、辅助改善记忆

功效成分 / 标志性成分含量:每 100g 含钙 3.45g、锌 0.28g、牛磺酸 2.12g、维生素 C 3.1g

主要原料:葡萄糖酸钙、葡萄糖酸锌、牛磺酸、维生素 C、维生素 B_1、维生素 B_6、淀粉、甘露醇、白砂糖、柠檬酸、安赛蜜、日落黄、硬脂酸镁、桔子香精

适宜人群:接触铅环境污染的少年儿童、需要改善记忆的少年儿童

不适宜人群:无

食用方法及食用量:每日 2 次,每次 2 粒,嚼食或含食

产品规格:0.70g/ 片

保质期:24 个月

贮藏方法:密闭,置阴凉干燥处保存

注意事项:本品不能代替药物;本品添加了营养素,与同类营养素同时食用不宜超过推荐量

(二) ×× 牌排铅口服液

保健功能:促进排铅

功效成分 / 标志性成分含量:每 100ml 含水苏糖 3.4g、铁 33mg、锌 29mg

主要原料:水苏糖、乳酸钙、乙二胺四乙酸铁钠、维生素 B_1、葡萄糖酸锌、甜菊糖苷、柠檬酸、柠檬油、山梨酸

适宜人群:接触铅污染环境者

不适宜人群:无

食用方法及食用量:少年儿童每日 2 次,每次 10ml;成人每日 3 次,每次 10ml

产品规格:10ml/ 瓶

保质期:24 个月

贮藏方法:置阴凉干燥处

注意事项:本品不能代替药物;本品添加了营养素,与同类营养素同时食用不宜超过推荐量

第二节 改善缺铁性贫血功能

一、概述

在各种类型的贫血中,缺铁性贫血最常见,是世界范围内最常见的一种营养素缺乏病,严重影响人类健康。世界卫生组织统计显示,目前全世界大约有20%~50%的人有不同程度的铁缺乏,尤其以发展中国家多见,发生率大约是发达国家的4倍。中国因缺铁性贫血导致的"伤残调整生命年"(DALY,指从发病到死亡所损失的全部健康生命年)损失达2 479 000年,全球排名第二,仅次于印度。中国的贫血患病率约为20.1%,其中半数是由缺铁导致的。缺铁性贫血是许多严重疾病常见的并发症,这些疾病包括慢性肾病、慢性心力衰竭、化疗引起的贫血、炎症性肠病、经期大量出血和产后大出血。慢性肾病患者、育龄妇女、怀孕妇女、发育期儿童是缺铁性贫血的高危人群。

随着科学技术的发展,许多国家已利用越来越多的铁营养强化剂预防和治疗缺铁性贫血。此病是危害我国人群健康、造成医疗负担的重要疾病之一。对缺铁性贫血的预防和辅助治疗具有非常重要的意义。

目前,我国约1.6万个保健食品中,只有213个保健食品的保健功能为改善营养性贫血(现更改名称为改善缺铁性贫血),仅占总数不到2%,具有很大的市场空间。

(一)缺铁性贫血的概念

贫血是指全身循环血液中红细胞的总容量、血红蛋白和红细胞压缩容积减少至同地区、同年龄、同性别的标准值以下而导致的一种症状。

贫血分为营养性贫血和非营养性贫血。营养性贫血是指与饮食有关,包括缺乏造血物质铁和维生素B_{12}或叶酸等的一类贫血。缺乏铁会引起小细胞低色素性贫血(又称缺铁性贫血),而缺乏维生素B_{12}或叶酸会引起大细胞正色素性贫血。非营养性贫血包括骨髓干细胞生成障碍;由于白血病细胞、癌细胞等转移至骨髓而使骨髓造血空间缩小;由于溃疡、出血、出血素质、寄生虫病、药物、以及自身免疫性溶血引起的急性或慢性贫血等。

(二)铁的生理作用

铁在人体内的存在形式可分为两大类:血红素类和非血红素类。血红素类主要有血红蛋白、肌红蛋白、细胞色素及酶类;非血红素类主要有运铁蛋白、乳铁蛋白、铁蛋白、含铁血黄素及一些酶类。成人男子体内的总铁量约为3.8g,女子为2.3g。

铁元素在机体内主要通过形成化合结合物及配价化合物——络合物实现如下生理作用:①合成血红蛋白(Hb),用于运输氧;②与肌红蛋白结合,用于肌肉储存氧;③构成各种金属酶或其辅助因子的必需成分;④参与激素的合成或增强激素的作用,用于生产生命活动所需的能量ATP。

(三)铁缺乏的危害

铁是构成血液的基本要素,当机体对其需求与供给失衡,导致体内贮存铁耗尽(ID),继之红细胞内铁缺乏(IDE),最终引起缺铁性贫血(IDA)。IDA是铁缺乏症(包括ID,IDE和IDA)的最终阶段,表现为缺铁引起的小细胞低色素性贫血及其他异常。

除导致缺铁性贫血外，铁缺乏还会影响其他组织的正常生理活动。①成人缺铁时，精神不振，易疲劳，劳动耐力和体力下降，记忆力减退，易得病；②儿童缺铁时，大脑易聚集铅等重金属，引起中毒，理解和学习能力下降，学习成绩不佳，不喜运动，行动缓慢，不愿与人交往，体格瘦小，易生病。儿童时期缺铁，可使成年后劳动力损失5%~17%；③婴幼儿缺铁时会造成反应迟钝，认知能力差，能动性差，易恐惧，身体发育不良等；④孕妇缺铁时引起胎儿发育迟滞，体重低于正常，智力发育障碍，并且易早产，围产期死亡率增加，孕妇自身身体虚弱，易疲劳，食欲不佳，面色苍白，易头晕。

缺铁还会引起其他的一系列功能障碍，如血糖升高、甲状腺素水平升高，免疫功能受阻等。

（四）缺铁性贫血常见原因

1. 体内铁存储不足或人体需铁量增加，铁或促进铁吸收的营养素摄入量不足，多见于婴幼儿、青少年、妊娠和哺乳期妇女。6个月至1岁的婴儿生长发育快，体内铁存储不足、需铁量很多。而人乳和牛乳含铁量都很低，不能满足婴儿的生长需要，此时若未及时添加肉类、蛋类含铁高的辅食，就会发生缺铁性贫血。青少年易因偏食引起缺铁性贫血。而女性月经增多、妊娠或哺乳，需铁量增加，未及时补充高铁食物，很容易导致缺铁性贫血。

2. 铁吸收障碍　常见于胃大部切除术后，胃酸分泌不足且食物快速进入空肠，绕过铁的主要吸收部位(十二指肠)，使铁吸收减少。此外，多种原因造成的胃肠道功能紊乱，如长期不明原因腹泻、慢性肠炎等均可因铁吸收障碍而导致缺铁性贫血。

3. 丢失过多　慢性疾病等长期慢性出血得不到纠正造成缺铁性贫血。如慢性消化道失血，包括痔疮、胃十二指肠溃疡、食管裂孔疝、消化道息肉、胃肠道肿瘤、寄生虫感染、食管/胃底静脉曲张破裂等；月经量过多，包括宫内放置节育环、子宫肌瘤及月经失调等妇科疾病；咯血和肺泡出血，包括肺含铁血黄素沉着症、肺出血–肾炎综合征、肺结核、支气管扩张、肺癌等；血红蛋白尿，包括阵发性睡眠性血红蛋白尿、冷抗体型自身免疫性溶血、心脏人工瓣膜、行军性血红蛋白尿等；遗传性出血性毛细血管扩张症、慢性肾功能衰竭性血液透析、多次献血等。

二、改善缺铁性贫血功能保健食品的常用原料

（一）改善缺铁性贫血功能保健食品的常用原料

乳酸亚铁、血红素铁、硫酸亚铁、羊胎盘、阿胶、葡萄糖酸亚铁、当归、乌鸡、熟地黄、党参、大枣、枸杞子等。

（二）改善缺铁性贫血功能保健食品的原料简介

1. 血红素铁　又称卟啉铁，由卟啉和一分子亚铁离子结合形成构成铁卟啉化合物，是一种生物态铁。血红素铁能直接被肠黏膜细胞吸收，迅速提升血红蛋白含量、红细胞计数、红细胞比容、平均红细胞血红蛋白浓度，而不产生任何消化道刺激症状，是一种较理想的补铁剂。

2. 乳铁蛋白　1960年，Groves从牛乳中分离得到一种蛋白质和铁结合形成的复合物，由于其晶体呈红色，故称之为“红蛋白”。乳铁蛋白的立体结构主要是“二枚银杏叶型”，分别在分子的N端和C端形成2个环状结构，每叶在内部缝隙处都有1个铁结合位点。乳铁蛋白具有多种生物活性，乳铁蛋白在促进铁吸收的同时，避免了铁

笔记

离子对肠道的直接刺激,也减少了无机铁离子的摄入量。因此,可制成天然生物药品或高效补铁剂,用于改善婴幼儿缺铁症状。

3. 动物类食品 猪、牛、羊、鸡等动物肝脏和瘦肉内含有丰富的优质蛋白质、铁、铜以及维生素 A、B 族维生素(包括 B_{12})、维生素 C 以及叶酸等成分。其中猪肝含铁量为猪肉的 18 倍。食物中动物的肝、肾是铁主要来源,也是维生素 B_{12}、叶酸等的主要来源,所以动物的肝脏和肾脏是改善营养性贫血的优质食品。除此之外,鱼类、蛋黄等食品也具有改善营养性贫血的作用。

4. 富铁酵母 微量元素铁一般以不利于人及动物吸收利用的无机形态存在,利用生物转化法,如利用酵母将无机形态的铁转化成有机形态的铁,可以提高生物体对铁的利用效率,是新开发的铁源。

在酵母细胞中,铁主要定位于细胞壁,细胞壁中的铁含量约为细胞质中的 3 倍。富铁酵母具有稳定性好、吸收率高、抗干扰、与食品中其他成分协同配合性好的特点。

5. 其他营养素平衡 当铁被用于合成血红蛋白时,需要铜为触媒剂,因此铜可以促进铁质在体内的利用。此外,铁的有效性与钙、磷的比例及维生素也有关系,磷太高或钙过低与缺乏维生素 A、C、D 均可妨碍铁的吸收和利用。所以在补铁时要注意平衡膳食以利于铁的吸收。在日常生活中如食具是铁制成的,会显著减少缺铁性贫血的发生。

不论何种贫血,一定要注意蛋白质的补充,因为蛋白质是构成血红蛋白和红细胞的基础物质,有条件者应尽量选择生物价值高的蛋白质食物如牛奶、鸡蛋、瘦肉、鱼类及豆制品等。

三、改善缺铁性贫血功能保健食品的功能学评价程序

(一) 试验项目

1. 动物实验
(1) 体重
(2) 血红蛋白
(3) 红细胞比容 / 红细胞游离原卟啉

2. 人体试食试验
(1) 血红蛋白
(2) 血清铁蛋白
(3) 红细胞游离原卟啉 / 红细胞运铁蛋白饱和度

(二) 试验原则

1. 动物实验和人体试食试验所列指标均为必做项目。
2. 针对儿童的人体试食试验,只测血红蛋白和红细胞内游离原卟啉。
3. 在进行人体试食试验时,应对受试样品的食用安全性作进一步的观察。

(三) 结果判定

1. 动物实验 血红蛋白指标阳性,红细胞游离原卟啉 / 红细胞比容两项指标一项指标阳性,可判定该受试样品改善缺铁性贫血功能动物实验结果为阳性。
2. 人体试食试验
(1) 针对改善儿童缺铁性贫血功能的,血红蛋白和红细胞内游离原卟啉二项指标

阳性,可判定该受试样品具有改善缺铁性贫血功能作用。

(2) 针对改善成人缺铁性贫血功能的,血红蛋白指标阳性,血清铁蛋白、红细胞内游离原卟啉 / 血清运铁蛋白饱和度两项指标一项指标阳性,可判定该受试样品具有改善缺铁性贫血功能作用。

四、实例

目前国家食品药品监督管理总局批准了保健功能为改善缺铁性贫血的国产保健食品 7 个;批准了保健功能为改善营养性贫血的国产保健食品 206 个、进口保健食品 3 个;批准了保健功能为补铁的国产保健食品 40 个、进口保健食品 4 个。

(一) ××牌改善缺铁性贫血口服液

保健功能:改善缺铁性贫血

功效成分 / 标志性成分含量:每 100ml 含总皂苷 94.9mg、铁 20.4mg

主要原料:黄芪、党参、当归、熟地黄、阿胶、乳酸亚铁、白砂糖、纯化水

适宜人群:缺铁性贫血的人群

不适宜人群:少年儿童、孕妇、乳母

食用方法及食用量:每日 3 次,每次 1 支,口服

产品规格:10ml/ 支

保质期:24 个月

贮藏方法:密封,置常温处

注意事项:本品不能代替药物;本品添加了营养素,与同类营养素同时食用不宜超过推荐量

(二) ××牌补铁软胶囊

保健功能:补充铁

功效成分 / 标志性成分含量:每粒含铁 5.1mg

主要原料:氯化高铁血红素、大豆油、蜂蜡、明胶、水、甘油、焦糖色素、二氧化钛、诱惑红、日落黄

适宜人群:需要补充铁的 0.5~6 岁婴幼儿、儿童

不适宜人群:无

食用方法及食用量:每日 1 次,每次 1 粒,将囊皮刺破,直接滴入口中或食物中食用

产品规格:0.25g/ 粒

保质期:24 个月

贮藏方法:密封,避光,置阴凉(20℃以下)干燥处

注意事项:本品不能代替药物;不宜超过推荐量或与同类营养素补充剂同时食用

第三节　清咽功能

一、概述

咽喉是进食吞咽、呼吸和发音的部位。咽喉作用频繁,极易受到外界环境和内

部因素的影响使潜伏在咽喉部的条件致病菌大量繁殖导致咽喉炎(嗓子痛)。呈现为咽喉黏膜、黏膜下组织及淋巴组织的弥漫性炎症,表现为红肿、充血、发干和疼痛等症状。

咽喉炎正成为全球最常见的"门诊疾病"之一。据不完全统计,我国患有不同程度咽喉炎的人群占健康人群的40%。咽喉炎经常被描述为一种职业病,教师、主持人、职业演员、推销员等经常用声的职业被公认为咽喉炎的高发人群。随着空气质量的不断下降、高温粉尘、有害气体等不良外环境的刺激,机体抵抗力下降,过度使用声带,吸烟,辛辣饮食,饮酒等不良生活习惯,加之对咽喉的认识误区,咽喉炎的患者已经不局限于上述职业,患病群体在不断扩大。近年来,中国人咽炎发病率持续上升,可达80%~90%。据卫生部的一项调查显示,70%的白领患有不同程度的"办公病",咽喉炎就名列"办公病"之首。据有关部门统计,2014年中国咽喉产品(包括咽喉药品、糖果等)市场规模约有48亿元人民币,预期2019年的销售额可增长至71亿元。

目前,我国约1.6万个保健食品中,有212个清咽功能保健食品,仅占总数的不到2%,具有很大的市场空间。

咽喉炎中,慢性咽炎因发病率高,易反复发作是清咽产品的主要作用对象。慢性咽炎(相当于中医的"虚火喉痹")为咽部黏膜、黏膜下及淋巴组织的慢性炎症。其病理表现主要有以下三种:慢性单纯性咽炎、慢性肥厚性咽炎、干燥性及萎缩性咽炎。此病临床发病率较高,在临床上现代医学大多采用抗生素类药物治疗,但疗效不佳,且易反复发作。

现代医学认为引起慢性咽炎主要有以下几种病因:急性咽炎反复发作转为慢性;长期物理及化学因素刺激;上呼吸道慢性炎症刺激;由于职业原因造成用嗓过度。另外如慢性支气管炎,反流性食管炎等均可诱发本病。

中医认为引起慢性咽炎的主要病因:温热病后余邪未清、风热喉痹治疗不彻底、过食辛辣、咽部失所养。现代中医将其主要分为:阴虚火旺、阴虚肺燥、脾虚土弱、气滞血瘀、肾阳亏损。

中医认为清咽功能是具有清热解毒、祛痰利咽、养阴生津等功效;而现代药理认为是具有抗炎、抑菌、抗病毒、解热镇痛等作用。因此,可充分应用具有以上功效作用的原料开发具有清咽功能保健食品。

二、清咽功能保健食品的常用原料

(一) 清咽功能保健食品的常用原料

草珊瑚、胖大海、西瓜霜、青果、金银花、菊花、薄荷、冬凌草、罗汉果、乌梅、蒲公英、麦冬、雪梨、甘草、桔梗、贝母等。

(二) 清咽功能保健食品的原料简介

1. 胖大海　胖大海是传统的清咽利喉的药食两用原料。中医学认为,胖大海味甘,性凉,入肺、大肠经,具清热、润肺、利咽、解毒的功能,主治干咳无痰、喉痛、音哑、目赤、牙痛、痔疮瘘管等。据报道,胖大海有抑菌、抗炎、抗病毒、镇痛作用为清咽定了功能学基础。

胖大海含丰富的水溶性多糖;其种皮含有半乳糖、戊糖,还有活性成分胖大海素(萍婆素)及钙、镁等微量元素;胚乳含西黄蓍胶黏素;种仁含脂肪类物质。现代研究表明,胖大海中的多糖类为其功效成分,具有抗炎、治疗细菌性痢疾和抑制草酸钙结晶形成的功能。

2. 金银花　金银花的主要成分包括挥发油、以绿原酸为代表的有机酸类、以木犀草苷为代表的黄酮类、三萜类和无机元素及醇类。金银花为中医常用药,金银花性寒,味苦,有清热、解毒功效,主治风热感冒、咽喉肿痛、腮腺炎、胆道感染、急慢性炎症、菌痢、肠炎等。金银花的现代医学研究表明,其具有抑菌、抗病毒、解热、抗炎、止血、抗氧化、免疫调节等作用。

3. 菊花　菊花具有散风清热、平肝明目、清热解毒功效,是很好的清火药,在中医治疗外感风热引起的咽喉疾病方面常作为主药使用,因而也常用于清咽保健食品。现代药理研究表明,菊花对肺炎链球菌具有抗菌活性。菊花的主要功效成分包括挥发油、黄酮类、氨基酸、微量元素、绿原酸等。黄酮主要为香叶木素、木犀草素、芹菜素、山奈酚、槲皮素等。其中,挥发油是其抗菌作用的物质基础,黄酮类化合物也具有一定的抑菌、抗病毒作用。

三、清咽功能保健食品的功能学评价程序

(一) 试验项目

1. 动物实验
(1) 体重
(2) 大鼠棉球植入实验
(3) 大鼠足趾肿胀实验
(4) 小鼠耳肿胀实验
2. 人体试食试验　咽喉部症状、体征。

(二) 试验原则

1. 动物实验和人体试食试验所列指标均为必做项目。
2. 应对临床症状、体征进行观察。
3. 在进行人体试食试验时,应对受试样品的食用安全性作进一步的观察。

(三) 结果判定

1. 动物实验　大鼠棉球植入实验结果阳性,同时大鼠足趾肿胀实验或小鼠耳肿胀实验结果任意一项阳性,可判定该受试样品清咽功能动物实验结果为阳性。

2. 人体试食试验　试食组自身比较及试食组与对照组组间比较,咽部症状及体征有明显改善,症状及体征的改善率明显增加,可判定该受试样品具有清咽功能。

四、实例

目前国家食品药品监督管理总局批准了保健功能为清咽的国产保健食品212个、进口保健食品12个。

(一) ××牌西洋参川贝枇杷膏

保健功能:清咽
功效成分/标志性成分含量:每100g含总皂苷67.8mg
主要原料:西洋参、川贝母、枇杷、桔梗、苦杏仁、薄荷脑、液体葡萄糖、蜂蜜、水
适宜人群:咽部不适者

不适宜人群:少年儿童

食用方法及食用量:每日 2 次,每次 25ml

产品规格:150ml/ 瓶

保质期:24 个月

贮藏方法:置阴凉干燥处

注意事项:本品不能代替药物

(二) ×× 牌罗汉果雪梨膏

保健功能:清咽

功效成分 / 标志性成分含量:每 100g 含粗多糖 1.38g、总黄酮 0.57g

主要原料:罗汉果、胖大海、雪梨、青果、乌梅、薄荷脑、炼蜜、山梨酸钾、水

适宜人群:咽部不适者

不适宜人群:少年儿童

食用方法及食用量:每日 2 次,每次 15ml

产品规格:150ml/ 瓶

保质期:24 个月

贮藏方法:阴凉、干燥、通风处保存

注意事项:本品不能代替药物

第四节　促进泌乳功能

一、概述

对人类而言,母乳是世界上唯一的营养最全面的食物,是婴儿的最佳食品。母乳喂养是人类哺育下一代的天性。中华民族自古就有母乳喂养的良好传统。

母乳中的蛋白质含量虽然低于牛乳,但与婴儿所需营养组成极为一致,能被婴儿最大程度利用,母乳中含有的必需脂肪酸、丰富的乳糖、适宜的钙磷比、齐全的其他矿物营元素对婴儿都是最佳的营养素,可促进大脑发育、促进钙的吸收、减轻婴儿胃肠和肾脏的负担。在乳母膳食营养供给充足时,母乳中的维生素可基本满足 6 个月内婴儿的需要量(维生素 D 例外)。母乳中尤其是初乳中含有的免疫球蛋白、淋巴细胞、抗体等多种免疫物质可增加婴儿对疾病的抵抗力。而且母乳喂养方式方便、经济、温度适宜、不易污染,还可增进母子情感交流,促进婴儿的智力发育和母亲的产后康复。

因此多数产妇是乐于母乳喂养的,但苦于产后缺乳,不得不勉强改用人工喂养,这也是近年母乳喂养率下降的重要原因之一。大多数的初产妇哺育一个婴儿都缺乏足够的母乳,有的产妇在较短时间内乳汁就逐渐减少,甚至枯竭。其原因在于乳汁的分泌受到多种因素的调节和影响。泌乳是一项复杂的神经反射活动,当婴儿吮吸时,可使乳头产生神经冲动,经脊髓传至脑下垂体,促进分泌催乳素,引发泌乳反射和泌乳素反射,催乳素经血液流入乳腺,从而引发泌乳。如在受孕至泌乳期间营养不良,婴儿吮吸不足,产妇焦虑、烦恼、恐惧、暴怒、不安等情绪变化,均可影响卵巢的卵泡、黄体以及垂体的泌乳相关激素分泌,进而影响乳腺的发育和泌乳。此外,孕前乳腺组织所占乳房比例小、腺管和腺泡发育不良,以及孕期乳腺的发育不良等均

可导致泌乳较少。

关于产后缺乳,传统中医研究认为主要有气血两虚和肝郁气滞两种类型。一种为气血亏虚,津液不足,则致乳汁减少或不足;另一种为七情内伤,肝气郁结,可致乳脉不行而缺乳。此外,从气血津液辨证还可分为气虚、血虚、津液亏虚;从脏腑辨证可分为肾虚、肝郁、脾胃虚弱;从病因分类可分外感六淫、内伤情志、食浊中阻、痰湿壅阻、瘀血内阻。根据中医临床研究,对于产后缺乳中医证型总结归纳为:外感六淫、气血两虚、肝郁气滞、痰湿壅阻、食浊中阻、肾虚不足、瘀血内阻七型。

为了提高母乳喂养率,对患缺乳者进行积极有效的干预,已成为当务之急。开发促进泌乳的保健食品便顺应了这一需求。乳汁的分泌不仅要有量的要求,也要有质的保证。妇女在哺乳期间,其营养需求一方面要满足自身需要;另一方面要为婴儿的成长发育提供乳汁。

为了保证乳汁分泌旺盛、营养全面,乳母在整个孕期及哺乳期除应注意情绪、生活环境控制外,最需要保证膳食中各种营养素的供给,尤其是以下营养素:能量、动植物蛋白质、必需脂肪酸、钙、铁、锌、碘、维生素 A、维生素 B_1、维生素 B_2、维生素 D、维生素 E、水分等。富含这些营养素的食物有利于促进产妇泌乳。在此基础上,可通过运用补气养血、疏肝解郁等保健食品原料、保健按摩等方式改善乳母的临床症状,促进乳汁的分泌。

二、促进泌乳功能保健食品的常用原料

(一) 促进泌乳功能保健食品的常用原料

牡蛎、猪蹄、当归、川芎、白芍、熟地黄、乌鸡、葛根、黄芪、阿胶、大枣、党参、益母草等。

(二) 促进泌乳功能保健食品原料简介

1. 牡蛎 牡蛎含有丰富的营养功效成分。如糖类,包括牡蛎多糖、岩藻糖、鼠李糖等;糖蛋白,包括葡糖胺、半乳糖胺等;甾体化合物,包括胆固醇、麦角固醇、菜籽固醇、β- 谷固醇等;还有肌醇、硫胺素、烟酸、泛酸、叶酸、生物素、胆碱、胡萝卜素、叶黄素等。牡蛎具有促进乳汁分泌量增多和分泌乳汁黏稠的作用。此外,牡蛎还具有增强免疫力、保肝护肝等作用。

2. 葛根 葛根的营养成分测定表明,它含有多种矿质元素(钙、磷、铁、锌、硒、硅等)和维生素,还含有丰富的氨基酸,尤其是人体不能合成的必需氨基酸,即含有赖氨酸、蛋氨酸、苯丙氨酸、苏氨酸、异亮氨酸、亮氨酸、缬氨酸,以及儿童必需的组氨酸。葛根中淀粉含量很高,新鲜葛根中含量为20%左右,干葛根淀粉含量达35%~40%。此外,葛根还含有葛根素、大豆黄酮等重要功效成分。

因此,葛根具有促进乳腺发育和泌乳,改善心脑血管系统疾病,降血脂,降血糖,免疫调节,抗氧化,抗心律失常,抗肿瘤,抑制血小板聚集,改善骨微细构造、弱雌激素样活性,对心肌缺血保护等作用。

三、促进泌乳保健食品的功能学评价程序

(一) 试验项目

1. 动物实验

(1) 母鼠体重

（2）仔鼠体重

2. 人体试食试验

（1）乳房胀度

（2）泌乳量

（3）乳汁质量：乳汁蛋白含量

（二）试验原则

1. 动物实验和人体试食试验所列的指标均为必做项目。

2. 在进行人体试食试验时，应对受试样品的食用安全性作进一步的观察。

（三）结果判定

1. 动物试验　仔鼠体重明显增加，可判定该受试样品促进泌乳动物实验结果阳性。

2. 人体试食试验　乳房胀度、泌乳量两项指标阳性，乳汁质量不低于对照组，可判定该受试样品具有促进泌乳的作用。

四、实例

目前国家食品药品监督管理总局批准了保健功能为促进泌乳的国产保健食品10个。

（一）×× 牌韵味颗粒

保健功能：促进泌乳

功效成分 / 标志性成分含量：每100g 含葛根素 4.2g、阿魏酸 30.0mg

主要原料：葛根、黄芪、阿胶、当归、糊精

适宜人群：哺乳期妇女

不适宜人群：少年儿童、孕妇

食用方法及食用量：每日 1 次，每次 1 袋，温开水冲饮

产品规格：3.5g/ 袋

保质期：24 个月

贮藏方法：置阴凉干燥处

注意事项：本品不能代替药物

（二）×× 牌当归葛根片

保健功能：促进泌乳

功效成分 / 标志性成分含量：每100g 含葛根素 4.2g、蛋白质 30g

主要原料：葛根、黄芪、阿胶、当归、淀粉、微晶纤维素、微粉硅胶、羧甲淀粉钠、硬脂酸镁、羟丙甲纤维素、聚乙二醇

适宜人群：哺乳期妇女

不适宜人群：无

食用方法及食用量：每日 3 次，每次 2 片

产品规格：0.6g/ 片

保质期：24 个月

贮藏方法：置阴凉干燥处

注意事项：本品不能代替药物

第五节　对辐射危害有辅助保护功能

一、概述

辐射广泛存在于宇宙和人类生存的环境当中,包括来自于自然环境的天然辐射源引起的辐射,如宇宙辐射(能量化的光量子、电子、γ射线、X射线)、地壳放射性核素(铀、钍、钋等)的照射、氡及其子体的照射等,以及来自于人类活动的人工辐射源引起的辐射,如医疗照射、癌症放疗、职业照射、核爆炸和核武器所致的照射、重大核事故所致的公众照射、家用电器与电脑及手机等带来的各种各样的辐射等。

(一) 辐射的基本概念

物体以电磁波的形式持续地向外传送能量,这种传送能量的方式成为辐射。物体通过辐射所放出的能量成为辐射能,也简称辐射。辐射包括电磁辐射和电离辐射。电磁辐射即不同频率和波长的无线电波、微波、红外线、可见光、紫外线、X射线和γ射线等电磁波的辐射,如雷达、通信用的射频发射台、工业用大型电器以及移动电话、微波炉、电磁炉、电脑、电视等家用电器。由直接或间接电离粒子或两者组成的任何射线所致的辐射统称为电离辐射,如核弹、核电站、科研生产所用的粒子加速器、放射源、医疗卫生机构使用的射线诊断设备等。

(二) 辐射的病理损害

放射性物质所放射出的γ射线、β射线和X射线等,对人体的辐射作用可导致直接损伤。包括破坏机体组织的蛋白质、核蛋白和酶等,造成神经和内分泌系统的调节障碍,导致体内新陈代谢的紊乱。在蛋白质分解代谢过程中,改变酶的辅基并破坏酶蛋白的结构,其中巯基酶对辐射十分敏感,小剂量就可抑制其活性,影响机体的功能。辐射可降低机体对碳水化合物的吸收率,增加肝脏中糖的排出量,还可使脂肪的代谢变化减少而合成增加,这些辐射所导致的种种变化,会导致头痛、头昏、恶心、呕吐、心律失常、失眠、健忘、白细胞下降、免疫功能降低、发生贫血等症状。对胎儿的辐射,可导致胚胎期的死亡、畸形乃至智力障碍、白血病和恶性肿瘤。辐射还能加速衰老过程,导致脏器萎缩、毛发变白、晶体混浊、微小血管的内膜纤维增生、细胞染色体畸变等。

(三) 对辐射危害有辅助保护功能保健食品的市场需求

所有人都会受到辐射的危害,辐射无处不在。而从事放射性工作的军事、医务、研究人员,包括核电站工作人员,接受放射性的医疗诊断和治疗的人员,从事放射性矿藏的开采、冶炼以及辐射育种和食品保鲜的工作人员,IT从业者,宇航员,在高原生活和工作的人群,经常使用手机和电脑的人员,受到的辐射就相对较多。

迄今为止,恶性肿瘤患者临床治疗时,约70%以上的癌症患者离不开放射治疗,放射治疗可以对肿瘤细胞产生生物效应和破坏作用,但在杀死肿瘤的同时,也会造成全身和局部的毒副反应。放疗使患者会产生放射性皮炎、放射性食管炎以及食欲下降、恶心、呕吐、腹痛、腹泻或便秘等诸多不良反应,并伴有白细胞下降、免疫功能降低等并发症,导致部分患者不得不放弃放疗。

仅仅依靠避免接触或通过物理防护来消除辐射的危害显然已不足以进行有效防

护。给予外源性物质对帮助机体恢复免疫功能,减轻辐射损伤有积极意义。由于辐射的适宜人群广泛,而且兼有特殊的受众,所以此类产品的研究和开发有着广阔的市场前景。

(四) 对辐射危害有辅助保护功能保健食品的市场格局

截至 2015 年年底,我国已通过审批具有对辐射危害有辅助保护功能的保健食品170 种。所用原料多为已批准具有对辐射危害有辅助保护功能的常用原料,它们具有一定的抗辐射作用,且无不良反应,成本低,适于产业化开发。

化学药物作为辐射防护剂最大的缺点是其毒性大,所以进一步开发一系列低度有效的天然药物辐射防护剂是当务之急。部分药食同源的物品作为对辐射危害有辅助保护功能的保健食品研究,在我国具有十分有利的条件。近年来日本等国在这方面的研究十分活跃,并取得了一定的进展,发挥优势,加强此类保健食品的研发,是十分必要的。

(五) 目前对辐射危害有辅助保护功能保健食品存在的问题

1. 评价方法有局限性,功能定位不准确。

辐射有两种:一种是电离辐射,一种是电磁辐射,目前市场需求的主要是对电磁辐射有保护作用的产品,而依据《保健食品检验与评价技术规范》(2003 年版),该功能评价方法却是针对的电离辐射,其动物试验造模条件是采用一次性 γ 射线 1~8Gy 照射,观察血液系统白细胞变化、骨髓内容改变、DNA 损伤等;针对电磁辐射,如看电视、使用计算机、手机等带来的辐射,目前尚无合适的动物造模、试验方法和观察指标,缺乏评价方法。

2. 由于该类产品主要宣传对电磁辐射的保护作用,易误导消费者。

因此,此功能的评价程序和方法目前也在修订完善中。应逐步建立科学有效的对辐射危害有辅助保护功能的评价体系,提高评价鉴定工作质量,促进此功能保健食品的开发利用。

(六) 对辐射危害有辅助保护功能保健食品的研发思路

1. 可根据辐射产品适宜人群的特点,可分别开发出针对电离辐射和电磁辐射的有辅助保护功能的保健食品。例如,对于放疗人群开发的对电离辐射有辅助保护功能的保健食品,也可针对办公室一族,经常使用计算机人群开发对电磁辐射有辅助保护功能的保健食品。

2. 以此类保健食品市场格局为依托,结合资源优势和中医药保健理论,开发出具有我国特色的对辐射危害有辅助保护功能的保健食品。

3. 目前市场上对辐射危害有辅助保护功能的保健食品的剂型主要是口服液和片剂,新剂型的开发也是保健食品研发需要解决的课题。

二、对辐射危害有辅助保护功能保健食品的常用原料

对辐射危害有辅助保护功能保健食品的常用原料有:灵芝(灵芝提取物、灵芝孢子粉)、红景天(红景天提取物)、枸杞子、黄芪、人参(西洋参)、茶多酚、维生素 C、当归、蜂胶、原花青素、银耳、维生素 E、螺旋藻、壳聚糖、低聚肽类(海洋鱼皮胶原、低聚肽粉等)、蜂胶、蜂蜡、银杏叶、女贞子、香菇、番茄红素、刺五加、β- 胡萝卜素等。

上述原料抗辐射损伤的机制主要有以下几方面:

1. 清除自由基、抗氧化作用　人体 80% 是由水组成,辐射引起水辐射分解反应,产生性质活泼,具有强氧化性的自由基,主要有 OH、O^{2-}、H_2O_2、HO_2 等,辐射造成的间接损伤主要由水辐射分解产生的自由基引起,其中又以 OH 的作用最重要。自由基对人体的损害主要有 3 个方面:①破坏细胞膜;②使血清抗蛋白酶失去活性;③损伤基因导致细胞变异的出现和蓄积,如自由基与生物大分子结合,引起生物大分子的损伤、DNA 链断裂、染色体畸变等。

研究表明,大豆异黄酮和大豆皂苷可提高肝组织中 SOD 的活性水平,降低血浆中 MDA 含量。海洋蛋白肽与灵芝多糖配伍能提高辐射小鼠血清抗氧化酶 SOD 活性并抑制自由基的产生。黄芪多糖能明显降低受照小鼠肝脏中 LPO 含量,且显著增强 SOD、GSH-PX 和 CAT 活性。番茄红素对辐射诱导体外原代培养的小鼠肝细胞的脂质过氧化作用及抗氧化作用具有良好的抑制作用。松茸多糖能减少自由基的生成,抑制或阻断自由基引发的脂质过氧化反应,增强 SOD、CAT、GSH-Px 活性,提高机体抗氧化能力,进而降低自由基对机体造成的损伤。高山红景天对电离辐射造成的自由基损伤具有明显的保护作用。刺五加皂苷可提高受照后小鼠血清中 SOD 和 GSH-Px 活性。黄芪总黄酮能有效地防止辐射所致的组织细胞损伤,使照射后组织的 MDA 含量下降,SOD 的活性受到保护。

2. 保护 DNA　细胞中 DNA 是辐射损伤的一个重要的靶分子,放射生物学效应很多是通过 DNA 损伤表现出来的。DNA 不但是辐射直接作用的靶点,也是辐射所产生的自由基间接攻击的目标之一,其最终引起 DNA 断裂、基因突变、染色体重组、细胞转化和细胞死亡等。因此,降低放射线对 DNA 损伤是辐射防护研究的重要内容之一。

研究表明灵芝多糖具有对抗 ^{60}Co-γ 射线辐射引起的小鼠白细胞下降和防止小鼠骨髓 DNA 含量降低的作用,同时有保护小鼠因辐射引起的胸腺缩小作用。槲皮素及蜂胶提取物对辐射小鼠白细胞具有激活效应且对其 DNA 的损伤具有保护作用。当归多糖对辐射诱导的肝细胞凋亡有抑制作用,并通过提高 Bcl-2/Bax 比值减少细胞凋亡的发生,进而提高肝细胞的 DNA 损伤修复能力和辐射耐受性。猴头菇多糖、灵芝多糖、木耳多糖可通过提高辐照后小鼠的骨髓 DNA 含量,来减轻辐射对机体的损伤。壳聚糖对 X 射线诱发的小鼠骨髓细胞染色体畸变具有防护作用。人参皂苷对辐射所致的细胞膜损害、组织 LPO 产生过多、骨髓细胞染色体畸变有明显的保护作用。

3. 对免疫系统的影响　辐射所致的免疫功能改变是辐射损伤的主要表现之一,免疫淋巴细胞及其参与免疫调节的脏器,如骨髓、脾脏、胸腺等都是高放射敏感细胞群。辐射引起的免疫系统损伤主要表现在免疫细胞的减少、免疫器官功能减低,从而影响机体特异及非特异性免疫功能。免疫功能的低下可以造成机体对细菌、病毒等致病因子的敏感,使机体处于危险中。所以对因辐射损伤而导致的免疫功能低下的研究十分关键。

研究表明,海藻多糖可明显抑制受照小鼠的胸腺细胞 3H-TdR 的自发掺入,降低脾细胞对 ConA、LPS 的增殖反应及脾细胞混合淋巴细胞反应,提高免疫细胞对辐射的抗性。人参提取物可诱导正常小鼠脾细胞 Th1 和 Th2 细胞因子 mRNA 的表达,也可促进辐射损伤脾细胞 IFN-γ 和 Th1 细胞因子 mRNA 的表达,从而恢复 T 细胞免疫功能。红景天能明显提高受照小鼠 T 淋巴细胞转化率,对免疫系统有保护作用。黄芪可减轻 ^{60}Co-γ 射线照射对骨髓的抑制作用,促进骨髓细胞增殖,刺激造血系统功能,提高淋巴细胞转化率和巨噬细胞吞噬功能。银杏叶总黄酮和茶多酚可使受照后小鼠淋巴细胞转化率显著提高,骨髓微核率及精子畸变率有一定程度的降低。

4. 对造血系统的保护作用 造血组织是高辐射敏感组织,造血干细胞、粒系祖细胞、红系祖细胞是辐射攻击的主要靶细胞,且照射剂量越大,外周血细胞减少越甚,血细胞除有数量上减少外,形态上、功能上也都发生了某些改变。辐射常造成骨髓抑制、微循环障碍、白细胞下降及造血微环境破坏等损伤。因此,要减轻这种辐射损伤,就要增强造血功能,提高机体抗辐射损伤的能力。

研究表明,松茸多糖通过降低造血干细胞、造血基质细胞的辐射敏感性,减轻细胞周期紊乱,促进机体造血功能的恢复,对造血系统损伤具有保护作用。红景天醇提物、灵芝多糖、香菇多糖、银耳多糖可明显升高放射线引起的白细胞降低,保护造血组织。姬松茸多糖可提高放射损伤小鼠血清造血因子活性,促进正常小鼠骨髓 GM-CFU 产率的增加。香菇多糖、银耳多糖通过升高辐射后小鼠的外周血细胞及淋巴细胞、骨髓有核细胞数、脾结节数,保护造血系统。螺旋藻粉的 ^{60}Co-γ 射线一次高剂量照射后的小鼠白细胞数有升高作用,并有降低骨髓细胞嗜多染红细胞微核率和升高红细胞 SOD 活性的作用。三七皂苷可明显对抗辐射所致小鼠骨髓抑制,且对造血功能的调节具有双向作用。

三、对辐射危害有辅助保护功能保健食品的功能学评价程序

(一) 实验项目

1. 体重
2. 外周血白细胞计数
3. 骨髓细胞 DNA 含量或骨髓有核细胞数
4. 小鼠骨髓细胞微核实验
5. 血 / 组织中超氧化物歧化酶活性实验
6. 血清溶血素含量实验

(二) 实验原则

外周血白细胞计数、骨髓细胞 DNA 含量或骨髓有核细胞数、小鼠骨髓细胞微核实验、血 / 组织中超氧化物歧化酶活性实验、血清溶血素含量实验中任选择三项进行实验。

(三) 结果判定

在外周血白细胞计数实验、骨髓细胞 DNA 含量或骨髓有核细胞数实验、小鼠骨髓细胞微核实验、血 / 组织中超氧化物歧化酶活性实验、血清溶血素含量实验中任何两项实验结果阳性,可判定该受试样品具有对辐射危害有辅助保护功能的作用。

四、实例

目前国家食品药品监督管理总局批准了保健功能为对辐射危害有辅助保护的国产保健食品 172 个。

(一) ×× 牌辐宁胶囊

保健功能:对辐射危害有辅助保护(抗辐射)

功效成分 / 标志性成分含量:每 100g 含齐墩果酸 497mg

主要原料：鱼腥草、黄芪、女贞子、甘草、玉米淀粉

适宜人群：接触辐射者

不适宜人群：无

食用方法及食用量：每日 3 次，每次 4 粒，温开水送服

产品规格：0.5g/ 粒

保质期：24 个月

贮藏方法：置阴凉干燥处

注意事项：本品不能代替药物

（二）×× 牌红灵咀嚼片

保健功能：对辐射危害有辅助保护功能

功效成分 / 标志性成分含量：每 100g 含红景天苷 48mg、粗多糖 0.64g

主要原料：灵芝提取物、刺五加提取物、红景天提取物、木糖醇、淀粉、甜菊糖苷、硬脂酸镁、羟丙甲纤维素、聚乙二醇 4000、二氧化钛、滑石粉、叶绿素铜钠盐

适宜人群：接触辐射者

不适宜人群：少年儿童

食用方法及食用量：每日 2 次，每次 1 片，口嚼

产品规格：1g/ 片

保质期：24 个月

贮藏方法：密封，置阴凉避光处

注意事项：本品不能代替药物

第六节　对化学性肝损伤有辅助保护功能

一、概述

肝脏是机体重要代谢器官，也是机体重要屏障器官，其解毒和吞噬功能对机体有重要保护作用。肝脏在防御有害物质对机体损害的同时，自身也难免受到损伤。这些有害因素中包括生物性感染例如肝炎病毒、各种细菌、寄生虫、原虫等的感染；营养缺乏或过剩及其他原因引起的代谢异常，如脂肪代谢异常出现的脂肪肝等；来自工作生活环境、食物、药物与酗酒的有害化学物质所致的中毒性肝炎及其进一步可能发展为肝硬化与肝癌等一类的肝损伤。而由化学性肝毒物质所造成的肝损伤也称为化学性肝损伤。这些化学物质的种类因人所处的生产生活条件之不同而千差万别，但主要为生产性工作中接触的有机无机毒物，来自食物、饮水与大气中的化学毒物、农药、霉菌毒素以及生活中的医药品、饮酒中的酒精等等。

化学性肝损伤在临床上可表现为几种主要肝病。常见的肝脏疾病主要有急、慢性肝炎，特别是中毒性肝炎与药物性肝炎、肝功能障碍与衰竭、肝肿大、肝硬变与肝肿瘤等。

1. 中毒性肝炎　主要由来自生产与环境中的化学毒物所引起，常见的如磷、砷、四氯化碳等。其特点为人群普遍易感，病变及临床表现类似，多可查到明确的毒物来源；有肝炎的明确病理改变，如黄疸、肝肿大、压痛及胃肠道症状，更敏感的反应是肝

功能亢进后减衰。如不能及时避免接触病原性毒物和采取必要的治疗措施,常可发展成慢性肝炎,并有可能进一步发展为肝硬化甚至肿瘤的危险。

毒蕈霉素、椰毒假单胞菌毒素、河豚毒素及其他有毒动植物毒素中毒引起的肝损伤是一种特殊的中毒性肝炎,导致肝细胞迅速坏死,病情凶险,病死率很高,应及时排毒及用特效药抢救。病后也可能转为表现不一、程度不等的慢性肝病。

根据毒性的强弱,亲肝毒物可分为三类:①剧毒类:包括磷、三硝基甲苯、四氯化碳、氯萘、丙烯醛等。②高毒类:砷、汞、锑、苯胺、三氯甲烷、砷化氢、二甲基甲酰胺等。③低毒类二硝基酚、乙醛、有机磷、丙烯腈、铅等。一些亲肝毒物与其他非毒性化学物质结合,可增加毒性,如脂肪醇类(甲醇、乙醇、异丙醇等)能增强卤代烃类(四氯化碳、三氯甲烷等)的毒性。

2. **药物性肝炎** 由药物或/及其代谢产物引起的肝脏损害,以往没有肝炎史的健康者或原来就有严重疾病的患者,在使用某种药物后发生程度不同的肝脏损害。临床上可表现为各种急慢性肝炎,轻者停药后可自行恢复,可以表现为肝细胞坏死、胆汁瘀积、细胞内微脂滴沉积或慢性肝炎、肝硬化等。重者可能危及生命,需积极治疗、抢救。可发生在用药超量时,也可发生在正常用量的情况下。及时发现及时停服致病药物常可收到较好的临床疗效。仅有少数病例可发展为肝功衰竭及瘀胆性肝硬变。

3. **酒精中毒性肝损伤** 酒精中毒俗称醉酒,是指患者一次饮大量酒精(乙醇)后发生的机体机能异常状态,对神经系统和肝脏伤害最严重。医学上将其分为急性中毒和慢性中毒两种,前者可在短时间内给患者带来较大伤害,甚至可以直接或间接导致死亡。后者给患者带来的是累积性伤害,如酒精依赖、精神障碍、酒精性肝硬化及诱发某些癌症(口腔癌、舌癌、食管癌、肝癌)等。酒精吸收后在体内的代谢主要分为三步:首先经肝代谢酶系统乙醇脱氢酶转化为乙醛,再经乙醛脱氢酶催化氧化生成乙酸,最后代谢分解为二氧化碳和水。其中乙醛可刺激肾上腺素、去甲肾上腺素等的分泌,此时患者表现为面色潮红、心跳加快等。酒精具有直接的神经系统毒性、心脏毒性和肝脏毒性,因此中毒后患者具有一系列神经系统表现异常,甚至发生昏迷及休克,此外还可发生心脏病、低血糖和代谢性酸中毒。

酒精所致的严重肝损伤是由于长期大量饮酒导致的肝脏疾病。初期通常表现为脂肪肝,进而可发展成酒精性肝炎、肝纤维化和肝硬化。其主要临床特征是恶心、呕吐、黄疸、可有肝脏肿大和压痛。并可并发肝功能衰竭和上消化道出血等。严重酗酒时可诱发广泛肝细胞坏死,甚至肝功能衰竭。酒精中毒性肝损伤是我国常见的肝脏疾病之一,严重危害人民健康。

肝脏的主要功能是参与物质代谢、生物转化(解毒与灭活)、凝血物质的生成和消除、胆汁的生产与排泄。肝脏中有丰富的单核吞噬细胞,在特异和非特异免疫中具有重要的作用。当肝脏受到某些致病因素的损害,可以引起肝脏形态结构的破坏(变性、坏死、肝硬化和肝功能异常)。但由于肝脏具有巨大的贮备能力和再生能力,比较轻度的损害,通过肝脏的代偿功能,一般不会发生明显的功能异常。

二、对化学性肝损伤有辅助保护功能保健食品的常用原料

对化学性肝损伤有保护功能的常用原料有:灵芝、山楂、桑葚、麦芽、红景天、柴胡、虫草菌粉、葛根、黄精、西洋参、银杏叶、丹参、葡萄籽提取物、大蒜、五味子、蜂王

浆、蜂胶、枸杞子、茯苓、栀子、松花粉、蚂蚁、白术、鱼腥草、绞股蓝、灵芝孢子粉、当归、陈皮、螺旋藻。

目前市场上所销售的该功能保健食品可分为以下情况：

1. 由中药或其提取物研制而成。如灵芝、枸杞子、黄芪、芦笋、当归、山楂、银杏等，这类植物具有活血化瘀、清肝解毒、强肝益肝的作用。

其中主要功效成分有：多糖类、黄酮类、苷类、萜类及木脂素类化合物等，如粗多糖、葛根素、原花青素、银杏黄酮、灵芝三萜、甘草酸、五味子甲素、五味子乙素、五味子醇甲等，这些物质同时具有提高免疫能力、抗脂质过氧化、抗肿瘤、抗衰老等功效。

2. 具有抗氧化、促进细胞增殖、提高免疫力的营养物质。主要有腺苷、牛磺酸、硒、维生素 E、维生素 C 等。

3. 一些特殊动物如牡蛎、毛蚶、甲鱼、蚂蚁等提取成分制得。这类保健食品的具体功效成分大多数还不能确认。

4. 一些生物因子：胎盘因子、肝细胞生长因子、多肽等。这类保健食品过多借助生物工程或化学合成得来，对其是否应划入保健食品行列还存在一些争议，相关产品也少见。

三、对化学性肝损伤有辅助保护功能保健食品的功能学评价程序

(一) 试验项目
动物实验分为方案一(四氯化碳肝损伤模型)和方案二(酒精肝损伤模型)两种。
方案一(四氯化碳肝损伤模型)
1. 体重
2. 谷丙转氨酶(ALT)
3. 谷草转氨酶(AST)
4. 肝组织病理学检查
方案二(酒精肝损伤模型)
1. 体重
2. 丙二醛(MDA)
3. 还原型谷胱甘肽(GSH)
4. 甘油三酯(TG)
5. 肝组织病理学检查

(二) 试验原则
1. 所列指标均为必做项目。
2. 根据受试样品作用原理的不同，方案一和方案二任选其一进行动物实验。

(三) 结果判定
方案一(四氯化碳肝损伤模型)：病理结果阳性，谷丙转氨酶和谷草转氨酶二指标中任一项指标阳性，可判定该受试样品具有对化学性肝损伤有辅助保护功能的作用。

方案二(酒精肝损伤模型)：①肝脏 MDA、GSH、TG 三项指标结果阳性，可判定该受试样品对乙醇引起的肝损伤有辅助保护功能。② 肝脏 MDA、GSH、TG 三指标中任两项指标阳性，且肝脏病理结果阳性，可判定该受试样品具有对乙醇引起的肝损伤有辅助保护功能的作用。

四、对化学性肝损伤有辅助保护功能保健食品研发实例

1. 肝损伤机制 化学性肝损伤通常由一些药物、化学毒物及其代谢产物引起,临床表现通常为肝功能异常,甚至发展为肝功能衰竭。有资料表明,近年来化学性肝损伤的发病率呈上升趋势,药物毒性、新化学物的应用、环境污染、酗酒、工业化学物、食物中毒、残留农药等因素均可对肝脏造成损害。损伤机制主要包括以下几个方面。

(1) 部分药物或毒物通过细胞色素 P_{450} 酶系生物转化后可形成毒性较强的中间体,诱导肝损伤;

(2) 各种药物或化学毒物经肝脏代谢产生的自由基能直接攻击肝细胞膜,与膜上蛋白质、核酸等大分子物质及不饱和脂肪酸起作用,发生过氧化反应,破坏细胞完整性,细胞内容物溢出,导致细胞死亡;

(3) 细胞膜磷脂经自由基攻击而崩解,进而激活某些酶类后催化膜上的磷脂生成花生四烯酸,在酶的作用下可生成前列腺素、血栓素 A_2、白细胞三烯及血小板活化因子等介质,使肝损伤加剧;

(4) 胞浆内 Ca^{2+} 浓度升高,从而引起核糖体解聚,蛋白质合成减低,导致细胞死亡。

(5) 体内生成自由基过多能引起抗氧化体系的不足或耗竭,导致氧化应激,造成脂类、DNA、蛋白质等大分子氧化损伤,并诱发细胞死亡。

2. 配方的筛选 该产品以松花粉、葛根、肉豆蔻为主要原料,经过合理工艺制成,对化学性肝损伤有辅助保护功能。

(1) 松花粉:松科植物马尾松(*Pinus massoniana* Lamb)、油松(*Pinus tabuliformis* Carr)或同属数种植物的干燥花粉。《本草经解》记载,松花粉甘温、无毒。松花粉中含有丰富的维生素 E、胡萝卜素、微量元素硒及黄酮等抗氧化物质,可抑制体内脂质过氧化反应。实验表明,预先给予松花粉可显著抑制酒精导致的肝脏 MDA 含量增加,表明松花粉可对抗酒精所致的肝脏脂质过氧化反应,减轻酒精对肝细胞的损害。肝脏 GSH 含量变化显示,酒精可导致肝组织 GSH 含量下降。血清 TG 含量的变化及肝组织苏丹Ⅲ染色显示,酒精可影响肝脏脂肪代谢,使血清 TG 含量升高,脂滴在肝细胞内沉积,预先给予松花粉可减轻酒精对脂肪代谢的影响,血清 TG 含量降低,且肝细胞内脂滴明显减少,低剂量组肝细胞内仅见少许脂滴,高剂量组动物肝细胞内未见脂滴。实验结果表明松花粉对急性酒精性肝组织损伤有明显的保护作用。

(2) 葛根:为豆科多年生落叶藤本植物野葛 *Pueraria lobata*(Willd.)Ohwi. 或甘葛藤 *Pueraria thomsonii* Benth 的干燥根。味甘、辛,性平。归脾、胃经。具有发热解表、升阳透疹、解热生津、除烦止渴、止泻等功能。现代研究表明,在酒精性损害发生机制中,多数主张代谢过程中的乙醛、NADH 及 H_2O_2 等超氧自由基物质造成膜系统脂质过氧化损害。实验和临床均证明,急性或慢性酒精中毒的动物或人,红细胞膜、肝和睾丸组织脂质过氧化物(LPO)含量增加。葛根能有效地拮抗酒精引起的肝组织脂质过氧化损害。葛根总黄酮可明显的诱导 P_{450} 酶系的作用,对解释葛根总黄酮抗致突变、抗致癌、抗致畸作用的部分机制提供了可能的依据。由于 P_{450} 酶系的活性加强加速了一些毒素在体内的代谢与排泄,从而减少其对机体的毒副作用。葛根异黄酮可明显抑制小鼠肝、肾组织匀浆在震荡温育条件下引起的脂质过氧化产物 MDA 的升高,并呈

剂量效应关系。

(3) 肉豆蔻:为肉豆蔻科植物肉豆蔻(*Myristica fragrans* Houtt.)的干燥种仁。研究表明,肉豆蔻乙醇提取物可降低血清丙氨酸转氨酶(ALT)、天冬氨酸氨基转氨酶(AST)活性和血清及肝组织 MDA 含量,提高肝组织匀浆中 SOD 活性,可减轻肝细胞变性及坏死。对 *D*- 氨基半乳糖中毒大鼠急性肝损伤具有呈量一效关系的保护作用。

根据我们对由松花粉、葛根、肉豆蔻等主要原料制成的某牌对化学性肝损伤有辅助保护功能保健食品进行的相关动物实验研究,结果说明其对化学性肝损伤有辅助保护功能确有一定的作用,是值得开发的保健食品。

3. 功效成分选定　保健食品功效成分选定常采用标志性成分进行检测,产品配方中选用的葛根含有葛根素成分,葛根素为黄酮类化合物,通过胃吸收可保护肝损伤,诱导活化肝星状细胞凋亡,有效逆转化学诱导的肝纤维化,对四氯化碳诱导的急性肝损伤也具有保护作用。黄酮类物质可通过清除自由基、抗氧化、抗脂质过氧化反应等方面,对化学性肝损伤有不同程度的保护作用。故选择葛根素和总黄酮作为产品的功效成分。

4. 工艺路线设计及产品形态与剂型选择　本产品采用胶囊剂型,本产品的工艺采用常规的胶囊剂生产工艺:混合→填充→抛光→筛选→内包装→外包装→检验→入库,其中内包装及其以前的工艺都在 30 万级洁净区生产。生产工艺设计和设备条件符合 GMP 要求。

剂型对功效成分的稳定性及保健食品效果和生产销售有较大的影响。胶囊剂外边整洁、美观,具有便于服用、携带,可掩盖粉末的苦、臭味,使用者服用的依从性好的各种优点,并且胶囊剂在胃肠道中分散快,生物利用度高。

5. 安全性　产品原辅料符合相关标准的要求,生产条件操作性强,可控制程度高,可较好控制产品质量,生产过程中混合、填充、抛光、筛选、内包装等工序在 30 万级的洁净区进行,包装后入库前检查,以更好地控制产品的质量。

通过毒理、功能试验表明本品服用剂量安全有效。

五、实例

目前国家食品药品监督管理总局批准了保健功能为对化学性肝损伤有辅助保护的国产保健食品 507 个、进口保健食品 13 个。

(一) ×× 牌灵芝甘草胶囊

保健功能:对化学性肝损伤有辅助保护

功效成分 / 标志性成分含量:每 100g 含粗多糖 0.11g、维生素 C 10.3g、维生素 E8.2g、五味子甲素 4.2mg、五味子乙素 1.6mg

主要原料:灵芝提取物、甘草提取物、姜黄提取物、五味子提取物、蒲公英提取物、维生素 C、维生素 E、二氧化硅、硬脂酸镁

适宜人群:有化学性肝损伤危险者

不适宜人群:少年儿童

食用方法及食用量:每日 3 次,每次 1 粒

产品规格:385mg/ 粒

保质期:24 个月

贮藏方法:密封,置阴凉干燥处

注意事项:本品不能代替药物;本品添加了营养素,与同类营养素同时食用不宜超过推荐量

(二) ×× 牌茶蓟椰橄片

保健功能:对化学性肝损伤有辅助保护

功效成分/标志性成分含量:每 100g 含绿原酸 241mg、五味子醇甲 68.2mg、茶多酚 5.02g

主要原料:朝鲜蓟提取物、五味子提取物、绿茶提取物、橄榄提取物、花椰菜浓缩物、微晶纤维素、姜黄粉、硬脂酸镁、预胶化淀粉、交联羧甲基纤维素钠、二氧化硅、糊精、葡萄糖、磷脂、羧甲基纤维素钠、枸橼酸钠

适宜人群:有化学性肝损伤危险者

不适宜人群:儿童、青少年、孕妇、乳母

食用方法及食用量:每日 1 次,每次 2 片

产品规格:909mg/ 片

保质期:24 个月

贮藏方法:常温,置干燥处

注意事项:本品不能代替药物

第七节 增加骨密度功能

一、概述

当前,人口老龄化已成为全球性的现象。伴随着人口老龄化,骨质疏松患者的数量也急剧增加。骨质疏松已成为世界性的公共卫生问题。据 2014 年一项《近十年我国各地区骨质疏松症流行病学状况》报告,目前我国 60 岁以上的老年人已达 2 亿,全国 40 岁以上的骨质疏松患者已达到 1.12 亿。2015 年国际骨质疏松基金会(IOF)报告中援引我国最近一项有关目前和未来骨折发生率的研究结果,在 2010 年,中国 50 岁及以上的人口中发生了大约 230 万例骨折,这一数字预计将在 2050 年上升到 600 万例。

(一)现代医学对骨质疏松的认识

骨质疏松是指骨量减少、骨微结构破坏为特征,导致骨强度降低、骨脆性增加和骨折危险性增加的一种代谢性骨骼疾病。骨质疏松症的后果是骨骼变得脆弱,因此,即使轻微的碰撞或跌倒都可能导致骨折。骨质疏松会影响体内的所有骨骼,易发生骨折部位为椎骨(脊柱)、手腕、髋关节、骨盆、上臂等。骨质疏松症本身并不疼痛,但骨折会产生剧烈的疼痛、严重的残疾甚至死亡。

骨质疏松症又分为原发性骨质疏松、继发性骨质疏松和特发性骨质疏松三大类。而原发性骨质疏松症又称为不明原因的骨质疏松,它是指发病原因尚不清楚的骨质疏松。临床上最常见的有两种类型:绝经后骨质疏松症和老年性骨质疏松症。本节所述骨质疏松重点为原发性骨质疏松症,其定义为,以骨量减少、骨组织纤维结构退化为特征,以致骨的脆性增高而骨折危险增加的一种全身性骨病。

现代医学认为,骨质疏松的病理机制主要与体内激素水平,营养状况,遗传因素,免疫因素,物理因素等密切相关。其发病机制主要是由于性激素缺乏诱发破骨细胞生成细胞因子网络系统的改变,激发了破骨细胞的活性,而抑制成骨细胞活性,骨质吸收速度超过了骨形成速度,造成骨质有机物和无机物成比例地减少。在幼儿期,骨骼形成的速度比分解的速度更快,骨量稳步上升。青春期以后,由于骨内激素增多,导致大量新骨积存,特别是密质骨层。这个阶段是人生长发育最旺盛的时期。从青春期至成年,新骨生成仍继续,但主要是在松质骨层。新骨的生成使骨量继续增加,此时骨外膜下新骨迅速形成,并由于骨内膜骨形成而使骨髓腔直径缩小。30岁以后,由于骨内膜吸收加快,钙从骨骼溶出比积存的量增多,骨髓腔扩大,骨密质变薄,骨松质的骨小梁的数目及厚度均下降,骨量也随之降低。尤其是绝经后妇女因卵巢功能迅速衰退,雌激素水平显著下降,会出现骨矿物质的大量丢失。再加上年龄因素所致的骨量减少,骨质疏松乃至骨折的发生率就会大大高于绝经前。

因骨质疏松症病因与年龄、性别、体质、营养、运动、生活方式等多因素有关,因而决定了其治疗的多样化。目前主要以药物治疗、理疗和运动疗法为主。西医多采用激素替代和补钙疗法。但雌激素类药物有诱发子宫内膜癌的危险,单纯补钙存在吸收量少的问题。中医学认为,肾虚髓亏,脾胃虚弱,气血瘀滞是骨质疏松的主要病理因素。中药治疗本病着重于整体调节,调动内因,促进成骨细胞生成,抑制破骨细胞产生,调节骨代谢平衡。但骨质疏松属慢性病,中药治疗显效慢,疗程长,需要长期服药。因此可充分利用中医学传统理论,突出中医整体调节优势,并结合现代医学研究成果,研发具有中医特色的增加骨密度的保健食品,采用补钙与中医药防治骨质疏松整体功能调节有机结合研制的保健食品在骨质疏松的防治领域有着广阔的前景。

(二) 中医对骨质疏松症的认识

应用传统中医药理论并结合现代医学研究成果研发增加骨密度功能保健食品,可从以下几方面进行。

1. 补肝肾,强筋骨,调节内分泌功能,恢复骨代谢平衡　肾虚精亏、髓减骨枯是骨质疏松发生的根本因素。肾为先天之本,主藏精,主骨至髓。肾精充足则骨髓生化有源,骨得髓养则强健有力;肾精不足则骨髓生化乏源,骨骼失养,骨矿含量下降,骨密度降低而发生骨质疏松。肝藏血,主筋,肝血不足,筋骨失养可致肢体屈伸不利,甚则痿废不用。故补肝肾,益精血,强腰膝,壮筋骨,调节内分泌功能,促进成骨细胞生成,抑制破骨细胞产生,恢复骨代谢平衡为防治骨质疏松的根本大法,可选用淫羊藿、骨碎补、杜仲、补骨脂、菟丝子、熟地黄、山茱萸、枸杞子等品。

研究表明,补肾中药能调节下丘脑－垂体－性腺轴功能,并可直接作用于靶腺促进雌激素的分泌。如淫羊藿总黄酮可通过保护性腺、抑制骨吸收和促进骨形成等途径,使机体骨代谢处于骨形成大于骨吸收的正平衡状态,防止骨质疏松的发生。骨碎补总黄酮能提高去卵巢大鼠骨密度,提高血钙含量,促进骨形成,对骨质疏松具有明显的防治作用。杜仲叶提取物有一定的促进成骨细胞增殖、调节成骨细胞代谢的作用。

2. 调脾胃,益气血,促进营养吸收,提高成骨细胞活力　脾胃虚损、后天失养是骨质疏松发生的重要因素。脾为后天之本,气血生化之源,主运化,升清而布散精微,主管人体的消化吸收,又主四肢以奉养百骸。脾胃健则饮食增,运化行,水谷精微得以四布并被吸收,筋骨得养。若脾胃虚弱,运化无力,生化乏源,精微不能四布,则骨骼失于滋养,而引起骨质疏松。同时成骨细胞的生成需要营养,脾运不健也可影响钙、维生素D的吸收以及成骨细胞的活力。因此,调脾胃,益气血,促进营养吸收,提高成骨细胞活力也是防治骨质疏松的重要立法。可选择人参、黄芪、升麻、白术、茯苓、山药、大枣、甘草等健脾益气之品。

研究表明,人参能使去卵巢大鼠的尿钙降低,骨钙增加,血碱性磷酸酶有增加趋势,提示人参可能有促进骨合成和抑制骨吸收作用。黄芪有促进成骨细胞增殖、分化和成熟的作用。升麻可增强消化功能,促进营养吸收,同时研究表明,升麻提取物有类植物激素样作用,对去卵巢大鼠的骨吸收亢进具有显著的抑制作用。白术可补脾益气,促进消化。研究表明,白术有调节骨髓造血功能,增强机体免疫力功能。甘草中甘草酸能维持骨的正常代谢,促进骨钙和骨微量元素的平衡,防止骨丢失。

3. 畅气血,通血脉,改善血液循环,减轻疼痛症状　气虚血瘀、脉络瘀滞是骨质疏松发生的促进因素。气血津液是荣养皮肉筋骨的物质基础。骨质疏松多发于年老体弱、元气不足者。气虚不能推动血液正常运行,则血液停聚而成瘀。瘀则经脉不通,新血不生,不荣不通均可致腰腿疼痛;虚则筋骨无以濡养而痿弱无力,脆弱易折,从而促进骨质疏松的发生。可选择当归、三七、丹参、红花等活血化瘀,通络行滞之品。

研究表明,当归可促进骨髓和脾细胞造血功能,并有显著镇痛作用。三七活血化瘀,疗伤止痛,是改善骨质疏松疼痛的要药。研究表明,三七总苷可促进大鼠成骨细胞的增殖、分化,促进成骨细胞的表达。丹参水提物可有效预防糖皮质激素引起的大鼠骨质疏松,其作用机制主要通过抑制骨吸收,促进成骨细胞功能,促进骨基质合成。

4. 充胶原,补钙源,深度补充骨营养,恢复骨骼重建　营养状态是影响骨代谢的主要因素,尤其是钙营养缺乏是导致骨质疏松的一个主要原因。从营养角度看,钙源充足,是预防骨质疏松的重要的措施。中药中具有许多的天然矿源,可以补充人体钙摄入不足或吸收不充分,如牡蛎、珍珠、石决明、蛋壳、牦牛骨、鹿骨、羊骨等。

研究表明,水解牡蛎钙比常用钙剂碳酸钙更有利于机体的吸收和利用。珍珠中含有丰富的碳酸钙、微量元素等,被誉为富含生命物质源的天然因子的健康宝库。此外,胶原是骨中有机基质骨小梁的重要组成部分,是骨骼中无机矿盐沉积的支架。胶原含量的减少使其无从附着,从而导致骨密度的降低。多选用阿胶、鹿角胶、龟板胶、鳖甲胶等补精益血,补充胶原物质,以达到促进骨骼重建的目的。

因骨质疏松多发于老年人,因此在研发增加骨密度功能保健食品时,还可以围绕老年病特点,研发多功能保健食品。比如骨质疏松患者常同时患有心脏病、高血压、糖尿病等多种病症,此时单一增加骨密度,预防及改善骨质疏松的保健功能就不能满足这些患者的需要。因此,研发时应围绕老年病多伴有并发症的特点,充分利用具有增加骨密度功能的原料具有多效能的特点,根据需要,在开发增加骨密度保健食品的同时,开发复合功能的保健食品。比如增加骨密度和辅助降血压功能的组合,增加骨密度和辅助降血糖功能的组合,增加骨密度和缓解体力疲劳功能的组合,增加骨密度和增强免疫力功能的组合,增加骨密度和抗氧化功能的组合等。

二、增加骨密度功能保健食品的常用原料

增加骨密度功能保健食品的常用原料有:钙以及富钙物质、硫酸软骨素、大豆异

黄酮、珍珠、肉苁蓉、黄芪、淫羊藿、熟地黄、乳清钙、骨骼钙、磷酸钙、柠檬钙、葡萄糖酸钙、乳酸钙、醋酸钙、活性钙、L-苏糖酸钙、酪蛋白磷酸肽等。

目前市场上保健食品钙制剂主要为无机钙类,有机钙类及某些中药制剂等:①无机钙:主要有氯化钙,碳酸钙类(取自天然碳酸钙矿物),活性钙(主要成分为氧化钙和氢氧化钙,大多用牡蛎壳、扇贝壳经过高温煅烧和水解而得),磷酸钙等;②天然生物来源的钙:如牡蛎壳、扇贝壳、骨泥、珍珠等;③有机钙:如乳酸钙、葡萄糖酸钙、枸橼酸钙(柠檬酸钙)、苹果酸钙、醋酸钙、甘油磷酸钙、葡萄糖醛酸内酯钙、天冬氨酸钙和L-苏糖酸钙等。

三、增加骨密度功能保健食品的功能学评价程序

(一) 试验项目

动物实验:分为方案一(补钙为主的受试物)和方案二(不含钙或不以补钙为主的受试物)两种。

1. 体重
2. 骨钙含量
3. 骨密度

(二) 试验原则

1. 根据受试样品作用原理的不同,方案一和方案二任选其一进行动物实验。
2. 所列指标均为必做项目。
3. 使用未批准用于食品的钙的化合物,除必做项目外,还必须进行钙吸收率的测定;使用属营养强化剂范围内的钙源及来自普通食品的钙源(如可食动物的骨、奶等),可以不进行钙的吸收率实验。

(三) 结果判定

方案一:骨钙含量或骨密度显著高于低钙对照组且不低于相同剂量的碳酸钙对照组,钙的吸收率不低于碳酸钙对照组,可判定该受试样品具有增加骨密度的作用。

方案二:不含钙的产品,骨钙含量或骨密度较模型对照组明显增加,且差异有显著性,可判定该受试样品具有增加骨密度的作用。

不以补钙为主(可少量含钙)的产品,骨钙含量或骨密度较模型对照组明显增加,差异有显著性,且不低于相应剂量的碳酸钙对照组,钙的吸收率不低于碳酸钙对照组,可判定该受试样品具有增加骨密度的作用。

四、增加骨密度功能保健食品研发实例

(一) 配方的筛选

该产品将营养学与中医药防治骨质疏松的优势有机的结合,采用淫羊藿、骨碎补、黄精、当归、三七、果醋蛋粉、碳酸钙、酪蛋白磷酸肽(CPP)为原料进行科学配伍,深度补充骨营养,促进成骨细胞生成、抑制破骨细胞产生,实现钙吸收与钙丢失的平衡,从而达到增加骨密度,改善骨质疏松的目的。

配方中淫羊藿温阳化气,益精填髓,补肾壮骨;骨碎补既能补肝肾、益精血、强筋骨,又能活血祛瘀、通络止痛,二者均具有促进成骨细胞生成,抑制破骨细胞产生的作用,为方中成骨元素。黄精甘平质润,具有滋肾填精,补脾益气之功,可辅助淫羊藿、

骨碎补发挥补虚扶正的作用,以缓解骨质疏松患者周身倦怠乏力的表现;当归有补血养虚、活血止痛之效;三七与当归合用可辅助淫羊藿、骨碎补发挥活血通络止痛的作用,以缓解腰背疼痛、关节疼痛,为方中补气血元素。果醋蛋粉具有补充钙源,增加骨密度,健胃消食之功,果醋蛋粉中的蛋白容易被人体吸收,起着补充骨胶原的营养作用,为方中骨胶原元素。蛋壳中活性钙和碳酸钙容易被成骨细胞吸收,起着补充钙源作用,为方中钙元素。CPP 是从天然酪蛋白中提取出的一种多肽,既是钙吸收促进因子,又能防止骨骼中钙质的流失。

诸品相合,标本兼顾,共同起到滋补肝肾,强筋壮骨,益气生血,化瘀止痛,补充钙源,改善骨代谢的功能,适用于缺钙,及肝肾不足,精血亏虚,瘀血阻络所致骨质疏松的中老年人群,体现了中医增加骨密度保健食品的组方特色。

(二) 功效成分选定

本产品组方中含有皂苷类成分,碳酸钙和果醋蛋粉中含钙,皂苷有抗骨质疏松的作用,钙为钙源,故选择总皂苷和钙作为产品的功效成分。

(三) 工艺路线设计及产品形态与剂型选择

本产品制备工艺为:①果醋蛋粉的制备工艺:将杀菌消毒后的鸡蛋放入果醋中,充分浸泡,过滤得果醋蛋液,喷雾干燥,过筛后得果醋蛋粉。②干浸膏粉的制备:将淫羊藿、骨碎补、黄精、当归、三七加水浸泡,煎煮,浓缩,醇沉,冷藏,过滤,收醇,浓缩成稠膏,喷雾干燥,过筛后得干浸膏粉。③片剂成型工艺:取果醋蛋粉,干浸膏粉,CPP,碳酸钙混合均匀,加 70% 食用酒精制软材,过筛,制粒,干燥,整粒,加入硬脂酸镁混匀,压片,包薄膜衣,内、外包装后即为成品。

剂型对功效成分的稳定性及保健食品效果和生产销售有较大的影响。片剂剂量准确,质量稳定;体积较小、致密,包衣保护稳定性较好,并可掩盖原料的苦,臭味;携带、运输、服用均较方便;宜大批量生产,节约成本;溶解度和生物利用度好。

(四) 安全性

本产品安全性毒理学评价试验按照《保健食品安全性毒理学评价程序和检验方法》的规定进行了第一、二阶段的毒理实验。并根据《保健食品功能学评价程序和检验方法》的规定,进行了保健功能检测。通过毒理、功能试验表明本产品服用剂量安全有效,具有显著增加骨密度的功能。

五、实例

目前国家食品药品监督管理总局批准了保健功能为增加骨密度的国产保健食品 557 个、进口保健食品 20 个。

(一) ×× 牌罗老太胶囊

保健功能:增加骨密度

功效成分 / 标志性成分含量:每 100g 含钙 19g、大豆异黄酮 2.6g(大豆苷 991mg、染料木苷 1.47g、大豆苷元 83.7mg、染料木素 53.5mg) .

主要原料:杜仲、骨碎补、淫羊藿、川芎、碳酸钙、大豆异黄酮

适宜人群:成年女性

不适宜人群:少年儿童、孕期及哺乳期妇女、妇科肿瘤患者及有妇科肿瘤家族病史者

食用方法及食用量:每日 2 次,每次 4 粒

产品规格:0.35g/ 粒

保质期:24 个月

贮藏方法:密封,置阴凉干燥处

注意事项:本品不能代替药物;本品添加了营养素,与同类营养素同时食用不宜超过推荐量;不宜与含大豆异黄酮成分的产品同时食用;长期食用注意妇科检查

(二)×× 牌氨基葡萄糖盐酸盐钙片

保健功能:增加骨密度

功效成分 / 标志性成分含量:每 100g 含钙 8.076g、氨基葡萄糖盐酸盐 19.1g

主要原料:葡萄糖酸钙、碳酸钙、氨基葡萄糖盐酸盐、橄榄果汁冻干粉、聚乙烯吡咯烷酮、硬脂酸镁

适宜人群:中老年人

不适宜人群:少年儿童、孕期及哺乳期妇女

食用方法及食用量:每日 2 次,每次 2 片

产品规格:1.25g/ 片

保质期:24 个月

贮藏方法:置于阴凉干燥处

注意事项:本品不能代替药物;本品添加了营养素,与同类营养素同时食用不宜超过推荐量

学习小结

1. 学习内容

第十六章	促进排铅功能	铅对人体的危害、铅中毒的原因及判定、排铅机制
		促进排铅的功能评价方法及常用原料简介、促进排铅保健食品实例
	改善缺铁性贫血功能	缺铁性贫血的概念、贫血的分类,铁的生理作用,铁缺乏的症状及原因
		改善缺铁性贫血功能评价方法及常用原料简介、改善缺铁性贫血功能保健食品实例
	清咽功能	咽喉炎的概念,慢性咽炎的病因
		清咽功能评价方法及常用原料简介、清咽保健食品实例
	促进泌乳功能	母乳喂养的意义、产后缺乳的原因及促进泌乳的方法
		促进泌乳功能评价方法及常用原料简介、促进泌乳保健食品实例
	对辐射危害有辅助保护功能	辐射的病理损害、保健食品中用于抗辐射的原料
		对辐射危害有辅助保护功能保健食品的开发展望
	对化学性肝损伤有辅助保护功能	肝损伤与化学性肝损伤
		可用于保健食品、具有对化学性肝损伤有辅助保护功能的原料
	增加骨密度功能	骨质疏松的流行病学、中医对骨质疏松症的认识
		可用于保健食品、具有增加骨密度功能的原料

笔记

2. 学习方法

通过对流行病学资料的分析,了解铅中毒、缺铁性贫血、咽喉炎、辐射危害、化学性肝损伤、骨质疏松等的含义及病因;结合中西医基本知识与国内外保健食品发展概况,了解促进排铅、改善缺铁性贫血、清咽和促进泌乳等功能保健食品的需求、发展现状与不足;结合促进排铅、改善缺铁性贫血、清咽和促进泌乳等功能保健食品的评价方法、常用原料及实例介绍,掌握各功能开发的基本原则。

复习思考题

1. 试述促进排铅、改善缺铁性贫血、清咽和促进泌乳功能的评价方法。
2. 试述具有促进排铅、改善缺铁性贫血、清咽和促进泌乳功能的物质。

附录一

保健食品注册与备案管理办法

第一章　总　则

第一条　为规范保健食品的注册与备案,根据《中华人民共和国食品安全法》,制定本办法。

第二条　在中华人民共和国境内保健食品的注册与备案及其监督管理适用本办法。

第三条　保健食品注册,是指食品药品监督管理部门根据注册申请人申请,依照法定程序、条件和要求,对申请注册的保健食品的安全性、保健功能和质量可控性等相关申请材料进行系统评价和审评,并决定是否准予其注册的审批过程。

保健食品备案,是指保健食品生产企业依照法定程序、条件和要求,将表明产品安全性、保健功能和质量可控性的材料提交食品药品监督管理部门进行存档、公开、备查的过程。

第四条　保健食品的注册与备案及其监督管理应当遵循科学、公开、公正、便民、高效的原则。

第五条　国家食品药品监督管理总局负责保健食品注册管理,以及首次进口的属于补充维生素、矿物质等营养物质的保健食品备案管理,并指导监督省、自治区、直辖市食品药品监督管理部门承担的保健食品注册与备案相关工作。

省、自治区、直辖市食品药品监督管理部门负责本行政区域内保健食品备案管理,并配合国家食品药品监督管理总局开展保健食品注册现场核查等工作。

市、县级食品药品监督管理部门负责本行政区域内注册和备案保健食品的监督管理,承担上级食品药品监督管理部门委托的其他工作。

第六条　国家食品药品监督管理总局行政受理机构(以下简称受理机构)负责受理保健食品注册和接收相关进口保健食品备案材料。

省、自治区、直辖市食品药品监督管理部门负责接收相关保健食品备案材料。

国家食品药品监督管理总局保健食品审评机构(以下简称审评机构)负责组织保健食品审评,管理审评专家,并依法承担相关保健食品备案工作。

国家食品药品监督管理总局审核查验机构(以下简称查验机构)负责保健食品注册现场

核查工作。

　　第七条　保健食品注册申请人或者备案人应当具有相应的专业知识,熟悉保健食品注册管理的法律、法规、规章和技术要求。

　　保健食品注册申请人或者备案人应当对所提交材料的真实性、完整性、可溯源性负责,并对提交材料的真实性承担法律责任。

　　保健食品注册申请人或者备案人应当协助食品药品监督管理部门开展与注册或者备案相关的现场核查、样品抽样、复核检验和监督管理等工作。

　　第八条　省级以上食品药品监督管理部门应当加强信息化建设,提高保健食品注册与备案管理信息化水平,逐步实现电子化注册与备案。

第二章　注　　册

　　第九条　生产和进口下列产品应当申请保健食品注册:

　　(一)使用保健食品原料目录以外原料(以下简称目录外原料)的保健食品;

　　(二)首次进口的保健食品(属于补充维生素、矿物质等营养物质的保健食品除外)。

　　首次进口的保健食品,是指非同一国家、同一企业、同一配方申请中国境内上市销售的保健食品。

　　第十条　产品声称的保健功能应当已经列入保健食品功能目录。

　　第十一条　国产保健食品注册申请人应当是在中国境内登记的法人或者其他组织;进口保健食品注册申请人应当是上市保健食品的境外生产厂商。

　　申请进口保健食品注册的,应当由其常驻中国代表机构或者由其委托中国境内的代理机构办理。

　　境外生产厂商,是指产品符合所在国(地区)上市要求的法人或者其他组织。

　　第十二条　申请保健食品注册应当提交下列材料:

　　(一)保健食品注册申请表,以及申请人对申请材料真实性负责的法律责任承诺书;

　　(二)注册申请人主体登记证明文件复印件;

　　(三)产品研发报告,包括研发人、研发时间、研制过程、中试规模以上的验证数据,目录外原料及产品安全性、保健功能、质量可控性的论证报告和相关科学依据,以及根据研发结果综合确定的产品技术要求等;

　　(四)产品配方材料,包括原料和辅料的名称及用量、生产工艺、质量标准,必要时还应当按照规定提供原料使用依据、使用部位的说明、检验合格证明、品种鉴定报告等;

　　(五)产品生产工艺材料,包括生产工艺流程简图及说明,关键工艺控制点及说明;

　　(六)安全性和保健功能评价材料,包括目录外原料及产品的安全性、保健功能试验评价材料,人群食用评价材料;功效成分或者标志性成分、卫生学、稳定性、菌种鉴定、菌种毒力等试验报告,以及涉及兴奋剂、违禁药物成分等检测报告;

　　(七)直接接触保健食品的包装材料种类、名称、相关标准等;

　　(八)产品标签、说明书样稿;产品名称中的通用名与注册的药品名称不重名的检索材料;

　　(九)3个最小销售包装样品;

　　(十)其他与产品注册审评相关的材料。

第十三条　申请首次进口保健食品注册,除提交本办法第十二条规定的材料外,还应当提交下列材料:

(一)产品生产国(地区)政府主管部门或者法律服务机构出具的注册申请人为上市保健食品境外生产厂商的资质证明文件;

(二)产品生产国(地区)政府主管部门或者法律服务机构出具的保健食品上市销售一年以上的证明文件,或者产品境外销售以及人群食用情况的安全性报告;

(三)产品生产国(地区)或者国际组织与保健食品相关的技术法规或者标准;

(四)产品在生产国(地区)上市的包装、标签、说明书实样。

由境外注册申请人常驻中国代表机构办理注册事务的,应当提交《外国企业常驻中国代表机构登记证》及其复印件;境外注册申请人委托境内的代理机构办理注册事项的,应当提交经过公证的委托书原件以及受委托的代理机构营业执照复印件。

第十四条　受理机构收到申请材料后,应当根据下列情况分别作出处理:

(一)申请事项依法不需要取得注册的,应当即时告知注册申请人不受理;

(二)申请事项依法不属于国家食品药品监督管理总局职权范围的,应当即时作出不予受理的决定,并告知注册申请人向有关行政机关申请;

(三)申请材料存在可以当场更正的错误的,应当允许注册申请人当场更正;

(四)申请材料不齐全或者不符合法定形式的,应当当场或者在5个工作日内一次告知注册申请人需要补正的全部内容,逾期不告知的,自收到申请材料之日起即为受理;

(五)申请事项属于国家食品药品监督管理总局职权范围,申请材料齐全、符合法定形式,注册申请人按照要求提交全部补正申请材料的,应当受理注册申请。

受理或者不予受理注册申请,应当出具加盖国家食品药品监督管理总局行政许可受理专用章和注明日期的书面凭证。

第十五条　受理机构应当在受理后3个工作日内将申请材料一并送交审评机构。

第十六条　审评机构应当组织审评专家对申请材料进行审查,并根据实际需要组织查验机构开展现场核查,组织检验机构开展复核检验,在60个工作日内完成审评工作,并向国家食品药品监管管理总局提交综合审评结论和建议。

特殊情况下需要延长审评时间的,经审评机构负责人同意,可以延长20个工作日,延长决定应当及时书面告知申请人。

第十七条　审评机构应当组织对申请材料中的下列内容进行审评,并根据科学依据的充足程度明确产品保健功能声称的限定用语:

(一)产品研发报告的完整性、合理性和科学性;

(二)产品配方的科学性,及产品安全性和保健功能;

(三)目录外原料及产品的生产工艺合理性、可行性和质量可控性;

(四)产品技术要求和检验方法的科学性和复现性;

(五)标签、说明书样稿主要内容以及产品名称的规范性。

第十八条　审评机构在审评过程中可以调阅原始资料。

审评机构认为申请材料不真实、产品存在安全性或者质量可控性问题,或者不具备声称的保健功能的,应当终止审评,提出不予注册的建议。

第十九条　审评机构认为需要注册申请人补正材料的,应当一次告知需要补正的全部内容。注册申请人应当在3个月内按照补正通知的要求一次提供补充材料;审评机构收到补充材料后,审评时间重新计算。

注册申请人逾期未提交补充材料或者未完成补正,不足以证明产品安全性、保健功能和质量可控性的,审评机构应当终止审评,提出不予注册的建议。

第二十条　审评机构认为需要开展现场核查的,应当及时通知查验机构按照申请材料中的产品研发报告、配方、生产工艺等技术要求进行现场核查,并对下线产品封样送复核检验机构检验。

查验机构应当自接到通知之日起 30 个工作日内完成现场核查,并将核查报告送交审评机构。

核查报告认为申请材料不真实、无法溯源复现或者存在重大缺陷的,审评机构应当终止审评,提出不予注册的建议。

第二十一条　复核检验机构应当严格按照申请材料中的测定方法以及相关说明进行操作,对测定方法的科学性、复现性、适用性进行验证,对产品质量可控性进行复核检验,并应当自接受委托之日起 60 个工作日内完成复核检验,将复核检验报告送交审评机构。

复核检验结论认为测定方法不科学、无法复现、不适用或者产品质量不可控的,审评机构应当终止审评,提出不予注册的建议。

第二十二条　首次进口的保健食品境外现场核查和复核检验时限,根据境外生产厂商的实际情况确定。

第二十三条　保健食品审评涉及的试验和检验工作应当由国家食品药品监督管理总局选择的符合条件的食品检验机构承担。

第二十四条　审评机构认为申请材料真实,产品科学、安全、具有声称的保健功能,生产工艺合理、可行和质量可控,技术要求和检验方法科学、合理的,应当提出予以注册的建议。

审评机构提出不予注册建议的,应当同时向注册申请人发出拟不予注册的书面通知。注册申请人对通知有异议的,应当自收到通知之日起 20 个工作日内向审评机构提出书面复审申请并说明复审理由。复审的内容仅限于原申请事项及申请材料。

审评机构应当自受理复审申请之日起 30 个工作日内作出复审决定。改变不予注册建议的,应当书面通知注册申请人。

第二十五条　审评机构作出综合审评结论及建议后,应当在 5 个工作日内报送国家食品药品监督管理总局。

第二十六条　国家食品药品监督管理总局应当自受理之日起 20 个工作日内对审评程序和结论的合法性、规范性以及完整性进行审查,并作出准予注册或者不予注册的决定。

第二十七条　现场核查、复核检验、复审所需时间不计算在审评和注册决定的期限内。

第二十八条　国家食品药品监督管理总局作出准予注册或者不予注册的决定后,应当自作出决定之日起 10 个工作日内,由受理机构向注册申请人发出保健食品注册证书或者不予注册决定。

第二十九条　注册申请人对国家食品药品监督管理总局作出不予注册的决定有异议的,可以向国家食品药品监督管理总局提出书面行政复议申请或者向法院提出行政诉讼。

第三十条　保健食品注册人转让技术的,受让方应当在转让方的指导下重新提出产品注册申请,产品技术要求等应当与原申请材料一致。

审评机构按照相关规定简化审评程序。符合要求的,国家食品药品监督管理总局应当为受让方核发新的保健食品注册证书,并对转让方保健食品注册予以注销。

受让方除提交本办法规定的注册申请材料外,还应当提交经公证的转让合同。

第三十一条 保健食品注册证书及其附件所载明内容变更的,应当由保健食品注册人申请变更并提交书面变更的理由和依据。

注册人名称变更的,应当由变更后的注册申请人申请变更。

第三十二条 已经生产销售的保健食品注册证书有效期届满需要延续的,保健食品注册人应当在有效期届满6个月前申请延续。

获得注册的保健食品原料已经列入保健食品原料目录,并符合相关技术要求,保健食品注册人申请变更注册,或者期满申请延续注册的,应当按照备案程序办理。

第三十三条 申请变更国产保健食品注册的,除提交保健食品注册变更申请表(包括申请人对申请材料真实性负责的法律责任承诺书)、注册申请人主体登记证明文件复印件、保健食品注册证书及其附件的复印件外,还应当按照下列情形分别提交材料:

(一)改变注册人名称、地址的变更申请,还应当提供该注册人名称、地址变更的证明材料;

(二)改变产品名称的变更申请,还应当提供拟变更后的产品通用名与已经注册的药品名称不重名的检索材料;

(三)增加保健食品功能项目的变更申请,还应当提供所增加功能项目的功能学试验报告;

(四)改变产品规格、保质期、生产工艺等涉及产品技术要求的变更申请,还应当提供证明变更后产品的安全性、保健功能和质量可控性与原注册内容实质等同的材料、依据及变更后3批样品符合产品技术要求的全项目检验报告;

(五)改变产品标签、说明书的变更申请,还应当提供拟变更的保健食品标签、说明书样稿。

第三十四条 申请延续国产保健食品注册的,应当提交下列材料:

(一)保健食品延续注册申请表,以及申请人对申请材料真实性负责的法律责任承诺书;

(二)注册申请人主体登记证明文件复印件;

(三)保健食品注册证书及其附件的复印件;

(四)经省级食品药品监督管理部门核实的注册证书有效期内保健食品的生产销售情况;

(五)人群食用情况分析报告、生产质量管理体系运行情况的自查报告以及符合产品技术要求的检验报告。

第三十五条 申请进口保健食品变更注册或者延续注册的,除分别提交本办法第三十三条、第三十四条规定的材料外,还应当提交本办法第十三条第一款(一)、(二)、(三)、(四)项和第二款规定的相关材料。

第三十六条 变更申请的理由依据充分合理,不影响产品安全性、保健功能和质量可控性的,予以变更注册;变更申请的理由依据不充分、不合理,或者拟变更事项影响产品安全性、保健功能和质量可控性的,不予变更注册。

第三十七条 申请延续注册的保健食品的安全性、保健功能和质量可控性符合要求的,予以延续注册。

申请延续注册的保健食品的安全性、保健功能和质量可控性依据不足或者不再符合要求，在注册证书有效期内未进行生产销售的，以及注册人未在规定时限内提交延续申请的，不予延续注册。

第三十八条　接到保健食品延续注册申请的食品药品监督管理部门应当在保健食品注册证书有效期届满前作出是否准予延续的决定。逾期未作出决定的，视为准予延续注册。

第三十九条　准予变更注册或者延续注册的，颁发新的保健食品注册证书，同时注销原保健食品注册证书。

第四十条　保健食品变更注册与延续注册的程序未作规定的，可以适用本办法关于保健食品注册的相关规定。

第三章　注册证书管理

第四十一条　保健食品注册证书应当载明产品名称、注册人名称和地址、注册号、颁发日期及有效期、保健功能、功效成分或者标志性成分及含量、产品规格、保质期、适宜人群、不适宜人群、注意事项。

保健食品注册证书附件应当载明产品标签、说明书主要内容和产品技术要求等。

产品技术要求应当包括产品名称、配方、生产工艺、感官要求、鉴别、理化指标、微生物指标、功效成分或者标志性成分含量及检测方法、装量或者重量差异指标（净含量及允许负偏差指标）、原辅料质量要求等内容。

第四十二条　保健食品注册证书有效期为 5 年。变更注册的保健食品注册证书有效期与原保健食品注册证书有效期相同。

第四十三条　国产保健食品注册号格式为：国食健注 G+4 位年代号 +4 位顺序号；进口保健食品注册号格式为：国食健注 J+4 位年代号 +4 位顺序号。

第四十四条　保健食品注册有效期内，保健食品注册证书遗失或者损坏的，保健食品注册人应当向受理机构提出书面申请并说明理由。因遗失申请补发的，应当在省、自治区、直辖市食品药品监督管理部门网站上发布遗失声明；因损坏申请补发的，应当交回保健食品注册证书原件。

国家食品药品监督管理总局应当在受理后 20 个工作日内予以补发。补发的保健食品注册证书应当标注原批准日期，并注明"补发"字样。

第四章　备　　案

第四十五条　生产和进口下列保健食品应当依法备案：

（一）使用的原料已经列入保健食品原料目录的保健食品；

（二）首次进口的属于补充维生素、矿物质等营养物质的保健食品。

首次进口的属于补充维生素、矿物质等营养物质的保健食品，其营养物质应当是列入保健食品原料目录的物质。

第四十六条　国产保健食品的备案人应当是保健食品生产企业，原注册人可以作为备案人;进口保健食品的备案人,应当是上市保健食品境外生产厂商。

第四十七条　备案的产品配方、原辅料名称及用量、功效、生产工艺等应当符合法律、法规、规章、强制性标准以及保健食品原料目录技术要求的规定。

第四十八条　申请保健食品备案,除应当提交本办法第十二条第(四)、(五)、(六)、(七)、(八)项规定的材料外,还应当提交下列材料:

(一) 保健食品备案登记表,以及备案人对提交材料真实性负责的法律责任承诺书;

(二) 备案人主体登记证明文件复印件;

(三) 产品技术要求材料;

(四) 具有合法资质的检验机构出具的符合产品技术要求全项目检验报告;

(五) 其他表明产品安全性和保健功能的材料。

第四十九条　申请进口保健食品备案的,除提交本办法第四十八条规定的材料外,还应当提交本办法第十三条第一款(一)、(二)、(三)、(四)项和第二款规定的相关材料。

第五十条　食品药品监督管理部门收到备案材料后,备案材料符合要求的,当场备案;不符合要求的,应当一次告知备案人补正相关材料。

第五十一条　食品药品监督管理部门应当完成备案信息的存档备查工作,并发放备案号。对备案的保健食品,食品药品监督管理部门应当按照相关要求的格式制作备案凭证,并将备案信息表中登载的信息在其网站上公布。

国产保健食品备案号格式为:食健备 G+4 位年代号 +2 位省级行政区域代码 +6 位顺序编号;进口保健食品备案号格式为:食健备 J+4 位年代号 +00+6 位顺序编号。

第五十二条　已经备案的保健食品,需要变更备案材料的,备案人应当向原备案机关提交变更说明及相关证明文件。备案材料符合要求的,食品药品监督管理部门应当将变更情况登载于变更信息中,将备案材料存档备查。

第五十三条　保健食品备案信息应当包括产品名称、备案人名称和地址、备案登记号、登记日期以及产品标签、说明书和技术要求。

第五章　标签、说明书

第五十四条　申请保健食品注册或者备案的,产品标签、说明书样稿应当包括产品名称、原料、辅料、功效成分或者标志性成分及含量、适宜人群、不适宜人群、保健功能、食用量及食用方法、规格、贮藏方法、保质期、注意事项等内容及相关制定依据和说明等。

第五十五条　保健食品的标签、说明书主要内容不得涉及疾病预防、治疗功能,并声明"本品不能代替药物"。

第五十六条　保健食品的名称由商标名、通用名和属性名组成。

商标名,是指保健食品使用依法注册的商标名称或者符合《商标法》规定的未注册的商标名称,用以表明其产品是独有的、区别于其他同类产品。

通用名,是指表明产品主要原料等特性的名称。

属性名,是指表明产品剂型或者食品分类属性等的名称。

第五十七条　保健食品名称不得含有下列内容:

(一) 虚假、夸大或者绝对化的词语;

(二) 明示或者暗示预防、治疗功能的词语;

（三）庸俗或者带有封建迷信色彩的词语；

（四）人体组织器官等词语；

（五）除""之外的符号；

（六）其他误导消费者的词语。

保健食品名称不得含有人名、地名、汉语拼音、字母及数字等，但注册商标作为商标名、通用名中含有符合国家规定的含字母及数字的原料名除外。

第五十八条　通用名不得含有下列内容：

（一）已经注册的药品通用名，但以原料名称命名或者保健食品注册批准在先的除外；

（二）保健功能名称或者与表述产品保健功能相关的文字；

（三）易产生误导的原料简写名称；

（四）营养素补充剂产品配方中部分维生素或者矿物质；

（五）法律法规规定禁止使用的其他词语。

第五十九条　备案保健食品通用名应当以规范的原料名称命名。

第六十条　同一企业不得使用同一配方注册或者备案不同名称的保健食品；不得使用同一名称注册或者备案不同配方的保健食品。

第六章　监 督 管 理

第六十一条　国家食品药品监督管理总局应当及时制定并公布保健食品注册申请服务指南和审查细则，方便注册申请人申报。

第六十二条　承担保健食品审评、核查、检验的机构和人员应当对出具的审评意见、核查报告、检验报告负责。

保健食品审评、核查、检验机构和人员应当依照有关法律、法规、规章的规定，恪守职业道德，按照食品安全标准、技术规范等对保健食品进行审评、核查和检验，保证相关工作科学、客观和公正。

第六十三条　参与保健食品注册与备案管理工作的单位和个人，应当保守在注册或者备案中获知的商业秘密。

属于商业秘密的，注册申请人和备案人在申请注册或者备案时应当在提交的资料中明确相关内容和依据。

第六十四条　食品药品监督管理部门接到有关单位或者个人举报的保健食品注册受理、审评、核查、检验、审批等工作中的违法违规行为后，应当及时核实处理。

第六十五条　除涉及国家秘密、商业秘密外，食品药品监督管理部门应当自完成注册或者备案工作之日起 20 个工作日内根据相关职责在网站公布已经注册或者备案的保健食品目录及相关信息。

第六十六条　有下列情形之一的，国家食品药品监督管理总局根据利害关系人的请求或者依据职权，可以撤销保健食品注册证书：

（一）行政机关工作人员滥用职权、玩忽职守作出准予注册决定的；

（二）超越法定职权或者违反法定程序作出准予注册决定的；

（三）对不具备申请资格或者不符合法定条件的注册申请人准予注册的；

（四）依法可以撤销保健食品注册证书的其他情形。

注册人以欺骗、贿赂等不正当手段取得保健食品注册的,国家食品药品监督管理总局应当予以撤销。

第六十七条　有下列情形之一的,国家食品药品监督管理总局应当依法办理保健食品注册注销手续:

(一)保健食品注册有效期届满,注册人未申请延续或者国家食品药品监管总局不予延续的;

(二)保健食品注册人申请注销的;

(三)保健食品注册人依法终止的;

(四)保健食品注册依法被撤销,或者保健食品注册证书依法被吊销的;

(五)根据科学研究的发展,有证据表明保健食品可能存在安全隐患,依法被撤回的;

(六)法律、法规规定的应当注销保健食品注册的其他情形。

第六十八条　有下列情形之一的,食品药品监督管理部门取消保健食品备案:

(一)备案材料虚假的;

(二)备案产品生产工艺、产品配方等存在安全性问题的;

(三)保健食品生产企业的生产许可被依法吊销、注销的;

(四)备案人申请取消备案的;

(五)依法应当取消备案的其他情形。

第七章　法 律 责 任

第六十九条　保健食品注册与备案违法行为,食品安全法等法律法规已有规定的,依照其规定。

第七十条　注册申请人隐瞒真实情况或者提供虚假材料申请注册的,国家食品药品监督管理总局不予受理或者不予注册,并给予警告;申请人在 1 年内不得再次申请注册该保健食品;构成犯罪的,依法追究刑事责任。

第七十一条　注册申请人以欺骗、贿赂等不正当手段取得保健食品注册证书的,由国家食品药品监督管理总局撤销保健食品注册证书,并处 1 万元以上 3 万元以下罚款。被许可人在 3 年内不得再次申请注册;构成犯罪的,依法追究刑事责任。

第七十二条　有下列情形之一的,由县级以上人民政府食品药品监督管理部门处以 1 万元以上 3 万元以下罚款;构成犯罪的,依法追究刑事责任。

(一)擅自转让保健食品注册证书的;

(二)伪造、涂改、倒卖、出租、出借保健食品注册证书的。

第七十三条　食品药品监督管理部门及其工作人员对不符合条件的申请人准予注册,或者超越法定职权准予注册的,依照食品安全法第一百四十四条的规定予以处理。

食品药品监督管理部门及其工作人员在注册审评过程中滥用职权、玩忽职守、徇私舞弊的,依照食品安全法第一百四十五条的规定予以处理。

第八章　附　　则

第七十四条　申请首次进口保健食品注册和办理进口保健食品备案及其变更的,应当提交中文材料,外文材料附后。中文译本应当由境内公证机构进行公证,确保与原文内容一致;申请注册的产品质量标准(中文本),必须符合中国保健食品质量标准的格式。境外机构出具的证明文件应当经生产国(地区)的公证机构公证和中国驻所在国使领馆确认。

第七十五条 本办法自 2016 年 7 月 1 日起施行。2005 年 4 月 30 日公布的《保健食品注册管理办法(试行)》(原国家食品药品监督管理总局令第 19 号)同时废止。

关于进一步明确保健食品再注册有关事项的通告

为加强和规范保健食品再注册管理,根据《中华人民共和国行政许可法》、《保健食品注册管理办法(试行)》等有关规定,经研究,现就有关事项进一步明确如下:

一、申请人再注册申请已受理的,在产品再注册审查期间,原保健食品批准证书继续有效。自 2013 年 9 月 1 日起,保健食品再注册受理通知书中增加"在产品再注册审查期间,原保健食品批准证书继续有效"的内容。此前受理的,申请人可根据需要凭受理通知书原件到原受理部门换取增加相应内容的受理通知书。

二、对在批准证书有效期内,因客观原因未在规定时限提出再注册申请的,申请人应提供书面说明,经所在地省(区、市)食品药品监督管理部门审核认可,函报国家食品药品监督管理总局同意后,省(区、市)食品药品监督管理部门方可受理该产品再注册申请;进口产品批准证书申请人应直接向国家食品药品监督管理总局提出书面说明,经审核同意后,国家食品药品监督管理总局行政受理服务中心方可受理该产品再注册申请。无客观原因逾期或超过批准证书有效期的,不予受理。

三、申请人应熟悉并掌握保健食品再注册各项规定,积极做好保健食品再注册有关准备工作,及时提出保健食品再注册申请和提交规范完整的申报资料。

四、申请人应当在自批准之日起 6 个月后严格按照新批准证书内容组织生产,此前的产品允许销售至保质期结束。

五、各省(区、市)食品药品监督管理部门应在符合规定的条件下,加快开展保健食品再注册的受理工作,抓紧开展现场核查,及时将相关材料报送技术审评部门。保健食品注册检验机构应及时安排保健食品再注册相关检验检测工作。

特此通告。

国家食品药品监督管理总局
2013 年 8 月 23 日

附录三

保健食品注册申报资料书写与审查规范

一、申报资料的基本要求

（一）配方中原料与主要辅料相同，涉及不同口味、不同颜色的产品，按新产品逐一申报。

（二）申请注册产品时，每个产品的申报资料应按相应"申报资料项目"的顺序排列，使用明显的标志区分，并装订成册。

（三）申报资料中同一项目（如产品名称、申请人名称、申请人地址等）的填写应当一致，不得前后矛盾。

（四）产品名称应包括产品商品名、通用名和属性名。

（五）申报资料中配方、生产工艺、质量标准、标签与说明书及有关证明文件涉及外文的，均应译为规范的中文，中文译文附在相应的外文资料之后；外文参考文献，其中摘要、关键词及与保健功能有关部分的内容应译为规范的中文，译文附在该篇外文参考文献之后。人名、外国地址除外。

（六）申报资料中除注册申请表及检验机构出具的试验报告外，所有资料应逐页加盖申请人（进口产品可以是境内申报代理机构）印章（可以是骑缝章）。印章应加盖在文字处，计算机扫描或彩色打印章无效。

（七）申报资料均应使用 A4 规格纸张打印（建议中文使用宋体小 4 号字，英文使用 12 号字）。申报的各项内容应完整、清楚，不得涂改。

（八）申报资料的复印件应由原件复制，复印件应当完整、清晰，并与原件完全一致。

（九）首次申报的保健食品提交申报资料原件 1 份、复印件 8 份。变更与转让的保健食品提交申报资料原件 1 份。

（十）申请人提交的修改补充资料，应为需要修改补充项目的完整资料。如审评意见要求修改质量标准中型式检验的有关内容，申请人提交补充资料时应提交修改后的完整质量标准。补充资料均应写明出具资料的日期（年月日），并加盖与原申请人一致的公章，同时还应附保健食品审评意见通知书。

（十一）已经正式受理的注册申请，申请人提出更改申报资料有关内容的具体要求：

1. 产品配方、试验报告、生产工艺、进口产品的原文全称、进口产品申请人及生产企业原文全称及其它可能涉及产品卫生安全或功能的内容不得变更。

2. 除上述内容外，申请更改其它申报内容的，申请人应当提交书面申请和理由，并注明提交的日期，同时加盖与原申请人一致的公章。申请人应对涉及更改的内容重新提供完整的资料,如更改产品中文名称时,应写明更改后的产品名全称。更改产品中文说明书时,应提交更改后的说明书全文。

3. 完成技术审评后,不再受理申请人要求更改申报内容的申请。

(十二) 未获国家食品药品监督管理局批准注册的产品,申请人可书面申请退回提交的受委托申报的委托书、产品在生产国(地区)允许生产销售的证明文件和生产国或地区有关机构出具的该生产企业符合当地相应保健食品生产质量管理规范的证明文件,其它申报资料及样品一律不退申请人,由国家食品药品监督管理局存档备查。

二、保健食品注册申请表

(一) 保健食品注册申请表可从国家食品药品监督管理局网站(www.cfda.gov.cn)或国家食品药品监督管理局保健食品审评中心网站(www.zybh.gov.cn)下载。

(二) 申请表内容须打印填写,项目填写应完整、规范,不得涂改。

(三) 申报的保健功能用语规范、准确,按照国家食品药品监督管理局公布的保健食品功能名称填写。但申报的新功能除外。

(四) 进口保健食品产品名称应有中文名称和英文名称(其它文种均应译成英文)。产品名称、申请人名称应与委托书及销售证明中的相关名称完全一致(中英文)。

(五) 进口保健食品如由申请人自己生产的,《进口保健食品注册申请表》中的生产企业与申请人相同,如由申请人委托他人生产的,申请人应当为产品所有权的拥有者和责任承担者,生产企业应当为受申请人委托并实际生产该产品的企业。

(六) 申请人名称、企业营业执照或独立法人资格证书以及印章三者应完全一致。

(七) 若两个申请人联合申报,应填写两个申请人名称及地址,应由申请人分别签字并加盖申请人印章。

(八) 申请人为公民的,在申请人一栏写明申请人的身份证号码。

三、首次申报保健食品申报资料要求

(一) 申请人营业执照复印件或身份证复印件,应加盖申请人印章。

(二) 申请注册的保健食品的通用名(以原料名称命名的除外)与药品名称不重名的检索材料。如益肝灵片是已批准的药品名称,××牌益肝灵片(口服液、胶囊等)就不得作为保健食品名称申报。申请人可自行从国家食品药品监督管理局网站数据库中检索,并提交检索报告。

(三) 商标注册证明文件,指由国家商标注册管理部门颁发的商标注册证书复印件,并加盖申请人印章。商标注册人应与申请人一致,使用范围应包括保健食品。如商标注册证书中标明的商标注册人与申请人不一致的,应提供商标注册人变更文件或申请人可以合法使用该商标的证明文件。

(四) 产品研发报告

产品研发报告应包括产品立项目的与依据、产品研制结果总结及评价和预期效果三部分。

1. 产品立项目的与依据

阐明该类产品或相似产品在国内外发展、应用的动态,立项的产品预期达到的保健功能和科学水平,该产品具有的特点,配方中所选用的原辅料制成产品能达到预期保健功能的科学依据、工艺路线合理性、可行性和完整的保障措施。

2. 产品研制结果总结及评价

(1) 产品保健功能的选定：

保健食品的功能与产品的功效成分(或标志性成分)密切相关,应根据产品可行性研究合理的选择保健功能项目。如选择 2 种以上保健功能,需说明所选功能间的相互关系。

(2) 产品配方及用量的筛选：

说明配方中各原、辅料在产品中的作用、相互关系及其用量的科学依据。注意配方中配伍禁忌和对人体安全性影响,配伍预试时应有试验记录及原始计算数据。

(3) 产品形态与剂型选择：

应根据产品本身的特性,既利于食用、便于人体吸收,又易于保存的原则选择产品的形态与剂型。一般选择能充分发挥产品保健功能的形态和剂型,并提供相应的科学依据及必要的试验数据。

(4) 生产工艺的优选及相关技术参数确定：

阐明原料预处理的方法、产品的工艺设计路线。说明试验、设备、仪器和工艺的优选过程及相关技术参数。

(5) 产品的安全性、稳定性、保质期研究

说明生产环境(一般生产区与控制生产区的划分、环保及安全生产措施);提供消毒、灭菌方法及试验依据;阐明影响产品质量的关键环节及质控措施;对产品质量稳定性的预试结果及改进措施进行评价。

(6) 中试生产过程

按预试或研究室试制放大样品进行中试,对拟定的生产工艺进行工艺验证和偏差纠正,并自检中试产品质量,提供自检报告。

3. 预期效果

(1) 市场需求量的调查情况分析、对产品发展前景进行分析。

(2) 对产品的社会效益和经济效益评估。

(五) 产品配方(原料和辅料)及配方依据

1. 产品配方

(1) 原料

产品配方中应列出全部原料,原料名称应用规范的标准名称,并按各原料在产品中的功效作用顺序列出。列出相应的所有原料的用量及所用原料(饮片)炮制规格,如生、盐制、酒制、蜜制、煅等。

原料用量按制成 1000 个制剂单位为配方量。如:胶囊采用 1000 粒、片剂采用 1000 片、颗粒剂采用 1000g、液体制剂采用 1000ml、其它形态保健食品采用 1000g 等标示原料用量,胶囊产品的配方还应标明 1000 粒胶囊中的内容物含量。量度单位一律以"克"或"毫升"表示。

原料若为提取物者,应符合有关规定,并附相关的质量标准及提取工艺。

(2) 辅料

将所用辅料(如赋形剂、填充剂、成型剂、甜味剂、着色剂、包衣材料等)的名称和用量全部写入配方,所用剂量按原料配方用量对应计量标出。

2. 配方依据

本着产品配方应科学、合理的原则,在对配方原料的单一成分的主要功效作用逐一阐明

解释的同时,重点对整个产品组方的科学性、合理性和食用安全性、功能依据进行描述。原料的组成和配方要考虑食用安全性因素,体现禁忌搭配的观点,尽可能提供原料及主要成分的安全、功能作用和剂量关系的科学文献资料或申请人的试验数据。应对原料的食品属性进行描述,提供产品选用加工工艺对原料功效作用发挥的依据。

(1) 按传统中医药学养生、保健理论研制的保健食品。配方中所用原料及多种原料配合比例和关系,应当符合中医药学养生、保健理论,包括:考虑原料的性味、归经、升降浮沉等性能,要依据"理法方药"程序,按"君臣佐使"关系组合,结合申报的功能,针对适用人群的证型及主症,本着辨证论食的原则,论述配方依据。并尽可能提供现代医学理论的支持或补充的科学文献资料。在对配方依据的描述上,传统中医药学、保健作用与现代医学理论不应截然分开。

(2) 按现代医学理论研制的保健食品。应用现代医学理论及研究成果,从所用原料间的物理、化学性质及现代科学的协同与拮抗情况进行配方依据的描述,说明量效关系,并提供相关的科学文献资料或申请人的试验数据。阐明国内外研究现状,并提供相关的文献依据。

(3) 按传统中医药学养生、保健理论并结合现代医学理论研制的保健食品。这类保健食品生产使用的原料,既有用传统中医药学养生、保健理论表述的原料(如制大黄、枳壳),又有现代科学所表述的原料(如维生素类、矿物质类、总黄酮类、总皂苷类),配方依据的论述应以一种医药学理论为主,即将所用原料的中药视作现代科学所表述的原料或将所用现代科学表述的原料视作中药或称中医药学的功能物质来论述配方依据。阐明两类原料配伍的必要性和合理性,并提供两类原料单独使用与配伍使用的功能对比资料。

3. 说明

1) 配方中所用原料如为特殊品种(如真菌类、益生菌类、核酸类、濒危野生动植物等),应按照有关文件规定提供相关的资料。以国家限制使用的野生动植物为原料的产品注册申请时,还应提供由原料供应方所在地省级政府有关主管部门出具的允许该原料开发、利用的证明文件及购销合同。

2) 营养素补充剂应标明营养素的化学名称,并根据我国居民营养膳食推荐量阐明食用量及适宜人群,标出产品的每人每日推荐食用量。

3) 以化学合成品为原料的产品,应提供可食用的依据、食用量及安全性评价资料。

(六) 功效成分或标志性成分、含量及其检验方法

1. 功效成分或标志性成分、含量及其检验方法应分别列出。

2. 依据以下二方面确定产品的功效成分或标志性成分,并说明理由:

(1) 与申报保健功能有关的功效成分;

(2) 产品中含量较多的标志性成分;

3. 功效成分或标志性成分的检测方法:依据国家卫生标准、规范或国家有关部门正式公布且适用于保健食品的方法。无相关检测方法的,申请人应提供详细的检测方法和方法学考察结果。方法学考察结果包括提供方法、线性范围、精密度、至少 5 批加样回收率等内容。

(七) 生产工艺简图及说明

1. 格式要求:

生产工艺内容应包括:制备工艺流程图、详细的制备工艺描述、关键技术细节及参数、对

关键工艺的说明。

2. 注意事项

（1）工艺流程图

包含所有的路线、环节，可以不描述详细的技术参数，但是必须包含所有的制剂过程和关键技术要求。

（2）详细的制备工艺描述

详细制备工艺描述应包含制剂过程的所有环节及该环节的工艺技术参数，以便于企业的生产，在可能的情况下，应注明该环节所用设备及型号的要求。

制备工艺根据产品的原料、剂型、工艺的不同，可有所不同，但一般均包含如下过程或其中部分过程：原料投料、前处理、提取、精制、浓缩、干燥、制剂成型、灭菌或消毒、包装、检验、入库等，其基本的要求如下：

1）原料投料与配方

生产过程所有原料的投料量。

2）加工助剂及质量等级

列出加工生产过程中使用的所有加工助剂名称、来源及质量等级。

3）前处理

有些原料需要净制过程，应详细说明该过程和要求达到的技术指标。需要炮制者，应符合《中华人民共和国药典》或者按照省、自治区、直辖市人民政府药品监督管理部门制定的炮制规范炮制，没有炮制规范的应当自行制定炮制方法。

4）提取

要注明提取方法、设备要求、提取次数、提取时间、溶剂名称及用量等。

5）浓缩

要注明浓缩方法、设备、浓缩温度、浓缩的压力、浓缩达到的相对密度（测定时温度）。

6）精制

注明详细的精制方法和条件；过滤应标明方法、技术要求和设备要求。

7）干燥

要注明详细的干燥方法、条件和设备要求。应根据具体品种的情况，结合工艺、设备等特点，选择相应的评价指标，对挥发性、热敏性成分在浓缩、干燥时还应注明挥发性、热敏性成分的保留情况。

8）制剂成型

注明详细成型所用辅料名称、用量、质量等级，成型工艺参数、所用设备，以保证工艺的稳定，减少批间质量差异和产品的安全、有效及其质量的稳定。

对于新剂型或缓控释制剂，应按照相应的技术要求提交研究资料。

9）杀菌或消毒

注明方法、技术要求和设备的要求。提供车间净化度和认证（HACCP、GMP等）证书；空气消毒、设备消毒方法及相关指标（温度、时间）；产品灭菌的方法及条件；热灭菌应注明时间、温度及对功效成分的影响；辐射灭菌应注明时间、强度等。

10）包装

应符合食品容器及包装材料的卫生标准的规定或药品包装的相关要求，提供相应的证明及其质量标准。

11）检验、入库

此处可简单阐述,在企业标准中详述。

(3) 关键技术细节

对于影响产品质量的关键环节做详细的解释或注释,以便于生产者加强该环节的质量控制或对出现各种可能异常现象的处理或应对办法。

(4) 关键工艺的说明

有些工艺难以在制备工艺中阐明或步骤比较复杂,为了简明的阐述整个生产过程主线,可以把一些次主要的、较复杂的、能够独立描述的生产工艺单独列入《对关键工艺的说明》中。例如:可以"×× 提取物、银杏提取物、×× 辅料在 ××× 条件下进行混合,……";而成品生产工艺中应有银杏提取物的制备项,并在该项下注明"制备工艺见《对关键工艺的说明》部分"。

(八) 产品质量标准(企业标准)

1. 产品质量标准编写格式须符合 GB/T1.1-2000《标准化工作导则》有关标准的结构和编写规则的规定。进口保健食品质量标准中文文本应按 GB/T1.1-2000《标准化工作导则》的要求编制。

2. 产品质量标准内容须包括资料性概述要素(封面、目次、前言)、规范性一般要素(产品名称、范围、规范性引用文件)、规范性技术要素(技术要求、试验方法、检验规则、标志、包装、运输、储存、规范性附录)以及质量标准编写说明。

3. 注意事项。

(1) 规范性引用文件的排列顺序为:国家标准、行业标准、地方标准、国内有关文件。国家标准按标准顺序号大小排列,全文引用时不注年号;部分引用时,可注年号,如质量标准中"标志"内容引用 GB16740-1997 中第 8 章标签的规定,引用 GB 16740 文件时须注年号,引用年号应按最新版本标准。

(2) 技术要求内容须包括:原料要求、感官要求、功效成分或标志性成分、理化指标、微生物指标、净含量及偏差。

功效成分或标志性成分的选择及指标值的确定应在产品的研制基础上进行。若产品仅有一种功效成分或标志性成分,可直接以文字陈述其规定;若有 2 种或 2 种以上功效成分或标志性成分,须列表示其项目和指标。功效成分或标志性成分指标值由申请人提出,确定的依据为:①产品的研制生产中原料投入量;②加工过程中功效成分或标志性成分的损耗;③多次功效成分或标志性成分的检测结果;④该功效成分或标志性成分检测方法的变异度。质量标准编制说明中应详细提供功效成分或标志性成分指标值的确定依据及理由。功效成分或标志性成分的指标值以下列方法标示:

1) 功效成分或标志性成分一般按 ≥指标值标示,如总氨基酸、粗多糖、总黄酮、膳食纤维等。

2) 需要制定范围值的功效成分或标志性成分,可按指标值 ±x% 作为限定范围,如总蒽醌、芦荟苷等。X 值依据研制产品的检测资料确定。

3) 对于每日摄入量需严格控制的人工合成化合物,如褪黑素等,其指标范围上限折算成每日摄入量不得大于允许摄入量。

4) 营养素补充剂中维生素类按指标值的 0.8-1.8 倍确定其指标范围,矿物质按指标值的 0.75-1.25 倍确定其指标范围。

(3) 质量标准中一般卫生要求(理化指标及微生物指标)须按照《保健(功能)食品通用标准》GB 16740 的规定加以确定,微生物指标中致病菌项目应分别列出。

除上述一般要求外,根据产品剂型、原料及工艺的不同,还应参照《保健食品检验与评价技术规范》中产品指标检测项目附表的规定,质量标准中理化指标还应增加必要的项目,具体如下:

A. 不同剂型的项目要求:按《保健食品检验与评价技术规范》执行。如:

固体类:水分、灰分;片剂和胶囊(除含片、咀嚼片外)还应检测崩解时限。

口服液类:pH、可溶性固形物;

B. 不同原料的项目要求:

海产品:镉;

鱼油类:酸价、过氧化值,降血脂类产品需检测胆固醇;

茶叶及植物性中药材补充汞、六六六、滴滴涕;

红曲:黄曲霉素 B_1、桔青霉素;

苹果、山楂:测原料的展青霉素;

其余原料的补充项目参照相应国家食品卫生标准的规定。

C. 特殊工艺要求:有机溶剂提取工艺的,增加溶剂残留指标。

D. 使用食品添加剂的,须按照《食品添加剂使用卫生标准》(GB 2760)相应规定补充其用量或残留指标。

(4) 计量单位及数值的表示

理化指标计量单位须符合我国法定计量单位的规定。微生物指标菌落总数、霉菌、酵母均以 cfu/g(固体)或 cfu/ml(液体)表示,大肠菌群均以 MPN/100g(固体)或 MPN/100ml(液体)表示。

(5) 规范性附录

未制定国家标准或部颁标准的功效成分或标志性成分检验方法或原料质量要求,应在规范性附录中给出规定。功效成分或标志性成分的检测方法列入附录 A,原料质量标准或要求列入附录 B,辅料质量标准或要求列入附录 C。

试验方法的细节按下列顺序给出:

A. 原理;

B. 试剂或标准对照品(注明来源及纯度);

C. 仪器设备或装置;

D. 试样制备;

E. 操作步骤;

F. 结果的表述(包括计算公式)。

(6) 标准的终结线

在标准的最后一个要素之后,应有标准的终结线(1/3-1/4 页宽)。

(7) 编制说明

对制定企业标准各项指标、试验方法的依据加以说明,对于未制定国家标准或部颁标准(规范)的检验方法应补充说明方法的来源。

(九) 直接接触产品的包装材料的名称(种类)、质量标准及选择依据

与产品直接接触的包装材料包括:直接接触产品且直接使用的包装用材料、容器;直

接接触产品,但便于清洗,在实际使用过程中,经清洗后需要并可以消毒灭菌的包装用材料、容器。主要直接接触产品的有食品用聚乙烯瓶、玻璃瓶、复合包装材料、包装用原纸等。

1. 直接接触产品的包装材料应符合食品容器及包装材料有关卫生国家标准的规定。

2. 直接接触产品的包装材料应选用与产品性质相适应及符合产品质量要求的包装材料和容器。应能保证产品在生产、运输、贮藏及使用过程中的质量,并便于使用。应根据所选用的材质,做稳定性试验,考察包装材料与产品的相容性。严禁选用与产品性质不相适应和对产品质量可能产生影响的包装材料。

(十)检验机构出具的试验报告

1. 试验报告的出具机构应为国家食品药品监督管理局认定(或认可)的保健食品检验机构。试验报告自检验机构签发之日起的有效期为 3 年。超过有效期的试验报告不予受理。

2. 试验报告按下列顺序排列:

检验申请表(附在相应的试验报告之前)

检验单位的试验受理通知书(附在相应的试验报告之前)

安全性毒理学评价报告

动物的功能评价试验报告和 / 或人体试食试验报告

兴奋剂、违禁药物试验报告(目前仅限于申报缓解体力疲劳、减肥、改善生长发育功能的注册申请)

功效成分或标志性成分检测报告

稳定性试验报告

卫生学试验报告

其他试验报告(如:原料品种、菌种鉴定报告、菌种毒力试验报告等)

3. 检验机构出具的试验报告应符合下列要求:

(1)载明样品送检单位、样品生产企业名称、样品名称、样品批号、样品数量、收检日期、报告日期、最终审核日期、检验依据和检验项目;

(2)报告格式规范,不得涂改;

(3)试验数据及结论明确;

(4)检验机构法人代表(或其授权人)签名并加盖检验机构公章;

(5)试验报告除在检验结论处加盖检验机构公章外,一页以上的试验报告必须加盖骑缝章或逐页加盖公章;

(6)试验报告中产品名称、送检单位、样品生产企业名称、样品批号应与检验申请表中相应内容一致,否则,应提供检验机构出具的相关证明。

4. 营养素补充剂的注册申请,不需提供动物功能评价试验报告和 / 或人体试食试验报告;不提供毒理学安全性评价报告的,必须说明理由,并提供该产品无毒无害的证明资料及相关的科研文献。

(十一)产品标签、说明书样稿

产品说明书应按下列格式和要求编写:

××××产品说明书

本品是由 ××、×× 为主要原料制成的保健食品,经动物和 / 或人体试食功能试验证明,

具有 ×× 的保健功能(注:营养素补充剂无需标"动物和/或人体试食功能试验证明"字样,只需注明"具有补充 ×××× 的保健功能"即可)。

[主要原料]填写全部原料、辅料。按配方的顺序书写。

[功效成分或标志性成分及含量]每 100g(100ml)含:功效成分或标志性成分的含量,含量为一确定值。营养素补充剂可标最小食用单元的功效成分含量。

[保健功能]以正式公布的功能名称为准。

[适宜人群]根据产品的功能,结合产品特性确定。

[不适宜人群]根据产品的功能,结合产品特性确定。如无不适宜人群,此项可省略。

[食用方法及食用量]每次 ×× 量,每日 ×× 次,如有特殊要求,应注明。

[规格]标示最小食用单元的净含量。按以下计量单位标明净含量:

1. 液态保健食品:用体积,单位为毫升或 ml。

2. 固态与半固态保健食品:用质量,单位为毫克、克或 mg、g。

3. 胶囊(软胶囊)保健食品:标明的质量不包含胶囊皮的质量。

[保质期]以月为单位

[贮藏方法]

[注意事项]本品不能代替药物。并根据产品特性增加注意事项。

(十二)保健食品产品名称

保健食品产品名称除符合《保健食品注册管理办法》的有关规定外,还应符合:

1. 品牌名后应加"牌"字。如为注册商标的,可在品牌名后加 ®(应提供商标注册证明,商标受理通知书无效)。

2. 同一配方不同剂型的保健食品,在命名时可采用同一品牌名和通用名,但需标明不同的属性名。

3. 进口产品中文名称应与外文名称对应。可采用意译、音译或意、音合译,一般以意译为主。

4. 保健食品命名时不得使用下列内容:

(1) 消费者不易理解的专业术语及地方方言;

(2) 虚假、夸大和绝对化的词语,如"高效"、"第 × 代";

(3) 庸俗或带有封建迷信色彩的词语;

(4) 外文字母、符号、汉语拼音等(注册商标除外);

(5) 不得使用与功能相关的谐音词(字)。

(十三)其它有助于产品评审的资料。

包括生产企业质量保证体系文件(GMP、HACCP 证明)、原料供应证明、原料供销合同、委托协议、参考文献等。资料应完整、清晰,注明资料的来源及出处。

(十四)提交样品的标签、说明书应完整,并在外包装上标明受理编号。样品易于保存,不易变质、破碎。

(十五)已申报(或注册)保健食品增补剂型的申报要求

1. 增补剂型的产品,原产品应为已注册的保健食品或正在申报审评中。申请人应说明增补剂型的必要性和依据。

2. 增补剂型产品的配方、功效成分食用量、利用率应与原产品相同,并且产品的性状相同,如同为固体或同为液体。

3. 增补剂型产品的申请人应与原产品的申请人相同。

4. 可免做毒理学安全性评价试验和功能学评价试验(提供原产品试验报告的复印件),但其检验与评价方法的指标和判断标准应符合现行的检验规定。

(十六)保健食品所使用的原料和辅料不在《保健食品注册管理办法》第六十三条规定范围内的,提供的该原料和辅料安全性毒理学评价报告及相关的食用安全的资料包括:

1. 国家食品药品监督管理局认定的保健食品检验机构出具的参照《食品安全性毒理学评价程序》(GB 15193.1)中对食品新资源和新资源食品的有关要求进行安全性毒理学评价报告。

2. 当地省级卫生行政部门出具的该原料(辅料)食用习惯证明。对国外有食用习惯,但国内没有食用习惯的原料(辅料),则提供该原料(辅料)所在国政府管理部门出具的该原料(辅料)的食用习惯证明。

3. 国内权威检索机构出具的该原料(辅料)国内外食用情况及食用安全性的检索报告。

4. 如为从国外引进,国内种植的原料(辅料)还应提供国内种植的三代原料(辅料)与在原产国种植的原料(辅料)的安全性、功效成分或标志性成分等对比试验报告。

四、进口保健食品注册申请申报资料要求

进口保健食品的申报资料除符合上述有关要求外,还应符合:

(一)生产国或地区有关机构出具的该生产企业符合当地相应保健食品生产质量管理规范的证明文件应符合以下要求:

1. 产品为申请人自己生产的,申请人即为生产企业。如产品是申请人委托生产的,生产企业是指受申请人委托生产该产品的企业。委托生产的保健食品,申报时,还应提供申请人出具的委托生产企业生产的委托书。委托书的要求与委托境内代理机构申报的委托书相同。

2. 证明文件应使用生产国或地区的官方文字,每个产品一份证明文件原件。该证明文件应由我国驻产品生产国使(领)馆确认。

3. 证明文件应载明文件出具单位名称、生产企业名称和出具文件的日期。

4. 证明文件应是产品生产国政府主管部门、行业协会或政府主管部门出具的。

5. 证明文件应有单位印章或法人代表(或其授权人)签名。

6. 证明文件所载明的产品生产企业名称、产品名称等应与所申报的内容完全一致。

7. 证明文件凡载明有效期的,申请注册的产品的时间应在有效期内。

8. 证明文件中文译文应有中国公证机关的公证。

(二)委托书及相关证明文件

1. 由境外厂商常驻中国代表机构办理注册事务的,提供《外国企业常驻中国代表机构登记证》复印件。

2. 境外生产厂商委托境内代理机构负责办理注册事项的,需提供经过公证的委托书原件以及受委托代理机构的营业执照复印件。

3. 委托书应符合下列要求:

(1)每个产品一份委托书原件。

(2)委托书应载明委托书出具单位名称、受委托单位名称、委托申请注册的产品名称、委

托事项和委托书出具日期。

(3) 委托书应有出具单位印章或法人代表(或其授权人)签名。

(4) 委托书载明的出具单位应与申请注册的产品的申请人完全一致。

(5) 委托书载明的受委托单位应与境内代理机构完全一致。

(6) 委托书载明的产品名称应与申请注册的产品名称完全一致。

(7) 委托书凡载明有效期的,申请注册的产品的时间应在有效期内。

(8) 受委托单位再次委托其它单位申请注册的产品时,应出具产品申请人的认可文件。

(9) 委托书中文译文应有中国公证机关的公证。

(三) 产品在生产国(地区)生产销售 2 年以上的证明文件

进口产品在生产国(地区)允许生产销售的证明文件应符合下列要求:

1. 证明文件应使用生产国或地区官方文字,每个产品一份证明文件原件。该证明文件应当经生产国(地区)的公证机关公证和驻所在国中国使领馆确认。

2. 证明文件应载明文件出具单位名称、生产企业名称、产品名称和出具文件的日期。

3. 证明文件应明确标明该产品符合该国(地区)法律和相关标准,允许在该国(地区)生产和销售,如为只准在该国(地区)生产,不在该国(地区)销售的产品,则不予受理。

4. 证明文件应是产品生产国政府主管部门或行业协会出具的。

5. 证明文件应有单位印章或法人代表(或其授权人)签名。

6. 证明文件所载明的产品生产企业名称和产品名称,应与所申报的内容完全一致。

7. 证明文件凡载明有效期的,申请注册的产品的时间应在有效期内。

8. 证明文件中文译文应有中国公证机关的公证。

(四) 产品在生产国(地区)上市使用的包装、标签、说明书实样应在申报资料中,排列在拟中国销售的标签说明书样稿项内。

(五) 全部申报资料应当使用中文,产品配方、生产工艺、质量标准应附外文原文,并加盖申请人印章。中文译文应当由中国境内公证机关进行公证。

(六) 申请注册的产品的质量标准(中文本),必须符合中国保健食品质量标准的有关要求。

(七) 在注册申请正式受理以前,提供连续三个批次的检验用样品,样品量应当为检验所需量的三倍。

五、变更申请申报资料要求与说明

变更申请的申请人应当是保健食品批准证明文件的持有者。

(一) 国产保健食品变更申请申报资料要求与说明

1. 保健食品批准证书中载明的保健食品功能名称、原料、工艺、食用方法以及其它可能影响安全、功能的内容不得变更。

2. 要求变更保健食品批准证书及其附件所载明内容的,申请人应出具书面申请并写明理由,申请应写明提交的日期并加盖证书持有者的公章。

3. 申报资料中所有复印件均应加盖申请人印章。

4. 试验报告均需由国家食品药品监督管理局认定的检验机构出具。

(二) 进口保健食品变更申请的申报资料要求与说明

1. 试验报告、产品配方、生产工艺及其它可能涉及产品安全、功能的内容不得变更;

2. 要求变更保健食品批准证书及其附件所载明内容的,申请人应出具书面申请并写明理由,申请应写明提交的日期并加盖证书持有者的公章。

3. 保健食品变更申请表或保健食品变更备案表应按表内填表要求打印填写,不得涂改。

4. 申报资料中所有复印件均应加盖申请人或境内的代理机构印章。

5. 试验报告均需由国家食品药品监督管理局指定的检验机构出具。

6. 境外生产厂商可另外委托境内的代理机构或代表机构办理变更事宜。

7. 变更的理由和依据,应有生产国(地区)管理机构出具的允许该事项变更的证明文件,该证明文件应经生产国(地区)公证机关公证或驻所在国中国使(领)馆确认。

8. 生产国(地区)批准变更的标签、说明书(实样)和质量标准应附中文译文,并经中国境内公证机关公证。

9. 生产国(地区)出具的证明文件,均需生产国(地区)公证机构公证或驻所在国(地区)使领馆确认。证明文件均需附规范的中文译文,并经中国境内公证机关公证。

六、技术转让产品注册申请申报资料要求

(一) 国产保健食品境内技术转让产品注册申请申报资料要求与说明

1. 所有申报资料中应加盖转让方和受让方的印章。

2. 转让方和受让方双方签订的技术转让合同中应有转让方将转让保健食品的产品配方、生产工艺、质量标准等与产品生产有关的全部技术资料转让给受让方,并指导受让方连续生产出三批与转让方生产的产品质量相同、合格的产品。转让方应承诺不再继续生产和销售该产品。

(二) 进口保健食品向境内转让申报资料说明与说明

使用原进口保健食品注册时所使用的功能学评价资料,该功能学评价报告应为原件。

(三) 进口保健食品在境外转让申报资料要求与说明

1. 使用原进口保健食品注册时所使用的功能学评价资料,该功能学评价资料应为原件。

2. 经受让方所在国(地区)公证机关公证或驻所在国使领馆确认的转让合同,应附中文译文,并由中国境内公证机关公证。

七、再注册申报资料要求

(一) 国产保健食品再注册申报资料要求与说明

1. 填写《国产保健食品再注册申请表填表》

2. 所有申报资料均需加盖申请人印章。

3. 五年内销售情况的总结应包括该产品在国内各年销售量、销售区域、食用人群等。

4. 五年内消费者对产品反馈情况总结,应包括监督管理部门抽查的结果报告和消费者投诉等情况总结报告。

(二) 进口保健食品再注册申报资料项目

1. 填写《进口保健食品再注册申请表》

2. 所有申报资料中均需加盖境内代理机构印章。如境内代理机构有改变的,应提供申请人委托新的代理机构办理注册事务的委托文书、公证文书,原代理机构同意放弃代理的有

效证明文件。

3. 五年内在中国进口、销售情况总结,应包括该产品在中国境内销售量、销售区域、食用人群等。

4. 五年内中国消费者对产品反馈情况总结,应包括监督管理部门抽查的结果报告和消费者投诉等情况总结报告。

5. 在中国境内销售的最小销售包装、标签和说明书实样。

附录四

保健食品注册检验复核检验管理办法

第一章 总 则

第一条 为规范保健食品注册检验、产品质量复核检验工作,保证其公开、公平、公正、科学,制定本办法。

第二条 本办法适用于保健食品注册检验、产品质量复核检验工作的监督管理。

第三条 本办法所称保健食品注册检验(以下称注册检验)是指申请人向食品药品监督管理部门提出保健食品注册申请前,按照有关规定,在保健食品注册检验机构(以下称注册检验机构)所进行的产品安全性毒理学试验、功能学试验、功效成分或标志性成分检测、卫生学试验、稳定性试验等。

保健食品产品质量复核检验(以下称复核检验)是指食品药品监督管理部门受理保健食品注册申请后,注册检验机构按照申请人申报的产品质量标准对食品药品监督管理部门提供的样品所进行的全项目检验。

第四条 国家食品药品监督管理局负责注册检验、复核检验工作的监督管理。

第五条 注册检验机构应当依法经国家食品药品监督管理局遴选确定,并根据国家有关法律法规和标准规范的要求以及本办法的规定,开展注册检验、复核检验工作,提供准确可靠的保健食品注册检验、产品质量复核检验报告(以下均称检验报告)。

注册检验机构和检验人对出具的检验报告负责,并承担相应的法律责任。

第六条 注册检验机构及其检验人从事注册检验、复核检验工作,应当尊重科学、恪守职业道德,并保证出具的检验报告客观、公正和准确,不得出具虚假的检验报告。

第七条 同一产品的复核检验不得由承担该产品注册检验工作的注册检验机构进行。

第八条 省、自治区、直辖市食品药品监督管理部门(以下称省级食品药品监督管理部门)进行抽样时,应当保证抽样的代表性,抽样过程不得影响所抽样品的质量。

第二章 申请与受理

第九条 申请注册检验的单位(以下称申请单位)申请国产保健食品注册检验的,应当向产品试制所在地的省级食品药品监督管理部门提出抽样申请,填写抽样申请表。

省级食品药品监督管理部门在收到抽样申请表后,应当按照国家食品药品监督管理局有关规定及时派员到产品试制现场进行抽样并封样,同时填写抽样单。

申请单位应当将封样和抽样单一并提交注册检验机构。

第十条　申请单位应当按照本办法及《保健食品注册检验复核检验规范》(以下称《检验规范》)的有关要求,向注册检验机构提交保健食品注册检验申请表及有关资料,国产保健食品提供封样样品、进口保健食品提供未启封的市售样品,并按有关规定缴纳注册检验费用。

注册检验机构应当按照《检验规范》的要求,对检验样品及有关资料进行审核,符合要求的,出具保健食品注册检验受理通知书(以下称注册检验受理通知书),进行注册检验受理编号,并与申请单位签订协议书。

第十一条　食品药品监督管理部门受理保健食品注册申请后,应当按照有关规定向注册检验机构发出保健食品产品质量复核检验通知书(以下称复核检验通知书),并提供产品质量标准和连续三个批号规定数量的复核检验用样品。

注册检验机构应当在收到复核检验通知书、检验样品及有关资料后,进行复核检验受理编号。

第十二条　注册检验、复核检验受理编号是注册检验、复核检验的唯一编号,应当与注册检验受理通知书、复核检验通知书、检验报告、检验样品的编号一致。

第三章　检验与报告

第十三条　注册检验机构应当按照其质量手册、程序文件等质量管理体系文件以及《检验规范》的要求进行注册检验、复核检验,检验方法应当符合国家有关标准、规范的要求。

第十四条　申请单位应当按照与注册检验机构签订的协议书中约定的检验样品数量送检样品。

注册检验机构应当按照与申请单位签订的协议书中规定的时限完成注册检验项目,并出具检验报告。

注册检验机构应当按照有关规定时限完成复核检验项目,并出具检验报告。

第十五条　申请单位对注册检验或复核检验结果有异议的,可以在收到检验报告之日起 30 日内向原注册检验机构提出异议申请,原注册检验机构应当及时处理。

对于注册检验、复核检验,经异议处理后对原检验报告有实质性修改的,应当重新出具检验报告并说明理由。国家食品药品监督管理局根据具体情况研判是否需要第三方注册检验机构对检验结果进行最终确认。

第四章　质量控制

第十六条　注册检验机构应当设置独立的质量控制部门,明确质量控制人员的职责,建立有效运行的质量管理体系。

第十七条　注册检验机构应当建立有效的注册检验、复核检验工作考核和人员培训管理制度。检验人员及管理人员应当掌握相关的法律法规和政策,检验人员还应当熟练掌握注册检验、复核检验的标准、规范、检验方法等专业知识。

第十八条　注册检验机构的环境及使用的仪器设备应当符合相关标准、规范的要求,仪器设备应当保证良好运行。

第十九条　注册检验机构应当保证注册检验、复核检验质量控制工作的有效性,对质量控制过程进行记录,并定期评价质量控制体系运行情况。

第五章　样品与档案管理

第二十条　注册检验机构应当设置专门负责样品保管的部门,并具有符合样品存储条件的场所。

样品留样应当保存至样品的保质期结束。对超过留样期的样品,应当按照规定的程序经注册检验机构负责人批准后自行销毁,处理时不得污染环境。留样的处理应当有详细记录。

第二十一条　注册检验机构应当设置符合档案存放条件的场所,并设专人管理。

注册检验机构应当建立注册检验、复核检验档案资料整理、保存、查阅、使用和销毁等管理制度。

注册检验、复核检验档案资料的保存期限不得少于五年,同时保存至产品批准后的两年。对超过保存期限的注册检验、复核检验档案资料,应当按规定的程序经注册检验机构负责人批准后进行销毁,并作相关记录。检验报告及其重要档案资料的电子文档应当长期保存。

第二十二条　注册检验档案资料应当包括注册检验申请表、注册检验受理通知书、样品交接及检验流程记录、检验原始记录、检验报告、申请单位提交的产品配方、生产工艺、质量标准、说明书等其他与该产品注册检验相关的资料。

复核检验档案资料应当包括复核检验通知书、样品交接及检验流程记录、检验原始记录、检验报告等与该产品复核检验相关的资料。

第六章　保密与信息化管理

第二十三条　注册检验机构应当建立完善的保密工作制度,对申请单位提交的资料负有保密责任,并不得从事或者参与同注册检验、复核检验有关的保健食品的研制、生产、经营等活动。

第二十四条　鼓励注册检验机构利用计算机系统对注册检验、复核检验的全过程进行管理。

第二十五条　注册检验机构应当公布注册检验、复核检验的收费标准、检验期限、异议处理和投诉程序。

第二十六条　注册检验机构应当按照国家食品药品监督管理局的有关要求提供相关信息,包括注册检验、复核检验工作月报和年报。月报和年报内容按照《检验规范》相关要求填写。

第七章　监　督　检　查

第二十七条　国家食品药品监督管理总局组织对注册检验机构的注册检验、复核检验

工作进行不定期监督检查和有因的现场核查,主要检查内容包括:

(一)注册检验、复核检验场所是否符合相关要求;

(二)仪器设备是否定期校验,性能是否完好;

(三)检验人员是否定期参加培训,是否有不符合相关要求上岗的行为;

(四)质量管理体系是否符合相关要求,是否保证其正常运行;

(五)检验人员或管理人员是否有违法、违规或其他影响注册检验、复核检验质量的行为;

(六)注册检验、复核检验工作的开展情况。

第二十八条　对未按照规定进行注册检验、复核检验或者在进行注册检验、复核检验过程中出现差错事故的注册检验机构,国家食品药品监督管理局视情节轻重给予警告,责令限期整改。对上述情节严重、逾期未整改或弄虚作假的,取消其注册检验机构资格。

第二十九条　任何单位和个人对注册检验机构在注册检验、复核检验工作中的违法违规行为,有权向国家食品药品监督管理局举报,国家食品药品监督管理局应当及时调查处理,并为举报人保密。

第八章　附　　则

第三十条　国家食品药品监督管理局可根据保健食品安全检验工作需要,新增检验项目或方法,并及时予以公布。

第三十一条　本办法由国家食品药品监督管理局负责解释。

第三十二条　本办法自发布之日起施行。以往发布的文件与本办法不一致的,按本办法执行。

附录五

保健食品注册检验复核检验规范

第一章 总 则

第一条 为规范保健食品注册检验、产品质量复核检验(以下分别称注册检验、复核检验)行为,依据《保健食品注册检验复核检验管理办法》(以下称《检验管理办法》),制定本规范。

第二条 本规范规定了注册检验的申请和注册检验、复核检验的受理、样品检验、检验项目、检验时限、检验报告编制等内容。

本规范适用于注册检验、复核检验工作。

第三条 经国家食品药品监督管理局遴选确定的保健食品注册检验机构(以下称注册检验机构)承担本规范规定的注册检验、复核检验工作,并承担相应的法律责任。

第二章 申请与受理

第四条 申请注册检验的单位(以下称申请单位)申请国产保健食品注册检验的,应当向产品试制所在地的省级食品药品监督管理部门提出抽样申请,填写抽样申请表(见表1)。

省级食品药品监督管理部门在收到抽样申请表后,应当及时委派2名以上抽样人员到产品试制现场,随机抽取同一名称、连续三个批号的样品,并用封签封样,填写抽样单(见表2)。抽取样品的数量由申请单位确定。

第五条 待抽样品应当包装完整,样品标签应当标明产品名称、保健功能、规格、批号、生产日期、保质期、申请单位名称、生产企业名称等信息,允许无产品包装设计内容。

第六条 抽样人员、申请单位的授权负责人应当在封签、抽样单上签字,注明日期,并加盖省级食品药品监督管理部门印章和申请单位公章。

抽样单一式五份,一份省级食品药品监督管理部门留存,四份交申请单位。

第七条 委托生产的,申请单位(委托方)可委托实际生产企业(受托方)在抽样申请表及抽样单中签字、盖章,并承担相应法律责任。实际生产企业提交抽样申请时应当出具申请单位法定代表人签字并加盖申请单位公章的委托授权书。

第八条 省级食品药品监督管理部门的抽样编号采用汉语拼音大写加阿拉伯数字,编码共 17 位,如 GZC11000020090001。

（一）前 3 位:保健食品及其检验类别代号(G 表示国产保健食品,Z 表示注册检验,C 表示抽样);

（二）第 4 位至第 9 位:省、自治区、直辖市行政区划代码(见表 3);

（三）第 10 位至第 13 位:抽样的年份号;

（四）第 14 位至第 17 位:抽样的顺序编号。

第九条　申请单位向注册检验机构提出注册检验申请,填写保健食品注册检验申请表(以下称注册检验申请表,见表 4)。同时,国产保健食品应当提供封样样品、抽样单及有关资料,进口保健食品应当提供未启封的市售样品及有关资料。注册检验申请表和样品需经注册检验机构确认。注册检验申请表一式两份,经注册检验机构确认后,一份注册检验机构留存,一份交申请单位。

第十条　申请单位应当根据本规范第四章的要求确定检验项目。

申请单位应当向同一注册检验机构申请安全性毒理学试验和功能学动物试验。

第十一条　申请单位应当一次性提供注册检验所需包装完整的样品,同时提交产品配方、生产工艺、质量标准、说明书等注册检验所需资料。申请单位对提交的样品和资料负责。

第十二条　注册检验机构应当设置专门的受理部门,并指定专人负责保健食品注册检验、复核检验受理工作。对样品及有关资料进行接收、登记、标识、审核、流转,并建立程序,保存相关记录,保证样品在注册检验机构内的传递安全。

第十三条　注册检验机构受理保健食品注册检验申请时,应当对注册检验申请表、样品及有关资料进行审核,并在产品配方、生产工艺、质量标准、说明书上加盖印章。符合要求的,进行注册检验受理编号并出具保健食品注册检验受理通知书(以下称注册检验受理通知书,见表 5);不符合要求的,应当及时以书面或适当方式告知申请单位,并说明理由。注册检验受理通知书一式两份,一份注册检验机构留存,一份交申请单位。注册检验受理通知书应当加盖注册检验机构公章。

注册检验机构应当在收到保健食品产品质量复核检验通知书(以下称复核检验通知书)、产品质量标准及连续三个批号规定数量的复核检验用样品后,进行复核检验受理编号。

第十四条　注册检验、复核检验受理编号是注册检验、复核检验的唯一编号,应当与注册检验受理通知书、复核检验通知书、检验报告、检验样品编号一致。

注册检验、复核检验受理编号应当分别采用汉语拼音大写加阿拉伯数字,编码共 13 位,如 GZ00120090001。

（一）前 2 位:保健食品及其检验类别代号(G 表示国产保健食品,J 表示进口保健食品,Z 表示注册检验,F 表示复核检验);

（二）第 3 位至第 5 位:注册检验机构编号;

（三）第 6 位至第 9 位:注册检验、复核检验受理的年份号;

（四）第 10 位至第 13 位:注册检验机构受理保健食品样品的顺序编号。

第十五条　首个受理进口保健食品注册检验申请的注册检验机构负责对需送往其他注册检验机构的同一名称、同一批号的样品进行封样,并附上注册检验申请表和注册检验受理通知书复印件。

第十六条　注册检验机构应当按照有关规定收费,并出具法定收费凭证。

第三章　注册检验与复核检验

第十七条　注册检验、复核检验前,检验人员应当对检验样品的完整性进行检查。检验实施过程中应当记录样品的使用情况,并保存相关记录。

第十八条　注册检验机构应当在国家食品药品监督管理局确定的项目内进行样品检验。检验方法应当符合国家有关标准、规范的要求。

对于国家食品药品监督管理局未规定,且国家有关标准、规范未作检验方法规定的项目,注册检验机构应当按照与申请单位相互认同的方法进行注册检验,并对该方法进行验证。

注册检验机构应当按照被检产品质量标准规定的方法进行复核检验。

第十九条　安全性毒理学试验、功能学动物试验、功能学人体试食试验、功效成分或标志性成分检测、卫生学试验、稳定性试验以及兴奋剂、违禁成分检测应当使用同一批号的样品(益生菌、奶制品等产品保质期短于整个检验周期的产品除外)。

第二十条　进行功能学人体试食试验之前,应当先完成必要的安全性毒理学试验、卫生学试验,并出具书面证明,安全性毒理学试验、卫生学试验不合格的样品不得进行功能学人体试食试验。

第二十一条　检验结果应当科学、真实、准确。检验原始记录应当真实、规范、完整,并按有关规定保存。

第二十二条　检验机构应当设置专门的样品存放场所,并指定专人负责保存检验用样品。

样品应当妥善保管,分类存放,标识清楚,以其所在位置和标识来区别样品的"待检"、"在检"、"已检"的状态。对有特殊要求的样品,应当采取相应的措施,保证样品的存放符合相应要求。

样品留样应当保存至样品的保质期结束,留样期内的样品不得挪为他用。

第二十三条　注册检验机构应当于每月10日前向国家食品药品监督管理局提交上月发出检验报告的月报信息表(文字版一份,并附电子版,见表6),并应当每年向国家食品药品监督管理局提交注册检验、复核检验工作年报信息表(见表7)。

第四章　检　验　项　目

第二十四条　申请单位提出注册检验申请时,应当按照国家有关标准、规范等规定,确定安全性毒理学试验、功能学动物试验、功能学人体试食试验、功效成分或标志性成分检测、卫生学试验、稳定性试验等相应的检验项目。

第二十五条　根据产品原料、剂型、工艺、保健功能等的不同,需要进行原料品种鉴定、菌种毒力试验、兴奋剂、违禁成分检测、纯度检测等的,应当按照国家有关规定增加相应的注册检验项目。

第二十六条　复核检验项目为被检产品质量标准规定的全部项目。

第五章　检验报告编制

第二十七条　检验报告应符合本规范要求的体例(见表8),包括封面、声明、检验结果等内容。

第二十八条　检验报告分为注册检验报告和产品质量复核检验报告。其中,注册检验报告分为安全性毒理学试验报告、功能学动物试验报告、功能学人体试食试验报告、功效成分或标志性成分检测报告、卫生学试验报告、稳定性试验报告等。

第二十九条　检验报告应当载明注册检验或复核检验受理编号、样品名称、性状、规格、数量、批号、保质期、保存条件、申请单位名称、生产企业名称、检验项目、检验依据、收样日期、检验日期和检验结果(数据)等信息,并有检验人、审核人、授权签字人签字、日期和加盖注册检验机构公章。

检验报告所载明的信息应当与注册检验申请表、注册检验受理通知书或复核检验通知书的相关信息一致。

第三十条　检验报告中的检验依据应当写明每个检验项目所用标准、规范(含出版年号)等检验方法的名称与编号(含方法序号)。

第三十一条　检验报告中有分包项目时,应当对分包项目予以说明。

第三十二条　检验报告除在检验结果处加盖注册检验机构公章外,一页以上的检验报告还应当加盖骑缝章或逐页加盖公章。封面日期应当填写注册检验机构授权签字人的最终审核日期。检验报告空白处应当有"以下空白"标记。

第三十三条　注册检验报告一式三份,一份注册检验机构留存,两份交申请单位。产品质量复核检验报告一式四份,一份注册检验机构留存,一份报送国家食品药品监督管理局(附复核检验通知书复印件),一份抄报申请单位所在的省级食品药品监督管理部门,一份交申请单位。

第三十四条　申请单位凭注册检验受理通知书领取检验报告,并进行登记。

第三十五条　申请单位对注册检验机构出具的检验报告有异议的,可以向原注册检验机构提出复核申请。

第三十六条　检验报告不得涂改增删,注册检验机构不得对已经出具的检验报告进行变更。申请单位申请变更单位名称、生产企业名称或检验报告出现打印错误时,注册检验机构经确认后可以出具补充检验报告并说明理由。

申请变更上述事项的,申请单位应当填写变更申请表(见表9)。

第三十七条　注册检验机构出具的检验报告不符合有关规定时,国家食品药品监督管理局可以要求其重新出具报告。重新出具的检验报告签发日期应当为实际签发日期。

第三十八条　申请单位不得将检验报告用于产品标签、广告、评优及商品宣传等。

第六章　附　　则

第三十九条　本规范由国家食品药品监督管理局负责解释。此前发布的相关文件与本规范不一致的,以本规范为准。

附表:

1. 保健食品注册检验抽样申请表
2. 保健食品注册检验抽样单
3. 省、自治区、直辖市行政区划代码
4. 保健食品注册检验申请表
5. 保健食品注册检验受理通知书
6. 保健食品注册检验、复核检验月报信息表
7. 保健食品注册检验机构年报表
8. 保健食品检验报告体例
9. 保健食品检验报告变更申请表

附录六

保健食品良好生产规范(修订稿)

第一章　总　　则

第一条　为规范保健食品生产质量管理,根据《中华人民共和国食品安全法》及其实施条例,制定本规范。

第二条　本规范是保健食品生产质量管理的基本准则,规定了保健食品生产企业的机构与人员、厂房与设施、设备、物料与成品、生产管理、质量管理和文件管理等方面的基本要求。

第三条　企业应当严格执行本规范,坚持诚实守信,禁止任何虚假、欺骗行为,确保产品质量安全。

第二章　机构与人员

第四条　企业应当建立与保健食品生产相适应的管理机构,各机构和人员职责应当明确。

第五条　企业应当设立独立的质量管理部门,履行质量保证和质量控制的职责。

第六条　企业应当配备与保健食品生产相适应的具有专业知识、生产经验及组织能力的管理人员和技术人员,专职技术人员的比例应不低于职工总数的 5%。

第七条　企业负责人是保健食品质量安全的主要责任人,全面负责企业日常管理,应当熟悉保健食品相关的法律法规,对本规范的实施负责。

第八条　生产管理负责人和质量管理负责人必须是专职人员,并且不得互相兼任。应当具有与所从事专业相适应的大专以上学历,或中级技术职称,具有至少三年从事保健食品生产和质量管理的实践经验,接受过与所生产产品相关的专业知识培训。

第九条　生产管理负责人主要职责:

(一)确保保健食品按照批准的工艺规程生产、贮存,以保证保健食品质量;

(二)批准与生产操作相关的各种岗位操作规程并确保严格执行;

(三)确保生产记录在提交质量管理部门之前经指定人员审核,生产偏差已经报告、调查、评价并得到处理;

(四)确保厂房和设备的维护保养,以保持其良好的运行状态;

（五）确保完成各种必要的验证工作；

（六）协助质量管理部门审核和监督物料的供应商；

（七）确保生产人员都已经过必要的上岗前培训和继续培训,并根据实际需要调整培训内容。

第十条 质量管理负责人主要职责：

（一）审核并放行物料、中间产品和成品；

（二）确保在成品放行前完成对批生产记录和检验记录的审核；

（三）确保完成所有必要的检验；

（四）批准质量标准、取样方法、检验方法和其他质量管理规程；

（五）审核和批准所有与质量有关的变更；

（六）确保所有重大偏差已经过调查并得到及时处理；

（七）批准并监督委托检验；

（八）监督厂房和设备的维护情况,以保持其良好的运行状态；

（九）确保完成各种必要的验证工作,审核和批准验证方案和报告；

（十）确保完成生产和质量内部评审；

（十一）审核和监督物料供应商；

（十二）确保所有与安全性监测和质量有关的投诉都经过调查,并得到及时正确的处理和上报；

（十三）确保质量管理人员经过必要的上岗前培训和继续培训,并根据实际需要调整培训内容。

第十一条 生产管理负责人和质量管理负责人通常有下列共同的职责：

（一）审核和批准产品的工艺规程和操作规程等文件；

（二）监督生产环境；

（三）确保完成关键设备等验证；

（四）确定和监控物料、中间产品和成品的贮存条件；

（五）保存记录；

（六）监督本规范的执行情况；

（七）为监控某些影响产品质量的因素而进行调查。

第十二条 应当有专职的质检人员,质检人员必须具有中专以上学历,并经过相关培训。

第十三条 应当建立培训制度,根据不同岗位制订并实施年度培训计划,建立并保存员工培训和考核档案,并有专人负责。

第十四条 与生产质量有关的所有人员应当定期进行保健食品相关法律法规、规范标准和卫生知识培训,掌握所从事岗位的技能和要求。

第十五条 应当建立并执行从业人员健康管理制度。直接接触保健食品的从业人员必须经过健康检查,取得健康证明后方可上岗。并且每年必须进行一次健康检查。

第十六条 应当采取适当措施,避免患有痢疾、伤寒、病毒性肝炎等消化道传染病的人员,以及患有活动性肺结核、化脓性或者渗出性皮肤病等有碍食品安全的疾病的人员从事直接接触保健食品的工作。

第十七条 应当建立个人卫生操作规程,最大限度地降低人员对保健食品生产造成污染的风险。

第十八条　进入生产区人员应当按规定程序进行洗手、消毒和更衣,不得化妆和佩带饰物。工作服的选材、式样及穿戴方式应当与生产操作和空气洁净度级别要求相适应当,不同洁净级别区域的工作服不得混用。

第十九条　生产区不得存放非生产物品和个人杂物,不得从事与生产无关的活动。

第三章　厂房与设施

第二十条　厂房的选址必须符合保健食品生产的要求。厂区周围不得有粉尘、有害气体、放射性物质、垃圾处理场和其它扩散性污染源,不得有昆虫大量滋生的潜在场所,避免危及产品安全。(参考乳品等其他产品规范)

第二十一条　保健食品生产企业必须有整洁的生产环境。厂区的地面、路面及运输等不应当对保健食品的生产造成污染;生产、行政、生活和辅助区的总体布局应当合理,不得互相妨碍。

第二十二条　生产过程产生的废水、废气、废弃物不得对产品造成污染,其处理必须符合国家有关规定。

第二十三条　厂房建筑结构应当完整,并能满足生产工艺和质量、卫生及安全生产要求,并应当考虑使用时便于进行清洁工作。

第二十四条　厂房应当有防止昆虫和其他动物进入的设施。

第二十五条　厂房应当按生产工艺流程及所要求的洁净级别进行合理布局,厂区和厂房内的人、物流走向合理,防止交叉污染。

第二十六条　应当根据保健食品品种、生产操作要求及外部环境状况配置空气净化系统,使生产区有效通风,并有温度控制、必要的湿度控制和空气净化过滤,保证保健食品的生产环境。

片剂、胶囊、软胶囊、口服液、丸剂、颗粒剂、粉剂、茶剂、膏剂等保健食品暴露工序及其直接接触保健食品的包装材料最终处理的暴露工序区域,应当参照附录 A 中 D 级洁净区的要求设置,企业可根据产品的标准和特性对该区域采取适当的微生物监控措施。

其它形态保健食品生产区域应当根据工艺要求,采取相应的净化措施。

第二十七条　洁净室(区)的内表面应当平整光滑、无裂缝、接口严密、无颗粒物脱落,并能耐受清洗和消毒,墙壁与地面的交界处宜成弧形或采取其他措施,以减少灰尘积聚和便于清洁。

第二十八条　洁净室(区)的窗户、天棚及进入室内的管道、风口、灯具与墙壁或天棚的连接部位均应当密封。

第二十九条　洁净室(区)内各种管道、灯具、风口以及其他公用设施,在设计和安装时应当符合安全生产要求并考虑避免使用中出现不易清洁的部位。

第三十条　洁净室(区)应当根据生产要求提供足够的照明,对照度有特殊要求的生产部位应当设置局部照明。厂房应当有应急照明设施。

第三十一条　生产车间应当分别设置与洁净级别相适应的人、物流通道,避免交叉污染。人流通道应当按要求设置合理的洗手、消毒、更衣设施,人流物流通道应当设置必要的缓冲和清洁设施。应设置专门的废物传递窗。

第三十二条　生产车间应当有与生产规模相适应的面积和空间,以有序地安置设备和物料,便于生产操作,防止差错和交叉污染。

第三十三条　洁净室(区)内设置的称量室和备料室,空气洁净度级别应当与生产要求一致,并有捕尘和防止交叉污染的设施。

第三十四条　生产车间应当设置工具容器清洗间、存放间,用于生产用工具容器的清洗和存放;应当设置洁具间、存放间,用于清洁工具的清洗和存放。

第三十五条　洁净室(区)与室外大气的静压差应当大于 10 帕,并应当有压差指示的装置。空气洁净度规定保持相对负压的相邻房间(区域)之间的静压差应当符合规定,应当有指示压差的装置,并记录压差。

第三十六条　厂房必要时应当有防尘及捕尘设施。空气洁净度等级相同的区域内,产尘量大的操作室应当保持相对负压。产尘量大的洁净室(区)经捕尘处理不能避免交叉污染的,其空气净化系统不得利用回风。

第三十七条　洁净室(区)的温度和相对湿度应当与生产工艺要求相适应当,无特殊要求时,温度应当控制在 18℃~26℃,相对湿度控制在 45%~65%。

第三十八条　排水设施应当大小适宜,并安装防止倒灌的装置。洁净室(区)内安装的水池、地漏应当符合相应洁净要求,不得对物料、中间产品和成品产生污染。

第三十九条　动植物原材料的前处理、提取、浓缩等生产操作场所应当与其生产规模和工艺要求相适应,必须与其产品生产严格分开,并有良好的通风、除烟、除尘、降温设施。

第四十条　与保健食品直接接触的干燥用空气、压缩空气和惰性气体应当经净化处理,符合生产要求。

第四十一条　物料和成品的储存场所应当具备以下条件和设施:

(一)面积应当与所生产的品种、规模相适应;

(二)根据物料和成品的不同性质,设置不同的库(区);

(三)应当有防火、照明、通风、避光设施;

(四)按贮存要求配备必要的控温和控湿设施并做好记录。

(五)特殊要求的,应当配备相应设施,并符合相关规范要求。

第四十二条　应当设置与生产品种和规模相适应的检验室,满足物料、中间产品及成品等质量检验和控制的要求。

检验室、动植物标本室、留样观察室以及其它各类实验室应当与保健食品生产区分开。致病菌检测的阳性对照、微生物限度检定要分室进行。

对有特殊要求的仪器、仪表,应当安放在专门的仪器室内,并有防止静电、震动、潮湿或其它外界因素影响的设施。

第四十三条　应当建立厂房及设施的保养维修制度,定期对厂房及设施进行保养维修,并做好记录;保养维修时应当采取适当措施,避免对保健食品的生产造成污染。

第四十四条　厂区、车间、工序和岗位均应当按生产和空气洁净度级别的要求制定场所、设备和设施等的清洁消毒规程,内容应当包括:清洁消毒方法、清洁消毒程序和间隔时间等。

第四十五条　厂区应当定期或在必要时进行除虫灭害工作,采取有效措施防止鼠类、蚊蝇、昆虫等的聚集和孳生,并对除虫灭害工作建立制度和记录。除虫灭害不得对生产产生不良影响。

第四章　设　备

第四十六条　应当具有与生产品种和规模相适应的生产设备,设备设置应当根据工艺要求合理布局,避免引起交叉污染;上、下工序应当衔接紧密,操作方便。

第四十七条　设备选型应当符合生产和卫生要求,易于清洗、消毒或灭菌,便于生产操作和保养维修,并能防止差错和污染。

第四十八条　应当建立设备档案,保存设备采购、安装、确认和验证、使用的文件和记录。

第四十九条　与物料、中间产品直接或间接接触的所有设备与用具,应当使用安全、无毒、无臭味或异味、防吸收、耐腐蚀、不易脱落且可承受反复清洗和消毒的材料制造。

第五十条　产品接触面的材质应当符合食品相关产品的有关标准,应当使用表面光滑、易于清洗和消毒、不吸水、不易脱落的材料。

第五十一条　设备所用的润滑剂、冷却剂等不得对保健食品或容器造成污染。

第五十二条　管道的设计和安装应当避免死角和盲管。确实无法避免的死角和盲管,应当便于拆装清洁,并建立相应的拆装清洁记录;清洁工序应当有相应的验证文件;与设备连接的主要固定管道应当标明管内物料名称和流向。

第五十三条　保健食品的产品成型、填充、灌装和分装等工序应当使用自动化设备。因工艺特殊,确实无法采用自动化设备的,应当经工艺验证,确保产品质量。

第五十四条　生产用水的制备、储存和分配应当能防止微生物的滋生和污染。储罐和输送管道所用材料应当无毒、耐腐蚀。储罐和管道要规定清洗、灭菌周期并标识流向。工艺用水的制备数量应当满足生产的需要。

第五十五条　用于生产和检验的仪器、仪表、量具、衡器等,其适用范围和精密度应当符合生产和检验要求,并保存相应的操作记录

第五十六条　应当建立设备清洁、保养和维修的规程,定期进行保养和维修,并保存相应的操作记录。

第五十七条　应当选用符合国家相关规定的清洁剂和消毒剂,按产品说明书使用,不得对设备、原料和产品造成污染,并保证清洁和消毒效果。

第五章　物料与成品

第五十八条　应当制定保健食品生产所用原辅料和包装材料的采购、验收、储存、发放和使用等管理制度。

第五十九条　原辅料和包装材料应当符合相应的食品安全标准,其品种、质量要求等应当与批准的内容一致。涉及国家食品安全标准的,应当符合国家食品安全标准。

第六十条　应当建立原辅料和包装材料供应商管理制度,规定供应商的选择、审核和评估程序。

第六十一条　采购原辅料和包装材料必须按有关规定索取供应商的资质证明文件和检验合格的证明文件。

第六十二条　菌丝体原料、益生菌类原料和藻类原料采购应当索取菌株或品种鉴定报告,稳定性报告和不含耐药因子的证明资料。

第六十三条　动物或动物组织器官原料,应当索取检疫证明。

使用经辐照的原料及其他特殊原料的,应当符合国家有关规定。

第六十四条　原辅料和包装材料购进后应当对其来源、品种、质量规格、包装情况进行查验,经检验合格后,方可入库,并填写入库账、卡。

第六十五条　物料和成品应当设立专库(专区)管理,物料和成品应当分区且离墙离地存放,应有明显的待验、合格和不合格状态标识。

不合格的物料和成品要隔离存放,并按有关规定及时处理。

第六十六条　对温度、湿度或其他条件有特殊要求的物料、中间产品和成品,应当按规定条件储存。固体和液体物料应当分开储存;挥发性物料应当避免污染其它物料。

第六十七条　物料应当按规定的保质期贮存,无规定保质期的,企业需根据贮存条件、稳定性等情况确定其贮存期限。应当采用先进先出的原则,贮存期内如有特殊情况应当及时复验。

第六十八条　标签、说明书的内容应当经企业质量管理部门校对无误后方可印制,其内容应当符合保健食品标签说明书的有关规定。

第六十九条　标签和说明书应当由专人保管,应当按品种、规格设专柜或专库分类存放。

第七十条　标签和说明书应当凭生产指令计数发放,印有批号的残损或剩余标签应当由专人负责计数销毁。标签发放、使用和销毁应当有记录。

第七十一条　物料和成品在运输和贮存过程中应当避免太阳直射、雨淋,强烈的温度、湿度变化与撞击等;对有温度、湿度及其他特殊要求的物料和成品应当符合有关规定。

在运输过程中,应当避免物料和成品受到污染及损坏。不应与有毒、有害物品混装、混运。

第七十二条　每批产品均应当有销售记录。销售记录内容至少应当包括:品名、剂型、批号、规格、数量、购货单位和收货地址、联系方式、发货日期。确保销售产品的可追溯性。销售记录应当保存至产品保质期后一年,且不得少于两年。

第七十三条　应当建立产品退货程序,并有记录。退货记录内容至少应当包括:品名、批号、规格、数量、退货单位及地址、退货原因、退货日期和处理意见。

第七十四条　应当建立产品安全性监测和召回制度,对存在安全隐患的产品确保按照国家有关规定迅速、有效地召回,并立即向当地食品药品监督管理部门报告。

第七十五条　对于存在安全隐患的产品应当采取无害化处理或销毁等措施,防止其再次流入市场。对因标签标识或者说明书不符合有关规定而被召回的保健食品,生产者在采取补救措施且能保证安全的情况下可以继续销售,销售时应当向消费者明示补救措施。

第七十六条　应当制定投诉处理制度和程序,有专人负责收集和处理客户投诉,做好投诉内容和调查处理情况记录。

第六章　生产管理

第七十七条　应当根据保健食品注册批准的内容,制定生产工艺规程及岗位操作规程,以确保生产的保健食品达到规定的质量标准,并符合注册批准的要求。

第七十八条　应当按照生产工艺规程和岗位操作规程进行生产,并有相关记录。

第七十九条 应当建立产品划分生产批次的规定,生产批次的划分应当能确保同一批次产品质量和特性的均一性。

第八十条 应当建立编制生产批号和确定生产日期的规程。每批保健食品均应当编制唯一的生产批号。生产日期不得迟于产品成型或灌装(封)前经最后混合的操作日期。

第八十一条 每批产品均应当有相应的批生产记录,可追溯该批产品的生产与质量相关的情况。

第八十二条 批生产记录的内容至少应当包括:生产指令、各工序生产记录、工艺参数、生产过程控制记录、清场记录、质量控制点监控记录及偏差处理等特殊问题记录。

生产指令的内容至少应当包括:产品名称、规格、批号、生产数量、主要原辅料及包装材料理论消耗量、签发人和签发日期。

生产记录的内容至少应当包括:操作前准备情况记录、操作过程中生产设备状态记录、具体操作的参数记录、生产操作者及复核者的签名。

第八十三条 生产前应当按规定对生产场所进行确认和清洁,确认生产场所没有上批生产的遗留物品和与本次生产无关的物品,生产车间、设备、管道、工具和容器经清洁、消毒达到本次生产的卫生要求。确认和清洁应当按要求填写记录并按规定进行复核,合格后方可进行生产。

第八十四条 每批产品生产应当按生产指令要求领用原辅料和包装材料,并进行严格复核,确认其品名、规格、数量和批号(编号)与生产指令一致,并确认没有霉变、生虫、混有异物或其他感官性状异常、超过保质期等情形。

第八十五条 物料应当经过物料通道进入车间。进入洁净室(区)的必须除去外包装或进行清洁消毒。

第八十六条 配料、称量和打印批号等工序应当经二人复核无误后方可进行生产,操作人和复核人应当在记录上签名。

第八十七条 生产过程应当按工艺规程和岗位操作规程控制各工艺参数,及时填写生产记录。

第八十八条 中间产品应当进行产品质量控制和复核。

第八十九条 中间产品必须制定储存期限和条件,并在规定的时间内完成生产。

第九十条 不同品种、规格的产品的生产操作应当采取隔离或其它有效防止混淆的措施。

第九十一条 为防止污染,生产操作间、生产设备和容器应当有清洁状态标识,标明其是否经过清洁以及清洁的有效期限。

第九十二条 为防止混淆和差错,生产期间所有使用的物料、中间产品均应当有标识,标明名称、批号和数量,中间产品还应当标明储存期限。

第九十三条 每批产品应当进行物料平衡检查。如有显著差异,必须查明原因,在得出合理解释,确认无潜在质量隐患后,方可按正常产品处理。

第九十四条 生产过程中出现偏差时,应当按规定程序进行偏差处理,并如实填写偏差处理记录。

第九十五条 每批产品生产结束应当按规定程序进行清场,剩余原辅料和包装材料应当及时包装退库,废弃物品应当按规定程序清理出车间并及时销毁,工具、容器应当经清洁消毒后按定置管理要求放入规定位置,并做好清场记录。

第九十六条　批生产记录应当按批号归档，保存至产品保质期后一年，不得少于两年。

第九十七条　生产用水必须符合国家生活饮用水要求，工艺用水应当根据工艺规程需要制备，并定期检验，检验应当有记录。

第七章　质　量　管　理

第九十八条　应当建立有效的质量保证体系，质量保证体系应当涵盖实施本规范和控制产品质量要求的所有要素。应当建立完整的程序来规范质量管理体系的运行，并监控其运行的有效性。

第九十九条　应当制定完善的质量管理制度，制度的内容至少应当包括：

（一）部门和关键岗位的质量管理职责；

（二）物料、中间产品和成品放行制度；

（三）物料供应商管理制度；

（四）物料、中间产品和成品质量标准和检验规范；

（五）取样管理制度；

（六）留样观察和稳定性考察制度；

（七）生产过程关键质量控制点的监控制度和监控标准；

（八）清场管理制度；

（九）验证管理制度；

（十）生产和检验记录管理制度；

（十一）不合格品管理制度；

（十二）质量体系自查管理制度；

（十三）文件管理制度；

（十四）质量档案管理制度等；

（十五）实验室管理制度；

（十六）上市产品安全性监测及召回制度。

第一百条　应当制定原辅料、包装材料、中间产品和成品的内控质量标准，其标准不低于国家有关规定。

第一百零一条　应当对生产用原辅料、包装材料和中间产品的供应商建立质量档案，加强对供应商审核和质量评估管理。

应当按标准对原辅料、包装材料和中间产品进行检验，合格后方可使用。

第一百零二条　应当按质量标准的要求对成品进行逐批检验，检验项目应当包括功效成分或标志性成分，合格后方可出厂，定期对产品进行安全性监测和稳定性考察。

第一百零三条　每批产品的检验记录应当包括中间产品和成品的质量检验记录，可追溯该批产品所有相关的质量检验情况。

第一百零四条　企业通常不得进行委托检验，个别检测类别和项目确需委托检验的，应当遵守以下规定，委托外部实验室进行检验，并在检验报告中予以说明。

（一）委托方和受托方应当签订书面合同，明确规定各方责任、委托检验的内容以及相关的技术事项。

（二）委托方应当向受托方提供检验所必要的资料，以使受托方能够按照保健食品注册和其他法定要求正确实施所委托的操作,并对受托检验的全过程进行监督。

（三）受托方应当具备相关的检验资质和能力,满足委托检验工作的要求,委托检验的所有活动,包括技术或者其他方面拟采取的任何变更,均应当符合保健食品生产和注册的有关要求。

第一百零五条　应当根据所生产的品种和工艺确定生产过程的关键工艺参数和关键的质量控制点,对关键工艺参数和质量控制点应当进行监控并如实记录。

第一百零六条　应当制定和执行偏差处理程序,重大偏差应当有调查报告。

第一百零七条　质量管理部门应当独立行使物料、中间产品和成品的放行权。放行前应当审核相关的生产和检验记录。审核内容包括:物料、中间产品和成品的检验记录、配料及复核记录、关键工艺参数和质量控制点监控记录、清场记录、偏差处理记录和物料平衡等。应当对不合格品的处理结果进行审核,监督不合格品的销毁。不合格品的处理和销毁应当如实记录。

第一百零八条　应当定期对洁净车间的洁净度、生产用水进行监控,对监测中发现的异常和不良趋势应当及时采取措施。监测和处理应当有记录。

第一百零九条　应当制定计量器具和检测仪器检定制度,定期对生产和检验中使用的计量器具和检测仪器进行校验。

第一百一十条　每批产品均应当有留样。留样的包装形式应当与市售的产品相同;留样数量应当至少满足对该产品按质量标准进行三次全检的需要,或至少4个独立包装产品;留样应当存放于专设的留样库（或区）内,按品种、批号分类存放,并有明显标志;留样库（或区）应当具备与产品相适应的存储条件;应当按标示的储存条件至少保存至产品保质期后一年。

第一百一十一条　应当定期对产品进行安全性和稳定性考察。

第一百一十二条　应当建立完善的企业产品质量档案,质量档案内容包括:产品申报资料和注册批准文件、生产工艺和质量标准、原辅料来源及变更情况。

第一百一十三条　灭菌设备等关键设备、空气净化系统和水处理系统应当经过验证,定期以及发生运行异常后应当再验证。

第一百一十四条　应当根据验证对象制定验证方案,经审核、批准后实施;验证工作完成后,应当写出验证报告,并经审核、批准。验证结果和结论（包括评价和建议）应当有记录并存档。

第一百一十五条　应当至少每年组织一次企业质量管理体系内部审核。按照预定的程序,对人员、厂房设施、设备、文件、生产管理、质量管理、产品销售、用户投诉和产品召回等项目进行全面检查,证实与本规范的一致性。对检查中发现的问题及时进行整改。自查和整改应当形成完整记录。

第八章　文件管理

第一百一十六条　应当建立文件的起草、修订、审查、批准、撤销、印制及保管的管理制度。

各项管理文件应当按规定程序起草、复核、审核、批准、发放。文件制定、审查和批准的责任应当明确,并有责任人签名;由专人负责文件的保存、归档、分发和回收。

第一百一十七条　文件内容应当规范完整,易于操作,标明题目、种类、目的以及文件编号和版本号。文字应当确切,清晰易懂。

第一百一十八条　文件应当分类存放,条理分明,便于查阅。

第一百一十九条　分发和使用的文件应当为批准的现行文本,除留档备查外,已撤销和过时的文件应当销毁。

第一百二十条　应当根据产品的注册批准文件制定产品工艺规程、岗位操作规程和生产记录用的各种表格。

第一百二十一条　产品生产工艺规程的内容应当包括:品名、剂型、规格、配料、生产工艺流程及各工艺过程操作要求、原辅料、包装材料、中间产品和成品的质量标准和技术参数及贮存注意事项、各工序收得率要求和物料平衡的计算方法等。

第一百二十二条　岗位操作规程的内容至少应当包括:该岗位生产操作方法和要点、重点操作的复核和复查、中间产品质量标准及控制、安全防护、设备维修和清洗、异常情况处理和报告、工艺卫生和环境卫生等。

第一百二十三条　与本规范有关的每项活动完成时均应有记录,记录填写应当做到内容真实、字迹清晰、易读、不易擦掉,以便追溯所有重要的保健食品生产、质量控制和质量保证等活动。所有记录至少保存至保健食品保质期后一年,不得少于两年。

第一百二十四条　应当尽可能采用生产和检验用设备自动打印的记录和图谱,并标明产品或样品的名称、批号,操作人应当签注姓名和日期。

第一百二十五条　记录应当完整,保持清洁,不得撕毁和任意涂改。记录更改处应当签注姓名和日期,并使原有的信息清晰可辨,必要时,应当说明更改的理由。记录如需重新填写,原有记录不得销毁,应当作为重新填写记录的附件保存。

第一百二十六条　每批产品均应当有批记录,包括批生产记录、批检验记录和成品放行审核记录等。批记录应当由质量管理部门负责管理,至少保存至保健食品保质期后一年,不得少于两年。

第一百二十七条　如使用电子数据处理系统、照相技术或其他可靠方式记录数据资料,应当有所用系统的操作规程;记录的准确性应当经过核对。

使用电子数据处理系统的,只有经授权的人员方可输入或更改数据,更改和删除情况应当有记录;应当使用密码或其他方式来控制系统的登录;关键数据输入后,应当由他人独立进行复核。

用电子方法保存的批记录,应当采用有效方式进行备份,以确保记录的安全,且数据资料在保存期内便于查阅。

第九章　附　　则

第一百二十八条　本规范下列用语的含义:

批:是指在同一生产周期、同一投料、同一工艺过程内生产的,质量具有均一性的一定数量的保健食品。

批号:是指用于识别"批"的一组数字或字母或它们的任意组合,用以追溯和审查该批保健食品的生产历史。

验证:是指证明任何操作规程(或方法)、生产工艺或系统能够达到预期结果的一系列活动。

中间产品:是指需要进一步加工的物质或者混合物。

偏差:是指生产或检验过程中出现的产品质量、数量和工艺条件等偏离要求的情况。

物料:是指生产过程中使用的原料、辅料和包装材料等。

物料平衡:是指产品或物料的理论产量或理论用量与实际产量或用量之间的比较,并适当考虑可允许的正常偏差。

第一百二十九条　本规范由国家食品药品监督管理局负责解释。

第一百三十条　本规范自　年　月　日起施行。

附录七

关于进一步规范保健食品原料管理的通知

各省、自治区、直辖市卫生厅局、卫生部卫生监督中心：

　　为进一步规范保健食品原料管理，根据《中华人民共和国食品卫生法》，现印发《既是食品又是药品的物品名单》、《可用于保健食品的物品名单》和《保健食品禁用物品名单》（见附件），并规定如下：

　　一、申报保健食品中涉及的物品（或原料）是我国新研制、新发现、新引进的无食用习惯或仅在个别地区有食用习惯的，按照《新资源食品卫生管理办法》的有关规定执行。

　　二、申报保健食品中涉及食品添加剂的，按照《食品添加剂卫生管理办法》的有关规定执行。

　　三、申报保健食品中涉及真菌、益生菌等物品（或原料）的，按照我部印发的《卫生部关于印发真菌类和益生菌类保健食品评审规定的通知》（卫法监发〔2001〕84号）执行。

　　四、申报保健食品中涉及国家保护动植物等物品（或原料）的，按照我部印发的《卫生部关于限制以野生动植物及其产品为原料生产保健食品的通知》（卫法监发〔2001〕160号）、《卫生部关于限制以甘草、麻黄草、苁蓉和雪莲及其产品为原料生产保健食品的通知》（卫法监发〔2001〕188号）、《卫生部关于不再审批以熊胆粉和肌酸为原料生产的保健食品的通告》（卫法监发〔2001〕267号）等文件执行。

　　五、申报保健食品中含有动植物物品（或原料）的，动植物物品（或原料）总个数不得超过14个。如使用附件1之外的动植物物品（或原料），个数不得超过4个；使用附件1和附件2之外的动植物物品（或原料），个数不得超过1个，且该物品（或原料）应参照《食品安全性毒理学评价程序》（GB 15193.1-1994）中对食品新资源和新资源食品的有关要求进行安全性毒理学评价。

　　以普通食品作为原料生产保健食品的，不受本条规定的限制。

　　六、以往公布的与本通知规定不一致的，以本通知为准。

　　附件：1. 既是食品又是药品的物品名单

　　　　　2. 可用于保健食品的物品名单

　　　　　3. 保健食品禁用物品名单

二零零二年二月二十八日

附件1　既是食品又是药品的物品名单（按笔划顺序排列）

丁香、八角茴香、刀豆、小茴香、小蓟、山药、山楂、马齿苋、乌梢蛇、乌梅、木瓜、火麻仁、代代花、玉竹、甘草、白芷、白果、白扁豆、白扁豆花、龙眼肉（桂圆）、决明子、百合、肉豆蔻、肉桂、余甘子、佛手、杏仁（甜、苦）、沙棘、牡蛎、芡实、花椒、赤小豆、阿胶、鸡内金、麦芽、昆布、枣（大枣、酸枣、黑枣）、罗汉果、郁李仁、金银花、青果、鱼腥草、姜（生姜、干姜）、枳椇子、枸杞子、栀子、砂仁、胖大海、茯苓、香橼、香薷、桃仁、桑叶、桑葚、桔红、桔梗、益智仁、荷叶、莱菔子、莲子、高良姜、淡竹叶、淡豆豉、菊花、菊苣、黄芥子、黄精、紫苏、紫苏籽、葛根、黑芝麻、黑胡椒、槐米、槐花、蒲公英、蜂蜜、榧子、酸枣仁、鲜白茅根、鲜芦根、蝮蛇、橘皮、薄荷、薏苡仁、薤白、覆盆子、藿香。

附件2　可用于保健食品的物品名单（按笔划顺序排列）

人参、人参叶、人参果、三七、土茯苓、大蓟、女贞子、山茱萸、川牛膝、川贝母、川芎、马鹿胎、马鹿茸、马鹿骨、丹参、五加皮、五味子、升麻、天冬、天麻、太子参、巴戟天、木香、木贼、牛蒡子、牛蒡根、车前子、车前草、北沙参、平贝母、玄参、生地黄、生何首乌、白及、白术、白芍、白豆蔻、石决明、石斛（需提供可使用证明）、地骨皮、当归、竹茹、红花、红景天、西洋参、吴茱萸、怀牛膝、杜仲、杜仲叶、沙苑子、牡丹皮、芦荟、苍术、补骨脂、诃子、赤芍、远志、麦冬、龟甲、佩兰、侧柏叶、制大黄、制何首乌、刺五加、刺玫果、泽兰、泽泻、玫瑰花、玫瑰茄、知母、罗布麻、苦丁茶、金荞麦、金樱子、青皮、厚朴、厚朴花、姜黄、枳壳、枳实、柏子仁、珍珠、绞股蓝、胡芦巴、茜草、荜茇、韭菜子、首乌藤、香附、骨碎补、党参、桑白皮、桑枝、浙贝母、益母草、积雪草、淫羊藿、菟丝子、野菊花、银杏叶、黄芪、湖北贝母、番泻叶、蛤蚧、越橘、槐实、蒲黄、蒺藜、蜂胶、酸角、墨旱莲、熟大黄、熟地黄、鳖甲。

附件3　保健食品禁用物品名单（按笔划顺序排列）

八角莲、八里麻、千金子、土青木香、山莨菪、川乌、广防己、马桑叶、马钱子、六角莲、天仙子、巴豆、水银、长春花、甘遂、生天南星、生半夏、生白附子、生狼毒、白降丹、石蒜、关木通、农吉痢、夹竹桃、朱砂、米壳（罂粟壳）、红升丹、红豆杉、红茴香、红粉、羊角拗、羊踯躅、丽江山慈姑、京大戟、昆明山海棠、河豚、闹羊花、青娘虫、鱼藤、洋地黄、洋金花、牵牛子、砒石（白砒、红砒、砒霜）、草乌、香加皮（杠柳皮）、骆驼蓬、鬼臼、莽草、铁棒槌、铃兰、雪上一枝蒿、黄花夹竹桃、斑蝥、硫黄、雄黄、雷公藤、颠茄、藜芦、蟾酥。

附录八

2008 年以来批准的新食品原料（新资源食品）名单

序号	名称	拉丁名/英文名	备注
1	低聚木糖	Xylo-oligosaccharide	2008 年 12 号公告
2	透明质酸钠	Sodium hyaluronate	2008 年 12 号公告
3	叶黄素酯	Lutein esters	2008 年 12 号公告
4	L-阿拉伯糖	*L-arabinose*	2008 年 12 号公告
5	短梗五加	*Acanthopanax sessiliflorus*	2008 年 12 号公告
6	库拉索芦荟凝胶	*Aloe vera* gel	2008 年 12 号公告
7	低聚半乳糖	Galacto-oligosaccharides	2008 年 20 号公告
8	水解蛋黄粉	Hydrolyzate of egg yolk powder	2008 年 20 号公告
9	异麦芽酮糖醇	Isomaltitol	2008 年 20 号公告
10	植物甾烷醇酯	Plant stanol ester	2008 年 20 号公告 2014 年 10 号公告
11	珠肽粉	Globin peptide	2008 年 20 号公告
12	蛹虫草	*Cordyceps militaris*	2009 年 3 号公告 2014 年 10 号公告
13	菊粉	Inulin	1. 2009 年 5 号公告 2. 增加菊芋来源
14	多聚果糖	Polyfructose	2009 年 5 号公告
15	γ-氨基丁酸	Gamma aminobutyric acid	2009 年 12 号公告
16	初乳碱性蛋白	Colostrum basic protein	2009 年 12 号公告
17	共轭亚油酸	Conjugated linoleic acid	2009 年 12 号公告
18	共轭亚油酸甘油酯	Conjugated linoleic acid glycerides	2009 年 12 号公告
19	杜仲籽油	*Eucommia ulmoides Oliv.* seed oil	2009 年 12 号公告
20	茶叶籽油	Tea camellia seed oil	2009 年 18 号公告
21	盐藻及提取物	*Dunaliella salina*（extract）	2009 年 18 号公告
22	鱼油及提取物	Fish oil（extract）	2009 年 18 号公告

序号	名称	拉丁名/英文名	备注
23	甘油二酯油	Diacylglycerol oil	2009 年 18 号公告
24	地龙蛋白	Earthworm protein	2009 年 18 号公告
25	乳矿物盐	Milk minerals	2009 年 18 号公告
26	牛奶碱性蛋白	Milk basic protein	2009 年 18 号公告
27	DHA 藻油	DHA algal oil	2010 年 3 号公告
28	棉籽低聚糖	Raffino-oligosaccharide	2010 年 3 号公告
29	植物甾醇	Plant sterol	2010 年 3 号公告
30	植物甾醇酯	Plant sterol ester	2010 年 3 号公告
31	花生四烯酸油脂	Arochidonic acid oil	2010 年 3 号公告
32	白子菜	*Gynura divaricata* (L.)DC	2010 年 3 号公告
33	御米油	Poppyseed oil	2010 年 3 号公告
34	金花茶	*Camellia chrysantha* (Hu)Tuyama	2010 年 9 号公告
35	显脉旋覆花(小黑药)	*Inula nervosa* Wall. ex DC.	2010 年 9 号公告
36	诺丽果浆	*Noni puree*	2010 年 9 号公告
37	酵母 β- 葡聚糖	Yeast β-glucan	2010 年 9 号公告
38	雪莲培养物	Tissue culture of *Saussurea involucrata*	2010 年 9 号公告
39	玉米低聚肽粉	Corn oligopeptides powder	2010 年 15 号公告
40	磷脂酰丝氨酸	Phosphatidylserine	2010 年 15 号公告
41	雨生红球藻	*Haematococcus pluvialis*	2010 年 17 号公告
42	表没食子儿茶素没食子酸酯	Epigallocatechin gallate (EGCG)	2010 年 17 号公告
43	翅果油	*Elaeagnus mollis* Diels oil	2011 年 1 号公告
44	β- 羟基 -β- 甲基丁酸钙	Calcium β-hydroxy-β-methyl butyrate (CaHMB)	2011 年 1 号公告
45	元宝枫籽油	*Acer truncatum Bunge* seed oil	2011 年 9 号公告
46	牡丹籽油	Peony seed oil	2011 年 9 号公告
47	玛咖粉	*Lepidium meyenii* Walp	2011 年 13 号公告
48	蚌肉多糖	*Hyriopsis cumingii* polysacchride	2012 年 2 号公告
49	中长链脂肪酸食用油	Medium-andlong-chain triacylglycerol oil	2012 年 16 号公告
50	小麦低聚肽	Wheat oligopeptides	2012 年 16 号公告
51	人参(人工种植)	*Panax ginseng* C. A. Meyer	2012 年 17 号公告
52	蛋白核小球藻	*Chlorella pyrenoidesa*	2012 年 19 号公告
53	乌药叶	*Linderae aggregate* leaf	2012 年 19 号公告
54	辣木叶	*Moringa oleifera* leaf	2012 年 19 号公告

续表

序号	名称	拉丁名/英文名	备注
55	蔗糖聚酯	Sucrose ployesters	2010 年 15 号公告 2012 年 19 号公告
56	茶树花	Tea blossom	2013 年 1 号公告
57	盐地碱蓬籽油	*Suaeda salsa* seed oil	2013 年 1 号公告
58	美藤果油	*Sacha inchi* oil	2013 年 1 号公告
59	盐肤木果油	Sumac fruit oil	2013 年 1 号公告
60	广东虫草子实体	*Cordyceps guangdongensis*	2013 年 1 号公告
61	阿萨伊果	*Acai*	2013 年 1 号公告
62	茶薰子叶状层菌发酵菌丝体	*Fermented mycelia of Phylloporia ribis* (Schumach：Fr.)Ryvarden	2013 年 1 号公告
63	裸藻	*Euglena gracilis*	2013 年 4 号公告
64	1,6-二磷酸果糖三钠盐	*D*-Fructose 1,6-diphosphate trisodium salt	2013 年 4 号公告
65	丹凤牡丹花	*Paeonia ostii* flower	2013 年 4 号公告
66	狭基线纹香茶菜	*Isodon lophanthoides* (Buchanan-Hamilton ex D.Don)H. Hara var. *gerardianus* (Bentham) H. Hara	2013 年 4 号公告
67	长柄扁桃油	*Amygdalus pedunculata* oil	2013 年 4 号公告
68	光皮梾木果油	*Swida wilsoniana* oil	2013 年 4 号公告
69	青钱柳叶	*Cyclocarya paliurus* leaf	2013 年 4 号公告
70	低聚甘露糖	Mannan oligosaccharide(MOS)	2013 年 4 号公告
71	显齿蛇葡萄叶	*Ampelopsis grossedentata*	2013 年 10 号公告
72	磷虾油	Krill oil	2013 年 10 号公告
73	壳寡糖	Chitosan oligosaccharide	2014 年 6 号公告
74	水飞蓟籽油	*Silybummarianum* seed oil	2014 年 6 号公告
75	柳叶蜡梅	*Chmonathus salicifolius* S.Y.Hu	2014 年 6 号公告
76	杜仲雄花	Male flower of *Eucommia ulmoides*	2014 年 6 号公告
77	塔格糖	Tagatose	2014 年 10 号公告
78	奇亚籽	*Chia* seed	2014 年 10 号公告
79	圆苞车前子壳	*Psyllium* seed husk	2014 年 10 号公告
80	线叶金雀花	*Aspalathus linearis* (Brum.f.)R. Dahlgren	2014 年 12 号公告
81	茶叶茶氨酸	Theanine	2014 年 15 号公告

附录九

保健食品中常用的普通食品原料及质量要求

类别	原料名称	标准名称及编号
乳及乳制品	生乳	GB 19301-2010 食品安全国家标准 生乳
	乳粉	GB 19644-2010 食品安全国家标准 乳粉
	乳清粉	GB 11674-2010 食品安全国家标准 乳清粉和乳清蛋白粉
	乳清蛋白粉	GB 11674-2010 食品安全国家标准 乳清粉和乳清蛋白粉
	炼乳	GB 13102-2010 食品安全国家标准 炼乳
	乳酪	GB 5420-2010 食品安全国家标准 干酪
	乳糖	GB 25595-2010 食品安全国家标准 乳糖
食用油脂及其制品	食用植物油	GB 2716-2005 食用植物油卫生标准
	大豆油	GB 1535-2003 大豆油
	玉米油	GB 19111-2003 玉米油
	花生油	GB 1534-2003 花生油
	棕榈油	GB 15680-2009 棕榈油
	芝麻油	GB 8233-2008 芝麻油
	油茶籽油	GB 11765-2003 油茶籽油
	亚麻籽油	GB/T 8235-2008 亚麻籽油
	葡萄籽油	GB/T 22478-2008 葡萄籽油
	米糠油	GB 19112-2003 米糠油
	葵花籽油	GB 10464-2003 葵花籽油
	菜籽油	GB 1536-2004 菜籽油（含第 1 号修改单）
	红花籽油	GB/T 22465-2008 红花籽油
	核桃油	GB/T 22327-2008 核桃油
	色拉油	GB/T 17756-1999 色拉油通用技术条件
豆类及其制品	大豆	GB 1352-2009 大豆
	绿豆	GB/T 10462-2008 绿豆
	豆粉	GB/T 18738-2006 速溶豆粉和豆奶粉

续表

类别	原料名称	标准名称及编号
菌藻类及其制品	黑木耳	GB 7096-2003 食用菌卫生标准,GB/T 6192-2008 黑木耳
	猴头菇	GB 7096-2003 食用菌卫生标准,LY/T 2132-2013 猴头菇干制品
	姬松茸	GB 7096-2003 食用菌卫生标准,LY/T 1696-2007 姬松茸
	香菇	GB 7096-2003 食用菌卫生标准,GH/T 1013-1998 香菇
	金针菇	GB 7096-2003 食用菌卫生标准,DB44/T 462-2008 金针菇
	灰树花	GB 7096-2003 食用菌卫生标准,NY/T 446-2001 灰树花
	木耳	GB 7096-2003 食用菌卫生标准,GB/T 6192-2008 黑木耳
	竹荪	GB 7096-2003 食用菌卫生标准,NY/T 836-2004 竹荪
	松茸	GB 7096-2003 食用菌卫生标准,GB/T 23188-2008 松茸
	银耳	GB 11675-2003 银耳卫生标准,NY/T 834-2004 银耳
	海带	GB 20554-2006 海带
	螺旋藻粉	GB/T 16919-1997 食用螺旋藻粉
坚果及其制品	花生	GB 16326-2005 坚果食品卫生标准,GB/T 1532-2008 花生
	核桃	GB 16326-2005 坚果食品卫生标准,GB 10164-88 核桃
	松籽	GB 16326-2005 坚果食品卫生标准,SB/T 10672-2012 熟制松籽和仁、LY/T 1921-2010 红松松籽
	芝麻	GB/T 11761-2006 芝麻,2010 年版药典一部 P323
	可可粉	GB/T 20706-2006 可可粉
	可可脂	GB/T 20707-2006 可可脂
谷物及其制品	小麦	GB 1351-2008 小麦
	荞麦	GB/T 10458-2008 荞麦
	玉米	GB 1353-2009 玉米
	大米	GB 1354-2009 大米
	小米	GB/T 11766-2008 小米
	小麦粉	GB 1355-1986 小麦粉(内含第 1 号修改单)
	玉米粉	GB/T 10463-2008 玉米粉
	麦片	GB 19640-2005 麦片类卫生标准
淀粉类及其制品	食用玉米淀粉	GB/T 8885-2008 食用玉米淀粉
	马铃薯淀粉	GB/T 8884-2007 马铃薯淀粉
	食用小麦淀粉	GB/T 8883-2008 食用小麦淀粉
	藕粉	GB/T 25733-2010 藕粉
	麦芽糊精	GB/T 20884-2007 麦芽糊精
	魔芋精粉	GB/T 18104-2000 魔芋精粉

类别	原料名称	标准名称及编号
肉及肉制品	牛肉	GB 2707-2005 鲜（冻）畜肉卫生标准，GB/T 17238-2008 鲜、冻分割牛肉
	鸡	GB 16869–2005 鲜、冻禽产品
	乳鸽	GB 16869–2005 鲜、冻禽产品，DB 440100/T 50-2004 鲜（冻）乳鸽
	鹌鹑	GB 16869–2005 鲜、冻禽产品
水产品	鱼	GB 2733–2005 鲜、冻动物性水产品卫生标准，GB/T 18109-2011 冻鱼
	虾	GB 2733–2005 鲜、冻动物性水产品卫生标准，SC/T 3113-2002 冻虾
	鲍鱼	GB 2733–2005 鲜、冻动物性水产品卫生标准
蛋及蛋制品	鸡蛋	GB 2748-2003 鲜蛋卫生标准
	蛋白粉	GB 2749–2003 蛋制品卫生标准
	蛋黄粉	GB 2749–2003 蛋制品卫生标准
糖类	白砂糖	GB 317-2006 白砂糖
	绵白糖	GB 1445-2000 绵白糖
	蔗糖	GB 13104-2005 食糖卫生标准，2010 年版药典二部 P1251
	食用葡萄糖	GB/T 20880-2007 食用葡萄糖
	葡萄糖浆	GB/T 20885-2007 葡萄糖浆
	果糖	GB 13104-2005 食糖卫生标准，GB/T 26762-2011 结晶果糖、固体果葡糖、GB/T 23528-2009 低聚果糖
	冰糖	GB 13104-2005 食糖卫生标准，QB/T 1173-2002 单晶体冰糖、QB/T 1174-2002 多晶体冰糖
	麦芽糖	GB/T 20883-2007 麦芽糖
	果葡糖浆	GB/T 20882-2007 果葡糖浆
调味品	食盐	GB 2721-2003 食用盐卫生标准，GB 5461-2000 食用盐
	山西老陈醋	GB 19777-2005 原产地域产品 山西老陈醋
饮料类	纯化水	2010 年版药典二部 P411
	果、蔬汁	GB 19297–2003 果、蔬汁饮料卫生标准
	浓缩果、蔬汁	GB 17325–2005 食品工业用浓缩果蔬汁（浆）卫生标准
	浓缩橙汁	GB/T 21730-2008 浓缩橙汁
	橙汁及橙汁饮料	GB/T 21731-2008 橙汁及橙汁饮料
酒类	蒸馏酒	GB 2757-2012 食品安全国家标准 蒸馏酒及其配制酒
	发酵酒	GB 2758-2012 食品安全国家标准 发酵酒及其配制酒
	酱香型白酒	GB 2757-2012 食品安全国家标准 蒸馏酒及其配制酒，GB/T 26760-2011 酱香型白酒
	清香型白酒	GB 2757-2012 食品安全国家标准 蒸馏酒及其配制酒，GB/T 10781.2-2006 清香型白酒

续表

类别	原料名称	标准名称及编号
酒类	浓酱兼香型白酒	GB 2757-2012 食品安全国家标准 蒸馏酒及其配制酒,GB/T 23547-2009 浓酱兼香型白酒
	特香型白酒	GB 2757-2012 食品安全国家标准 蒸馏酒及其配制酒,GB/T 20823-2007 特香型白酒(含第 1 号修改单)
	米香型白酒	GB 2757-2012 食品安全国家标准 蒸馏酒及其配制酒,GB/T 10781.3-2006 米香型白酒
	豉香型白酒	GB 2757-2012 食品安全国家标准 蒸馏酒及其配制酒,GB/T 16289-2007 豉香型白酒
	凤香型白酒	GB 2757-2012 食品安全国家标准 蒸馏酒及其配制酒,GB/T 14867-2007 凤香型白酒
	芝麻香型白酒	GB 2757-2012 食品安全国家标准 蒸馏酒及其配制酒,GB/T 20824-2007 芝麻香型白酒
	老白干香型白酒	GB 2757-2012 食品安全国家标准 蒸馏酒及其配制酒,GB/T 20825-2007 老白干香型白酒
	黄酒	GB 2758-2012 食品安全国家标准 发酵酒及其配制酒,GB/T 13662-2008 黄酒
	葡萄酒	GB 15037-2006 葡萄酒
	食用酒精	GB 10343-2008 食用酒精
茶类	红茶	GB/T 13738.3-2012 红茶
	绿茶	GB/T 14456.1-2008 绿茶 第 1 部分:基本要求
	茉莉花茶	GB/T 22292-2008 茉莉花茶
蜂蜜及花粉	蜂蜜	GB 14963-2011 国家食品安全标准 蜂蜜,2010 年版药典一部 P337
	蜂花粉	GH/T 1014-1999 蜂花粉
	松花粉	GH/T 1030-2004 松花粉

附录十

保健食品中常用食品添加剂品种及质量要求

序号	原料名称	标准名称及编号	作用
1	赤藓红	GB 17512.1-2010 食品安全国家标准 食品添加剂 赤藓红	着色剂
2	赤藓红铝色淀	GB 17512.2-2010 食品安全国家标准 食品添加剂 赤藓红铝色淀	着色剂
3	靛蓝	GB 28317-2012 食品安全国家标准 食品添加剂 靛蓝	着色剂
4	靛蓝铝色淀	GB 28318-2012 食品安全国家标准 食品添加剂 靛蓝铝色淀	着色剂
5	二氧化钛	GB 25577-2010 食品安全国家标准 食品添加剂 二氧化钛 2010 年版药典二部 P1179	着色剂
6	番茄红素(合成)	卫生部关于亚硝酸钾等 27 个食品添加剂产品标准的公告(卫生部公告 2011 年第 19 号)	着色剂
7	红曲红	GB 15961-2005 食品添加剂 红曲红	着色剂
8	红曲米(粉)	GB 4926-2008 食品添加剂 红曲米(粉)	着色剂
9	红花黄	GB 5176-1985 食品添加剂 红花黄色素(标准号调整为 LY 1299-1999)	着色剂
10	焦糖色(亚硫酸铵法、氨法、普通法)	GB 8817-2001 食品添加剂 焦糖色(亚硫酸铵法、氨法、普通法)	着色剂
11	可可壳色	GB 8818-2008 食品添加剂 可可壳色素	着色剂
12	亮蓝	GB 7655.1-2005 食品添加剂 亮蓝	着色剂
13	亮蓝铝色淀	GB 7655.2-2005 食品添加剂 亮蓝铝色淀	着色剂
14	萝卜红	GB 25536-2010 食品安全国家标准 食品添加剂 萝卜红	着色剂
15	辣椒橙	卫生部关于亚硝酸钾等 27 个食品添加剂产品标准的公告(卫生部公告 2011 年第 19 号)	着色剂
16	辣椒红	GB 10783-2008 食品添加剂 辣椒红	着色剂

续表

序号	原料名称	标准名称及编号	作用
17	玫瑰茄红	GB 28312-2012 食品安全国家标准 食品添加剂 玫瑰茄红	着色剂
18	柠檬黄	GB 4481.1-2010 食品安全国家标准 食品添加剂 柠檬黄	着色剂
19	柠檬黄铝色淀	GB 4481.2-2010 食品安全国家标准 食品添加剂 柠檬黄铝色淀	着色剂
20	葡萄皮红	GB 28313-2012 食品安全国家标准 食品添加剂 葡萄皮红	着色剂
21	日落黄	GB 6227.1-2010 食品安全国家标准 食品添加剂 日落黄	着色剂
22	日落黄铝色淀	GB 6227.2-2005 食品添加剂 日落黄铝色淀	着色剂
23	苋菜红	GB 4479.1-2010 食品安全国家标准 食品添加剂 苋菜红	着色剂
24	苋菜红铝色淀	GB 4479.2-2005 食品添加剂 苋菜红铝色淀	着色剂
25	胭脂红	GB 4480.1-2001 食品添加剂 胭脂红	着色剂
26	胭脂红色淀	GB 4480.2-2001 食品添加剂 胭脂红铝色淀	着色剂
27	诱惑红	GB 17511.1-2008 食品添加剂 诱惑红	着色剂
28	诱惑红铝色淀	GB 17511.2-2008 食品添加剂 诱惑红铝色淀	着色剂
29	越桔红	GB 6228-1986 食品添加剂 越桔红	着色剂
30	叶黄素	GB 26405-2011 食品安全国家标准 食品添加剂 叶黄素	着色剂
31	叶绿素铜钠盐	GB 26406-2011 食品安全国家标准 食品添加剂 叶绿素铜钠盐	着色剂
32	栀子黄	GB 7912-2010 食品安全国家标准 食品添加剂 栀子黄	着色剂
33	栀子蓝	GB 28311-2012 食品安全国家标准 食品添加剂 栀子蓝	着色剂
34	植物炭黑	GB 28308-2012 食品安全国家标准 食品添加剂 植物炭黑	着色剂
35	苯甲酸	GB 1901-2005 食品添加剂 苯甲酸 2010 年版药典二部 P437	防腐剂
36	苯甲酸钠	GB 1902-2005 食品添加剂 苯甲酸钠 2010 年版药典二部 P1201	防腐剂
37	对羟基苯甲酸甲酯钠	卫生部关于亚硝酸钾等 27 个食品添加剂产品标准的公告（卫生部公告 2011 年第 19 号）	防腐剂
38	对羟基苯甲酸乙酯	GB 8850-2005 食品添加剂 对羟基苯甲酸乙酯	防腐剂

续表

序号	原料名称	标准名称及编号	作用
39	山梨酸	GB 1905-2000 食品添加剂 山梨酸	防腐剂、抗氧化剂、稳定剂
		2010 年版药典二部 P1184	
40	山梨酸钾	GB 13736-2008 食品添加剂 山梨酸钾	防腐剂、抗氧化剂、稳定剂
41	脱氢乙酸钠	GB 25547-2010 食品安全国家标准 食品添加剂 脱氢乙酸钠	防腐剂
42	液体二氧化碳	GB 10621-2006 食品添加剂 液体二氧化碳	防腐剂
43	抗坏血酸棕榈酸酯	卫生部关于指定 D- 甘露糖醇等 58 个食品添加剂产品标准的公告(2011 年第 8 号)指定标准	抗氧化剂
44	抗坏血酸钠	GB 16313-1996 食品添加剂 抗坏血酸钠	抗氧化剂
		2010 年版药典二部 P905	
45	磷脂	GB 28401-2012 食品安全国家标准 食品添加剂 磷脂	抗氧化剂、乳化剂
		2010 年版药典二部 P1228	
46	没食子酸丙酯	GB 3263-2008 食品添加剂 没食子酸丙酯	抗氧化剂
47	特丁基对苯二酚	GB 26403-2011 食品安全国家标准 食品添加剂 特丁基对苯二酚	抗氧化剂
48	D- 异抗坏血酸钠	GB 8273-2008 食品添加剂 D- 异抗坏血酸钠	抗氧化剂、护色剂
49	阿拉伯胶	2010 年版药典二部 P1200	增稠剂
50	瓜尔胶	GB 28403-2012 食品安全国家标准 食品添加剂 瓜尔胶	增稠剂
51	海藻酸钠	GB 1976-2008 食品添加剂 褐藻酸钠	增稠剂
		2010 年版药典二部 P1218	
52	β– 环状糊精	2010 年版药典二部 P1215	增稠剂
53	甲基纤维素	2010 年版药典二部 P1191	增稠剂
54	聚葡萄糖	GB 25541-2010 食品安全国家标准 食品添加剂 聚葡萄糖	增稠剂、膨松剂、水分保持剂、稳定剂
55	可溶性大豆多糖	卫生部办公厅关于食品添加剂可溶性大豆多糖执行标准有关问题的复函(卫办监督函〔2012〕675 号)	增稠剂、乳化剂、被膜剂、抗结剂
56	明胶	GB 6783-1994 食品添加剂 明胶	增稠剂
		2010 年版药典二部 P460	
57	羟丙基甲基纤维素	卫生部关于指定 D- 甘露糖醇等 58 个食品添加剂产品标准的公告(2011 年第 8 号)指定标准	增稠剂
		2010 年版药典二部 P1221	

续表

序号	原料名称	标准名称及编号	作用
58	羟丙基二淀粉磷酸酯	卫生部关于指定 D- 甘露糖醇等 58 个食品添加剂产品标准的公告(2011 年第 8 号)指定标准	增稠剂
59	琼脂(琼胶)	GB 1975-2010 食品安全国家标准 食品添加剂 琼脂(琼胶)	增稠剂
		2010 年版药典二部 P1230	
60	羧甲基纤维素钠	GB 1904-2005 食品添加剂 羧甲基纤维素钠	增稠剂
		2010 年版药典二部 P1240	
61	羧甲基淀粉钠	卫生部公告 2010 年第 12 号 指定标准	增稠剂
		2010 年版药典二部 P1241	
62	氧化羟丙基淀粉	卫生部公告 2010 年第 12 号 指定标准	增稠剂
63	乙酰化二淀粉磷酸酯	卫生部公告 2010 年第 12 号 指定标准	增稠剂
64	氧化淀粉	卫生部公告 2010 年第 12 号 指定标准	增稠剂
		2010 年版药典二部 P819	
65	单、双硬脂酸甘油酯	GB 1986-2007 食品添加剂 单、双硬脂酸甘油酯	乳化剂
66	果胶	GB 25533-2010 食品安全国家标准 食品添加剂 果胶;	乳化剂、稳定剂、增稠剂
		2010 年版药典二部 P1203	
67	聚甘油脂肪酸酯	卫生部关于指定 D- 甘露糖醇等 58 个食品添加剂产品标准的公告(2011 年第 8 号)指定标准	乳化剂、稳定剂、增稠剂、抗结剂
68	聚氧乙烯(20) 山梨醇酐单油酸酯(吐温 80)	GB 25554-2010 食品安全国家标准 食品添加剂 聚氧乙烯(20)山梨醇酐单油酸酯(吐温 80)	乳化剂、消泡剂、稳定剂
69	卡拉胶	GB 15044-2009 食品添加剂 卡拉胶	乳化剂、稳定剂、增稠剂
70	三聚甘油单硬脂酸酯	GB 13510-1992 食品添加剂 三聚甘油单硬脂酸酯	乳化剂、消泡剂
71	山梨醇酐单油酸酯	GB 13482-2011 食品安全国家标准 食品添加剂 山梨醇酐单油酸酯(司盘80)	乳化剂
72	辛烯基琥珀酸淀粉钠	GB 28303-2012 食品安全国家标准 食品添加剂 辛烯基琥珀酸淀粉钠;	乳化剂
73	硬脂酸镁	卫生部关于指定 D- 甘露糖醇等 58 个食品添加剂产品标准的公告(2011 年第 8 号)指定标准	乳化剂、抗结剂
		2010 年版药典二部 P1234	
74	硬脂酰乳酸钠	卫生部关于指定 D- 甘露糖醇等 58 个食品添加剂产品标准的公告(2011 年第 8 号)指定标准	乳化剂、稳定剂

续表

序号	原料名称	标准名称及编号	作用
75	蔗糖脂肪酸酯	GB 8272-2009 食品添加剂 蔗糖脂肪酸酯	乳化剂
76	赤藓糖醇	GB 26404-2011 食品安全国家标准 食品添加剂 赤藓糖醇	甜味剂
77	甘草	2010 年版药典一部 P80	
78	D-甘露糖醇	卫生部关于指定 D-甘露糖醇等 58 个食品添加剂产品标准的公告(2011 年第 8 号)指定标准	甜味剂
		2010 年版药典二部 P87	
79	环己基氨基磺酸钠(甜蜜素)	GB 12488-2008 食品添加剂 环己基氨基磺酸钠(甜蜜素)	甜味剂
80	木糖醇	GB 13509-2005 食品添加剂 木糖醇	甜味剂
		2010 年版药典二部 P52	
81	麦芽糖醇	GB 28307-2012 食品安全国家标准 食品添加剂 麦芽糖醇和麦芽糖醇液	甜味剂、稳定剂、水分保持剂、乳化剂、膨松剂、增稠剂
82	三氯蔗糖	GB 25531-2010 食品安全国家标准 食品添加剂 三氯蔗糖	甜味剂
83	山梨糖醇	GB 29219-2012 食品安全国家标准 食品添加剂 山梨糖醇	甜味剂、膨松剂、乳化剂、水分保持剂、稳定剂、增稠剂
84	山梨糖醇液	GB 7658-2005 食品添加剂 山梨糖醇液	甜味剂、膨松剂、乳化剂、水分保持剂、稳定剂、增稠剂
85	甜菊糖苷	GB 8270-1999 食品添加剂 甜菊糖苷	甜味剂
86	天冬酰苯丙氨酸甲酯(阿斯巴甜)	GB 22367-2008 食品添加剂 天冬酰苯丙氨酸甲酯(阿斯巴甜)	甜味剂
87	糖精钠	GB 4578-2008 食品添加剂 糖精钠	甜味剂、增味剂
		2010 年版药典二部 P1149	
88	乙酰磺胺酸钾(安赛蜜)	GB 25540-2010 食品安全国家标准 食品添加剂 乙酰磺胺酸钾	甜味剂
89	冰乙酸(冰醋酸)	GB 1903-2008 食品添加剂 冰乙酸(冰醋酸)	酸度调节剂
		卫生部办公厅关于食品添加剂冰乙酸(低压羰基化法)适用标准问题的复函(卫办监督函〔2011〕339 号)	酸度调节剂
90	醋酸	2010 年版药典二部 P1253	酸度调节剂
91	富马酸	GB 25546-2010 食品安全国家标准 食品添加剂 富马酸	酸度调节剂
		2010 年版药典二部 P1239	

续表

序号	原料名称	标准名称及编号	作用
92	L(+)-酒石酸	GB 25545-2010 食品安全国家标准 食品添加剂 L(+)-酒石酸	酸度调节剂
93	dl-酒石酸	GB 15358-2008 食品添加剂 dl-酒石酸	酸度调节剂
		2010 年版药典二部 P1217	
94	柠檬酸	GB 1987-2007 食品添加剂 柠檬酸	酸度调节剂
		2010 年版药典二部 P1209	
95	柠檬酸钠	GB 6782-2009 食品添加剂 柠檬酸钠	酸度调节剂
		2010 年版药典二部 P520	
96	L-苹果酸	GB 13737-2008 食品添加剂 L-苹果酸	酸度调节剂
97	苹果酸	GB 25544-2010 食品安全国家标准 食品添加剂 DL-苹果酸	酸度调节剂
		2010 年版药典二部 P1202	
98	乳酸	GB 2023-2003 食品添加剂 乳酸	酸度调节剂
		2010 年版药典二部 P480	
99	碳酸钠	GB 1886-2008 食品添加剂 碳酸钠	酸度调节剂
100	盐酸	GB 1897-2008 食品添加剂 盐酸	酸度调节剂
		2010 年版药典二部 P1215	
101	甘油	2010 年版药典二部 P83	水分保持剂、乳化剂
102	六偏磷酸钠	GB 1890-2005 食品添加剂 六偏磷酸钠	水分保持剂、膨松剂、酸度调节剂、稳定剂、凝固剂、抗结剂
103	磷酸	GB 3149-2004 食品添加剂 磷酸	水分保持剂、膨松剂、酸度调节剂、稳定剂、凝固剂、抗结剂
104	磷酸氢二钠	GB 25568-2010 食品安全国家标准 食品添加剂 磷酸氢二钠	水分保持剂、膨松剂、酸度调节剂、稳定剂、凝固剂、抗结剂
		2010 年版药典二部 P1256	
105	三聚磷酸钠	GB 25566-2010 食品安全国家标准 食品添加剂 三聚磷酸钠	水分保持剂、膨松剂、酸度调节剂、稳定剂、凝固剂、抗结剂
106	巴西棕榈蜡	卫生部关于指定 D-甘露糖醇等 58 个食品添加剂产品标准的公告(2011 年第 8 号)指定标准	被膜剂、抗结剂
		2010 年版药典二部 P1188	
107	蜂蜡	卫生部关于指定 D-甘露糖醇等 58 个食品添加剂产品标准的公告(2011 年第 8 号)指定标准	被膜剂

续表

序号	原料名称	标准名称及编号	作用
108	聚乙烯醇	2010 年版药典二部 P1244	被膜剂
109	硬脂酸	卫生部关于亚硝酸钾等 27 个食品添加剂产品标准的公告（卫生部公告 2011 年第 19 号）	被膜剂、胶姆糖基础剂
110	滑石粉	GB 25578-2010 食品安全国家标准 食品添加剂 滑石粉	抗结剂
111	二氧化硅	GB 25576-2010 食品安全国家标准 食品添加剂 二氧化硅	抗结剂
		2010 年版药典二部 P1179	
112	微晶纤维素	卫生部关于指定 D- 甘露糖醇等 58 个食品添加剂产品标准的公告（2011 年第 8 号）指定标准	抗结剂、增稠剂、稳定剂
		2010 年版药典二部 P1239	
113	黄原胶	GB 13886-2007 食品添加剂 黄原胶	稳定剂、增稠剂
114	硫酸钙（石膏）	GB 1892-2007 食品添加剂 硫酸钙	稳定剂和凝固剂、增稠剂、酸度调节剂
115	乙二胺四乙酸二钠	卫生部关于亚硝酸钾等 27 个食品添加剂产品标准的公告（卫生部公告 2011 年第 19 号）	稳定剂、凝固剂、抗氧化剂、防腐剂
116	L- 丙氨酸	GB 25543-2010 食品安全国家标准 食品添加剂 L- 丙氨酸	增味剂
		2010 年版药典二部 P95	
117	谷氨酸钠	2010 年版药典二部 P362	增味剂
118	5'- 肌苷酸二钠	卫生部关于亚硝酸钾等 27 个食品添加剂产品标准的公告（卫生部公告 2011 年第 19 号）	增味剂
119	碳酸氢钠	GB 1887-2007 食品添加剂 碳酸氢钠	膨松剂、酸度调节剂、稳定剂
		2010 年版药典二部 P1097	
120	碳酸氢铵	GB 1888-2008 食品添加剂 碳酸氢铵	膨松剂
121	硅胶	GB 29204-2012 食品安全国家标准 食品添加剂 硅胶	加工助剂（澄清剂）
122	氢氧化钠	GB 5175-2008 食品添加剂 氢氧化钠	加工助剂
		2010 年版药典二部 P1213	
123	乙酸乙酯	GB 29224-2012 食品安全国家标准 食品添加剂 乙酸乙酯	加工助剂（提取溶剂）
		2010 年版药典二部 P1177	
124	乙醇	2010 年版药典二部 P10	加工助剂
125	植物活性炭	GB 29215-2012 食品安全国家标准 食品添加剂 植物活性炭（木质活性炭）	加工助剂

续表

序号	原料名称	标准名称及编号	作用
126	亚硫酸氢钠	GB 25590-2010 食品安全国家标准 食品添加剂 亚硫酸氢钠	漂白剂、防腐剂、抗氧化剂
		2010 年版药典二部 P1193	
127	α- 淀粉酶制剂	GB 8275–2009 食品添加剂 α- 淀粉酶制剂	酶制剂
128	葡萄糖酸亚铁	2010 年版药典二部 P929	护色剂
129	L- 半胱氨酸盐酸盐	2010 年版药典二部 P666	面粉处理剂
130	正癸醛	卫生部关于指定 D- 甘露糖醇等 58 个食品添加剂产品标准的公告(2011 年第 8 号)指定标准	人工合成香料
131	咖啡因	GB 14758-2010 食品安全国家标准 食品添加剂 咖啡因	其他
		2010 年版药典二部 P461	
132	异构化乳糖液	GB 8816-1988 食品添加剂 异构化乳糖液	其他

附录十一

营养素补充剂用的维生素、矿物质品种及质量要求

序号	原料名称	标准名称及编号
1	维生素 A	GB 14750-2010 食品安全国家标准 食品添加剂 维生素 A
		2010 年版药典二部 P894
2	β- 胡萝卜素	GB 8821-2011 食品安全国家标准 食品添加剂 β- 胡萝卜素
3	维生素 D_2（麦角钙化醇）	GB 14755-2010 食品安全国家标准 食品添加剂 维生素 D_2（麦角钙化醇）
		2010 年版药典二部 P905
4	维生素 D_3	2010 年版药典二部 P906
5	维生素 E（dl-α- 醋酸生育酚）	GB 14756-2010 食品安全国家标准 食品添加剂 维生素 E（dl-α- 醋酸生育酚）
6	d-α- 醋酸生育酚	2010 年版药典二部 P907
7	天然维生素 E	GB 19191-2003 食品添加剂 天然维生素 E
8	维生素 K_1	2010 年版药典二部 P909
9	维生素 B_1	GB 14751-2010 食品安全国家标准 食品添加剂 维生素 B_1（盐酸硫胺）
		2010 年版药典二部 P896
10	维生素 B_2	GB 14752-2010 食品安全国家标准 食品添加剂 维生素 B_2（核黄素）
		2010 年版药典第二部 P897
11	维生素 B_6	GB 14753-2010 食品安全国家标准 食品添加剂 维生素 B_6（盐酸吡哆醇）
		2010 年版药典二部 P899
12	维生素 B_{12}	2010 年版药典二部 P900
13	维生素 C	GB 14754-2010 食品安全国家标准 食品添加剂 维生素 C（抗坏血酸）
		2010 年版药典二部 P901
14	烟酸	GB 14757-2010 食品安全国家标准 食品添加剂 烟酸
		2010 年版药典二部 P857
15	叶酸	GB 15570-2010 食品安全国家标准 食品添加剂 叶酸
16	硫酸亚铁	GB 29211-2012 食品安全国家标准 食品添加剂 硫酸亚铁
		2010 年版药典二部 P969

序号	原料名称	标准名称及编号
17	葡萄糖酸亚铁	2010 年版药典二部 P929
18	富马酸亚铁	2010 年版药典二部 P1052
19	乳酸亚铁	GB 6781-2007 食品添加剂 乳酸亚铁
20	碳酸钙	GB 1898-2007 食品添加剂 碳酸钙
		2010 年版药典二部 P1096
21	葡萄糖酸钙	GB 15571-2010 食品安全国家标准 食品添加剂 葡萄糖酸钙
		2010 年版药典二部 P931
22	柠檬酸钙	GB 17203-1998 食品添加剂 柠檬酸钙
23	乳酸钙	GB 6226–2005 食品添加剂 乳酸钙
		2010 年版药典二部 P482
24	磷酸氢钙	GB 1889-2004 食品添加剂 磷酸氢钙
		2010 年版药典二部 P1164
25	L- 苏糖酸钙	GB 17779-2010 食品安全国家标准 食品添加剂 L- 苏糖酸钙
26	天冬氨酸钙	GB 29226-2012 食品安全国家标准 食品添加剂 天冬氨酸钙
27	乙酸钙	GB 15572-1995 食品添加剂 乙酸钙
28	氯化钙	GB 22214-2008 食品添加剂 氯化钙
		2010 年版药典二部 P1010
29	硫酸钙	GB 1892-2007 食品添加剂 硫酸钙
		2010 年版药典二部 P1236
30	抗坏血酸钙	GB 15809-1995 食品添加剂 抗坏血酸钙
		2010 年版药典二部 P904
31	泛酸钙	2010 年版药典二部 P375
32	磷酸二氢钙	GB 25559-2010 食品安全国家标准 食品添加剂 磷酸二氢钙
33	硫酸锌	GB 25579-2010 食品安全国家标准 食品添加剂 硫酸锌
		2010 年版药典二部 P1000
34	葡萄糖酸锌	GB 8820-2010 食品安全国家标准 食品添加剂 葡萄糖酸锌
		2010 年版药典二部 P933
35	氧化锌	2010 年版药典二部 P820
36	柠檬酸锌	2010 年版药典二部 P526
37	氯化镁	GB 25584-2010 食品安全国家标准 食品添加剂 氯化镁
38	碳酸镁	GB 25587-2010 食品安全国家标准 食品添加剂 碳酸镁
39	硫酸铜	GB 29210-2012 食品安全国家标准 食品添加剂 硫酸铜
40	硫酸锰	GB 29208-2012 食品安全国家标准 食品添加剂 硫酸锰
41	柠檬酸钾	GB 14889-1994 食品添加剂 柠檬酸钾

续表

序号	原料名称	标准名称及编号
42	氯化钾	GB 25586-2010 食品安全国家标准 食品添加剂 氯化钾
		2010 年版药典二部 P1013
43	抗坏血酸钠	GB 16313-1996 食品添加剂 抗坏血酸钠
		2010 年版药典二部 P905
44	烟酰胺	2010 年版药典二部 P856
45	L- 肉碱酒石酸盐	GB 25550-2010 食品安全国家标准 食品添加剂 L- 肉碱酒石酸盐
46	核黄素 -5'- 磷酸钠	GB 28301-2012 食品安全国家标准 食品添加剂 核黄素 5'- 磷酸钠
		2010 年版药典二部 P815

附录十二

其他可用于保健食品的营养强化剂及质量要求

序号	原料名称	标准名称及编号
1	肌醇	卫生部关于亚硝酸钾等 27 个食品添加剂产品标准的公告（卫生部公告 2011 年第 19 号）
2	乙二胺四乙酸铁钠	GB 22557-2008 食品添加剂 乙二胺四乙酸铁钠
3	L- 乳酸钙	GB 25555-2010 食品安全国家标准 食品添加剂 L- 乳酸钙
4	磷酸三钙	GB 25558-2010 食品安全国家标准 食品添加剂 磷酸三钙
5	硫酸镁	GB 29207-2012 食品安全国家标准 食品添加剂 硫酸镁 2010 年版药典二部 P1003
6	氧化镁	2010 年版药典二部 P820
7	磷酸二氢钾	GB 25560-2010 食品安全国家标准 食品添加剂 磷酸二氢钾 2010 年版药典二部 P1255
8	L- 赖氨酸盐酸盐	GB 10794-2009 食品添加剂 L- 赖氨酸盐酸盐
9	牛磺酸	GB 14759-2010 食品安全国家标准 食品添加剂 牛磺酸 2010 年版药典二部 P59
10	左旋肉碱	GB 17787-1999 食品添加剂 左旋肉碱 卫生部关于指定 D- 甘露糖醇等 58 个食品添加剂产品标准的公告（2011 年第 8 号）指定标准
11	叶黄素	GB 26405-2011 食品安全国家标准 食品添加剂 叶黄素
12	低聚果糖	卫生部公布食品添加剂新品种的公告（2009 年第 11 号）
13	花生四烯酸油脂	GB 26401-2011 食品安全国家标准 食品添加剂 花生四烯酸油脂（发酵法）
14	二十二碳六烯酸	GB 26400-2011 食品安全国家标准 食品添加剂 二十二碳六烯酸油脂（发酵法）
15	L- 精氨酸	GB 28306-2012 食品安全国家标准 食品添加剂 L- 精氨酸 2010 年版药典二部 P1104

附录十三

其他保健食品常用原料及质量要求

序号	原料名称	标准名称及编号
1	大豆蛋白粉	GB/T 22493-2008 大豆蛋白粉
2	大豆肽粉	GB/T 22492-2008 大豆肽粉
3	大豆皂苷	GB/T 22464-2008 大豆皂苷
4	大豆低聚糖	GB/T 22491-2008 大豆低聚糖
5	大豆膳食纤维	GB/T 22494-2008 大豆膳食纤维
6	海洋鱼低聚肽粉	GB/T 22729 海洋鱼低聚肽粉
7	蜂王浆	GB 9697-2008 蜂王浆
8	蜂王浆冻干粉	GB 21532-2008 蜂王浆冻干粉
9	辅酶 Q_{10}	2010 年版药典二部 P882

主要参考文献

1. 杨一涵. 完善我国保健食品注册制度思考[J]. 食品安全导刊.2016(9):39.

2. 国家药典委员会. 中华人民共和国药典(2015年版一部)[S]. 北京:中国医药科技出版社,2015.

3. 信春鹰,黄薇. 中华人民共和国食品安全法解读[M]. 北京:中国法制出版社,2015.

4. 于新,李小华,李奇林,等. 功能性食品与疾病预防[M]. 北京:化学工业出版社,2015.

5. 郑建仙. 功能性食品学[M]. 第2版. 北京:中国轻工业出版社,2015.

6. 左玉,冯丽霞,贾泽慧. 维生素类化合物的研究进展[J]. 粮食与油脂,2015,28(9):1-5.

7. 金鑫,臧茜茜,葛亚中,等. 缓解视疲劳功能食品及其功效成分研究进展[J]. 食品科学,2015,36(3):258-264.

8. 陈鹏,邓乾春,臧茜茜,等. 国内辅助改善记忆功能性食品研究进展[J]. 中国食品学报,2015,15(4):116-123.

9. 程音,路新国. 辅助改善记忆功能保健食品的发展研究[J]. 安徽农业科学,2015,11:287-288.

10. Omotade R. Ogunremi,Renu Agrawal,Abiodun I. Sanni. Development of cereal-based functional food using cereal-mix substrate fermented with probiotic strain-Pichia kudriavzevii OG32[J]. Food Sci. Nutr.,2015,3(6):486-494.

11. Priyanka Kajla,Alka Sharma,Dev Raj Sood. Flaxseed—a potential functional food source [J]. J. Food Sci. Technol. 2015;52(4):1857-1871.

12. Susana M. Cardoso,Olívia R. Pereira,Ana M. L. Seca,et al. Seaweeds as Preventive Agents for Cardiovascular Diseases:From Nutrients to Functional Foods [J]. Mar. Drugs,2015,13(11):6838-6865.

13. Christian Izuchukwu Abuajah,Augustine Chima Ogbonna,Chijioke Maduka Osuji. Functional components and medicinal properties of food:a review [J]. J. Food Sci. Technol.,2015,52(5):2522-2529.

14. 修代明,薛红莉. 学习与记忆神经机制研究进展[J]. 生物学通报,2014,48(8):1-3.

15. 左玉,冯丽霞,贾泽慧. 维生素类化合物的研究进展[J]. 海峡药学,2014,26(11):134-136.

16. 常锋,顾宗珠. 功能食品[M]. 北京:化学工业出版社,2014.

17. 王静文. 保健食品中非法添加物检测方法的研究与建立[D]. 北京:中国食品药品检定研究院,2014.

18. Meagan N Vella,Laura M Stratton,Judy Sheeshka,et al. Functional food awareness and perceptions in relation to information sources in older adults [J]. Nutrition Journal,2014,13:44-56.

19. Yawen Zeng,Jiazhen Yang,Juan Du,et al. Strategies of Functional Foods Promote Sleep in Human Being [J]. Curr. Signal Transduct. Ther.,2014,9(3):148-155.

20. Tomotari MITSUOKA. Development of Functional Foods [J]. Biosci. Microbiota Food Health,2014,33(3):117-128.

21. Boland, Mike. Food Structures, Digestion and Health［M］. Salt Lake City: Academic Press, 2014.

22. 孟诜, 曹明注. 食疗本草［M］. 河南: 中州古籍出版社, 2013.

23. 张广燕, 蔡智军. 功能性食品及开发［M］. 北京: 化学工业出版社, 2013.

24. 于长青, 王颖. 功能性食品科学［M］. 哈尔滨: 哈尔滨工程大学出版社, 2013.

25. 孔祥臣, 保健食品［M］. 武汉: 武汉理工大学出版社, 2013.

26. 钟耀广, 功能性食品［M］. 北京: 化学工业出版社, 2013.

27. 朱焕容, 欧国灯, 罗燕玉, 等. 中药材在清咽类保健食品中的应用及其功效成分研究进展［J］. 中国药房, 2013, 24(27): 2581-2583.

28. Hwa Pyoung Kang, Hosun Lee, Tak Geun Oh, et al. The Use of Health Functional Foods in Gastrointestinal Cancer Patients［J］. Clin. Nutr. Res., 2013, 2(1): 19-25.

29. Wills Wendy, Draper Alizon, Gustafsson Ulla. Food and Public Health: Contemporary Issues and Future Directions［M］. London: Routledge, 2013.

30. Marius Visagie. Health Foods［M］. Charleston: Createspace, 2013.

31. 钟婕, 袁华兵, 易娟, 等. 普洱茶和绿茶提取物对单纯性肥胖大鼠减肥效果的比较研究［J］. 医学临床研究, 2012, 29(12): 2341-2344.

32. 兰美华, 吴红彦. 中药植物多糖抗氧化作用研究进展［J］. 实用中医药杂志, 2012, 28(4): 326-327.

33. 金宗濂. 功能食品教程［M］. 北京: 中国轻工业出版社, 2012.

34. 戴华, 陈冬东. 功能性保健食品检测指南［M］. 北京: 中国标准出版社, 2012.

35. 张小莺, 孙建国. 功能性食品学［M］. 北京: 科学出版社, 2012.

36. 梁艺英. 保健食品研发与审评［M］. 北京: 中国医药科技出版社, 2012.

37. Zhang Yi, Meng Xianli, Wu Wenbin, et al. Duoxuekang, a Traditional Tibetan Medicine, Reduces Hypoxia-Induced High-Altitude Polycythemia in Rats［J］. A sponsored supplement to Science, 2012, 12(14): 63-64.

38. Leslie Pray, Laura Pillsbury, Maria Oria. Exploring Health and Environmental Costs of Food［M］. Washington D.O.: National Academies Press, 2012.

39. 李时珍. 本草纲目［M］. 黑龙江: 黑龙江科学技术出版社, 2011.

40. 邢冬青, 邱服斌. 对保健食品的现状分析及监管探讨［J］. 中国当代医药, 2011, 18(13): 5-7.

41. 孙宁玲, 赵连友. 高血压诊治新进展［M］. 北京: 人民军医出版社, 2011.

42. 赵水平. 血脂异常临床防治［M］. 北京: 人民军医出版社, 2011.

43. 黄鹏, 张慎启, 郭燕梅, 等. 骨质疏松治疗进展［J］. 中国骨质疏松杂志, 2011, 17(11): 1019-1024.

44. 李江华, 李丹. 我国保健食品法律法规体系与标准体系现状［J］. 食品科学, 2011, 32(21): 318-323.

45. 伍文彬, 孟宪丽, 张艺, 等. 藏药复方新三果汤对高原红细胞增多症模型大鼠的影响［J］. 广州中医药大学学报, 2010, 27(5): 492-494.

46. 黄振文, 张菲斐. 高血压［M］. 上海: 上海交通大学出版社, 2010.

47. 谭桷新, 叶涛, 刘湘新. 植物提取物抗氧化成分及机理研究进展［J］. 食品科学, 2010, 31(15): 288-292.

48. 周昇昇. 我国常见保健食品原料抗氧化活性的研究［D］. 北京: 中国疾病预防控制中心, 2010.

49. 宿蕾艳, 庄曾渊. 视疲劳病因机制及防治的研究进展［J］. 中国中医眼科杂志, 2010, 20(3): 183-185.

50. 赵余庆. 保健食品研制思路与方法［M］. 北京: 人民卫生出版社, 2010.

51. Rocky Graziose, Mary Ann Lila, Ilya Raskin. Merging Traditional Chinese Medicine with Modern Drug Discovery Technologies to Find Novel Drugs and Functional Foods［J］. Curr. Drug Discov. Technol., 2010, 7(1): 2-12.

52. V. Lobo, A. Patil, A. Phatak, et al. Free radicals, antioxidants and functional foods: Impact on human health[J]. Pharmacogn Rev., 2010, 4(8):118-126.

53. 王淑君, 宋少江, 彭缨. 保健食品研发与制作[M]. 北京:人民军医出版社, 2009.

54. 倪世美. 中医食疗学[M]. 第2版. 北京:中国中医药出版社, 2009.

55. 张铁军. 亚健康与保健食品概论[M]. 北京:科学出版社, 2009.

56. 索朗其美, 顿珠, 张艺, 等. 藏医药基础理论及对高原病的研究初探[J]. 西藏科技, 2008, (2):51-56.

57. 李立明. 中国居民营养与健康状况调查报告之四 2002 高血压[M]. 北京:人民卫生出版社, 2008.

58. 刘静波, 林松毅. 功能食品学[M]. 北京:化学工业出版社, 2008.

59. 丁晓雯, 周才琼. 保健食品原理[M]. 重庆:西南师范大学出版社, 2008.

60. 朴香兰. 常见天然抗氧化物质研究[M]. 北京:中央民族大学出版社, 2008.

61. Albon Deborah, Mukherji Penny. Food and Health in Early Childhood: A Holistic Approach[M]. New York: Sage Publications Ltd, 2008.

62. 张铁军, 陈常青. 调节血脂中药现代研究与应用[M]. 北京:人民卫生出版社, 2007.

63. 杨志刚, 张燕萍. 生姜油对营养性肥胖大鼠减肥降脂作用的研究[J]. 食品科学. 2007, 12(28):469-471.

64. 范青生. 保健食品配方原理与依据[M]. 北京:中国医药科技出版社, 2007.

65. Ronald R. Watson, Fabien DeMeester. Wild-Type Food in Health Promotion and Disease [M]. Clifton: Humana Press Inc., 2007.

66. 贾利蓉, 赵志峰. 保健食品营养[M]. 成都:四川大学出版社, 2006.

67. 李洁, 王玉侠. 肥胖发生机制及减肥方法的研究现状[J]. 中国体育科技, 2006, 42(2):64-67.

68. 李钧. 保健食品注册技术精讲[M]. 北京:中国医药科技出版社, 2006.

69. 凌关庭. 保健食品原料手册[M]. 北京:化学工业出版社, 2006.

70. 高学敏, 张德芹, 张建军, 等. 中医预防及改善骨质疏松系列保健食品的研发思路及范例介绍[J]. 中国骨质疏松杂志, 2006, 12(4):415-423.

71. Conor Reilly. Selenium in Food and Health [M]. New York: Springer-Verlag New York Inc, 2006.

72. 薄海波. 色谱技术在食品安全质量分析中的应用研究[D]. 兰州:中国科学院兰州化学物理研究所, 2005.

73. 孔保华. 降血压、血脂功能性食品[M]. 北京:化学工业出版社, 2005.

74. 刘景圣, 孟宪军. 功能性食品[M]. 北京:中国农业出版社, 2005.

75. 张红. 促进排铅保健食品研究进展[J]. 粮食与油脂, 2005, (6):43-46.

76. 张敏. 对化学性肝损伤有辅助性保护作用的保健食品研究进展[J]. 四川食品与发酵, 2005, 41(1):40-43.

77. 凌关庭. 抗氧化食品与健康[M]. 北京:化学工业出版社, 2004.

78. 徐科, 杜治琴, 包大跃. 保健食品良好生产规范实施指南[M]. 北京:化学工业出版社, 2004.

79. 唐章英. 保健食品功效成分及危害物质的分析[M]. 北京:中国标准出版社, 2004.

80. 周月婵, 胡怡秀, 刘秀英, 等. 某饮料促进生长发育动物实验研究[J]. 实用预防医学, 2004, 11(6):1151-1154.

81. 张荣平. 中国食品和保健食品的理论与实践[M]. 昆明:云南科技出版社, 2003.

82. 温辉梁. 保健食品加工技术与配方[M]. 南昌:江西科学技术出版社, 2002.

83. 凌关庭. 保健食品原料手册[M]. 北京:化学工业出版社, 2002.

84. 党毅, 肖颖. 中药保健食品研制与开发[M]. 北京:人民卫生出版社, 2002.

85. 李国强 . 保健品安全卫生监督管理与检测分析技术标准实务全书（上册）[M]. 北京：中国农业科学技术出版社，2002.

86. 金宗濂 . 保健食品的功能评价与开发[M]. 北京：北京大学出版社，2001.

87. 邵俊杰 . 保健食品工程[M]. 长沙：湖南科学技术出版社，2001.

88. 宓晓黎 . 钮伟民 . 保健食品质量分析技术[M]. 南京：江苏科学技术出版社，2000.

89. 李八方 . 功能食品与保健食品[M]. 青岛：青岛海洋大学出版社，1997.

全国中医药高等教育教学辅导用书推荐书目

一、中医经典白话解系列

黄帝内经素问白话解(第2版)	王洪图　贺娟
黄帝内经灵枢白话解(第2版)	王洪图　贺娟
汤头歌诀白话解(第6版)	李庆业　高琳等
药性歌括四百味白话解(第7版)	高学敏等
药性赋白话解(第4版)	高学敏等
长沙方歌括白话解(第3版)	聂惠民　傅延龄等
医学三字经白话解(第4版)	高学敏等
濒湖脉学白话解(第5版)	刘文龙等
金匮方歌括白话解(第3版)	尉中民等
针灸经络腧穴歌诀白话解(第3版)	谷世喆等
温病条辨白话解	浙江中医药大学
医宗金鉴·外科心法要诀白话解	陈培丰
医宗金鉴·杂病心法要诀白话解	史亦谦
医宗金鉴·妇科心法要诀白话解	钱俊华
医宗金鉴·四诊心法要诀白话解	何任等
医宗金鉴·幼科心法要诀白话解	刘弼臣
医宗金鉴·伤寒心法要诀白话解	郝万山

二、中医基础临床学科图表解丛书

中医基础理论图表解(第3版)	周学胜
中医诊断学图表解(第2版)	陈家旭
中药学图表解(第2版)	钟赣生
方剂学图表解(第2版)	李庆业等
针灸学图表解(第2版)	赵吉平
伤寒论图表解(第2版)	李心机
温病学图表解(第2版)	杨进
内经选读图表解(第2版)	孙桐等
中医儿科学图表解	郁晓微
中医伤科学图表解	周临东
中医妇科学图表解	谈勇
中医内科学图表解	汪悦

三、中医名家名师讲稿系列

张伯讷中医学基础讲稿	李其忠
印会河中医学基础讲稿	印会河
李德新中医基础理论讲稿	李德新
程士德中医基础学讲稿	郭霞珍
刘燕池中医基础理论讲稿	刘燕池
任应秋《内经》研习拓导讲稿	任廷革
王洪图内经讲稿	王洪图
凌耀星内经讲稿	凌耀星
孟景春内经讲稿	吴颢昕
王庆其内经讲稿	王庆其
刘渡舟伤寒论讲稿	王庆国
陈亦人伤寒论讲稿	王兴华等
李培生伤寒论讲稿	李家庚
郝万山伤寒论讲稿	郝万山
张家礼金匮要略讲稿	张家礼
连建伟金匮要略方论讲稿	连建伟

李今庸金匮要略讲稿	李今庸
金寿山温病学讲稿	李其忠
孟澍江温病学讲稿	杨进
张之文温病学讲稿	张之文
王灿晖温病学讲稿	王灿晖
刘景源温病学讲稿	刘景源
颜正华中药学讲稿	颜正华　张济中
张廷模临床中药学讲稿	张廷模
常章富临床中药学讲稿	常章富
邓中甲方剂学讲稿	邓中甲
费兆馥中医诊断学讲稿	费兆馥
杨长森针灸学讲稿	杨长森
罗元恺妇科学讲稿	罗颂平
任应秋中医各家学说讲稿	任廷革

四、中医药学高级丛书

中医药学高级丛书——中药学(上下) (第2版)	高学敏　钟赣生
中医药学高级丛书——中医急诊学	姜良铎
中医药学高级丛书——金匮要略(第2版)	陈纪藩
中医药学高级丛书——医古文(第2版)	段逸山
中医药学高级丛书——针灸治疗学 (第2版)	石学敏
中医药学高级丛书——温病学(第2版)	彭胜权等
中医药学高级丛书——中医妇产科学 (上下)(第2版)	刘敏如等
中医药学高级丛书——伤寒论(第2版)	熊曼琪
中医药学高级丛书——针灸学(第2版)	孙国杰
中医药学高级丛书——中医外科学 (第2版)	谭新华
中医药学高级丛书——内经(第2版)	王洪图
中医药学高级丛书——方剂学(上下) (第2版)	李飞
中医药学高级丛书——中医基础理论 (第2版)	李德新　刘燕池
中医药学高级丛书——中医眼科学 (第2版)	李传课
中医药学高级丛书——中医诊断学 (第2版)	朱文锋等
中医药学高级丛书——中医儿科学 (第2版)	汪受传
中医药学高级丛书——中药炮制学 (第2版)	叶定江等
中医药学高级丛书——中药药理学 (第2版)	沈映君
中医药学高级丛书——中医耳鼻咽 喉口腔科学(第2版)	王永钦
中医药学高级丛书——中医内科学 (第2版)	王永炎等